Manfred Josuttis

Religion als Handwerk

Zur Handlungslogik spiritueller Methoden

Chr. Kaiser
Gütersloher
Verlagshaus

Die Deutsche Bibliothek – CIP-Einheitsaufnahme

Josuttis, Manfred:
Religion als Handwerk : zur Handlungslogik
spiritueller Methoden / Manfred Josuttis. –
Gütersloh : Kaiser, Gütersloher Verl.-Haus, 2002
ISBN 3-579-05388-4

Dieses Werk folgt der reformierten Rechtschreibung und Zeichensetzung.
Ausnahmen bilden Texte, bei denen künstlerische, philologische oder lizenzrechtliche Gründe dem entgegenstehen.

ISBN 3-579-05388-4

Umschlag: Scanlight Marienfeld, unter Verwendung des Bildes »Energiequellen in meinen Händen«, gemalt von Petra M., 19 Jahre, in der Kunsttherapie des Kinderzentrums in Bethel, © bei der Künstlerin
Satz: SatzWeise, Föhren
Druck und Bindung: Těšínská Tiskārna AG, Česky Těšín
Printed in Czech Republic

www.gtvh.de

Den Freunden
in Göttingen

Inhalt

Einleitung

Religion ist ein Handwerk, das in der Theologie überdacht wird. Leibliche Operationen werden in gedanklichen Rekonstruktionen eingefangen. Auch und gerade spirituelle Handlungen bedürfen der Klärung, auf welcher Logik die darin ablaufenden Verhaltenssequenzen beruhen. Welche genetischen, geschichtlichen, gesellschaftlichen Einflüsse, welche religiösen Traditionen, sprachlichen Muster, vitalen Interessen werden wirksam, wenn ein Mensch zu beten beginnt? In welche Wirklichkeitsfelder sieht er sich selbst eingebettet? Mit welchen Wirklichkeitsdimensionen hat man wissenschaftlich zu rechnen? Wie alle Methoden Realitäten realisieren, lassen sich auch spirituelle Handlungen als Verfahren charakterisieren, die bestimmte Ziele im Rahmen bestimmter Wirklichkeiten zu erreichen versuchen.

Ein Appetenzverhalten, das nicht nur auf vorfindliche Reize reagiert, sondern nach solchen Reizsituationen auch sucht, lässt sich schon in vormenschlichen Organismen beobachten. Vor allem durch die Entwicklung der Gehirnrinde, durch Kortikalisation, die Fähigkeit der Kontrolle durch das Bewusstsein, und durch Lateralisation, die Aufgabenverteilung auf beide Großhirnhälften, entsteht in unserer Gattung die »Entkoppelung der Handlungen von den Antrieben und bewußte Selbstkontrolle«.[1] Verfahren, die im Rahmen einer Welt-Anschauung attraktive Ziele erreichen sollen, können jetzt nicht nur genetisch, sondern auch sprachlich tradiert, sie können legitimiert, optimiert und in umfassende Verhaltenssequenzen integriert werden.

Die »Theorie des kollektiven Verhaltens«, die N. J. Smelser auf einer funktionalistischen Basis entworfen hat, umfasst vier Grundkomponenten des sozialen Handelns: »1. die generalisierten Ziele oder Werte, die für zweckgerichtetes soziales Handeln die allgemeinsten Leitlinien bieten; 2. die verbindlichen Regeln, die das Verfolgen dieser Ziele leiten, Regeln, die in den Normen zu finden sind; 3. die Mobilisierung individueller Energie zur Erreichung der definierten Ziele im Rahmen der gesetzten Normen. Betrachten wir das Individuum als Akteur, so fragen wir nach seiner Motivation; auf der Ebene des sozialen Systems fragen wir nach den Rollen oder Organisationen, in die motivierte Individuen eingefügt werden; 4. die in einer Situation verfügbaren Ressourcen, die der Akteur als Hilfsmittel benutzt; dazu gehören das Wissen über die Umgebung, Vorhersagbarkeit der Folgen einer Handlung sowie Werkzeuge und Fertigkeiten«.[2] In der Religion gehören

1. I. Eibl-Eibesfeldt, Die Biologie des menschlichen Verhaltens. Grundriß der Humanethologie, München 1984, 115.
2. N. J. Smelser, Theorie des kollektiven Verhaltens, Köln 1972, 44.

Theologie, Kosmologie und Anthropologie zum ersten Bereich. Die Normen finden sich in daraus abgeleiteten Geboten und Verboten. Auf der dritten Ebene gibt es individuelle Rollen und psychologische Motivationen. Der vierte Bereich schließlich stellt Mittel zur Verfügung, »Formen des Gebets und der Kommunion, Rituale, Beichte usw., Mittel, durch die der Gläubige seine Verehrung ausdrücken und den erstrebten Zustand der Frömmigkeit erreichen kann«.[3]

Wer die Handlungslogik eines Verhaltens ermitteln möchte, wird diese vier Dimensionen zu berücksichtigen haben, auch wenn er dabei nicht so deduktiv verfährt, wie es der funktionalistische Ansatz nahe legt. Das alternative phänomenologische Modell wird das praktizierte Einzelverhalten genau betrachten und daraufhin abhorchen, welche Annahme über Einwirkungen und Auswirkungen darin enthalten sind. Wer das Herrengebet repetiert, steht mehr oder weniger bewusst im Strom biblischer und kirchlicher Überlieferung, respektiert mehr oder weniger dezidiert den Ursprung dieser Worte und rechnet mehr oder weniger deutlich damit, dass seine Worte auch jenseits aller sozialen Kontexte einen Adressten erreichen. Dass und in welchem Sinn diese Handlung eine Methode darstellt, wird noch zu diskutieren sein. Die Entscheidung dieser Frage hängt letztlich davon ab, ob die eingesetzten Wirkungsformen und die vorausgesetzten Wirklichkeitsmodelle einen stringenten Zusammenhang bilden, und zwar nicht nur in der Perspektive des religiösen Akteurs, sondern auch für die wissenschaftliche Wahrnehmung. Die Schwierigkeiten, von einer Handlungslogik spiritueller Methoden zu reden, liegen natürlich nicht nur auf den instrumentellen und normativen Ebenen, die solche Praktiken regulieren, sondern vor allem im Bereich der ontologischen Fundamente. Gibt es wissenschaftliche Kategorien, die die Realitäten, die ein Gebet realisiert, in ihrer Eigenart zu erfassen vermögen?

Wie problematisch die Realitätsbestimmung von religiöser Erfahrung für wissenschaftliches Denken ist, zeigt sich an zwei Feststellungen von C. Geertz, die in der Sache unausgeglichen, wenn nicht gar widersprüchlich sind, von ihm selbst jedoch eigentlich dezisionistisch vereindeutigt werden. Auf der einen Seite respektiert er durchaus die Eigenart dieses Erfahrungsfeldes: »Es ist einfach unmöglich, die religiöse Handlung und die Analyse miteinander zu verbinden, da das eine ein vollständiges Beteiligtsein, Eintauchen und Aufgehen in der eigenen Erfahrung verlangt, in dem, was man durchlebt, während das andere Zurücktreten und ein gewisses Maß objektiver Beobachtung verlangt.«[4] Natürlich gilt das auch für andere Formen intensiven intimen Erlebens – Geertz selbst verweist in diesem Zusammenhang auf das Träumen. Auf der anderen Seite bestreitet er aber den

3. A.a.O. 50.
4. C. Geertz, Religiöse Entwicklungen im Islam. Beobachtet in Marokko und Indonesien, Frankfurt 1991, 156.

religiösen Anschauungen die Erfahrungsbasis. Ihr Hauptmerkmal »im Unterschied zu anderen Anschauungen – ideologischen, philosophischen, wissenschaftlichen oder solchen des Common sense – besteht darin, daß sie nicht aus der Erfahrung abgeleitet sind – das Ergebnis geschärften sozialen Bewußtseins, spekulativer Reflexion und logischer Analyse, empirischer Beobachtung und Hypothesenüberprüfung oder in der harten Schule des Lebens gereifter Erfahrungen – sondern ihr vorausgehen sollen«.[5] Die Lösung ergibt sich für Geertz durch die wissenssoziologische Feststellung: »Sie sind Wahrnehmungsmuster, symbolische Raster, mit deren Hilfe Erfahrung interpretiert wird.«[6] Faktisch ist das eine sozialpsychologische Variante von Dogmatik, weil in beiden Fällen vom Erfahrungsfundament religiöser Aussagen abstrahiert wird.

Dass das religiöse Wirklichkeitsmodell nicht an christliche oder konfessionelle Vorgaben gebunden ist, zeigt im Kern jeder Text aus dem weiten Bereich der Religionsgeschichte. »Das Elixier der Glückseligkeit«, eine klassische Schrift der muslimischen Frömmigkeit, lädt zur spirituellen Praxis mit folgenden Worten ein: »Gott sagt: ›Der Knecht sucht so lange meine Nähe durch freiwilligen Gottesdienst, bis ich ihn lieb gewinne; und wenn ich ihn liebe, dann bin ich das Ohr, mit dem er hört, und ich das Gesicht, mit dem er sieht, und ich die Zunge, mit der er redet‹. Aber hier muß ich der Feder Halt gebieten.«[7] In aller Kürze begegnen hier wesentliche Elemente jeder spirituellen Methodik. Die Anregung stammt von der Gottheit. Die Handlung vollzieht der Mensch. Sie führt zur Vereinigung und fordert Verschwiegenheit. Mit welcher Wirklichkeit rechnet der Text? Von psychischen Erfahrungen, die in einer religiösen »Organisation« mit deren Kategorien gedeutet,[8] in Wirklichkeit: mystifiziert werden? Oder lässt sich das religiöse Vokabular so in ein wissenschaftliches Kategoriengeflecht transformieren, dass weder die religiöse Eigenart der Phänomene noch der wissenschaftliche Anspruch ihrer Wahrnehmung verloren gehen?

Die Schwierigkeit einer präzisen Rekonstruktion des religiösen Wirklichkeitsmodells steigert oder reduziert sich noch, wenn man zum Vergleich Dokumente aus der Esoterik heranzieht. Als Beispiel kann die »Transzendentale Magie« von E. Lévi (1810-1875) dienen. Auch hier beruft man sich auf religiöse Quellen, auf die Weissagungen des Ezechiel und der Johannes-Apokalypse, auf Aussagen der Kabbala und das »okkulteste und unbekannteste« Buch von allen, das von Salomo stammen und dem Autor zugänglich sein soll.[9] Auch hier werden Methoden empfohlen, die Erfahrungen und Fähig-

5. A.a.O. 143.
6. A.a.O. 142.
7. A. Ghasâli, Das Elixier der Glückseligkeit, ed. H. Ritter, München 1998, 206f.
8. Vgl. E. Nestler, Pneuma. Außeralltägliche religiöse Erlebnisse und ihre biographischen Kontexte, Konstanz 1998.
9. E. Lévi, Transzendentale Magie. Dogma und Ritual, Bern 1998, 60ff.

keiten vermitteln und die Grenzen des gewöhnlichen Wissens weit übersteigen. Aber die Wirklichkeiten, mit denen man hier zu hantieren lernt, sind von esoterischer Qualität. Das heißt: Sie sind in den Dingen enthalten und können durch eine kognitive Elite, die die verborgenen Wirkungsgesetze kennt, gezielt eingesetzt werden. »Die magischen Operationen sind die Ausübung einer natürlichen, den gewöhnlichen Kräften der Natur aber überlegenen Macht. Sie sind das Resultat eines Wissens und einer Gewohnheit, die den menschlichen Geist über seine natürlichen Grenzen hinaushebt.«[10]

Weil es hier um die Beherrschung übernatürlicher Kräfte, aber nicht um den Umgang mit überirdischem Einfluss geht, kann sich die Esoterik als wissenschaftliches System definieren, das Glauben und Wissen vereint: »Die Religion ist vernünftig. So muß man zur Philosophie sprechen, und bei der Gleichzeitigkeit und Übereinstimmung der schöpferischen Gesetze der Wissenschaft kann man dies durchaus beweisen. Die Vernunft ist heilig. So muß man zur Kirche sagen und bringt den Beweis, indem man ihrer Lehre von der Liebe alle Eroberungen der Emanzipation und allen Ruhm des Fortschritts hinzufügt.«[11] Im Einzelnen verwendet man dabei durchaus auch zahlreiche »Techniken«, wie man die spirituellen Verfahren hier konsequent bezeichnet, die auch der kirchlichen Tradition vertraut, aber der kirchlichen Praxis weitgehend verloren gegangen sind. Sie sind jetzt jedoch in den Kontext eines Realitätsmodells geraten, das sehr viel stärker von den Vorgaben eines naturwissenschaftlichen Weltbildes geprägt ist als von den Annahmen der Religion.

Weil die Handlungslogik spiritueller Verfahren nicht nur im Christentum auf einer Kombination von eingesetzten Methoden und vorausgesetzten Modellen beruht, werden bei der folgenden Darstellung nicht nur biblische Traditionen, sondern gelegentlich auch Texte aus anderen Hochreligionen herangezogen. Ein solcher Ansatz kann, wie es H.-M. Barth für seine »Dogmatik – im Kontext der Weltreligionen« erläutert, den christlichen Glauben »einerseits bereichern, andererseits schärfer profilieren und ihm im interreligiösen Kontext insgesamt eine stärkere Kommunikabilität verleihen«.[12] Die spirituelle Praxis, etwa beim Beten, setzt überall einen zwar nicht identischen, aber analog strukturierten Wirklichkeitshorizont voraus, von dem

10. A.a.O. 301.
11. A.a.O. 23.
12. H.-M. Barth, Dogmatik. Evangelischer Glaube im Kontext der Welreligionen – Ein Lehrbuch, Gütersloh 2001, 65. Nur wer religiöse Arbeit als »Interpretationsgeschehen« des frommen Bewusstseins und seiner Deutungsleistungen ansieht, muss einem Konzept, das mit der Wirklichkeit des Göttlichen rechnet, die Fähigkeit zur interkulturellen Begegnung bestreiten; gegen E. Hauschildt, Seelsorgelehre. Interkulturelle Seelsorge als Musterfall für eine Theorie radikal interaktiver Seelsorge, in: K. Federschmidt u.a. (Hg.), Handbuch interkulturelle Seelsorge, Neukirchen 2002, 246 ff.

noch zu klären sein wird, mit welchen Kategorien er sachgemäß zu erfassen ist. Dass sich aus den vergleichbaren Exerzitien dennoch keine »Einheitsreligion« herausfiltern lässt, dafür sorgen vor allem die Namen, die bei diesen Exerzitien eingesetzt werden. Nicht erst im Rahmen christologischer Reflexion, sondern schon im praktischen Vollzug spiritueller Übungen stellt sich heraus, dass jene Machtfelder, die Trinitätslehre und Christologie gedanklich zu umschreiben versuchen, Ursprung, Zentrum und Kraftquelle des christlichen Glaubens bilden. In der Ähnlichkeit von Körperhaltungen und in der Unterschiedlichkeit von Opferhandlungen können sich religiöse, aber auch kulturelle Besonderheiten manifestieren. Die Zugehörigkeit zu einer spezifischen religiösen Tradition erweist sich eindeutig erst in der Verwendung spezifischer Namen, die, wie im Fall der Christen, der Buddhisten und der »Mohammedaner«, auch sprachlich die Zusammengehörigkeit zwischen Religionsstifter und Religionsgemeinschaft fundieren.

Methoden werden durch Menschen vollzogen. Der Manipulations- und Machbarkeitsverdacht, mit dem man ihnen vielfach begegnet, hat sicher dazu beigetragen, dass man die Phänomene religiöser Methodik theologischerseits bisher kaum beachtet hat. Weil Gott »unverfügbar« ist, muss man auf alle Versuche, die eine Bemächtigungstendenz enthalten können, ihm gegenüber verzichten. Dass eine solche Maxime praktisch nicht durchzuhalten ist, signalisiert jeder Akt des Betens und erst recht jeder Vollzug eines Gottesdienstes. Mindestens in der religiösen Praxis ist deshalb ein Personsein gefordert, das die cartesianische Position des Subjekts im Gegenüber zu Objekten zu übersteigen vermag. Jede Lesung eines heiligen Textes transformiert einen Menschen zum Medium. Aber schon jeder Atemzug, der den Leib durchströmt, dementiert die hybride Behauptung: »Ich atme.« Nein! Es atmet in mir. Und deshalb kann ich sagen: »Ich atme.« Weil man in der spirituellen Praxis Dimensionen des Menschseins entdeckt, die dem von Cartesianismus geprägten Alltagsbewusstsein verborgen bleiben, sei wenigstens anmerkungsweise auf Beiträge aus verschiedenen Disziplinen verwiesen, die die auch in der Theologie verbreiteten Subjekt- und Reflexiontheorien an zentralen Punkten in Frage stellen.[13]

Den medialen Charakter spiritueller Praxis haben die religiösen Traditionen auf eine doppelte Weise sicherzustellen versucht. Zunächst durch die

13. Vgl. Chr. von Braun, NichtIch. Logik, Lüge, Libido, Frankfurt 1985; J. Butler, Psyche der Macht. Das Subjekt der Unterwerfung, Frankfurt 2001; A. R. Damasio, Ich fühle, also bin ich, München 2000; ders., Descartes Irrtum, München 2001; H.-M. Gutmann, Ich bin's nicht. Die Praktische Theologie vor der Frage nach dem Subjekt des Glaubens, Neukirchen 1999; B. Latour, Wir sind nie modern gewesen. Versuch einer symmetrischen Anthropologie, Frankfurt 1998; G. Roth, Fühlen, Denken, Handeln, Frankfurt 2001; P. V. Zima, Theorie des Subjekts. Subjektivität und Identität zwischen Moderne und Postmoderne, Tübingen 2000; S. Žižek, Die Tücke des Subjekts, Frankfurt 2001.

Feststellung: Alle Übungen, die zum Göttlichen führen sollen, kommen vom Göttlichen her. Der Ritus realisiert einen Mythos. »So haben die Götter getan, so tun die Menschen.«[14] Im Zentrum des Gottesdienstes wird jenes Mahl inszeniert, das der Religionsstifter mit seinen Anhängern vor seinem Tod gefeiert hat. Im Rundgang um den Altar nach dem Abendmahlsempfang kommt es in kultischer Be-Gehung zur rituellen Darstellung des Schöpfungsgeschehens.[15] Selbst ein Satz, der vom Entmythologisierungsprogramm geprägt ist, dass nämlich »Jesus ins Kerygma auferstanden sei«,[16] lädt den für protestantische Theologie zentralen Predigtakt mit der Kraft des eschatologischen Heilsgeschehens von Auferstehung auf.

Alle Handlungen und Übungen, mit denen man sich dem Göttlichen zu nähern versucht, sind also von der Gottheit entweder selbst schon vollzogen oder zumindest gestiftet. Die permanente Suche nach neuen Formen ritueller Gestaltung ist der religiösen Lebenswelt fremd, und zwar nicht einfach wegen der in der Vergangenheit geltenden Traditionsorientierung, sondern aus sachlichen Gründen. Menschen können nicht einfach Methoden erfinden, mit deren Hilfe sie Gott gegenüber aktiv werden können. Sie sind und bleiben angewiesen darauf, sich auf Verhaltensmodelle einzulassen, die von weit her kommen und deren Tiefe sich erst allmählich erschließt.

Natürlich tauchen im Laufe der Frömmigkeitsgeschichte immer wieder neue Formen des leiblichen und sprachlichen Verhaltens auf. Aber sie enthalten in ihrem Zentrum unvermeidlich Elemente der Tradition. Und sie werden eingeführt nicht als menschliche Erfindungen, sondern als Entdeckungen, die durch göttlichen Einfluss ermöglicht wurden. Als Beispiel kann die sufitische Praxis des Dhikr dienen, eine spirituelle Leibesübung mit heiligen Formeln. »Immer ist es eine Kombination von Klang (äußerem oder innerem), Konzentration, Atmung und Bewegung. Wie auch im Ritualgebet gibt der Mensch sich in seiner Gesamtheit dieser heiligen Handlung hin. Und ebenfalls wie im Ritualgebet erschließt sich die Wirkung erst allmählich. Eine alte Anweisung lautet: ›Erst tust du so, als machtest du Dhikr, dann machst du Dhikr, schließlich macht der Dhikr dich.‹«[17] Auf ähnliche Weise vollzieht sich in den Augenblicken doxologischen Betens eine personale Entgrenzung, in der Selbstvergessenheit Selbstbewusstsein ersetzt.

14. Zitiert nach M. Eliade, Kosmos und Geschichte. Der Mythos der ewigen Wiederkehr, Frankfurt 1986, 34.
15. Vgl. C. von Korvin-Krasinski, Warum be-gehen wir Feste? Sprachkundlicher Beitrag zu einem religionsgeschichtlichen Thema, in Trina Mundi Machina. Die Signatur des alten Eurasien – Ausgewählte Schriften, Mainz 1986, 298 ff.
16. So R. Bultmann, Das Verhältnis der urchristlichen Christusbotschaft zum historischen Jesus, in: Exegetica. Aufsätze zur Erforschung des Neuen Testaments, Tübingen 1967, 469.
17. Zitiert nach M. M. Özelsel, Vierzig Tage. Erfahrungsbericht einer traditionellen Derwischklausur, Reinbek 1995, 176.

Die Grundstruktur dieser Bewegung ist für Paulus im christlichen Initiationsritual enthalten. »Wir sind also durch die Taufe auf seinen Tod mit ihm begraben worden, damit, wie Christus durch die Herrlichkeit des Vaters von den Toten auferweckt worden ist, so auch wir in einem neuen Leben wandeln« (Römer 6,4). Nicht die Identität eines Subjekts, sondern die Konversion einer Person wird durch spirituelle Praxis in anthropologischer Hinsicht bewirkt. Ein menschlicher Leib wird zum »Tempel Gottes« (1. Kor 3,16 f.). Unter dem Einfluss des göttlichen Geistes wird eine Person zum Personanzraum von Gotteskraft.

Nach den bisherigen Überlegungen lässt sich die hier verwendete Begrifflichkeit nun genauer bestimmen. Das Modewort »Spiritualität« ist ein »Containerbegriff mit vielen Sinngebungen«.[18] Das dreibändige, ökumenisch ausgerichtete Handbuch zur »Geschichte der christlichen Spiritualität« hat, wie einer der Herausgeber mitteilt, seinen Autor/innen folgenden Definitionsvorschlag unterbreitet: »Christliche Spiritualität ist der gelebte christliche Glaube sowohl in seinen allgemein gültigen wie in seinen eigenständigen Formen ... Man sollte Spiritualität von der Lehre abheben, weil sie sich nicht auf den Glauben als solchen beschränkt, sondern auf die Wirkung konzentriert, die der Glaube im religiösen Bewußtsein und der religiösen Praxis hat. Sie ist auch von der christlichen Ethik zu unterscheiden, da sie nicht jedes menschliche Tun in seiner Beziehung zu Gott betrachtet, sondern nur jene Handlungen, deren Beziehung unmittelbar und ausschließlich auf Gott gerichtet ist.«[19] Wer Religion als Handwerk betrachtet, wird das Zentrum religiöser Praxis nicht im Bewusstsein lokalisieren. Er kann dem zitierten Vorschlag jedoch darin folgen, dass er zwischen religiöser, spiritueller und sozialer Praxis einen differenzierten Zusammenhang sieht. Spirituelle Methoden sind ein Bestandteil religiöser Praxis. Aber sie unterscheiden sich von allen sozialen Aktivitäten, die durchaus religiös fundiert sein können, dadurch, dass sie zwar gemeinschaftlich praktiziert, aber nicht auf die Gemeinschaft, sondern auf die Gottheit bezogen werden. Sie sind deswegen »spirituell«, weil sie auf göttlichem Einfluss beruhen und auf göttliche Beeinflussung zielen. Dass eine solche Definition notwendig ist, zeigt sich vor allem in Akten wie dem Fasten oder dem Opfern, die zweifellos auch selbst- und gemeinschaftsbezogen ablaufen können.

Deswegen wird hier auch nicht von den »politischen« bzw. »sozialen« Formen einer christlichen Spiritualität gesprochen, sondern mit deren unvermeidlichen Folgen gerechnet. Wer von der Kraft Gottes im Evangelium erfasst ist, wird sich den irdischen Mächten nicht mehr blind unterwerfen.

18. G. Ruhbach, Geistlich leben. Wege zu einer Spiritualität im Alltag, Gießen 1996, 17.
19. B. McGinn, Zur Planung des ersten Bandes, in: B. McGinn/J. Meyendorff/J. Lercq (Hg.), Geschichte der christlichen Spiritualität. Erster Band: Von den Anfängen bis zum 12. Jahrhundert, Würzburg 1993, 21.

Die ersten Christen haben für ihre gottesdienstliche Versammlung den politischen Begriff »ἐκκλησια« verwendet, der »die Wahlversammlung freier Polisbürger« bezeichnet. Auf diese Weise sind sie in eine doppelte (Staats-) Bürgerschaft geraten. »Da es in der ἐκκλησία nur Vollbürger gibt, können diese in der Welt nur Beisassen sein. Pneumatologisch formuliert: Der Geist Gottes, welcher die ἐκκλησία regiert, relativiert die Einbindungen in die verschiedenen politischen, ökonomischen und ethnischen Systeme, die vom Geist der Selbsterhaltung bestimmt sind.«[20] Der Sieg über »Mächte und Gewalten«, der von den neutestamentlichen Exorzisten in einem dämonologischen Wirklichkeitsmodell praktiziert wird, hat für die Gegenwart politische Konsequenzen.[21] Dass gerade die leibbezogene Spiritualität Befreiungserfahrungen auslöst, kann man u. a. am brasilianischen Beispiel der Arbeit mit Kindern und Jugendlichen aus sozialen Randgruppen lernen.[22]

Weil die politischen Folgen von spiritueller Methodik bei der Analyse der Handlungslogik von Verhaltensformen immer nur anklingen werden, sei mindestens zu Beginn thetisch festgehalten: Der Einfluss der göttlichen Macht verändert bei Menschen das Verhältnis zu irdischen Mächten. In der Askese entzieht man sich den Zwängen des Konsums und der Sucht. Indem man die Gottheit beim Beten anruft, stellt man klar, wer über Natur und Geschichte machtvoll entscheidet. Jede Weihehandlung begrenzt den staatlichen Zugriff auf Menschen und Räume. Das »Wort vom Kreuz« entlarvt die Unmenschlichkeit einer Gesellschaft, die »Kriegs- und Verkehrsopfer« für ihr Funktionieren benötigt. Im Akt des Segnens kommt unvermeidlich zur Sprache, in welchem Namen Heil und Heilung beschlossen liegen. Die göttliche Macht kann man funktionalisieren und für kirchliche wie staatliche, für parteipolitische wie private Zwecke in Anspruch nehmen. Im Dekalog wird vor einem solchen Missbrauch nachdrücklich gewarnt (Exodus 20,7). Auf keinen Fall aber kann man die Macht Gottes internieren, in die eigene Innerlichkeit verschließen und auf die individuelle Selbstversorgung beschränken. »Wer an mich glaubt, aus dessen Leib werden, wie die Schrift gesagt hat, Ströme lebendigen Wassers fließen«, verspricht der Außerirdische bei Johannes (7,38). Und dieser Einfluss strömt in missionarische und diakonische, in politische, ästhetische und natürlich auch in theologische Kanäle hinein.

Bevor spirituelle Handlungen und Wahrnehmungen im Einzelnen untersucht werden können, ist im ersten Teil dieses Buches ausführlich auf die Problematik dieser Methoden einzugehen. Die gegenwärtige theologische

20. B. Wannenwetsch, Gottesdienst als Lebensform – Ethik für Christenbürger, Stuttgart 1997, 157.
21. Vgl. Th. Zeilinger, Zwischen-Räume – Theologie der Mächte und Gewalten, Stuttgart 1999.
22. Vgl. D. Oesselmann, Spiritualität und soziale Veränderung. Die Bedeutung einer Liturgie des Lebens in der Arbeit mit Randgruppen, Gütersloh 1999.

Ausbildung rechnet damit, dass man mit der Aneignung von hermeneutischen und historischen, philosophischen und psychologischen Verfahren eine tragfähige Grundlage für den religiösen Beruf erhält. Im Gefolge von G. Ebeling wird für diese Entscheidung gern die reformatorische Theologie in Anspruch genommen, ohne Rücksicht darauf, dass die Reformatoren selbst beim Studium und bei der religiösen Praxis spirituelle Übungen eingesetzt haben. Auch die religionswissenschaftlichen Lehrbücher listen entsprechende Verhaltenssequenzen auf, verzichten aber darauf, nach der darin waltenden Handlungslogik, etwa im Verhältnis von Reinigung und Annäherung, von Entleerung und Erfüllung, präzise zu fragen. Schließlich ist auch in diesen fundamentalen Überlegungen die Realitätsproblematik genauer ins Auge zu fassen, die sich aus dem Verhältnis von eingesetzten Verhaltensformen und vorausgesetztem Wirklichkeitsmodell ergibt.

Die spirituellen Handlungen, die der zweite Teil thematisiert, werden der Bewegungsrichtung leiblicher Praxis folgend behandelt. Am Anfang steht die Präparation des Leibes durch asketische Übungen. Es folgt die Anrufung der Gottheit in den Einstellungen und Bestimmungen des Betens. Dadurch können Menschen, Orte und Sachen eine Weihe erhalten, in deren Bereich religiöse Opferhandlungen möglich werden. Die Lebenskraft, die sich einstellt, kann im Segnen so ausgeteilt werden, dass sie durch spezifische Konzentration auch leibliche Heilungsprozesse auslöst.

Wenn Religion ein Handwerk ist, dann können die Methoden religiöser Wahrnehmung nicht, wie es für eine geisteswissenschaftlich orientierte Theologie nahe liegt, vor den religiösen Handlungen, sondern erst im Schlussteil vorgestellt werden. Den Ausgangspunkt bildet hier, wie es dem protestantischen Glaubensverständnis, aber auch der ontogenetischen Entwicklung entspricht, das Hören. Dass und in welcher Weise auch die Alltagserfahrung des Träumens religiöse Dimensionen enthält, ist angesichts der Psychologisierung dieses Erfahrungsfeldes besonders aufschlussreich. Schließlich muss eine Phänomenologie spiritueller Methodik auch ernst nehmen, dass die religiösen Traditionen außerhalb wie innerhalb des Christentums mit visuellen Erfahrungen rechnen. Dass in diesem letzten Teil den Exerzitien der Meditation kein eigenes Kapitel gewidmet ist, ergibt sich aus der vorgetragenen Definition von Spiritualität. Die meditative Praxis ist entweder so theozentriert, dass sie eine Methode spirituellen Sehens darstellt, oder sie ist so selbstorientiert, dass sie in eine Phänomenologie der Psychologie gehört.[23]

Die Logik spiritueller Handlungs- und Wahrnehmungsformen tritt in ihrer Eigenart erst hervor, wenn man sie durch praktischen Vergleich und theoretischen Respekt profiliert.

23. Vgl. M. von Brück, Einheit der Wirklichkeit. Gott, Gotteserfahrung und Meditation im hinduistisch-christlichen Dialog, München 1986, sowie P. Carrington, Das große Buch der Meditation, Bern 1980.

Deshalb umfasst die folgende Darstellung in der Regel mindestens drei Aspekte:

- die Darlegung biblischer, kirchlicher, teilweise auch religionsgeschichtlicher Überlieferungen;
- die Diskussion wissenschaftlicher Interpretationsmodelle, vor allem im Gegenüber von sozialpsychologischen und phänomenologischen Ansätzen;
- die Rekonstruktion methodischer Abläufe, die insbesondere auf das Verhältnis zwischen korporalen Prozessen und externen Einflüssen achtet.

Wenn Religion ein Handwerk ist, dann bedeutet das auch, dass die Leibesübungen der Spiritualität

- keine Anwendung theologischer Lehre und
- kein Ausdruck persönlicher Frömmigkeit sind.

Sie werden von Menschen praktiziert, nicht weil diese Menschen fromm sind, sondern weil sie fromm werden wollen. Und sie werden in der Theologie reflektiert, um sie, soweit das in diesem Rahmen möglich ist, vor gesetzlicher Verfälschung, emotionaler Aufladung und profaner Entleerung zu bewahren.

Damit ist auch deutlich: Eine Einführung in die Handlungslogik spiritueller Methoden will und kann keine Einübung in die Praxis dieser Methoden bieten. Ein Handwerk kann man durch das Medium der Schrift reflektieren, aber weder lehren noch lernen.

Für mich, aber sicherlich auch für andere präsentiert dieses Buch ein überraschendes Fazit meiner Göttinger Lehrtätigkeit. Wer zu Beginn seiner wissenschaftlichen Laufbahn »Die Gegenständlichkeit der Offenbarung« und die »Gesetzlichkeit in der Predigt der Gegenwart« behandelt hat, konnte nicht damit rechnen, dass er am Schluss die Handlungslogik spiritueller Methoden traktieren würde. Gleichwohl ist der Weg von dort nach hier – im Rückblick erstaunlicherweise – auch stimmig. Nach realitätsbezogenen Denkformen werden wirklichkeitsfundierte Handlungssequenzen analysiert. Die Kritik an der Gesetzlichkeit findet an der Rekonstruktion von Methoden, die die Kraftquellen des Evangeliums erschließen, ihre positive Erfüllung.

Ich habe zu danken.

Viele haben im Lauf der Jahre durch Fragen, Anregungen und Literaturhinweise an diesem Buch mitgeschrieben. Andere haben bei der Fertigstellung geholfen. Gewidmet ist es den Göttinger Freunden, die meine theologischen, aber auch meine persönlichen Entwicklungen mit jener distanzierten Verbundenheit begleitet haben, die man beim Skat- bzw. beim Fußballspielen lernt: Christoph Bizer, Werner Klatt, Berndt Schaller – et mortuis.

Zur Problematik religiöser Methoden

§ 1 Das Methodenproblem in der gegenwärtigen Theologie

Wer Pfarrer/in werden will, muss Theologie studieren. Das geistliche Amt ist gebunden an eine wissenschaftliche Ausbildung. Demgemäß arbeitet die pastorale Praxis mit Methoden, die in einem akademischen Studium vermittelt werden. Die simple Voraussetzung für diese Regelung liegt in der Annahme, dass man auf diesem Weg sachgemäß an die Sache herangeführt wird, mit der man auf dem Berufsfeld zu tun haben wird.

Nun ist die berufliche Orientierung der akademischen Bildung ein seit langem umstrittenes Problem. Weil sich die deutsche Universität seit ihrer grundlegenden Reform zu Beginn des 19. Jahrhunderts nicht mehr als Ausbildungsstätte, sondern als Institution, die durch Forschung und Lehre das geistige Fundament für ein gebildetes Dasein vermittelt, verstanden hat, ist mindestens für die Geisteswissenschaften eine direkte Verwertung des im Studium Angeeigneten nicht intendiert. Das Überlegenheitsgefühl, das die Hochschulen gegenüber den Fachhochschulen immer noch pflegen, hat in allen Fakultäten den Studierenden, die ein außeruniversitäres Berufsziel anstreben, zahlreiche Frustrationen bereitet.[1] Die wissenschaftlichen Methoden sind zunächst auf die wissenschaftliche Forschung bezogen und nicht unbedingt auf die berufliche Praxis derer, die darin ausgebildet werden.

Im Falle der Theologie kommt eine weitere strukturelle Problematik hinzu. Die Methoden, die man im Studium lernt, haben grundsätzlich profanen Charakter.[2] Sie unterscheiden sich in keiner Weise von jenen Verfahren, die man in anderen geisteswissenschaftlichen Disziplinen vermittelt bekommt. Dabei werden sie an Studierende weitergegeben, deren berufliches Feld eine eigentümliche Offenheit ausweist. Als Pfarrer/innen werden sie im Machtbereich von Religion arbeiten, unter dem Einfluss jener Wirklichkeit, die in der Sprache der Religionsphänomenologie das Heilige heißt. Diese Wirklichkeit umfasst, wie jede Dimension von Realität, spezifische Wahrnehmungs- und Handlungsformen. Die Frage, die sich für die methodologische Orientierung des Theologiestudiums ergibt, lässt sich dann so präzisieren:

1. Vgl. die sozialwissenschaftliche Studie von J. A. Schülein, Selbstbetroffenheit. Über Aneignung und Vermittlung sozialwissenschaftlicher Kompetenz, Frankfurt 1977.
2. Zu den Erfahrungen und Ergebnissen gegenwärtiger theologischer Ausbildung vgl. die empirischen Untersuchungen von D. Engels, Religiosität im Theologiestudium, Stuttgart 1990, und G. Traupe, Studium der Theologie – Studienerfahrungen und Studienerwartungen, Stuttgart 1990.

In welchem Sinn machen die profanen wissenschaftlichen Methoden, die die einzelnen theologischen Fächer verwenden, die Studierenden wahrnehmungs- und handlungsfähig in einem Beruf, der erklärtermaßen dem Wirken des Heiligen dienen soll?

Wir untersuchen diese Frage an zwei grundlegenden Konzepten, die in der letzten Generation die theologische Arbeit in Theorie und Praxis geprägt haben. Dabei geht es um die prinzipielle Begründung der historischen Kritik durch G. Ebeling und die ebenso prinzipiell fundierte Rezeption der psychotherapeutischen Verfahren durch J. Scharfenberg.

I. Theologie und historische Kritik

G. Ebeling hat 1949 auf einer Tagung, die zur Neugründung der »Zeitschrift für Theologie und Kirche« (ZThK) führen sollte, einen Vortrag über »Die Bedeutung der historisch-kritischen Methode für die protestantische Theologie und Kirche« gehalten, dessen Wirkungsbreite schwer überschätzt werden kann. Seine damaligen Ausführungen haben nicht nur die historischen Fächer beeinflusst, sondern auch der Systematischen und der Praktischen Theologie grundlegende Aufgaben vorgestellt, die sie in den nächsten Jahrzehnten zu lösen versuchten.[3]

Ebeling gewinnt seine Überzeugungskraft durch die Kombination zweier Traditionen, die seit dem 19. Jahrhundert zur Konstitution protestantischer Theologie gehören. Wie lassen sich Reformation und Neuzeit miteinander verknüpfen? Die spezifische Variante dieser Konstellation besteht für ihn in dem Problem, »wie die geforderte und praktizierte Rückwendung zur reformatorischen Theologie sich verhält zu der inzwischen in zunehmendem Maße und in der zweiten Hälfte des 19. Jahrhunderts nahezu unbestritten in der Theologie zur Herrschaft gekommenen historisch-kritischen Methode«.[4]

Die inhaltliche Antwort auf diese Frage ergibt sich mit einer These über »Das Wesen des Christentums«: »Das Christentum steht und fällt mit der Bindung an seinen einmaligen historischen Ursprung. Das besagt zunächst: Das Christentum ist eine geschichtliche Größe.«[5] Der Offenbarungsanspruch, der in den historischen Dokumenten enthalten ist, kann nur durch ein hermeneutisches Verfahren respektiert werden, das den geschichtlichen Charakter des Offenbarungsgeschehens radikal ernst nimmt. Eben

3. Einen eigenen Entwurf auf dieser Basis hat G. Ebeling später vorgelegt mit dem Werk: Studium der Theologie. Eine enzyklopädische Orientierung, Tübingen 1975.
4. G. Ebeling, Die Bedeutung der historisch-kritischen Methode für die protestantische Theologie und Kirche, Wort und Glaube I, Tübingen 1960, 2.
5. A.a.O. 13.

das geschieht in der neuzeitlichen Hermeneutik. Schon der in der Kirchengeschichte sich vollziehende Prozess der Schriftauslegung ist von hermeneutischen Problemen bestimmt; aber auch die Systematische und die Praktische Theologie können die aktuelle Relevanz der biblischen Tradition für ihre Gegenwart ohne hermeneutische Operationen nicht klären.

Dass man für die kirchliche Arbeit Methoden der Schriftauslegung benötigt, hat man zu allen Zeiten gewusst. Die Integration der historisch-kritischen Methode in die Theologie will Ebeling nicht dadurch erleichtern, dass er sie »für eine formale, voraussetzungslose wissenschaftliche Technik«[6] erklärt. Im Gegenteil, er hat ein deutlich spürbares Interesse daran, ihre Widerständigkeit gegen alle dogmatischen Sicherheiten hervorzuheben. Die historisch-kritische Methode partizipiert in ausgezeichneter Weise an den Selbstverständlichkeiten der neuzeitlichen Moderne, die in den folgenden zwei Punkten konzentriert sind: »Einmal in einer Restriktion, nämlich in der Ausscheidung aller metaphysischen Aussagen aus dem Bereich des Selbstverständlichen. Und ferner in einer Erweiterung, nämlich in der relativen Autonomie der Wissenschaft und des sozialen Lebens.«[7] Insofern wird die historisch-kritische Methode die traditionellen Voraussetzungen des christlichen Glaubens, sofern der auf Metaphysik und Autorität beruht, prinzipiell in Frage stellen.

Dass sich die protestantische Theologie in allen Fächern auf diese Methode einzulassen hat, sieht Ebeling in der Reformation begründet, die eine Vielzahl spätmittelalterlicher Vergegenwärtigungsformen der biblischen Tradition relativiert oder gar überwunden hat. Natürlich hat man auch im Mittelalter den historischen Schriftsinn zu erfassen versucht; aber dieses Vorgehen war eingebunden in eine Reihe anderer Konzepte, die Ebeling stichwortartig aufzählt.[8] In der »historisierend-imitierenden Vergegenwärtigung« unternahm man »Nachfolge Jesu« etwa durch monastische Praxis. In der »historisierend-kontemplativen Vergegenwärtigung« ging es um das zeitliche oder räumliche Nacherleben der Heilsgeschichte, etwa in der Gestalt des Kirchenjahres oder in Form einer Wallfahrt. Die »mystische Vergegenwärtigung« strebte direkten »Kontakt zur Offenbarungswirklichkeit im Sinn unmittelbarer Erfahrung« an. Die »metaphysisch-realistische Vergegenwärtigung« wurde durch Reliquien realisiert, die eine Verbindung zur Vergangenheit ohne schriftliche Vermittlung ermöglichten. Im Messopfer wurde das Heilsgeschehen sakramental wiederholt. Durch das Postulat der apostolischen Sukzession kommt es bis heute im römischen Katholizismus zu einer »institutionell-pneumatische(n) Vergegenwärtigung«, bei der die Kirche nicht Medium, sondern Phänomen der göttlichen Offenbarung ist.

Die Reformation hat nach Ebelings Meinung diese Vielzahl von Aktuali-

6. A.a.O. 28, ähnlich 36.
7. A.a.O. 31.
8. Vgl. a.O. 18ff.

sierungsverfahren reduziert und im Rahmen der Rechtfertigungslehre auf das Geschehen von Wort und Glauben konzentriert. »Der Gegensatz zwischen Katholizismus und Protestantismus beruht auf dem verschiedenen Verständnis der Vergegenwärtigung des historischen ἅπαξ (der Einmaligkeit) der Offenbarung. Die Reformation vollzieht die ungeheure Reduktion, daß das historische ἅπαξ der Offenbarung allein im Glauben gegenwärtig wird.«[9] Das sola fide hat dem solus Christus nur ein Medium gelassen: »das Wort allein«.[10] Ebeling sieht durchaus den Verlust, der damit verbunden gewesen ist. »Menschlich geurteilt war der Kaufpreis eine erschreckende Verarmung religiösen Lebens und eine beängstigende Preisgabe religiöser Sicherungen.« Aber gleichzeitig betont er emphatisch, »daß die Theologie in ihrer Bedeutung für die Kirche wuchs«,[11] und zwar als exegetische, kritische, hermeneutische Theologie. Auch an diesem Punkt will er die Problematik einer solchen Entwicklung nicht übersehen. Die Abkehr von der Metaphysik ewiger Glaubenssätze, die Anerkennung der Geschichtlichkeit aller Auslegung kann zu einem totalen Relativismus in Gestalt des Historismus führen oder mindestens zu einer permanenten Preisgabe der Verkündigung an die jeweils herrschende wissenschaftliche Mode. Dennoch verteidigt Ebeling mit Nachdruck den Satz: »Der Protestantismus des 19. Jahrhunderts hat durch die prinzipielle Entscheidung für die historisch-kritische Methode in veränderter Situation dem römischen Katholizismus gegenüber die reformatorische Entscheidung des 16. Jahrhunderts festgehalten und bekräftigt.«[12]

Die Begründung für diese fundamentale These fällt doppelt, durch negative und durch positive Aussagen, aus. In dem sola fide der reformatorischen Rechtfertigungslehre liegt für Ebeling einerseits »die Ablehnung aller vorfindlichen Sicherungen der Vergegenwärtigung, seien sie ontologischer, sakramentaler oder hierarchischer Art«.[13] Dass die historische Kritik die Glaubenden verunsichert und aus mitgebrachten Einstellungen herausreißt, ist also keineswegs ein Argument gegen sie. Vielmehr muss der Glaube im reformatorischen Sinn »hinein in die Anfechtung, hinein in das Feuer der Kritik«.[14] Auf der anderen Seite steckt im sola fide aber auch »das Verständnis der Vergegenwärtigung im Sinne echt geschichtlicher, personaler Begegnung«.[15] Und alle methodischen Verfahren, die man im Rahmen der historischen Kritik entwickelt hat, haben dem Ziel zu dienen, eine »echt geschichtliche, personale Begegnung mit dem Text«[16] zu ermöglichen. Ebeling selbst

9. A. a. O. 21.
10. A. a. O. 22.
11. A. a. O.
12. A. a. O. 41.
13. A. a. O. 44f.
14. A. a. O. 39.
15. A. a. O. 45.
16. A. a. O. 46.

hat das in seinem weiteren Lebenswerk durch den Entwurf einer Existenzhermeneutik auf eindrucksvolle Weise zu leisten versucht.

Die Aufgabe, die Ebeling damit der historischen Kritik in der theologischen Ausbildung zuweist, ist in religionsphänomenologischer Sicht nicht ungewöhnlich. Religiöses Lernen umfasst immer die Folge von Destruktion und Konstruktion. Am Anfang müssen mitgebrachte Einstellungen verunsichert, manchmal sogar ausgetrieben werden. Das kann durch mehr oder weniger schmerzhafte Körpersignale, aber auch durch die Konfrontation mit einer unlösbaren Fragestellung erfolgen.[17] Der Exorzismus, den die historische Kritik erreichen soll, betrifft so gewaltige Größen wie Metaphysik, Magie und Aberglauben, die für das neuzeitliche Denken den dämonischen Widerpart bilden. Und auch die Neuausstattung der personalen Innenwelt wird hier, wenn auch nur andeutungsweise, ins Auge gefasst. Sie soll die biblische Tradition im Wahrnehmungsraster des geschichtlichen, personalen Denkens umfassen. R. Bohren hat die Struktur eines solchen Konzepts mit einem Satz, der ihm damals viel Ablehnung eingetragen hat, im Blick auf den Prediger präzise getroffen: »Nachdem er den Text historisch-kritisch beerdigt hat, soll er ihn existential wieder auferwecken«.[18]

Ebeling hat selbst auf die Einseitigkeit seiner Darstellung hingewiesen. Die Reformation hat zwar in ihren prinzipiellen Äußerungen das Wortgeschehen durchaus ins Zentrum gerückt, aber sie hat daneben und in diesem Rahmen durchaus auch andere Formen der Vergegenwärtigung akzeptiert: die Sakramente, das Kirchenjahr, die Kirchengebäude, das Amt, ja, sie hat, verstärkt in der Orthodoxie, auch das metaphysische Denken für lange Zeit wiederholt. Durch diese Einseitigkeit ergeben sich freilich auch Probleme, die Ebeling selbst nicht markiert. Die exklusive Konzentration auf das Wort führt zu einer wesentlichen Reduktion der religiösen Praxis. Sie wird sprachorientiert und tendenziell bewusstseinsorientiert und gerät damit mehr und mehr in die bürgerliche Lebenswelt.[19] Die Inkarnation, die durch das geschichtliche Denken ernst genommen werden will, wird damit anthropologisch erneut verengt. Der Logos ist ja nicht nur Kopf und Mund, sondern er ist Fleisch geworden und hat damit Leiblichkeit insgesamt zum Medium seines Wirkens gemacht.

In methodologischer Hinsicht verdient die meiste Kritik die mangelnde

17. Vgl. K. Graf Dürckheim, Zen und wir, Frankfurt 1974, 77 ff., und D. Gak, Das Zen des Lauschens, Frankfurt 1999, 55 ff.
18. R. Bohren, Die Krise der Predigt als Frage an die Exegese, in: Predigt und Gemeinde. Beiträge zur Praktischen Theologie, Zürich/Stuttgart 1963, 93.
19. Vgl. M. Josuttis, Der Pfarrer – ein Bürger, EvTh 49, 1989, 443 ff., sowie H.-M. Gutmann, Über Liebe und Herrschaft. Luthers Verständnis von Intimität und Autorität im Kontext des Zivilisationsprozesses, Göttingen 1991, der Luthers Theologie als Seelsorge gegenüber den Konflikten des frühbürgerlichen Mannes interpretiert.

Unterscheidung zwischen der Theologie als einer wissenschaftlichen Disziplin und der religiösen Praxis, die sich gewiss auf Theologie bezieht, aber von ihr auch deutlich abgehoben sein muss. Man könnte diesem Ansatz gegenüber lange diskutieren, was etwa historische Untersuchungen zu Texten des Urchristentums zu theologischen Aussagen macht. Viel wichtiger ist aber noch ein anderes Moment. Theologie als eine wissenschaftliche Disziplin wird hier als religiöser Faktor eingesetzt. Die theologische Kritik soll das erreichen, was nach Meinung der biblischen und kirchlichen Tradition Aufgabe der Verkündigung ist. Sie soll die Kirche zur Buße rufen und den Einzelnen in die Anfechtung führen. Hier werden mögliche Wirkungen, die sich aus dem Einsatz profaner Methoden ergeben, aufgewertet, indem sie mit den Folgen religiöser Praxis gleichgesetzt werden, ohne dass diese Annahme reflektiert und in einen Gesamtprozess der religiösen Arbeit integriert ist.

Auf der anderen Seite wird als selbstverständlich vorausgesetzt, dass es einen nachvollziehbaren Übergang aus der Anwendung historischer, systematischer und rhetorischer Methoden in die pastorale Praxis gibt. Auf die explicatio, die als Auslegung abläuft, soll die applicatio folgen, die Tendenzen der Auslegung übernimmt. Die hermeneutische Schule hat in all ihren Vertretern für diesen Übergang methodische Regeln zu formulieren versucht. In der Praxis ist daraus oft genug die Fortsetzung der Theologie mit anderen sprachlichen Mitteln geworden. Von der Kanzel war dann ein exegetischer Vortrag oder ein existenzphilosophischer Essay zu hören. Und wenn das, erfreulicherweise, in extremer Form nur äußerst selten geschehen ist, dann verdankt sich das Kräften im methodischen Niemandsland zwischen profaner Wissenschaft und religiöser Praxis, die in einem solchen hermeneutischen Konzept nicht erfasst werden können.

II. Theologie und Psychotherapie

Seit den siebziger Jahren des vorigen Jahrhunderts ist die geisteswissenschaftliche Orientierung der theologischen Ausbildung ergänzt worden durch die Integration von sozial- und psychowissenschaftlichen Konzepten. Die Wende zur Empirie, die Frage nach der gesellschaftlichen Relevanz, die Entdeckung der Psyche haben auch in anderen Fakultäten zur Erweiterung des methodischen Repertoires geführt. Für die Theologie kam hinzu, dass sie angesichts der grassierenden Religions- und Kirchenkritik ihr Daseinsrecht durch verstärkte Aktualitätsbemühungen meinte beweisen zu müssen. Als prominentes Beispiel für diese Entwicklung ziehen wir die Arbeiten von J. Scharfenberg heran, der mit seinen Veröffentlichungen eine ganze Theologengeneration nicht nur im Bereich der Seelsorge geprägt hat.

Auch ihm geht es um die methodisch fundierte Vermittlung von biblischer und reformatorischer Überlieferung. Aber beim Vergleich mit Ebeling tritt der unterschiedliche »Sitz im Leben« beider Ansätze deutlich zutage. Während der eine mit der Auslegung von Texten beschäftigt ist, hat der andere in seiner Arbeit mit Menschen zu tun. Das zentrale Stichwort aus der christlichen Tradition, das den Ausgangspunkt für seine methodologischen Überlegungen bildet, besagt, »daß das Ziel seelsorgerlichen Gespräches die Freiheit eines Christenmenschen sei und daß rechte Seelsorge in dem Betreuten das deutliche Empfinden wachhalten müsse, daß er von Freiheit zu Freiheit geführt werde«.[20]

Was mit diesem zentralen Stichwort gemeint ist, wird von Scharfenberg an zahlreichen Stellen durch Strukturaussagen angedeutet. Es geht um »Freiheit von der Vergangenheit«, etwa in Gestalt der Eltern, und um »Freiheit zur Zukunft in einer sinnvollen und lebensfördernden Gemeinschaft der Liebe«.[21] Es geht auch um die Freiheit sich selbst gegenüber, vor allem im Verhältnis zu den Triebansprüchen, die sich in einem melden.[22] Es geht schließlich um »die Stärkung des Ichs, d. h. der bewußten und freien Person des Partners«,[23] das sich nach der psychoanalytischen Anthropologie gegen Es und Über-Ich durchzusetzen vermag. Freiheit, wie sie hier intendiert ist, besteht in der innerpersonalen und interpersonalen Fähigkeit zu verantwortungsvollem Leben. Der biblische Leitbegriff ist damit deutlich in den Rahmen eines tiefenpsychologischen Menschenbildes eingepasst.

Die Kriterien, die sich daraus ergeben, bringt Scharfenberg auch bei der Auswahl der therapeutischen Methoden zur Geltung. Ähnlich wie Ebeling, der alle Ansätze zu einer »pneumatischen« Exegese schroff zurückweist,[24] lehnt auch Scharfenberg eine »pneumatische« Seelsorge grundsätzlich ab. Und zwar aus zwei Gründen. Zunächst hatte er schon in seiner Dissertation vehement behauptet, das pneumatische Geschehen sei nicht methodisierbar. »Alle Technik und alle psychologischen Hilfsmittel können die Seelsorge nicht hervorrufen, sondern ihr eigentliches Zentrum ist die Gewißheit, daß Gottes heiliger Geist durch den Seelsorger handeln will. Der Seelsorger ist nur das ausführende Organ des Heils- und Rettungswillens Gottes, er stellt sich Gott nur als Handlanger zur Verfügung.«[25]

Diese Behauptung der Nichtmethodisierbarkeit von Seelsorge galt zunächst auch für alle therapeutischen Techniken. Die Begegnung mit einer Klientin hat diese Einstellung bei Scharfenberg noch einmal modifiziert. Nachdem die Absolution, die sie von ihm wie von zahlreichen anderen Pfarrern vorher erfahren hatte, sich schon am nächsten Tag gegenüber ihren

20. J. Scharfenberg, Seelsorge als Gespräch. Zu Theorie und Praxis der seelsorgerlichen Gesprächsführung, Göttingen 1972, 25.
21. A. a. O. 40.
22. Vgl. a. O. 42 f.
23. A. a. O. 61.
24. Vgl. G. Ebeling, Bedeutung, a. a. O. 2 ff.
25. J. Scharfenberg, Johann Christoph Blumhardt und die kirchliche Seelsorge heute, Göttingen 1959, 98.

Schuldgefühlen als unwirksam erwiesen hatte, hat Scharfenberg sich entschlossen der Psychoanalyse zugewendet. Religiöse Praxis hatte sich in diesem Fall nicht nur als nicht methodisierbar, sondern auch als ineffektiv, wenn nicht gar als schädlich erwiesen. So blieb als Ausweg aus der methodologischen Aporie des Theologen die Arbeit mit den Methoden der Psychotherapie.

Die Auswahl auf diesem weiten Feld erfolgt nach dem »theologischen Grundprinzip«, »ein größtmögliches Maß an Freiheit vermitteln«[26] zu sollen. Die klientenzentrierte Gesprächsführung nach C. R. Rogers, die sich an den gegenwärtigen Gefühlen des Klienten orientiert, vertritt nach Scharfenbergs Meinung einen anthropologischen Optimismus und nimmt die Macht der Vergangenheit nicht ernst; die Erweiterung der emotionalen Regungen schließt keine »Befreiung von Wiederholungszwängen«[27] ein. Die Verhaltenstherapie auf der anderen Seite vertritt für ihn einen anthropologischen Pessimismus, weil sie das therapeutische Ziel durch Methoden der Belohnung bzw. der Bestrafung erreichen will und in der Einhaltung biblischer Normen besteht.[28] »Der Eigenbeitrag des Betreuten innerhalb des therapeutischen oder seelsorgerlichen Prozesses selber muß somit auf ein Minimum absinken, Freiheit im Sinne von Bewußtseinserweiterung wird sich nicht ereignen können.«[29]

So bleibt von den klassischen Therapie-Modellen die Psychoanalyse übrig, der Scharfenberg ein Höchstmaß an anthropologischem Realismus bescheinigt. Die Tiefe der Versklavung wird hier ebenso wahrgenommen wie die Möglichkeit der Befreiung vom »Wiederholungszwang des ewig Gleichen.«[30] Auch wenn nicht alle Seelorger/innen eine psychoanalytische Ausbildung erfahren können, will Scharfenberg für die »Seelsorge als Gespräch« die grundlegenden methodischen Einsichten der Freud-Schule wenigstens literarisch weitergeben. Faktisch formuliert er dabei eine Doppelbotschaft: »Gewiß fehlen dem Seelsorger in der Regel die Voraussetzungen, um diese Technik zu übernehmen. Er muß sie jedoch kennen, um sich bewußt mit dem Phänomen von Übertragung und Gegenübertragung auseinanderzusetzen.«[31]

Wenn Scharfenberg in seinem Spätwerk die bleibende Bedeutung der biblischen Tradition für die kirchliche Arbeit wieder sehr stark betont, dann ist auch diese Wendung letztlich tiefenpsychologisch begründet. Symbole sind,

26. J. Scharfenberg, Seelsorge als Gespräch, a.a.O. 111.
27. A.a.O. 116.
28. Vgl. J. Scharfenberg, Die biblische Tradition im seelsorgerlichen Gespräch. Ein Beitrag zur praktisch-theologischen Theoriebildung, EvTh 38, 1978, 152ff. und die dort geführte Auseinandersetzung mit evangelikalen Konzepten.
29. J. Scharfenberg, Seelsorge als Gespräch, a.a.O. 114.
30. A.a.O. 119.
31. A.a.O. 67.

wie insbesondere A. Lorenzer gezeigt hat, unverzichtbar für die Bearbeitung menschlicher Grundkonflikte.[32] Das bedeutet für die Poimenik, dass »das Symbol die Nahtstelle ist oder das Scharnier darstellt, durch das säkularisierte Humanwissenschaft und religiöse Überlieferung zusammenhängen«.[33] Die biblischen Aussagen werden deshalb auch nicht im Blick auf ihren Wirklichkeitsgehalt, als Repräsentanzen der Macht des Heiligen, eingesetzt, sondern dienen im Sinne einer therapeutischen Funktionalisierung zur psychischen Konfliktbearbeitung. »Symbole sollen helfen, das Leben zu bewältigen.«[34]

Auch bei Scharfenberg lassen sich Tendenzen zur Vereinseitigung und zur Vermischung konstatieren, wie wir sie schon bei Ebeling feststellen mussten. Einseitig ist sicher das Freiheits- und Konfliktverständnis, weil beides hier nur innerpersonal und interpersonal beschrieben wird. Dass Menschen mit sich selbst und mit anderen andauernd Schwierigkeiten haben, das lässt sich in keiner Weise bestreiten. Aber die religiöse Tradition umfasst noch andere Konfliktdimensionen und damit auch andere Freiheitsmöglichkeiten, indem sie von transindividuellen Mächten und von einer transmundanen Gottheit spricht.

Mit diesem Wahrnehmungshorizont sind aber auch methodische Fragen verknüpft. Die Verfahren der historischen Kritik reichen aus, um innergeschichtliche Zusammenhänge zu rekonstruieren. Die Verfahren der Psychotherapie rechnen mit innerpersonalen und interpersonalen Prozessen und Faktoren und stellen für deren Bearbeitung erprobte Instrumente zur Verfügung. Auf dem Boden einer einseitigen Welt-Anschauung entsteht unvermeidlich eine Vermischung in der Welt-Bearbeitung, wenn man mit Hilfe profaner Methoden auch religiöse Aufgaben wahrnehmen will. Die Einsichten von Geschichtswissenschaft und Psychotherapie gelten »etsi deus non daretur«.[35] Wer sich auf der Basis einer Ausbildung in diesen Methoden in die religiöse Praxis begibt, wird entweder mit einer permanenten Reduktion seiner Aufgaben operieren oder unreflektiert und auch ungeübt Methoden verwenden, die seit alters zum Repertoire des religiösen Handelns gehören.

32. Vgl. A. Lorenzer, Kritik des psychoanalytischen Symbolbegriffs, Frankfurt 1970.
33. J. Scharfenberg/H. Kämpfer, Mit Symbolen leben. Soziologische, psychologische und religiöse Konfliktbearbeitung, Olten 1980, 124f.
34. A.a.O. 143.
35. Zur Problematik eines »methodischen Atheismus« vgl. H. Gollwitzers Berliner Antrittsvorlesung (1957), Die Theologie im Hause der Wissenschaften, in: Auch das Denken darf dienen. Aufsätze zu Theologie und Geistesgeschichte 1, Ausgewählte Werke 8, München 1988, 18ff.

Die historisch-kritische Auslegung von Texten wie die psychotherapeutische Seelsorge an Menschen arbeiten auf der Basis eines neuzeitlichen Weltbildes, das herkömmliche Anschauungen, wie sie in den biblischen Schriften anzutreffen sind, hinter sich gelassen hat. G. Ebeling hat ein Leitmotiv formuliert, das in allen theologischen Lagern rezipiert worden ist: »In der Neuzeit gibt es einen so vorher unbekannten Bereich neuer Selbstverständlichkeiten, deren Geltung sich auch der Christ nicht entziehen kann, und zwar auch dann nicht, wenn sie im Widerspruch stehen zu solchen Anschauungen, die vor dem Anbrechen der Neuzeit zu den Selbstverständlichkeiten christlicher Weltanschauung gehörten.«[36]

Das methodische Repertoire, das man in der theologischen Ausbildung erwerben kann, hat sich in den letzten Jahrzehnten vielfältig ausdifferenziert. Für die Auslegung von Texten hat man Einsichten der Sozial- und Mentalitätsgeschichte, der Tiefenpsychologie und der Linguistik, des symbolischen Interaktionismus und der Kulturanthropologie herangezogen. Ebenso hat die Praktische Theologie neben zahlreichen Varianten des tiefenpsychologischen Ansatzes Methoden der Religions- und Kirchensoziologie, der Wirkungsforschung und Rezeptionsästhetik, der Kommunikationswissenschaften und der Pädagogik aufgenommen. Das alles hat zu einer fruchtbaren Erweiterung von Forschungsperspektiven, teilweise auch einer methodischen Verbesserung des pastoralen Handelns geführt.

Insgesamt aber wird man feststellen müssen: Alle diese theoretischen und methodologischen Varianten bleiben der grundlegenden Entscheidung verhaftet, die die Väter der hermeneutischen und therapeutischen Theologie vollzogen haben. Der Wirklichkeitshorizont, mit dem alle diese Methoden rechnen, ist auf historische Gesetzmäßigkeiten, auf soziale Prozesse, psychologische Konflikte, interpersonale Kontakte beschränkt. Deshalb ist der eigentlich unvermeidliche Versuch, in einem solchen Kontext von Gott zu reden, jedesmal ein höchst prekäres Unternehmen.[37] Es kann sich dann allenfalls um Chiffren, Symbole, Metaphern handeln, wenn man sich nicht von vornherein dem Projektionsverdacht unterwirft und Gott-ist-tot-Parolen vertritt.

36. G. Ebeling, a. a. O. 30.
37. Unterschiedlich ist nur das Ausmaß an Konsequenz, mit der man den sozialpsychologischen Ansatz durchführt. Religiöse Aussagen gelten entweder als gruppenfundierte Deutungsschemata, wie etwa bei E. Nestler, Pneuma. Außeralltägliche religiöse Erlebnisse und ihre biographischen Kontexte, Konstanz 1998, 147 ff., oder sie werden als theologische Postulate in tiefenpsychologische Modelle implantiert, wie es S. Bobert-Stützel, Frömmigkeit und Symbolspiel. Ein pastoraltheologischer Beitrag zu einer evangelischen Frömmigkeitstheorie, Göttingen 2000, 127 ff., versucht.

Auch eine religionsphänomenologisch orientierte Theologie kann das Dilemma der theologischen Ausbildung nicht grundsätzlich überwinden. Sie kann, im Rückgriff auf entsprechende philosophische Entwürfe, die Rede vom Heiligen als anthropologische Basiskategorie aufgreifen und mit deren Hilfe sowohl die biblischen Texte wie die pastorale Praxis in ihrer Eigenart genauer erfassen. Sie muss also die Wirklichkeit des Heiligen weder dogmatisch postulieren noch durch Hinweise auf gelungene soziologische bzw. psychologische Konfliktbearbeitung funktionalisieren. Sie bleibt aber mit all ihren Aussagen im Bereich akademischer Theologie.

Was eine religionsphänomenologisch fundierte Theologie von anderen Konzepten deutlich unterscheidet, ist aber die Fähigkeit zur Begrenzung und zur Ausweitung des methodologischen Horizonts. Indem sie für ihre eigene Arbeit die Verfahren der Phänomenologie anwendet, entdeckt sie, dass es auch jenseits der wissenschaftlichen Praxis methodisches Handeln gibt. Das ist insbesondere für den Bereich der Religion höchst aufschlussreich. Denn alle wissenschaftlichen Modelle, die ihre eigenen methodischen Konzepte verabsolutieren, bleiben gegenüber diesem Phänomen eigentümlich hilflos. Sie müssen das religiöse Handeln, dem sie etwa in den biblischen Texten begegnen, einerseits als archaisch denunzieren, weil es auf antiken, durch moderne Einsichten überholten Wirklichkeitsentwürfen beruht. Und sie müssen andererseits, wenn es um die kirchliche Verwendung solcher alten Texte geht, auf methodische Instrumente zurückgreifen, die sich von den in der Bibel verwandten Methoden durch ihren modernen, profanen Charakter prinzipiell unterscheiden. Demgegenüber nötigt die Religionsphänomenologie, indem sie mit der Wirklichkeit des Heiligen auch für die Gegenwart rechnet, zu der Frage, von welchen Handlungslogiken das Wirken in diesem Wirklichkeitsbereich auch heute bestimmt sein kann. Deshalb hat die Theologie den methodischen Charakter der spirituellen Praxis zu reflektieren.

§ 2 Das Methodenproblem in der reformatorischen Theologie

Dass sich die Ausbildung der künftigen Pfarrer/innen an den methodischen Konzepten der Geschichtswissenschaften, der Philosophie, der Soziologie und der Psychologie zu orientieren habe, ist eine Überzeugung, die in der gegenwärtigen Theologie durchweg unter Berufung auf die reformatorischen Ansätze vertreten wird. Dort sei die Grundlage für eine geschichtlich ausgerichtete, kritisch arbeitende Hermeneutik gelegt, dort sei auch die Freiheit des Christenmenschen gegenüber allen Autoritäten als fundamentales Ziel des christlichen Lebens verstanden worden. Nur eine Theologie, die dazu beiträgt, diese Freiheit durch immer neue Relativierung aller angeblichen Sicherheiten zu realisieren, könne sich mit Recht auf das reformatorische Erbe berufen.

In diesem Sinn soll die profane Orientierung der theologischen Methoden eine unabdingbare Konsequenz der reformatorischen Rechtfertigungslehre darstellen. Gott gegenüber tendiert eine fromme Methodik zur Werkerei. Die Menschen geraten unter dem Diktat kirchlich verordneter Praktiken sehr schnell in den Bereich von Gesetzlichkeit. Und alle Verfahrensregeln, die sich jenseits der personalen Relation von Wort und Glauben abspielen, müssen fast selbstverständlich als Magie denunziert werden. Die profanen Methoden wahren demgegenüber die Unverfügbarkeit Gottes im religiösen Praxisfeld des pastoralen Berufs, indem sie das Handeln auf das menschlich Machbare, in diesem Fall: auf die kommunikative Interpretation und Gestaltung von menschlichen Aussagen und Beziehungen begrenzen.

In diesem Kapitel wird zu prüfen sein, ob diese Berufung auf die reformatorische Theologie wirklich zu Recht erfolgt. Wie lassen sich die methodischen Regeln, die Luther für das christliche Leben, aber auch für das pastorale Handeln formuliert hat, charakterisieren? Sind sie profaner, sind sie religiöser Natur? Oder ist schon eine solche Differenzierung seinen Empfehlungen gegenüber unangemessen?

I. Die Unterscheidung von Gesetz und Evangelium

Das Methodenproblem begegnet bei Luther in einer eigentümlich verknoteten Gestalt. Es geht durchaus um die Frage, wie sich die Methoden des theologischen Denkens und die Methoden des christlichen Lebens zueinander verhalten. Aber im Rahmen seiner persönlichen Entwicklung, die von extremen Anfechtungen bestimmt war und ihn immer wieder auch zu extremen

Lösungsversuchen geführt hat, konnte es für den Reformator keine simple Deduktion der Frömmigkeitspraxis aus der Glaubensreflexion geben. Die Verwirrungen, in die Menschen mit Hilfe religiöser Methoden fast unvermeidlich geraten, erfordern in seinen Augen eine Methode der Theologie, deren Aufgabe nicht einfach in begrifflicher Klarheit, sondern in existentieller Klärung besteht.

Dass religiöse Praxis Menschen in innere Turbulenzen führt, das wird nach Luthers Meinung sichtbar an den zwei Antipoden, mit denen er sich sein Leben lang herumgeschlagen hat. Der Papst in Rom wie die Schwärmer in Wittenberg und anderswo scheinen in ihrer geschichtlichen Herkunft, ihrer politischen Durchsetzungskraft, ihrer theologischen Doktrin himmelweit voneinander entfernt zu sein. In ihrem wesentlichen Kern operieren sie für Luther aber auf einer gemeinsamen Basis, die das Evangelium verfälscht und die Gewissen beschwert. Bei allen Divergenzen gibt es zwischen beiden einen großen Konsens, was den Weg des christlichen Lebens und damit die religiöse Methodik betrifft.

Der Vorwurf, den Luther an beide Adressen richtet, bezieht sich darauf, dass sie nicht nur im Verhältnis zu Gott, sondern auch im Umgang mit Menschen nicht auf Glaube und Liebe, sondern allein auf gute Werke bedacht sind. Am Beginn seiner Streitschrift »Wider die himmlischen Propheten« (1525) fasst Luther diese Gemeinsamkeit folgendermaßen zusammen: »So wie der Papst nicht danach fragt, wo Glaube und Liebe bleiben, wenn nur die Werke seines Gehorsams und Gesetzes geschehen, auf die er dringt, und wenn sie geschehen, so ist doch nichts geschehen. Weil nun D. Carlstad genau denselben Weg geht und unter seinen vielen Büchern nicht einmal lehrt, was Glaube und Liebe sind (ja, sie reden spöttisch und höhnisch deswegen von uns, als sei das eine unwichtige Lehre), sondern auf äußerliche Werke drängt und treibt, sei ein jeglicher vor ihm gewarnt und wisse, daß er einen verkehrten Geist hat, der nichts als mit Gesetzen, Sünden und Werken die Gewissen zu morden gedenkt.«[1]

Ob es sich um kirchliche Gesetze oder spirituelle Experimente der angeblichen Geistträger handelt, für Luther sind Wurzel und Effekt einer derart begründeten Praxis identisch. Sie »nehmen nicht an, was Gott ihnen zufügt, sondern was sie sich selbst aussuchen«.[2] Sie wollen sich durch Methoden der Abtötung für den Geistempfang präparieren und durch den Vollzug von Bildersturm ihre christliche Freiheit demonstrieren. In beiden Fällen orientieren sie sich an menschlichen Projekten und in beiden Fällen erwächst daraus entweder menschliche Hybris oder menschliche Verzweiflung. Der Weg des Glaubens führt für Luther in keinem Sinn vom Menschen zu Gott, son-

1. M. Luther, Wider die himmlischen Propheten, von den Bildern und Sakrament (1525), WA 18, 64.
2. A. a. O. 65.

dern kann allein von Gott her gebahnt und unter der Anleitung von Gottes Wort in der Kraft des göttlichen Geistes gegangen werden.

Gegen alle Versuche einer institutionell oder charismatisch fundierten Selbsterlösung setzt Luther in der genannten Schrift ein Verfahren, das aus fünf Schritten besteht. Anders als jede kirchliche Ordnung ist es biblisch begründet. Im Unterschied zur diffusen Willkür des Enthusiasmus ist es verbal strukturiert. Weil es um eine in sich stimmige, anthropologisch wie theologisch reflektierte Abfolge geht, kann man das von Luther vorgeschlagene und an vielen anderen Stellen variierte Verfahren durchaus als methodisches Modell bezeichnen. Es soll den drohenden Turbulenzen der religiösen Praxis durch eindeutige Distinktionen wehren.

Das erste »Hauptstück«, der erste Schritt umfasst »das Gesetz Gottes, welches so gepredigt werden soll, daß man dadurch die Sünde offenbart und erkennen lernt«.[3] Darauf folgt konsequenterweise der nächste Schritt: »Wenn nun die Sünde erkannt und das Gesetz also gepredigt ist, damit die Gewissen erschreckt und gedemütigt werden vor dem Zorn Gottes, soll man danach das tröstliche Wort des Evangeliums und der Sündenvergebung predigen, um die Gewissen wieder zu trösten und aufzurichten zur Gnade Gottes.« Während Luther sich später mit diesen zwei Aspekten begnügt, fügt er hier weitere Schritte an. Der dritte betrifft »das Gericht, das Werk, den alten Menschen zu töten, vgl. Römer 5.6.7. Da beginnen die Werke, auch die Leiden und Marter, indem wir durch eigenen Zwang und Fasten, Wachen, Arbeiten usw. oder durch Verfolgung von anderen und Schmach unser Fleisch töten«. Diese Verfahren dürfen aber keinesfalls, wie wir schon hörten, selbst gewählt und als Annäherung Gott gegenüber ausgeführt werden. Sie entspringen ebenso der Einwirkung Gottes wie zum Vierten »die Werke der Liebe gegen den Nächsten mit Sanftmut, Geduld, Wohltat, Belehrung, Hilfe und Rat, geistlich wie leiblich, frei und umsonst, wie uns Christus getan hat«. Im letzten »Hauptstück« betont Luther die Notwendigkeit des Gesetzes für die Rohen und Ungläubigen. Bei den Christen soll es geistlich, zur Erkenntnis der Sünde, gepredigt werden. Für »die rohen Leute, für die Masse, muß man es leiblich und grob anwenden, damit sie seine Werke tun und lassen und also mit Zwang unter dem Schwert und dem Gesetz äußerlich anständig bleiben, wie man die wilden Tiere in Ketten und Kerkern hält, damit äußerlicher Friede unter den Leuten bleibt, wozu die weltliche Obrigkeit eingesetzt ist«.

Luther hat dieses fünfstufige Modell später in den axiomatischen Satz konzentriert: Die Kunst der Theologie besteht in der Unterscheidung zwischen Gesetz und Evangelium. Diese Aussage, die in der Theologiegeschichte des Protestantismus in zahllosen Varianten und auf verschiedenen Ebenen wirksam geworden ist, ist in unserem Zusammenhang nur wegen ihrer methodologischen Implikationen wichtig.

3. A.a.O. 65 f.

Was meint Luther, wenn er von »Unterscheidung« redet? Auch für die scholastische Theologie bezeichnet dieser Begriff ein zentrales Instrument der theologischen Arbeit. Durch die distinctio gelingen begriffliche Operationen, die zur Klärung von Sachverhalten führen. Schon vor Thomas von Aquin haben Gilbert de la Porrée und Petrus von Poitier diese Methode erheblich verfeinert. M. Grabmann charakterisiert das Verfahren des Erstgenannten folgendermaßen: »Gilbert entwickelt hier eine förmliche Technik der Behandlung von quaestiones, insofern er die verschiedenen Möglichkeiten, auf Grund deren die beiden Teile einer contradictio Wahrheitsgründe für sich beanspruchen können, unter bestimmte Gruppen und Gesichtspunkte bringt. Wir haben es hier mit einer systematischen Hodegetik der Fragestellung und Fragelösung, der Schürzung des Knotens durch Argumente pro et contra in ein und derselben Sache und der Entwirrung des Knotens durch die Distinktionen zu tun.«[4]

Deutlich ist, dass für Luther die Aufgabe der Unterscheidung ganz anders gelagert ist. Sie dient nicht der begrifflichen Klarstellung, sondern der situativen Erhellung. Sie betrifft auch nicht menschliches Sprechen, sondern göttliches Reden. Und sie zielt auch nicht auf die Lösung von Fragen, sondern auf die Befreiung von Mächten. Weil die Unterscheidung von Gesetz und Evangelium Herz und Gewissen der Menschen betrifft, geht es bei ihrem Vollzug um Operationen auf Heil und Heillosigkeit, auf Leben und Tod.

Nur wer diese Unterscheidung durchzuführen vermag, ist zu evangelischer Predigt und evangelischer Seelsorge fähig. Ja, in der Wahrnehmung dieser Unterscheidung bewährt sich der Glaube im Alltag des Lebens. Deshalb sollen theologische Ausbildung und pastorale Praxis diese lebenswichtige Fähigkeit an andere vermitteln. Aber der Erwerb, die Weitergabe und die Anwendung dieser Fähigkeit sind nicht Ergebnis kognitiver Reflexion und können deshalb auch nicht, wie in der scholastischen Theologie, durch »terminologische und sprachlogische Feststellungen«[5] realisiert werden. Der einzige Lehrer, der einen in dieser Kunst unterrichtet, ist nach Luther Gottes Heiliger Geist. Dessen Beistand ist für den Vollzug der Unterscheidung schon deswegen notwendig, weil er nicht nur in der Verkündigung des Evangeliums, sondern auch in der Predigt des Gesetzes am Werk ist.[6]

Was im Leben dank der menschlichen Sündhaftigkeit zur Vermischung und damit zur Verwirrung von Herz und Gewissen führt, muss durch die Kunst der Theologie unterschieden werden. Um ihres geistlichen Auftrags willen kann die Theologie deshalb gar nicht »reine« Wissenschaft im modernen Sinne sein. Sie besteht im Akt einer Distinktion, der sich nicht aus den Konsequenzen eines kognitiven Systems ergibt. Und sie zielt auf den Vollzug

4. M. Grabmann, Die Geschichte der scholastischen Methode II, Berlin 1957, 427.
5. A.a.O. 517.
6. Vgl. WA 39/1, 371: »Lex non arguit peccatum nisi spiritu sancto«.

einer doppelten Definition, in deren Verlauf ein Mensch den Weg von der Sünde zur Gerechtigkeit Gottes geht. Wie lässt sich ein solcher Typ von Wissenschaft, der scientia eminens practica sein will, für die Ausbildung und für die Anwendung methodisieren?

In der doppelten Frontstellung, in der sich Luthers Anschauungen entfalten, geht es darum, die Souveränität Gottes gegen jede Form menschlicher Okkupation zu verteidigen. Der Papst wie die Schwärmer wollen das Wirken des Geistes auf ihre spezifische Weise methodisieren. Deshalb betont Luther zur einen Seite die Freiheit des Geistes gegenüber der äußeren Gnadenanstalt, zur anderen Seite die Bindung des Geistes an das äußere Wort. R. Prenter hat diesen Sachverhalt so beschrieben: »Diese ganze Frömmigkeit steht unter dem Vorzeichen des Gesetzes. Die Richtung ihrer Bewegung geht von unten nach oben. Indem der Mensch die Abtötung übt, soll er sich vorwärtsarbeiten bis zum Erwerb des Geistes. Die Schwärmer, sagt Luther, lehren nicht, wie der Geist zu uns kommt, sondern wie wir zum Geist kommen sollen.«[7]

Wer die Souveränität Gottes respektieren und auf die Instrumentalisierung des Göttlichen verzichten will, müsste also befähigt werden, alle Tendenzen zur Zweckorientierung und Leistungskontrolle, zur Selbsterhaltung und Selbstdurchsetzung in der religiösen Praxis aufzugeben. Das kann aber nur durch jenen Vorgang geschehen, den das Neue Testament als Wiedergeburt bezeichnet. Der alte Mensch stirbt, der neue Mensch wird ins Leben gerufen. Der Unterscheidung von Gesetz und Evangelium kann nur dienen, wen diese Unterscheidung immer wieder betrifft. »Das bedeutet ganz konkret, daß der Geist als donum, der im Wort des Evangeliums verhüllte Geist, der Geist als Quelle des Glaubens nur dem Menschen gegeben wird, den derselbe Geist zuvor in seiner nackten Majestät durch das Wort des Gesetzes getötet und dadurch für die Gnade zubereitet hat. Nur indem er den Menschen diesen Weg führt, den Weg der Christuskonformität, des Todes und der Auferstehung, kann der Geist den Menschen seiner falschen Souveränität berauben, ihn aus seinem eigenen engherzigen und um ihn selber kreisenden Streben nach einer privaten Seligkeit herausreißen und ihn als Werkzeug in Gottes allumfassendes Handeln hineinstellen. Das Wirken des Geistes im geistlichen Gebrauch des Gesetzes ist keineswegs eine Episode, die zu einem Bußkampf gehört, nach dessen glücklichem Abschluß der Mensch aufs neue damit beginnen kann, für seine eigene private Seligkeit zu arbeiten, sondern dieses Wirken des Geistes ist Gottes unablässiges Arbeiten an uns und mit uns.«[8]

Die Anerkennung der Souveränität Gottes schließt freilich eine prinzi-

7. R. Prenter, Spiritus creator. Studien zu Luthers Theologie, FGLP 10/6, München 1954, 253.
8. A. a. O. 290 f.

pielle Relativierung, aber keine grundsätzliche Beseitigung religiöser Methoden ein. Dass der Mensch in der Gottesbegegnung zur Gnade der Passivität bestimmt ist, kann und darf er seinerseits nicht durch vollkommene Passivität methodisieren. Im Gegenteil. Der souveräne Gott hat sich in seiner Freiheit durch das Christusgeschehen gebunden. Er hat die Sakramente gestiftet. Er hat das Amt, das die Versöhnung predigt, eingesetzt. Er hat zum Gebet eingeladen. Ja, im glaubenden Hören auf das Wort Gottes kann der Mensch zum Mitarbeiter Gottes werden, indem er gute Früchte hervorbringt und in Kirche und Welt zum Werkzeug des göttlichen Wirkens wird.[9]

Alle Methoden der Frömmigkeitspraxis stehen deshalb unter einem doppelten Vorbehalt, den man folgendermaßen umschreiben kann: Der Mensch kann nie von sich aus anfangen. Und der Mensch muss immer wieder neu anfangen. Die erste Einsicht hat ihre prägnanteste Formulierung in einer Predigt aus der Spätzeit Luthers gefunden. Bei der Einweihung der Schloßkapelle von Torgau besteht er darauf, »das nichts anderes darin geschehe, denn das unser lieber Herr selbst mit uns rede durch sein heiliges Wort, und wir wiederum mit ihm reden durch Gebet und Lobgesang«.[10]

Alles, was Menschen Gott gegenüber handeln und reden, kann nur die Antwort auf Gottes vorhergehendes Wort bilden. Und diese Antwort kann immer nur anfänglichen Charakter haben, wie ein Satz aus der frühen Psalmenvorlesung feststellt: »Proficere est nihil aliud nisi semper incipere.«[11] Das schließt, wie W. Joest gezeigt hat, nicht aus, dass es auch im christlichen Leben einen progressus gibt.[12] Aber aller Fortschritt, der sich im Verlauf der Frömmigkeitspraxis einstellen mag, muss sich vor jedem Vollkommenheitswahn gegenüber Gott und vor jeder Selbstgerechtigkeit im Verhältnis zu anderen Menschen hüten. Auch und gerade die Frommen benötigen deshalb lebenslang die Aufdeckung ihrer Sünde: »cum putabamus nos optime et christianos esse et vere sanctos et iustos, ibi venit lex et dicebat: Non sic, domini her Junckherr, vos non estis ita sanctus et iustus, sed peccator, quia faces et vives contra Deum.«[13]

9. Vgl. M. Seils, Der Gedanke vom Zusammenwirken Gottes und des Menschen in Luthers Theologie, Gütersloh 1962.
10. WA 49, 588.
11. WA 4, 350. Vgl. auch den Satz, mit dem P. Schempp, Der Mensch Luther als theologisches Problem. Gesammelte Aufsätze, München 1960, 287, Luthers Anthropologie zusammenfasst: »Der Christ ist immer Anfänger.«
12. Vgl. W. Joest, Gesetz und Freiheit. Das Problem des Tertius usus legis bei Luther und die neutestamentliche Parainese, 3. Auflage, Göttingen 1961, 68ff.
13. WA 39/I, 518. Zur Problematik des Fortschrittsdenkens in der Frömmigkeit vgl. auch J. Calvin, Unterricht in der christlichen Religion, hg. O. Weber, Neukirchen 1955, 503ff.

Der Weg des Glaubens beginnt für Luther nicht mit dem Werk des Menschen und auch nicht mit dem Wirken des göttlichen Geistes, sondern mit dem Wort der heiligen Schrift. Durch diese externe Größe wird sichergestellt, dass der sündige Mensch mit seiner Heillosigkeit nicht allein bleibt und dass der fromme Mensch seinen eigenen Geist mit dem göttlichen Geist nicht verwechselt. Umso wichtiger ist für die reformatorische Theologie die Frage, ob es Methoden der Auslegung gibt, die die unterstellte heilvolle Intention der biblischen Überlieferung zu wahren vermögen.

»Luthers Bedeutung für den Fortschritt der Auslegungskunst« ist, wie K. Holl 1920 betont hat, erst allmählich ans Licht getreten. In der frühen Psalmenvorlesung verwendet der Reformator noch unbefangen die Methode des vierfachen Schriftsinns, wenn auch mit deutlicher Bevorzugung des sensus tropologicus, der den biblischen Text auf das eigene Leben bezieht. Auch für G. Ebeling verzichtet Luthers »Evangelische Evangelienauslegung« nur schrittweise und ohne große erkennbare Brüche auf die allegorische Auslegung.

Fragt man nach den Gründen für diese Entwicklung, so stößt man bei den angeführten Autoren auf Auskünfte, die relativ einheitlich sind. Nach Holl ergab sich Luthers wachsendes Interesse am historischen Schriftsinn aus dessen »Überzeugung von der Eindeutigkeit der Bibel. Denn so muß mit Rücksicht auf gleich vorzubringende Gründe und im Anschluß an die von Luther selbst gebrauchten Wendungen Luthers Grundsatz ausgedrückt werden. Aber sie sah er nunmehr gefordert nicht nur durch das Bedürfnis der wissenschaftlichen Auseinandersetzung, sondern – das wurde für ihn zum Entscheidenden – durch den religiösen Zweck der Bibel selbst. War die Bibel dazu bestimmt, Gottes Willen zu verkündigen, so mußte sie auch einen ›gewissen, einhelligen, beständigen Sinn‹ haben«.[14]

Noch pointierter formuliert Ebeling: »Luther hat die Allegorese nicht preisgegeben im Kampf gegen mittelalterliches Denken, auch nicht in Verteidigung gegen modernes Denken, sondern im Kampf gegen modernes Denken. Weder die Tradition noch das autonome moderne Denken waren Wegbereiterin des einfältigen, auf Allegorese verzichtenden Schriftgebrauchs im Sinn Luthers, sondern allein der Glaube an die Gegenwärtigkeit des in der Schrift bezeugten gekreuzigten Christus.«[15] Ebeling bezieht sich dabei auf den Sachverhalt, dass die Allegorese bei Luther gerade in der Mitte der zwanziger Jahre, also während des Konflikts mit den Schwärmern, explizit kritisiert wird. »Der Name ›geistliche Deutung‹ ist mißverständlich, da die

14. K. Holl, Luthers Bedeutung für den Fortschritt der Auslegungskunst, in: Gesammelte Aufsätze zur Kirchengeschichte I, 7. Auflage, Tübingen 1948, 551.
15. G. Ebeling, Evangelische Evangelienauslegung. Eine Untersuchung zu Luthers Hermeneutik, München 1942, 358.

ganze Schrift geistlich ist; man sollte mit Paulus ›mysteria‹ sagen. Das gewöhnliche Motiv zur Allegorese ist verwerflich: der Ehrgeiz nach Neuem und der Überdruß an der ›Historie‹, d.h. dem, was die Schrift als Glaube und Liebe lehrt. Die Durchführung der Allegorese ist schwierig, weil sie nur mit Hilfe des heiligen Geistes secundum analogiam fidei durchgeführt werden kann. Wer es nicht lassen kann, soll sich darum lieber an der profanen Literatur versuchen. Die Frucht der Allegorese ist schließlich nur Ungewißheit. Allein die historische Auslegung bessert, richtet auf und tröstet die Gewissen.«[16]

Der historische Schriftsinn sichert also die Eindeutigkeit der Bibel und kann damit allein die Gewissheit des Glaubens begründen. Denn nur auf diesem Wege lässt sich das inhaltliche Zentrum der Bibel, das Evangelium, das, »was Christum treibet«, erfassen. Durch die spirituellen Verfahren, die die kirchliche Tradition entwickelt hat und die durchaus in methodischer Regelhaftigkeit angewendet werden, droht der konkrete, einmalige, leibliche Charakter des Heilsgeschehens spiritualistisch verfälscht zu werden. Luthers theologische Basis für den Umgang mit der Schrift ist nach Ebeling nicht die Lehre von der Inspiration, sondern von der Inkarnation.[17] Allein auf dieser Basis kann man die evangelische Botschaft vor der gesetzlichen Verfälschung, auch gegenüber problematischen Aussagen in der Bibel selbst, bewahren.

Dass die historische Auslegung, wie Luther sie propagiert und in der eigenen Arbeit praktiziert hat, mit der historischen Erforschung der biblischen Überlieferung, die in der Neuzeit entwickelt wurde, keineswegs gleichzusetzen ist, signalisiert schon das Stichwort »Inkarnation«. Es ist gegenüber dem so genannten »historischen Jesus«, der durch die neutestamentlichen Publikationen geistert, vollkommen unangebracht. »Inkarnation« bezieht sich für Luther auf den Fleisch gewordenen Logos, dessen Geschichte im Evangelium aufgeschrieben ist und in der Predigt Menschen auch heute erreichen will. Wie Jesu Geburt nach Lukas 2,1 ff. durch die Engel den Hirten verkündigt wurde, so zielt die Geschichte Jesu insgesamt auf den Glauben von Menschen. »Der Engel interpretiert die Geschichte, hinsichtlich ihrer Fakten wie hinsichtlich ihrer Frucht.«[18] Die Abständigkeit des Vergangenen, mit der das historische Denken der Neuzeit noch viel stärker rechnet, reicht für die Wahrnehmung des Evangeliums nicht aus, weil die Vergegenwärtigung dann mit Hilfe gesetzlicher Anwendungsschemata vollzogen werden müsste.

Ebeling hat dieses spezifische Verständnis von historischer Auslegung durch drei Stichworte zu erfassen versucht. Luthers hermeneutische Praxis kann man demnach als »sakramentale Auslegung« bezeichnen, weil es dabei darum geht, »Christi Geschichte als für mich geschehen auszulegen und so

16. A.a.O. 346.
17. A.a.O. 359ff.
18. WA 27, 491.

die Weise vorzuzeichnen, wie eben dies durch das so verstandene und geglaubte Wort an mir geschieht«.[19] Weil die Person Jesu Christi im Neuen Testament immer als sacramentum und als exemplum dargestellt wird, muss man damit eine »exemplarische Auslegung« verbinden, in der der biblische Text auf die konkreten Probleme des christlichen Lebens bezogen wird. Dabei ist zu berücksichtigen, dass die Kraft zur Verwirklichung des christologischen Vorbilds allein durch die sakramentale Vergegenwärtigung seines Heilswerks in Wort und Geist vermittelt wird. »Wie die Heiligung die Rechtfertigung, so unterstreicht die exemplarische Auslegung die sakramentale. Darum gilt zwar in der sakramentalen Auslegung immer die Reihenfolge: Gesetz – Evangelium, in der exemplarischen aber: Glaube – Liebe.«[20] Schließlich findet Ebeling bei Luther durchaus auch Elemente einer »geistlichen Auslegung«, in der das berechtigte Interesse der Allegorese angemessen zum Zuge kommt. Die Brücke zwischen der Vergangenheit des Heilswerks Christi und der Gegenwart des christlichen Daseins kann nicht durch spirituelle Verfahren gezimmert werden, sondern besteht in der geistlichen Realpräsenz des gestorbenen und auferstandenen Christus, auf dessen Wiederkunft der angefochtene Glaube wartet. »Diejenige Auslegung, welche die der Auferstehung Christi entsprechende Übertragung der evangelischen Geschichte vornimmt und dabei der noch ausstehenden Wiederkunft Rechnung trägt, also als leitenden Gesichtspunkt die Verborgenheit der Offenbarung im Auge behält, ist geistliche Auslegung.«[21]

Die hermeneutischen Modelle, mit denen Luther arbeitet, basieren auf Realitäten, mit denen der Glaube rechnet. Sie haben insofern religiösen Charakter. Und es ist eine sekundäre Frage, in welchem Umfang solche Annahmen von den Mitgliedern einer Gesellschaft geteilt werden. Diese Realitäten bestimmen für Luther auch die methodischen Operationen, die die biblische Überlieferung vergegenwärtigen können. Angesichts der menschlichen Sündhaftigkeit kann die Auslegung der Heiligen Schrift nie allein dem heillosen Gewissen überlassen bleiben. Wenn Menschen allein ihren eigenen Interessen folgen oder allein die biblischen Buchstaben lesen, werden sie bei Gesetzen landen, die sie aus ihrem eigenen Herzen oder aus dem »papierenen Papst« ableiten. Schwärmerischer Enthusiasmus, kirchlicher Legalismus, aber auch frommer Biblizismus verfehlen im Ansatz jene Kunst, die gerade angesichts der Historizität der heiligen Schrift lebensnotwendig ist. »Non potest praedicari, nisi spiritus sanctus suscipiatur in corde.«[22]

Was kann man tun, um sich dieser fundamentalen Aufgabe gewachsen zu zeigen? Die einzige Methode, die der Schwere der Aufgabe wie der Größe der dahinter stehenden Wirklichkeit gegenüber angemessen ist, besteht für

19. G. Ebeling,a. a. O. 425.
20. A. a. O. 444.
21. A. a. O. 447 f.
22. WA 15, 729.

Luther im Beten. In diesem Akt bekennt der Mensch seine eigene Ohnmacht und sein Vertrauen auf Gottes Allmacht. Insofern ist das Gebet die radikale Reaktion auf die Realität des Heiligen und die konsequente Anwendung der Unterscheidung von Gesetz und Evangelium auf die eigene Person. Im Gebet realisiert der Mensch: Ich kann nichts, Gott kann alles. G. Ebeling hat diesen Sachverhalt mit Verweis auf entsprechende Luther-Zitate so zusammengefasst: »Das Gebet bei der Schriftauslegung ist das Bekenntnis zu der unserer intellektuellen Bemühung um die Schrift und unserer guten Absicht gesetzten Grenze. Es ist aber in eins damit das Bekenntnis dazu, daß von jenseits der Grenze her diese überbrückt wird, wenn man darum bittet.«[23]

III. Das Verhältnis von Theologie und Frömmigkeit

Die Kunst der Unterscheidung von Gesetz und Evangelium will um des gelingenden Lebens willen in der pastoralen Praxis ausgeübt werden. Sie kann letztlich nur unter dem Einfluss des göttlichen Geistes und im Anschluss an das biblische Wort erfolgen. Vor allem in der Seelsorge kann deutlich werden, welche praktischen Implikationen dieses methodische Verfahren enthält. Als Beispiel dient uns zunächst Luthers »Sermon von der Bereitung zum Sterben« (1519).

Der Tod ist »ein Abschied von dieser Welt und allen ihren Händeln«.[24] Diese Definition seiner Situation schließt für den Sterbenden zahlreiche Aufgaben ein, die Luther in Analogie zur mittelalterlichen Sterbeliteratur auflistet.[25] In diesem Augenblick des Abschieds müssen die zeitlichen Güter geordnet werden, so dass unter den Erben kein Streit ausbricht. Die persönlichen Beziehungen müssen geklärt werden, indem Schuld bekannt und Vergebung ausgesprochen wird. Vor allem aber muss man sich auf den Sterbeweg einstellen, so dass man den Gang, die Geburt zum ewigen Leben schafft. Die Aufgabe der Sterbebegleitung besteht also im geordneten Vollzug einer radikalen Trennung, die ökonomische, soziale und religiöse Aspekte umfasst.

Zur methodischen Fundierung dieser Praxis gehört aber nicht nur die Differenzierung und Strukturierung des Arbeitsfeldes, sondern auch die Wahrnehmung der Schwierigkeiten, der Probleme, der Konflikte, die sich auf diesem Feld während der Arbeit unvermeidlich ergeben werden, und das Angebot von Möglichkeiten, um diese Schwierigkeiten zu überwinden. Luther beschreibt den zentralen Konflikt im Sterbeprozess als einen Bilder-

23. G. Ebeling, a.a.O. 436.
24. M. Luther, Sermon von der Bereitung zum Sterben (1519), WA 2, 680ff., hier zitiert nach R. Bohren, Tröstungen, München 1983, 116ff.
25. Vgl. R. Rudolf, Ars moriendi. Von der Kunst des heilsamen Lebens und Sterbens, Köln/Graz 1957; Ph. Ariès, Geschichte des Todes, München 1980, 123ff., und N. Ohler, Sterben und Tod im Mittelalter, München 1990, 56ff.

streit im Innern des Sterbenden. Der Mensch wird durch drei Bildwelten überschwemmt, die den Sterbeprozess mit Angstvorstellungen füllen. Da ist zunächst die Angst vor den schrecklichen Todesfällen, die ihn die Annahme des Sterbens verweigern lassen. Auch die Angst vor den Sünden stellt sich ein, die ihn das Gericht Gottes fliehen lassen. Und schließlich droht die Angst vor der Hölle und der ewigen Verwerfung, mit der er angesichts seiner Untaten rechnen muss.

Gegen diese Negativfantasien setzt Luther drei positive Bildwelten. Wobei zunächst offen bleibt, ob es sich bei diesen Bildern um Fantasievorstellungen oder Realitätswahrnehmungen handelt. Die Ängste haben Macht über den Menschen. Und diese Macht kann nur durch Gegenmächte gebrochen werden.

»Die Kunst ist's, ganz und gar sie (die Negativbilder, M. J.) fallen lassen und nichts mit ihnen handeln. Wie geht aber das zu? Es geht also zu: Du mußt den Tod in dem Leben, die Sünd in der Gnaden, die Höll im Himmel ansehen und dich von dem Ansehen oder Blick nicht treiben lassen«,[26] selbst wenn alle Engel oder gar Gott dir diese Schreckensbilder vorhalten wollen. Konkret geht es dabei um die christologische Integration der Negativerfahrungen, durch die ihre Überwindung ermöglicht wird. Am Kreuz ist der Tod durch Christi Sterben überwunden. Am Kreuz ist die Sünde durch Christi Auferstehung besiegt. Im Kreuzesschrei Jesu ist die höllische Gottesferne durch Christi Wort überbrückt.

Dieser Bilderstreit, der im letzten Gefecht des Glaubens uns auf jeden Fall droht, soll auch schon vorher durch praktische Übungen trainiert werden. »Also fleucht Tod, Sünde und Höll mit all ihren Kräften, so wie ihn nur Christi und seiner heiligen leuchtende Bilder in uns üben in der Nacht, das ist im Glauben, der die bösen Bilder nicht sieht noch sehen mag.«[27] So wie die tägliche Frömmigkeitspraxis eine Übung darstellt, in der sich jeden Tag neu das Bußgeschehen ereignet, so wird sie hier als Trainingsprogramm für den Sterbevorgang verstanden. Der letzte Abschied, der aus der Welt herausführt, verliert seine Schrecken, wenn man schon vorher die Trennung von der Welt mehr oder weniger radikal exerziert hat.

Die gegenwärtige Seelsorge könnte Luthers Vorschläge durchaus übernehmen, und zwar als Impulse zur Visualisierung. Durch gelenkte Fantasien kann man Menschen aus Negativerfahrungen in positive Bildwelten führen. Luther hat seine Empfehlung freilich anders verstanden. Für ihn geht es hier nicht um ein befreiendes Spiel mit Symbolen, die letztlich wahrscheinlich auf Projektionen beruhen. Vielmehr vollzieht sich hier ein eschatologischer Kampf, eine Befreiungsbewegung aus der Macht des Gesetzes in das Kraftfeld des Evangeliums. Deshalb klingt seine Anweisung zur Durchführung einer solchen Übung durchaus militant: »Darum mußt du hier Gewalt üben,

26. M. Luther, a. a. O. 120 f.
27. A. a. O. 123.

die Augen fest zuhalten vor solchem Bild.«[28] Wenn man in die Auseinandersetzung zweier Weltmächte verstrickt wird, kommt man mit freundlichen Ratschlägen nicht durch. Die Trennung von dieser Welt muss durch eine harte Austreibung der Schreckensbilder, der Übergang in die andere Welt muss durch eine deutliche Vorstellung der Heilswirklichkeit vollzogen werden. Gerade auf dem Sterbebett ist Seelsorge ein Kampf um die Seele.

Luther hat sich in diesem und in anderen Fällen von Seelsorge an die mittelalterliche Frömmigkeitspraxis angeschlossen, die er dann freilich nach seinen eigenen methodischen Prinzipien verändert hat. Der Mensch kann nicht anfangen. Und der Mensch muss immer wieder neu anfangen. Für die Meditationsübungen, in die er im Erfurter Kloster der Augustinereremiten eingeführt worden war, haben sich daraus zwei neuartige Akzentsetzungen ergeben. M. Nicol hat die damalige Praxis folgendermaßen definitorisch umschrieben: »Mittelalterliche Meditation ist eine methodische, Intellekt und Affekt des Menschen erfassende und im Gesamtzusammenhang einer geistlichen Lebensführung stehende Übung, welche auf erfahrungsmäßige Begegnung mit Gott zielt.«[29] Luther hat, um in diesem Rahmen Gottes Vorgängigkeit zur Geltung zu bringen, als Meditationsgegenstände verstärkt die Bibel und den Katechismus herangezogen. Und er hat, um jedes hybride Perfektionsstreben zu begrenzen, bei aller Betonung von Erfahrung im Meditationsgeschehen auf die Vorgabe eines Stufensystems verzichtet. Seine Konzeption stellt dem meditierenden Menschen deshalb »nicht mehr ein Erlebnis mystischen Charakters als Ziel vor Augen, sondern sie führt ihn mitten in die unter der Spannung von Anfechtung und Trost gelebten Zwiespältigkeiten des Lebens hinein«.[30]

Auch in seinen Trostbriefen verwendet Luther, wie U. Mennecke-Haustein gezeigt hat, durchgängig überliefertes Material. Die argumentativen Inhalte und Strategien stammen aus Mittelalter und Alter Kirche, aber sie werden bei Luther signifikant modifiziert. Das wird besonders an seinen Empfehlungen zur Leidensbewältigung deutlich. »Während die humanistische Exhortatio, so läßt sich thesenhaft formulieren, den Leidenden, der ja auch immer an seiner kreatürlichen Unvollkommenheit leidet und diese als Fessel seines Geists erfährt, zur Wiederherstellung seiner Autarkie befähigen will, führt die mystische Spiritualität den Menschen gerade zu einer Haltung, in der er seine Abhängigkeit, sein Gebundensein durch einen höheren Willen erkennt und auch – als die wirkliche Wahrheit über sich selbst – anerkennt.«[31] Luther vertritt demgegenüber kein heroisches Menschenbild; angesichts menschlicher Ohnmacht kann das Leiden allenfalls durch die Einwohnung der Kraft Christi ertragen werden. Aber die Passivität, die das

28. A.a.O. 122.
29. M. Nicol, Meditation bei Luther, FKDG 34, Göttingen 1984, 15.
30. A.a.O. 12.
31. U. Mennecke-Haustein, Luthers Trostbriefe, QFRG 56, Gütersloh 1989, 95.

Kreuz in das eigene Leben voller Geduld übernimmt, ist auch keine methodische Bemühung Gott gegenüber, um sich das ewige Heil zu verdienen, sondern elementarer Bestandteil kreatürlichen Daseins.

Zu den erfahrbaren Gegebenheiten der Schöpfung gehören auf der anderen Seite aber auch gaudium und delectatio. Deshalb kann Luther in Situationen geistlicher Anfechtung nicht nur mit dem Wort Gottes zu trösten versuchen. Im Unterschied zu mittelalterlichen Seelsorgern, die in der Regel vor weltlichen Genüssen und sexuellen Gelüsten warnen, verweist Luther in solchen Fällen durchaus auf angenehme Beschäftigungen wie Essen und Trinken, Reiten und Jagen in froher Gesellschaft. »Luther kann so unbefangen die affektive Wirkung der weltlichen delectatio seinem geistlichen Trost zunutze machen, da seiner Anthropologie zufolge die Affekte des Glaubens nicht grundsätzlich andere als die kreatürlichen Affekte sind, sondern notwendigerweise in ihnen zum Ausdruck kommen müssen – so wie umgekehrt auch die Anfechtung sich im Affekt der tristitia äußert. Das Lachen und die Fröhlichkeit, die durch einen ganz profanen Scherz geweckt werden, sind nicht schon an sich als sündhaft verurteilbar, denn aus ihnen kann – und soll – die laetitia spiritualis, die ›Freude in Christo‹ hervorgehen.«[32]

Luthers Seelsorge praktiziert die Unterscheidung von Gesetz und Evangelium im Umgang mit sterbenden, meditierenden, trostbedürftigen Menschen. Die überlieferten Verfahren werden dabei nicht grundsätzlich verworfen, aber nach den Einsichten der reformatorischen Theologie modifiziert. Die Intentionen, die in Luthers poimenischer Methodik zur Anwendung kommen, zielen insgesamt auf die Wahrnehmung von Freiheit. Dabei geht es freilich nicht um die Verteidigung von subjektiver Autonomie oder um die Rekonstruktion gestörter Identität. Die Freiheitsbewegung, zu der alle Methoden des Glaubens anleiten sollen, besteht im Weg aus der bedrohlichen Gefangenschaft durch das Gesetz zu der herrlichen Freiheit des Evangeliums. Dem Gesetz verfällt man auf jeden Fall, wenn man es zu erfüllen meint oder wenn man daran zu scheitern scheint. In beiden Lebenslagen befindet man sich im Raum des Gerichts. Der Weg in die Freiheit kann deshalb nicht einfach vorgeschrieben werden. Alle methodischen Regeln, die sich aufstellen lassen, sind deshalb in ihrer Reichweite höchst begrenzt. In die Freiheit des Evangeliums führen weder die Gesetze des spirituellen noch die Gesetze des weltlichen Lebens. Alle Methoden in der Seelsorge sollen helfen, Wirklichkeit wahrzunehmen und zwischen Wirklichkeiten zu wechseln: aus der Realität einer angefochtenen Traurigkeit in die Realität der

32. A. a. O. 272. Zu den schöpfungsbejahenden Zielen von Luthers Seelsorge vgl. H.-M. Gutmann, Über Liebe und Herrschaft. Luthers Verständnis von Intimität und Autorität im Kontext des Zivilisationsprozesses, Göttingen 1991, 308ff., sowie G. Ebeling, Luthers Seelsorge. Theologie in der Vielfalt der Lebenssituationen an seinen Briefen dargestellt, Tübingen 1997, 49ff.

wunderbaren Schöpfung, aus der Wirklichkeit des tötenden Gesetzes in die Wirklichkeit des belebenden Evangeliums.

Mit dieser Intention bleibt Luther durchaus noch im Rahmen jener Bewegung, die B. Hamm als »Frömmigkeitstheologie« charakterisiert hat. »Denn die Reformation nimmt mit ihrer christozentrischen und gnadenzentrierten Theologie, ihrem ›solus Christus‹ und ›sola gratia‹, den verdichtenden, vereinfachenden, reduzierenden und konzentrierenden Impetus der spätmittelalterlichen Frömmigkeitstheologie auf (so wie sie auch den popularisierenden Impetus fortführt).«[33] Anders als bei den damaligen Erfahrungstheologen vollzieht sich die Bewegung des Glaubens also nicht mehr in einem stufenweisen Aufstieg aus der irdischen in die himmlische Welt, sondern in der radikalen Wendung aus dem Machtbereich des Gesetzes in den Freiraum des Evangeliums. »Wo man hinblickt in der Religiosität des Mittelalters, stößt man auf die Semantik der Stufen, Staffeln, Grade, Treppen, Leitern und des vertikalen Weges zum Himmel.«[34] Für Luther dagegen sind die Methoden der spirituellen Praxis nicht mehr graduell, auch nicht dualistisch, sondern durch eine polare Spannung strukturiert.[35] Zur medialen Existenz, in der sich der Glaubende mit seiner Praxis befindet, gehört deshalb immer auch die Anerkennung der doxologischen Differenz gegenüber Gott. Das gilt für die spirituellen Exerzitien des Einzelnen ebenso wie für das soziale Dasein der Gemeinde insgesamt. »›Kirche des Wortes‹ ist eine Gemeinschaft, deren Existenz nicht in ihr selbst und ihren kommunikativen Leistungen gründet, sondern die sich dadurch auszeichnet, daß sie zu unterscheiden gelernt hat zwischen ihrer Existenz im Lautraum des Wortes Gottes und ihrer eigenen kommunikativen und sozialen Verfaßtheit. Sie weiß um ihre Bedeutung als Trägerin des Wortes Gottes; aber sie weist auch immer wieder von sich weg auf die Macht des Wortes Gottes, das ihr von außen zukommt.«[36]

33. B. Hamm, Was ist Frömmigkeitstheologie? Überlegungen zum 14. bis 16. Jahrhundert, in: H.-J. Nieden/ M. Nieden (Hg.), Praxis pietatis. Beiträge zur Theologie und Frömmigkeit in der Frühen Neuzeit, Festschrift W. Sommer, Stuttgart 1999, 44; vgl. auch B. Hamm, Frömmigkeitstheologie am Anfang des 16. Jahrhunderts. Studien zu Johannes von Paltz und seinem Umkreis, Tübingen 1982.
34. Ebd.
35. Vgl. R. J. Hazzaya, Briefe über das geistliche Leben und verwandte Schriften, ed. G. Bunge, Trier 1982, 89 ff., der die Stufen anthropologisch als leib-, seelen- und geistesbezogen differenziert; Bonaventura, De triplici via – Über den dreifachen Weg, Fontes christiani 14, Freiburg 1993, 94 ff., der die Dreistufung trinitätstheologisch, hermeneutisch und frömmigkeitsphänomenologisch begründet, und Johannes vom Kreuz, Aufstieg auf den Berg Karmel, Gesammelte Werke 4, Freiburg 1999, der den Weg zu Gott als Weg durch die Nacht beschreibt und immer wieder vor spiritueller Hybris warnt (bes. 152 ff.).
36. J. Cornelius-Bundschuh, Die Kirche des Wortes. Zum evangelischen Predigt- und Gemeindeverständnis, Göttingen 2001, 316 f.

Frömmigkeitstheologie ist auf das Fundament einer permanenten Frömmigkeitspraxis angewiesen. Und diese Praxis hat zu allen Zeiten ein methodisches Repertoire impliziert. Auch eine Hinführung zum Predigtamt entzieht sich deshalb durchaus nicht, wie Chr. Grethlein vermutet, einer »strukturierten homiletischen Ausbildung«.[37] Zu den hermeneutischen und rhetorischen Operationen treten ja meistens auch heute, wenn auch oft nicht bewusstseinsgesteuert, Akte spiritueller Präparation.[38] Und um »Liturgie lernen und lehren« zu können, benötigt man nicht nur jene Dimensionen von Kompetenz, die P. Cornehl realitätsgerecht aufzählt, nämlich kommunikative, formative, szenische, hermeneutische und kybernetische Fähigkeiten.[39] Sie können sachgerecht nur realisiert werden im Rahmen einer medialen Einstellung, die spirituelles Training vermittelt.

Dass die Methoden der Frömmigkeitspraxis heute in das System der theologischen Ausbildung einfach integriert werden können, wird man freilich bezweifeln dürfen. Die Klage über die Diskrepanz zwischen akademischer Lehre und geistlichem Leben ist im Protestantismus sehr alt. »Daß in vielen Theologen so wenig Göttlichen liechts/ist die ursach/daß sie die salbung/den H. Geist/nit im hertzen haben/nicht von ihm hören und lernen/sondern von menschen/die ihre Götter sind/welche sie anbeten und ehren. Was sie wissen und lernen/das wissen und lernen sie von aussen/und nicht von innen/nicht vom H. Geist. Daher ist die wahre Göttliche Theologia in eine menschliche verwandelt/welche besteht in vielen fragen/in künstlichem disputiren/artlichen und klugen reden/und hohen subtilen gedancken/dardurch das hertz in Christo nicht wird erbauet und gebessert.«[40] Wie menschliche Wissenschaft im Fall der Theologie nach Spener göttliche Erleuchtung benötigt, so wollte auch Zinzendorf die wissenschaftliche durch die mystische Theologie ergänzen.[41] Dass diese und ähnliche Projekte sich nicht durchgesetzt haben, wird in gesellschaftlichen und kirchlichen Entwicklungen begründet sein. Das »Gemeinsame Leben«, das D. Bonhoeffer für Finkenwalde intendiert hat, konnte nach dem Ende des Kirchenkampfes auf die Dauer nicht fortgeführt werden.[42] Welche Verformungen drohen, wenn die Persönlichkeit

37. Chr. Grethlein, Die Bedeutung der Predigt für den Pfarrberuf. Eine Analyse zweier pastoraltheologischer Konzepte, in: W. Engemann (Hg.), Theologie der Predigt. Grundlagen – Modelle – Konsequenzen, Leipzig 2001, 344.
38. Vgl. M. Josuttis, Die Einführung in das Leben. Pastoraltheologie zwischen Phänomenologie und Spiritualität, Gütersloh 1996, 106ff.
39. Vgl. P. Cornehl, Liturgische Kompetenz und erneuerte Agende, in: J. Nijenhuis (Hg.), Liturgie lernen und lehren. Aufsätze zur Liturgiedidaktik, Leipzig 2001, 128ff.
40. Ph. J. Spener, Die allgemeine Gottesgelehrtheit (1680), Studienausgabe I,2, Gießen 2000, 173.
41. Vgl. N. L. Zinzendorf, Kurtze Sätze der Theologiae Mysticae, Ergänzungsband zu den Hauptschriften XII, Hildesheim 1972, 799ff.
42. Vgl. D. Bonhoeffer, Gemeinsames Leben, DBW 5, München 1987, 13ff. Infor-

des Klerikers »von Amts wegen« unter den Einfluss eines Spirituals gerät, hat E. Drewermann aufgedeckt.[43]

Die Methoden der Spiritualität lassen sich lehren und lernen. Aber das geschieht in der nach außen geschützten Begegnung zwischen Personen und kann weder durch eine Institution organisiert noch in ein Curriculum integriert werden. Spätestens am Phänomen Spiritualität zeigt sich, was die reformatorische Theologie immer behauptet hat: Gott entzieht sich dem organisatorischen Zugriff von Kirche. Am Ende einer theologischen Prüfung fällt heute der Satz: Das Examen ist absolviert, aber das Studium ist nicht zu Ende. Das stimmt. Die heute übliche und in sich durchaus sinnvolle Form der pastoralen Ausbildung führt an eine Grenze, über die die Ausgebildeten in ihrem weiteren Leben hinausgeführt werden müssen.[44]

43. Vgl. E. Drewermann, Kleriker. Psychogramm eines Ideals, Olten 1989, 83 ff.
44. Eine Adressenliste von Häusern und Personen, die in spirituelle Übungen einführen, bietet W. Lenk, Christliche Feste meditativ erfahren. Ein Praxisbuch für einzelne und Gruppen, Zürich/Düsseldorf 1999, 187 ff.

§ 3 Das Methodenproblem in den Religionswissenschaften

Für die Religionswissenschaften ist die Unterscheidung zwischen wissenschaftlichen und religiösen Methoden deswegen einfach, weil sie, anders als die Theologie, Religionswissenschaftler, aber keine religiösen Praktiker ausbilden sollen. Schon deswegen ist man hier von dem Druck entlastet, die Reflexion religiöser Praxis permanent mit der Anleitung zum Vollzug religiöser Praxis zu vermengen. Die Antwort auf die Frage, ob und in welchem Sinn religiöse Verfahren einer eigentümlichen Handlungslogik folgen, kann hier also in einer sehr viel größeren Distanz gegenüber dem Gegenstand erfolgen als in der Theologie.

Die Grundlage für die Klärung dieses Problems hat über Jahrzehnte hin ein Modell gebildet, das auf einem unausgesprochenen Konsens zwischen Religionswissenschaftlern und protestantischen Theologen basierte. Demnach hat sich die Entwicklungsgeschichte des menschlichen Geistes in einem Dreischritt vollzogen, der von der Magie über die Religion zur Wissenschaft führte. Beide, die Religionswissenschaften wie die Theologie, sehen sich selbst auf der dritten Stufe und wollen von da aus den Unterschied zwischen Magie und Religion herausarbeiten. Beide verwenden bei ihrer wissenschaftlichen Arbeit jene Verfahrensregeln, die in der aktuellen wissenschaftlichen Situation mehr oder weniger allgemein anerkannt sind. Anders als die Theologie müssten die Religionswissenschaften, solange sie an dem Drei-Phasen-Schema festhalten, auch weniger Schwierigkeiten haben, den vorwissenschaftlichen und insofern vormodernen Charakter der religiösen Praxis deutlich herauszustellen.

In diesem Kapitel muss es demgemäß um die Frage gehen, ob und in welchem Sinn man zwischen magischen und religiösen, aber auch zwischen religiösen und profanen Methoden in religionswissenschaftlicher Perspektive unterscheiden kann.

I. Magie oder Religion

Die theoretischen Grundlagen für das Drei-Stufen-Schema hat der englische Religionswissenschaftler J. G. Frazer mit seinem monumentalen Werk »The Golden Bough« gelegt, das 1890 in zwei, 1900 in drei und 1911/15 in zwölf Bänden erschienen ist. Mit einer ständig wachsenden Materialfülle wollte er die Geschichte des menschlichen Denkens von ihren Anfängen bis zur Gegenwart aufarbeiten, dabei durchaus von dem Bewusstsein bestimmt: »Im letzten Grunde sind Magie, Religion und Wissenschaft nichts anderes als Denktheorien, und wie die Wissenschaft ihre Vorgänger abgelöst hat, so mag sie künftighin einmal selbst von einer vollkommeneren Hypothese, vielleicht von einer völlig verschiedenen Art, die Erscheinungen zu betrachten, die Schatten auf der Leinwand zu deuten, überholt werden, von der wir uns in unserer Generation keine Vorstellung machen können.«[1]

Die Beziehungen zwischen den drei Größen sind für Frazer komplexer, als es die chronologische Reihenfolge nahezulegen scheint. Das zeigt sich schon bei der Definition von Magie. Sie ist seiner Meinung nach »ein unechtes System von Naturgesetzen und zugleich eine trügerische Verhaltensregel, sie ist eine falsche Wissenschaft und zugleich eine unfruchtbare Kunst«.[2] Auch die Magie basiert, wie die Wissenschaft, auf einem geschlossenen Weltbild. Auch sie rechnet mit Gesetzmäßigkeiten, die man durch entsprechende Techniken zum eigenen Vorteil einsetzen kann. »Der verhängnisvolle Fehler der Zauberei liegt nicht in der allgemeinen Annahme einer Aufeinanderfolge von Ereignissen, die durch das Gesetz bestimmt sind, sondern in ihrer völligen Verkennung des Wesens der besonderen, einzelnen Gesetze, welche diese Aufeinanderfolge beherrschen.«[3]

Zwischen dem Weltbild der Magie, das mit irrealen Mächten rechnet und mit unrealistischen Techniken arbeitet, und dem Weltbild der Wissenschaft, das sich an den Naturgesetzen orientiert, hat sich nach Frazer die Religion entwickelt. Sie bildet gewissermaßen die Übergangslösung zwischen dem zum Scheitern verurteilten Konzept des magischen Denkens und dem effizienten Einsatz der neuzeitlichen Wissenschaft. Sie ist konsequenterweise ganz durch die Erfahrung von Ohnmacht bestimmt, auch wenn Handlungsmöglichkeiten konstitutiv zu ihr gehören: »Unter Religion verstehe ich also eine Versöhnung oder Beschwichtigung von Mächten, die dem Menschen übergeordnet sind und von denen er glaubt, daß sie den Lauf der Natur und das menschliche Leben lenken. Nach dieser Definition besteht die Religion aus zwei Elementen, einem theoretischen und einem praktischen, nämlich einem Glauben an Mächte, die höher sind als der Mensch, und zweitens dem Versuch, diesen Mächten zu gefallen oder sie zu versöhnen.«[4]

Magie, »die Stiefschwester der Wissenschaft«,[5] gründet für Frazer auf dem Gesetz der Sympathie. Das primitive Denken nimmt an, »daß die Dinge aus der Ferne durch eine geheime Sympathie aufeinander wirken, und daß der Impuls von einem auf den andern übergeht durch etwas, was wir uns als eine Art unsichtbaren Äthers denken können, ähnlich demjenigen, welchen

1. J. G. Frazer, Der goldene Zweig. Eine Studie über Magie und Religion, Band II, Berlin 1977, 135.
2. A.a.O. Band I, 16.
3. A.a.O. 71.
4. A.a.O. 72.
5. A.a.O. 71.

die moderne Naturwissenschaft zu eben demselben Zwecke annimmt, nämlich, um zu erklären, wie die Dinge einander physisch durch einen scheinbar leeren Raum beeinflussen können«.[6] Konkret vollzieht sich diese sympathetische Wirkung in zwei Regelmäßigkeiten, die Frazer als die Gesetze der Ähnlichkeit und der Berührung bezeichnet. Damit ist einmal gemeint, »daß Gleiches wieder Gleiches hervorbringt, oder daß eine Wirkung ihrer Ursache gleicht; und dann, daß Dinge, die einmal in Beziehung zueinander gestanden haben, fortfahren, aus der Ferne aufeinander zu wirken, nachdem die physische Berührung aufgehoben wurde«.[7]

In der magischen Praxis macht sich der Zauberer diese beiden Gesetzmäßigkeiten zunutze. Das bekannteste Beispiel für das homöopathische Verfahren liefert jene Technik, bei der ein Bild des Feindes zerstört wird, um den Feind selbst zu töten. Bei der Anwendung von Übertragungsmagie versucht man, sich in den Besitz eines Körperteiles, etwa des Haares, zu bringen, um auf diese Weise Einfluss auf die ganze Person zu gewinnen. Grundlage aller magischen Operationen, deren weltweite Verbreitung Frazer eindrucksvoll demonstriert, bildet die Annahme, dass das Weltgeschehen ohne das Eingreifen höherer Mächte abläuft, allein nach den Gesetzmäßigkeiten, die zwischen den Dingen bestehen. Und der Magier, der diese Gesetzmäßigkeiten erkannt und technisch anzuwenden gelernt hat, kann dementsprechend in das kollektive wie das individuelle Leben positiv oder negativ eingreifen.

Die weitere Forschungsgeschichte, die das Modell magischer Praktiken differenziert hat, ist hier nicht zu verfolgen. H. G. Kippenberg hat seinen Überblick über die Diskussion mit der seit längerem aufgeworfenen Frage verknüpft, ob modernes wissenschaftliches Denken überhaupt fähig ist, den Wirklichkeitsgehalt archaischer Handlungsvollzüge angemessen zu erfassen.[8] Magie wird jetzt nicht mehr als Ausgangspunkt für die Evolution des menschlichen Denkens und auch nicht mehr nur im Blick auf ihre funktionale Leistungskraft für die Bewältigung von Lebensproblemen untersucht; vielmehr wird jetzt gegenüber allen Abwertungstendenzen betont, dass sie zur Grundausstattung menschlicher Praxis gehört. So hat etwa S. J. Tambiah die These aufgestellt: »Die analogische Denkweise wurde immer und von allen Menschen verwendet.«[9] Und sie wird mit dem Hinweis auf die zentrale Methode des magischen Handelns begründet: »Magische Akte sind rituelle Akte, und rituelle Akte wiederum sind performative Akte, deren positive und schöpferische Bedeutung nicht verstanden werden kann und deren Gül-

6. A.a.O. 17.
7. A.a.O. 15.
8. Vgl. H. G. Kippenberg, Einleitung: Zur Kontroverse über das Verstehen fremden Denkens, in: H. G. Kippenberg/B. Luchesi (Hg.), Magie. Die sozialwissenschaftliche Kontroverse über das Verstehen fremden Denkens, Frankfurt 1987, 9ff.
9. S. J. Tambiah, Form und Bedeutung magischer Akte. Ein Standpunkt, in: H. G. Kippenberg/B. Luchesi (Hg.), Magie, a.a.O. 259.

tigkeit falsch beurteilt wird, wenn sie einer Methode der Verifikation, die der wissenschaftlichen Tätigkeit zugehört, unterworfen werden. Weder Magie noch Rituale sind angewandte Wissenschaft im engeren Sinn.«[10]

In der fortdauernden Anwendung magischer Verfahren im Alltagsleben moderner Zeitgenossen hat die Psychoanalyse Relikte frühkindlichen Welterlebens entdeckt. Freud, der sich für seine religionswissenschaftlichen Untersuchungen sehr stark auf Frazer bezogen hat, konstatiert: »Das Prinzip, welches die Magie, die Technik der animistischen Denkweise, regiert, ist das der ›Allmacht der Gedanken‹.«[11] Die Wunscherfüllung, die das Kleinkind zunächst halluzinatorisch und dann spielerisch realisiert, wird vom Erwachsenen mit einem Willensimpuls verstärkt und aus der Innenwelt auf die Außenwelt projiziert. »Die Relationen, die zwischen den Vorstellungen bestehen, werden auch zwischen den Dingen vorausgesetzt. Da das Denken keine Entfernungen kennt, das räumlich Entlegenste wie das zeitlich Verschiedenste mit Leichtigkeit in einen Bewußtseinsakt zusammenbringt, wird auch die magische Welt sich telepathisch über die räumliche Distanz hinaussetzen und ehemaligen Zusammenhang wie gegenwärtigen behandeln.«[12] Weil alle einmal in einer Zeit, »Als das Wünschen noch geholfen hat« (P. Handke), gelebt haben, ist es für Freud nicht erstaunlich, dass derartige Vorstellungen mindestens bei Primitiven, beim Neurotiker und beim Künstler erhalten geblieben sind. Weil die »Allmacht der Gedanken« an ein Weltbild gebunden ist, das zwischen Objekt und Subjekt noch nicht präzise differenziert, kann Freud diese Phase dem Narzissmus zurechnen und auch die übrigen Etappen von Frazers Schema mit der psychosexuellen Entwicklung kombinieren: »Es entspricht dann zeitlich wie inhaltlich die animistische Phase dem Narzißmus, die religiöse Phase jener Stufe der Objektfindung, welche durch die Bindung an die Eltern charakterisiert ist, und die wissenschaftliche Phase hat ihr volles Gegenstück in jenem Reifezustand des Individuums, welcher auf das Lustprinzip verzichtet hat und unter Anpassung an die Realität sein Objekt in der Außenwelt sucht.«[13]

Nicht entwicklungspsychologisch, sondern situationsspezifisch lokalisiert der Ethnologe K. E. Müller das Phänomen der Magie. Auch für ihn ist sie »in der Tat ein allgegenwärtiges, universales Phänomen, kein Relikt aus der Morgendämmerung der Menschheitsgeschichte oder eine obskure Absonderlichkeit ›rückständiger‹ marginaler Lebensformen. Sie tritt in *allen* bekannten Gesellschaften auf und findet Anwendung in *allen* menschlichen Tätigkeitsbereichen ... sofern eben nur, sei es objektiv oder ›lediglich‹ dem subjektiven Ermessen zufolge (in ernsteren Fällen bei Neurotikern), ein Pro-

10. Ebd.
11. S. Freud, Totem und Tabu. Einige Übereinstimmungen im Seelenleben der Wilden und der Neurotiker (1912-13), Studienausgabe IX, Frankfurt 1982, 374.
12. A.a.O. 373.
13. A.a.O. 378.

blem entsteht, das mit den üblichen Mitteln allein nicht lösbar erscheint. Magie stellt so eine Art ›Krisenmanagement‹ dar, d.h. besitzt tatsächlich unabdingliche, wesentlich existenzsichernde Funktionen«.[14] Auch in modernen Industriegesellschaften werden magische Praktiken angewendet. Aber weil diese Gesellschaften vom wissenschaftlichen Denken geprägt sind, wird das diesem Denken nicht entsprechende Handeln in den Bereich des Privaten und Obskuren abgedrängt, dort aber als ultima ratio der Problemlösung fortlaufend herangezogen. Dabei sind die Grenzen zu Religion und Wissenschaft für K. E. Müller durchaus fließend. Auch magisches Denken und Handeln folgt rationalen Kriterien, sofern es sich auf intersubjektive Erfahrung bezieht. Und in der Kombination mit religiösen Anschauungen stellt Magie »gewissermaßen ein letztes Sicherungssystem zum Lebens-, ja zum Seinserhalt dar; denn überhöht im Kult, der sich an Ahnen, Geister und Götter richtet, sucht sie gleichzeitig mit gewährleisten zu helfen, daß Sonne und Mond nicht aus ihren Bahnen geraten, daß der Regen zur rechten Zeit und in der erforderlichen Menge fällt, daß die Vegetation alljährlich aufs neue wieder auflebt und die Nahrungsfrüchte reichlich gedeihen, daß die Naturkatastrophen nicht überhand nehmen und so eben auch die kosmische Ordnung insgesamt unerschütterlich bleibt«.[15]

II. Religion und Magie

Frazer hatte mit seinem Entwicklungsmodell ein Schema vorgegeben, mit dem sich auch religionswissenschaftlich interessierte Theologen arrangieren konnten. Der Magier, der als handelndes Subjekt in das Naturgeschehen und in das Lebensschicksal direkt eingreifen will, konnte zum Prototyp humaner Hybris erklärt werden. Demgegenüber bildete der Priester, der mit Gebet und Opfer das Wohlwollen der Gottheit zu gewinnen trachtet, ein schönes Exempel für die schlechthinnige Abhängigkeit des Menschen. Die theologische Bewertungsformel hat deshalb meistens den Wortlaut: Während die Religion die Unverfügbarkeit Gottes respektiert, wird das Heilige in der Magie instrumentalisiert.

Lange Zeit hat man nicht nur in der Theologie, sondern auch in den Religionswissenschaften die Differenz beider Handlungstypen sehr stark betont. So heißt es etwa in der »Religionsphänomenologie« von G. Widengren: »In der Religion fühlt der Mensch seine Abhängigkeit von der schicksalbestimmenden Macht im Dasein; in der Magie meint er, selbst diese Macht zu sein oder sie zumindest kontrollieren zu können.«[16] Der Autor

14. K. E. Müller, Das magische Universum der Identität. Elementarformen sozialen Verhaltens – Ein ethnologischer Grundriß, Frankfurt/New York 1987, 289.
15. A.a.O. 335.
16. G. Widengren, Religionsphänomenologie, Berlin 1969, 8.

weist selbst darauf hin, dass die Unterscheidung im Einzelfall durchaus schwierig sein kann, obwohl die Verschiedenheit in der Struktur seiner Meinung nach offenkundig ist. Das zeigt sich vor allem in den fundamentalen Sprechakten: »Das Gebet ist eine Hinwendung zur Gottheit als dem Schicksalsbestimmer; die Beschwörung ist eine magische Formel, in der der Mensch seinem eigenen Wunsche Ausdruck verleiht, selbst Herr über das Schicksal zu sein.«[17]

Nun dürfte es nicht ganz einfach sein, archaische Rituale zu finden, in denen nicht auf irgendeine Weise transempirische Mächte, wenn auch nicht unbedingt Götter, angerufen werden. Und man könnte auch fragen, ob bei einem solchen Verständnis die Religion mehr dem Schutze der Gottheit oder mehr der Entlastung der Priesterschaft dienlich gewesen ist. Während man nämlich nach einem Bittgottesdienst um Regen immer auf die Entscheidung der Götter verweisen konnte, hat der Magier, dessen Zauber erfolglos geblieben ist, keine Entschuldigung für sein Versagen anführen können.

Für ein Verständnis der religiösen Methodik ist der Grenzbereich zwischen Magie und Religion deswegen aufschlussreich, weil bei der Erörterung fast unvermeidlich zwei Gedankenketten auftauchen, die die theologische Wahrnehmung der Methodenfrage von Grund auf trüben.

Auf der einen Seite wird das methodische Handeln in diesem Bereich sofort mit dem Verweis auf Allmachtsfantasien denunziert. Methoden sollen der Bemächtigung, der Unterwerfung, der Instrumentalisierung des Göttlichen dienen. Durch ihre Anwendung will ein Subjekt ein Objekt beherrschen. Das kann im Einzelfall durchaus geschehen. Aber prinzipiell werden Methoden mit einer anderen Intention eingesetzt. Sie sollen die Gegenstände vor der individuellen Überwältigung schützen, den Text vor den Einfällen der Lesenden, den Klienten vor den Gefühlen des Therapeuten, das Kind vor den irrationalen Regungen der Erziehenden. Indem Methoden Handeln strukturieren und begrenzen, regulieren sie den Zugriff auf die Wirklichkeit, auf die sie eingestellt sind. Auch Methoden in der Religion können dieser Aufgabe dienen, indem sie das Göttliche vor einer Bemächtigung durch die Menschen, aber vielleicht auch die Menschen vor der Überwältigung durch das Göttliche schützen.

Eine solche Hypothese setzt freilich voraus, dass man den methodischen Charakter der religiösen Praxis erkennt und anerkennt. Gebete, Opferhandlungen, gottesdienstliche Rituale können dann nicht länger nur als Exerzitien theologischer Lehre oder als Expressionen frommer Gefühle beschrieben, sondern müssen als das betrachtet werden, was sie in Wirklichkeit sind: Verfahren der Annäherung an jene machtvolle Realität, die in der Sprache der Religionsphänomenologie »das Heilige« heißt.

Die Frage, ob es für diesen Bereich spezifische Handlungsformen gibt, die sich von magischen Praktiken unterscheiden, läßt sich in den Religionswis-

17. Ebd.

senschaften gegenwärtig nicht mehr durch eindeutige Abgrenzungen beantworten. Sehr viel stärker als früher werden jetzt die Gemeinsamkeiten zwischen Magie und Religion hervorgehoben, etwa in einem Aufsatz des schwedischen Religionswissenschaftlers O. Pettersson.

Er relativiert dabei alle Unterscheidungsmerkmale, die man zur Begründung der Differenz angeführt hat. Das betrifft zunächst den Glauben an übernatürliche Mächte. »Religion beinhaltet Unterwerfung und Forderung, und dieselben Elemente finden sich in der Magie. Beide glauben, wie gesagt, an Mächte, die dem Menschen übergeordnet sind und den Lauf der Natur und des menschlichen Lebens bestimmen und lenken. Ob wir diese Mächte Götter, Geister oder mana nennen, spielt keine Rolle. Es wird geglaubt, daß sie alle den Lauf des Lebens, der Welt und des Menschen leiten und überwachen.«[18] Auch in methodischer Hinsicht gibt es eine fundamentale Gemeinsamkeit. »Die Riten sind in beiden Bereichen das Mittel, Glauben und Anliegen durch eine festgelegte Prozedur zusammenzubringen. Im christlichen Sinne dient der Gottesdienst der Hinwendung der Seele zu Gott in Form von Verehrung und Danksagung, in Erkenntnis seiner Macht und seiner Zuwendung zu Menschen. Dies ist unsere Idealauffassung von Religion, und dieser intellektuelle Standpunkt hat die wichtige Tatsache verdunkelt, daß der Gottesdienst einen wesentlich praktischen Aspekt enthält.«[19] Das zeigt sich nicht zuletzt darin, dass es in beiden Bereichen um die Befriedigung menschlicher Bedürfnisse geht. »Wenn ein Christ das Vaterunser betet oder die Litanei hersagt, und wenn ein afrikanischer oder hinduistischer Priester um Regen bittet und dabei allerlei Manipulationen vornimmt, beten sie vielleicht, vielleicht auch nicht, aus einem unterschiedlichen Bewußtsein heraus (Unterwerfung oder Forderung), aber es ist klar, daß in beiden Fällen ein ausdrückliches Bedürfnis vorliegt, das Bedürfnis, jene Macht möge helfen, möge auf irgendeine Weise mit den Menschen Kontakt aufnehmen.«[20] Auch in der Geisteshaltung der Akteure lässt sich eine grundlegende Unterscheidung nicht lokalisieren. Hier müsste die Freiheit, die dem Göttlichen in der Religion eingeräumt werden soll, am deutlichsten greifbar werden. Aber man kann ein Gebet nicht sprechen, ohne mit seiner Erhörung zu rechnen, und man kann auch einen Gottesdienst nicht beginnen, ohne auf die Präsenz der angerufenen Gottheit zu vertrauen. Für Pettersson handelt es sich bei der Diskussion um Magie und Religion deswegen um »eine Diskussion über ein künstliches Problem, das dadurch erzeugt wurde, daß man ›Religion‹ anhand des idealen, christlichen Grundmusters definierte«.[21]

18. O. Pettersson, Magie – Religion. Einige Randbemerkungen zu einem alten Problem, in: L. Petzoldt (Hg.), Magie und Religion. Beiträge zu einer Theorie der Magie, Darmstadt 1978, 320.
19. A.a.O. 320f.
20. A.a.O. 321.
21. A.a.O. 323.

Auch die wissenssoziologische Betrachtung betont die Gemeinsamkeit des religiösen und des magischen Handelns. »Beide haften an einer subjektivischen Logik.«[22] Und beide verfolgen mit ihren Methoden den »Zweck, sich selbst in einen Status des Göttlichen zu setzen«.[23] Erst die moderne Theologie hat nach Meinung von G. Dux ein Interesse daran, eine grundsätzliche Opposition zwischen Religion und Magie zu konstruieren. »Prinzipiell unterschieden werden sie erst von den religiösen Praktikanten der Gegenwart. Sie sind es, die den als religiös deklarierten Praktiken Reverenz erweisen, die magischen aber als superstitiös stigmatisieren. Damit wird jedoch keine Aussage über die Vergangenheit gemacht, sondern ein Stück Selbstdarstellung in sie hineingetragen: Man will religiös bleiben, sich aber von dem, was Religion einmal war, distanzieren. Zu diesem Zweck ebnet man sie auf dem Niveau der Zeit ein.«[24]

Die Unterscheidung zwischen Magie und Religion soll also der Selbstdefinition des religiösen Repräsentanten dienen. Das ist sachlich nicht zu bestreiten, auch wenn man es historisch nicht auf die Neuzeit eingrenzen kann. Schon immer ist »Magie« eine Kampfvokabel gewesen, mit der man das fremde Verhalten denunziert und die eigene Praxis aufgewertet hat.[25] Magisch waren für die biblischen Zeugen die Methoden der heidnischen Umwelt. Magisch waren für die frühen Christen die jüdischen und hellenistischen Praktiken. Magie praktizierten in der Kirchengeschichte immer die anderen: die Ketzer, die Hexen, die Katholiken. Für die Reformierten beruhte die lutherische Abendmahlslehre auf magischem Denken. Für die Kleriker enthielten alle Formen der Volksreligion magische Elemente. Das aufgeklärte Bildungsbürgertum wollte Bauern und Proletarier aus den Fängen von Magie und Aberglauben befreien. Wer sich diese Mischung von Selbstaufwertung und Fremdverfemung vergegenwärtigt, mit der man den Begriff in religiösen und sozialen Konflikten eingesetzt hat, der kann daran zu zweifeln beginnen, ob es »Magie«, die sich von Religion prinzipiell unterscheidet, überhaupt gibt. Oder sollte es sich auch in diesem Fall um ein ideologisches Konstrukt handeln, wie es C. Lévi-Strauss für den »Totemismus«[26] behauptet hat?

22. G. Dux, Die Logik der Weltbilder. Sinnstrukturen im Wandel der Geschichte, Frankfurt 1982, 166.
23. A.a.O. 165.
24. A.a.O. 167.
25. Eine Parallele dazu bildete der Vorwurf des Aberglaubens; vgl. D. Harmening, Superstitio. Überlieferungs- und theoriegeschichtliche Untersuchungen zur kirchlich-theologischen Aberglaubensliteratur des Mittelalters, Berlin 1979, sowie A. Spaner, Zur Aberglaubensbekämpfung des Barock. Ein Handwörterbuch deutschen Aberglaubens von 1721 und sein Verfasser (Georg Christoph Zimmermann), in: Miscellanea Academica Berolinensia I/1, Berlin 1950, 133ff.
26. Vgl. C. Lévi-Strauss, Das Ende des Totemismus, Frankfurt 1965.

Die Unterscheidung von Magie und Religion ist unbestreitbar auf dem Boden einer religiösen Dogmatik gewachsen und als Instrument zur Abgrenzung gegen fremdes, »wildes« Denken und Handeln eingesetzt worden. Dennoch darf man nicht übersehen, dass darin ein Wahrheitsmoment enthalten ist, das die Gefahr aller religiösen Praxis beleuchtet.

Im Umgang mit dem Göttlichen geht es um Macht. Das wollen alle methodischen Prozeduren realisieren, ob man sie nun als Magie oder als Religion bezeichnet. In der Warnung vor menschlicher Hybris wird kognitiv das angesprochen, was man in der religiösen Praxis methodisch absolvieren muss: die Bearbeitung aller Allmachtswünsche. Deshalb gehört das Kyrie eleison konstitutiv an den Anfang des Gottesdienstes. Deshalb muss auch jedes Gebet, ausgesprochen oder unausgesprochen, von der Haltung getragen werden: »Herr, dein Wille geschehe« (Matthäus 6,10). Weil es in der religiösen Praxis um Machtgewinn geht, gehört die Bearbeitung von Allmachtswünschen unabdingbar zur methodischen Präparation in diesem Bereich. Nicht ohne Grund werden auch in Ritualen, die man dem magischen Bereich zuweisen möchte, die angerufenen Mächte um Erlaubnis zur Durchführung der Handlung und um Vergebung für die stattfindende Belästigung gebeten.[27] Die Frage nach der religiösen Methodik lässt sich also gegenwärtig nicht mehr durch die Unterscheidung von Religion und Magie schlüssig klären.

Aber auch eine einfache Auflistung und Beschreibung der im transprofanen Bereich vollzogenen Handlungen reicht nicht aus. Dann kann man wohl zeigen, dass es in vielen Kulturen Aktionen gibt, denen ein besonderer Charakter zugeschrieben wird. Aber nach welcher Handlungslogik diese Handlungen ablaufen, bleibt dann immer noch offen. Ein anschauliches Beispiel für ein in diesem Sinn oberflächliches phänomenologisches Verfahren bietet F. Heiler, der grundlegend und umfassend in »Erscheinungsformen und Wesen der Religion« einführen will. Die Wiedergabe der Handlungstypen, die er dabei unterscheidet, umfasst mehr als 100 Seiten. Aber ihr innerer Zusammenhang wird nur intentional psychologisch rekonstruiert. »Der Mensch will sich aufs innigste mit dem Göttlichen berühren, einigen, an seiner Lebenskraft und Herrlichkeit teilnehmen. Er will mit Gott umgehen und will Gottes Umgang mit ihm. Er verlangt nach dem Tun Gottes am Menschen, und zugleich will er selbst von Gott nicht nur nehmen, sondern ihm auch geben und schenken. Die sinnenfällige Form dieses wechselseitigen Tuns ist der Kultus.«[28] Zur Realisierung dieser Intention dient die Ausgrenzung heiliger Orte und heiliger Zeiten. Ihr Vollzug umfasst die Akte

27. Vgl. W. Burkert, Homo Necans. Interpretationen altgriechischer Opferriten und Mythen, Berlin 1972, 24, und I. Rösing, Rituale zur Rufung des Regens, Mundo Ankari 5, Frankfurt 1993, 148ff.

28. F. Heiler, Erscheinungsformen und Wesen der Religion, Stuttgart 1961, 176f.

der Reinigung, der Erleuchtung und der Einigung. Opfer und Mysteriendrama spielen dabei eine zentrale Rolle. Aber welche Notwendigkeit zwischen den einzelnen Akten waltet, welche Logik ihre Abfolge bestimmt, das ist von diesem psychologischen Ansatz her nicht zu erfassen. Der Mensch will in Kontakt mit dem Göttlichen treten – am Anfang stehen Riten der Reinigung, am Ende Riten der Einigung. Dass dabei eine elementare Motivation wirksam wird, ist nicht zu bestreiten. »Die tiefste Sehnsucht des Menschen ist die Einigung mit dem Göttlichen.«[29] Aber bei der rituellen Gestaltung dieser »Sehnsucht« laufen Prozesse ab, die rein psychologisch nicht mehr zu begründen sind. Warum muss man zwischen Einigung und Reinigung differenzieren? Weshalb kann die Einigung nur auf die Reinigung folgen? Was hält, beim Opfer, die Folge von Geben und Nehmen zusammen? Und wie verhalten sich die Handlungsstrukturen im profanen und sakralen Bereich, wenn man sie miteinander vergleicht?

Aus den Entwürfen des vorigen Jahrhunderts greifen wir drei Konzepte auf, die alle im Bereich der Religionssoziologie beheimatet sind. E. Durkheim hat in seinem Werk über »Die elementaren Formen des religiösen Lebens« die religiöse Praxis mit dem Satz definiert: »Jeder Kult hat einen doppelten Charakter: einen negativen und einen positiven.«[30] A. van Gennep hat in seinem Buch über die »Übergangsriten« das Verhalten in Schwellensituationen beschrieben. Und M. Mauss hat in seiner Arbeit über »Die Gabe« alle sozialen Kontakte durch die drei Verpflichtungen des Gebens, des Annehmens und des Erwiderns erfasst. Diese klassischen Studien sind deshalb für die methodologische Grundlegung religiöser Praxis so wichtig, weil sie so elementar sind, dass sie nicht nur soziale, sondern auch psychische und transzendenzbezogene Abläufe zu erfassen vermögen. Zudem lässt sich an diesen Entwürfen ohne große Schwierigkeit zeigen, dass die religiösen Riten von denselben Handlungsgesetzen geprägt sind, die auch dem profanen Verhalten zugrunde liegen.

Die Unterscheidung zwischen negativen und positiven Riten, die Durkheim vorgenommen hat, scheint auf den ersten Blick einigermaßen naiv zu sein. In der Tat dient sie zunächst dazu, das umfangreiche Repertoire, das die religiöse Praxis aufweist, zu klassifizieren. Der negative Kult umfasst alle Akte der Beseitigung und der Reinigung, die in der Regel durch Verbote und Tabus sozial durchgesetzt werden. Negative Kräfte müssen entsorgt werden. Heilige Gegenstände dürfen nicht berührt, heilige Namen nicht ausgesprochen werden. Asketische Praktiken oraler oder genitaler Art sorgen für eine

29. A. a. O. 230. Den methodischen Aspekten einer »Diätetik der Seele« (137) ist in religionspsychologischer Perspektive ausführlich nachgegangen W. James, Die Vielfalt religiöser Erfahrung. Eine Studie über die menschliche Natur, Frankfurt 1997, 110ff., bes. 137ff.
30. E. Durkheim, Die elementaren Formen des religiösen Lebens, Frankfurt 1981, 405.

korporale Präparation. Diese negativen Verfahren bilden die Grundlage für die positiven Operationen, in denen an die Stelle der unreinen Kräfte lebensförderliche Potenzen sozial und korporal integriert werden. Das kann durch den Austausch von Blut geschehen, in dem Lebenskraft wohnt, durch das heilige Essen des Totemtiers in der Opferhandlung oder durch mimetische Praktiken, etwa durch Nachahmung von Tieren, durch die man übermenschliche Kraft inkorporiert.

Was zunächst wie ein simples Klassifikationsschema aussieht, stellt sich freilich als eine wissenschaftliche Darstellung heraus, um die prinzipielle Logik der religiösen Praxis ans Licht zu heben. Für Durkheim besteht Religion weder in der Annahme einer übernatürlichen Welt noch in der Idee des Göttlichen, sondern in einer grundlegenden Unterscheidung: »Alle bekannten religiösen Überzeugungen, wie einfach oder komplex sie auch seien, haben den gleichen Zug: sie setzen eine Klassifizierung der realen oder idealen Dinge, die sich die Menschen vorstellen, in zwei Klassen, in zwei entgegengesetzte Gattungen voraus, die man im allgemeinen durch zwei unterschiedliche Ausdrücke bezeichnet hat, nämlich durch *profan* und *heilig*. Die Aufteilung der Welt in zwei Bereiche, von denen der eine alles umfaßt, was heilig ist, und der andere alles, was profan ist; das ist Unterscheidungsmerkmal des religiösen Denkens.«[31]

Die Methoden, die Religion realisieren, setzen diese Unterscheidung in Handlungen um. Weil das Heilige mit dem Profanen nicht einfach identisch ist, gehört zur Annäherung an diesen Bereich die Trennung von anderen Lebenswelten. Für Durkheim selbst ist diese Differenzierung sozialpsychologisch fundiert, weil »die Idee der Gesellschaft die Seele der Religion ist«.[32] Diese Annahme muss man nicht teilen, um an der Bedeutung des von Durkheim vorgeschlagenen Klassifikationsschemas für die religiöse Praxis festzuhalten.

Wie die eben angeführten Einzelbeispiele zeigen, werden die negativen und die positiven Handlungen in der Regel leiblich vollzogen. Das gilt erst recht für die Übergangsrituale, die A. van Gennep analysiert hat. Er verfolgt mit seinem Buch erklärtermaßen das Ziel, »alle zeremoniellen Sequenzen zusammenzustellen, die den Übergang von einem Zustand in einen anderen oder von einer kosmischen bzw. sozialen Welt in eine andere begleiten«.[33] Dabei geht es in erster Linie um jene Aktionen, die in der Praktischen Theologie der Kasualpraxis zugeordnet werden, also um Geburt, Initiation, Hochzeit und Bestattung. Aber die geregelte Überschreitung räumlicher Grenzen vollzieht sich auch in zahlreichen anderen, teils profanen, teils religiösen Situationen. Weil jeder Transitus in sich selbst strukturiert ist, kann man diese Passage-Riten noch einmal in drei Typen unterteilen. »Tren-

31. A.a.O. 62.
32. A.a.O. 561.
33. A. van Gennep, Übergangsriten, Frankfurt 1986, 21.

nungsriten kennzeichnen die Ablösungsphase, Schwellen- bzw. Umwandlungsriten die Zwischenphase (die Schwellen- bzw. Umwandlungsphase) und Angliederungsriten die Integrationsphase.«[34] Neben das Schema der korporalen Aktionen, die Durkheim in der Folge von Entleerung und Erfüllung freigelegt hat, liefert van Gennep ein Muster für die Wahrnehmung jener lokalen Aktivitäten, die auch den Übergang aus der profanen in die sakrale Sphäre konstituieren.

Eine Sonderform dieser topologischen Struktur hat der Ethnologe K. E. Müller in seinen Untersuchungen des sozialen Verhaltens freigelegt. Die Trias, die sich bei der Analyse des Transitus zwischen unterschiedlichen Räumen ergibt, lässt sich in analoger Form auch bei der Binnenstrukturierung von Räumen konstatieren. In Häusern und Siedlungen, in Gruppen und Orientierungssystemen taucht »eine übereinstimmende Grundstruktur auf, ein Umstand, der aus den Bedingungen der menschlichen Wahrnehmung herrührt: Sie bauen sich, wie schon verschiedentlich ausgeführt, aus den drei Basisgrößen Zentrum, Umfeld und Peripherie auf«.[35] Nachdem im Rahmen eines Schwellenrituals ein Haus betreten ist, gelangt man in den peripheren Raum eines Flurs; man wird unter Umständen sogar in den Wohnbereich eingelassen, der allen Familienmitgliedern, aber auch ausgewählten Gästen offensteht; aber nur ganz ausnahmsweise darf man auch jenes arcanum betreten, in dem die Mysterien des gemeinsamen Lebens vollzogen werden. Umgekehrt lassen sich in der klassischen Familienkonstellation auch jene Strukturen beobachten, die das soziale Leben, wahrscheinlich nicht nur in Kleingruppen, determinieren. Es gibt die Zentralpositionen, die durchschnittlichen Mitglieder und die Außenseiter, die teils zur Endosphäre gehören, teils aus der Exosphäre kommen.

An allen Punkten der Räumlichkeit, im Eingangsbereich, im Umfeld, aber auch im Zentralbereich können soziale Prozesse des Austauschs vonstatten gehen. M. Mauss hat die Gesetzmäßigkeiten des »Gabentauschs« am Beispiel des indianischen Potlatsch untersucht und hat dabei drei elementare Verpflichtungen des sozialen Lebens entdeckt: die Pflichten des Gebens, des Annehmens und des Erwiderns. Solch ein Gabentausch findet modifiziert in allen Kulturen statt, und zwar auf allen Ebenen und mit allen Gegenständen, weil nämlich »alles – Nahrungsmittel, Frauen, Kinder, Güter, Talismane, Grund und Boden, Arbeit, Dienstleistungen, Priesterämter und Ränge – Gegenstand der Übergabe und der Rückgabe ist. Alles kommt und geht, als gäbe es einen immerwährenden Austausch einer Sachen und Menschen umfassenden geistigen Materie zwischen den Clans und den Individuen, den Rängen, Geschlechtern und Generationen«.[36] Nicht zuletzt der Verkehr mit

34. Ebd.
35. K. E. Müller, a. a. O. 121.
36. M. Mauss, Die Gabe. Form und Funktion des Austauschs in archaischen Gesellschaften, in: Soziologie und Anthropologie II, Frankfurt 1978, 29.

Ahnen, Geistern und Göttern, der im Opfer passiert, ist von diesen Regeln getragen. »Eine der ersten Gruppen von Wesen, mit denen die Menschen Verträge schließen mußten und die der Definition nach dazu da waren, mit ihnen Verträge zu schließen, waren die Geister der Toten und die Götter. Diese sind in der Tat die wahren Eigentümer der Dinge und Güter der Welt. Mit ihnen war der Austausch am notwendigsten und der Nichtaustausch am gefährlichsten. Andererseits war er mit ihnen auch am leichtesten und sichersten. Die Zerstörung der Opfergaben zielte gerade darauf ab, eine Schenkung zu sein, die notwendig vergolten wird.«[37] Was Mauss für die alten Kulturen beobachtet hat, gilt in der Grundstruktur auch noch heute. Das soziale Leben vollzieht sich in Akten, die immer diese drei Aspekte umfassen. Man gibt einen Gruß, sobald man auf der Straße einem Bekannten begegnet. Der/die andere nimmt ihn zur Kenntnis. Und erwidert ihn mehr oder weniger freundlich. Was in diesem punktuellen Alltagsritual abläuft, bildet auch das Grundmuster für die manchmal sehr komplexen ökonomischen, politischen, juristischen Transaktionen in der modernen Gesellschaft.[38]

Diese drei Grundstrukturen des biologischen und sozialen Lebens bestimmen das profane wie das religiöse Verhalten. Korporaler Austausch vollzieht sich beim Atmen[39], beim Essen und Trinken, in jeder Form des Ausscheidens von negativer bzw. der Zufuhr von positiver Energie. Lokaler Austausch findet bei allen Bewegungen zwischen, aber in modifizierter Form auch bei Bewegungen in den Räumen statt. Sozialer Austausch umfasst alle Akte des Gebens, des Annehmens und des Erwiderns von Worten und Waren, von Sachen und Menschen. In der Lebenspraxis sind diese Prozesse vielfältig miteinander verwoben. So wird etwa der biologische Austausch durch Diätregeln sozial reguliert. Der Einlass in Räume und die Bewegung darin werden kontrolliert. Die sozialen Beziehungen werden, schon im Grußverhalten, durch Hierarchien determiniert.

Auch und gerade in den komplexen Handlungen der Religion sind die drei Dimensionen miteinander verknüpft. Deshalb enthält das Taufritual exorzistische Handlungen, die den Täufling reinigen, Übergangselemente, die ihn/sie aus einem Herrschaftsbereich in den anderen führen, aber auch Opferaspekte, sofern das Kind, das einem geschenkt ist, angenommen und dem Schöpfer zurückgegeben wird. Dazu kann dann auch die Verpflichtung gehören, die/den Getaufte/n im Lauf der Erziehung immer stärker an das Zentrum der göttlichen Wirklichkeit heranzuführen.

Ein anderes Grundproblem, nämlich die interne Zuordnung der drei Verhaltensbereiche, lässt sich im Anschluss an die Fragestellungen der Reforma-

37. A.a.O. 33.
38. A.a.O. 137ff.
39. Zur religiösen Relevanz einer Phänomenologie des Atems vgl. H. Timm, Das Weltquadrat. Eine religiöse Kosmologie, Gütersloh 1985, 86ff., bes. 97f.

tion erläutern. Luther hat mit Nachdruck dagegen polemisiert, dass der soziale Austausch mit dem Göttlichen durch korporale Aktionen seitens des Menschen initiiert werden kann. Alles, was an Veränderungen und Bewegungen, an Fasten und anderen Exerzitien ablaufen kann, muss durch göttlichen Einfluss ausgelöst werden. Nur wenn und nur weil Gott das Wort des Evangeliums laut werden lässt, können Menschen den Machtbereich des Gesetzes verlassen und sich von der destruktiven Infektion des gesetzlichen Denkens reinigen. Alle korporalen und lokalen Prozesse müssen also durch die allmächtige, souveräne Gottheit als Geber ausgelöst werden.[40]

Die protestantische Theologie verwendet gern einige Formeln, um die Lebensbewegung des Glaubens generell zu charakterisieren. Sie rechnet mit einem spannungsreichen Zusammenhang von Gesetz und Evangelium, von Indikativ und Imperativ, von Gabe und Aufgabe, von Wort und Antwort. Dahinter steht die Annahme, dass durch die Verkündigung des Wortes Gottes Impulse vermittelt werden, die man im Glauben akzeptiert und im Leben realisiert. Die Handlungslogik, die dieses Sprachgeschehen unterstellt, umfasst einen weiten Horizont. Der Weg vom Gesetz zum Evangelium ist ein Wechsel von einem Machtfeld zum anderen. Dass auf den Indikativ ein Imperativ folgen kann, der keine bedrohliche Forderung darstellt, setzt voraus, dass in diesem Vorgang eine Kraft vermittelt wird, die zum Handeln befähigt. Die Aufgabe, die durch die Gabe gestellt ist, kann ohne Schwierigkeiten erledigt werden, wenn sie nicht im gesetzlichen Gegenüber von Befehl und Gehorsam, sondern im evangelischen Rahmen einer Bundesgenossenschaft vonstatten geht. Insofern liegt die Handlungslogik spiritueller Methoden auch elementaren theologischen Sätzen zugrunde.

Wenn diese Andeutungen zutreffen, dann kann man zunächst als vorläufiges Ergebnis festhalten: Auch die religiösen Handlungen laufen in Mustern ab, die von den Grundregeln des profanen Lebens bestimmt sind. Das liegt naturgemäß darin begründet, dass auch diese Handlungen von Menschen vollzogen werden, die in Leib, Raum und Zeit existieren. Die Handlungslogik der religiösen Methoden ist in ihrer Eigenart durch die Analyse ihrer Handlungsstrukturen direkt nicht zu erfassen. Diese Strukturen des korporalen, des lokalen und des sozialen Austauschs sind überall in der Menschenwelt anzutreffen. Auf eine spezifische Weise religiös werden diese Methoden erst dadurch, dass sie im Rahmen einer spezifischen Wirklichkeit vollzogen werden.

40. Vgl. H.-Chr. Meier, Mystik bei Paulus. Zur Phänomenologie religiöser Erfahrung im Neuen Testament, TANTZ 26, Tübingen 1998, 274ff., der besonders die räumlichen und personalen Erfahrungsmomente der paulinischen Mystik hervorhebt. Mit Rücksicht auf das Schöpfungshandeln Gottes konnte man in der Tradition auch zwischen magia naturalis und magia daemoniaca unterscheiden; vgl. Chr. Daxelmüller, Aberglaube, Hexenzauber, Höllenängste. Eine Geschichte der Magie, München 1993, 218ff.

§ 4 Die Wirklichkeitsproblematik religiöser Methoden

Methoden regulieren Verhalten im Kontext von Realitäten. Das gilt für die wissenschaftliche Arbeit, die durch Konzentration auf rationale, nachprüfbare und wiederholbare Verfahren spezifische Wirklichkeitsaspekte erfasst. Das gilt aber auch für Magie und Religion, die mit ihren Handlungen transempirische Größen beeinflussen wollen. Die Handlungen selbst sind in ihrer Struktur von den Regeln des korporalen, des lokalen und des sozialen Austausches bestimmt. Aber sie erfolgen im Kontext von Realitäten, die in den Prozeduren der Alltagspraxis höchstens am Rande, etwa durch ein Gebet vor Arbeitsbeginn, berücksichtigt werden und die für die meisten Entwürfe neuzeitlicher Wissenschaft im Gefolge des Cartesianismus nicht mehr zu erfassen sind.

Wer die Handlungslogik religiöser Methoden freilegen will, muss also nicht nur ihre internen Strukturen, sondern auch deren Einbettung in einen Wirklichkeitshorizont zu umschreiben versuchen. Im ersten Moment mag man daran denken, diese Realität als extern gegenüber der Handlung anzusehen. Aber das ist eine Annahme, die allzu leichtfertig vom Gewohnheitsdenken bestimmt ist. Eine Psychoanalyse realisiert sich in therapeutischen Sitzungen. Ein Fußballspiel wird Wirklichkeit im Zeitraum von 90 Minuten auf einem Sportplatz. Eine Vorlesung findet im Hörsaal statt. Rituale der verschiedensten Art, hier aus dem profanen Bereich, realisieren Wirklichkeiten. Ob und in welchem Sinn es diese Wirklichkeiten jenseits der rituellen Praxis noch »gibt«, das ist sehr schwer zu entscheiden. Hier ist zunächst festzuhalten, dass Methoden mit Möglichkeiten rechnen, die bei der Anwendung der Methode zur Wirklichkeit werden. Das Verhältnis von Methode und Realität scheint also undurchsichtiger zu sein, als es das vom Cartesianismus geprägte Alltagsdenken unterstellt.

In diesem Kapitel ist demnach zu klären, wie die Wirklichkeit, in deren Rahmen die Methoden der Religion operieren, mit den Kategorien der neuzeitlichen Wissenschaft zu begreifen ist. Das schließt darüber hinaus auch die Aufgabe ein, das Verhältnis dieser Wirklichkeit zu den angewandten Methoden präziser zu erfassen.

I. In der Bibel

»Heilig« ist ein Begriff, den die religiöse Überlieferung an zentralen Stellen verwendet, der aber auch in verschiedenen wissenschaftlichen Disziplinen auftaucht, um die spezifische Wirklichkeitsdimension der religiösen Praxis zu charakterisieren. Ohne dass die ontologischen, sozialpsychologischen und methodologischen Fragen, die damit verknüpft sind, auch nur annäherungsweise geklärt sind,[1] vergegenwärtigen wir uns die fundamentale Bedeutung dieses Begriffs für die biblische Tradition.

Wie komplex das Gefüge der Einzelaussagen strukturiert sein kann, zeigt der Bericht von der Berufung des Propheten Jesaja (Jesaja 6,1 ff.). Was auf den ersten Blick wie eine Definition der Gottheit erscheint, »Heilig, heilig, heilig ist Gott, der Herr« und als solche in Dogmatik wie Religionswissenschaft immer wieder herangezogen worden ist, steht im Zentrum einer verwickelten Szenerie. Am heiligen Ort hat ein Mann, der in eine heilige Rolle berufen wird, eine Vision, die ihm einen Blick in die andere Welt eröffnet. Die Doxologie der himmlischen Wesen, die die herrschaftliche Residenz des Göttlichen umschweben und verhüllen, realisiert die Heiligkeit der göttlichen Macht durch einen Akt permanenter Heiligung.[2]

Die folgende Darbietung des mehr als umfangreichen biblischen Materials zu diesem Stichwort kann auch an den anderen Stellen immer nur einer vorläufigen Systematisierung folgen und soll in ihrer Anlage vor allem die Probleme verdeutlichen, die dann im Rückblick auf Lösungen der neueren Theoriegeschichte zu bearbeiten sind. Um die Darbietung nicht übermäßig auszuweiten, werden die literarkritischen, motivgeschichtlichen und begriffsanalytischen Einsichten der alttestamentlichen Wissenschaft in der Regel nicht herangezogen.[3]

Zu beginnen ist mit einer Auflistung von wichtigen empirischen Phänomenen, die ähnlich auch in anderen religiösen Traditionen begegnen. Die Vision des Jesaja findet im Tempel statt, an einem heiligen Ort, an dem sich auch für Jakob in Bethel die andere Welt erschließt (Genesis 28,17). Jahwe selbst hat Israel in seine heilige Wohnung geführt (Exodus 15,13). Das heilige Lager verlangt von Israel ein angemessenes Verhalten, was etwa den Umgang mit Fäkalien betrifft (Deuteronomium 23,13 ff.). Der Zutritt zur heili-

1. Vgl. C. Colpe, Über das Heilige. Versuch, seiner Verkennung kritisch vorzubeugen, Frankfurt 1990, sowie D. Kamper/Chr. Wulf (Hg.) Das Heilige. Seine Spur in der Moderne, Frankfurt 1987.
2. Eine Alternative zu dem hier beschriebenen Akt hymnischer Heiligung bietet das altägyptische »Ritual für den morgendlichen Gottesdienst«; der Text ist abgedruckt bei G. Roeder, Kulte und Orakel im alten Ägypten, Neudruck Düsseldorf 1998, 72 ff. Hier wurde das Gottesbild durch einen Priester geweckt, entkleidet, gesalbt, bekleidet und durch Segenswünsche aufgeladen; da der Priester als Repräsentant des göttlichen Pharao amtierte, muss man die Handlung insgesamt als transhumanes Ritual charakterisieren.
3. Vgl. vor allem F. Crüsemann, Die Tora. Theologie und Sozialgeschichte des alttestamentlichen Gesetzes, München 1992, 350 ff.: »Heiligkeit als Gestalt der Freiheit«. Zentrale Texte behandelt K. Grünwaldt, Das Heiligkeitsgesetz Leviticus 17-26. Urspüngliche Gestalt, Tradition und Theologie, BZAW 271, Berlin 1999; einen Überblick über Ordnungen und Institutionen bietet R. de Vaux O.P., Das Alte Testament und seine Lebensordnungen II, Freiburg 1960, 85 ff.

gen Stätte ist nur barfuß erlaubt (Exodus 3,5). Nur Aaron und seine Nachkommen dürfen im Vorhof der Stiftshütte einen Teil des Speiseopfers verzehren (Leviticus 6,5). Die heilige Lade wird zur sakralen Ausstattung des neuen Tempels nach Jerusalem transportiert (2. Chronik 35,3). Heilig sind aber nicht nur irdische Stätten, sondern auch die Wohnungen in der Himmelswelt (Psalm 46,5). Auf dem heiligen Berg hat die Gottheit den königlichen Sohn inthronisiert (Psalm 2,6). Im heiligen Tempel darf man mit der göttlichen Macht Kontakt aufnehmen (Psalm 5,8), weil sie in ihrem heiligen Himmel die Gebete erhört (Psalm 20,7).

Heilig sind in Israel wie anderswo aber auch Zeiträume: der Sabbat als siebenter Tag der Woche (Exodus 20,8 ff.), an dem nicht gearbeitet werden soll (Exodus 16,23); jedes siebente Jahr soll auch das Land einen Sabbat erleben (Leviticus 25,2 ff.); und alle sieben mal sieben Jahre, im heiligen Erlassjahr, soll durch die Freilassung von Sklaven und den Nachlass von Schulden sozialer Friede im Volk Gottes einkehren (Leviticus 25,8 ff.).

Heilige Gegenstände begegnen vor allem in der priesterlichen Lebenswelt des Tempels. Heilig sind die Opfergaben, von denen nur Angehörige einer Priesterfamilie essen dürfen (Leviticus 22,12) und auch das nur, sofern sie sich gereinigt haben (Leviticus 22,3 ff.). Was »heilig und unheilig, was unrein und rein ist«, das haben die Priester zu unterscheiden (Leviticus 10,10). Dabei ist auch sicherzustellen, dass die geheiligten Opfertiere nicht aus Gründen finanzieller Kalkulation ausgetauscht werden (Leviticus 27,9 ff.). Zur priesterlichen Ausstattung gehört eine heilige Amtstracht (Exodus 28,2), dazu ein Stirnblatt mit der eingravierten Schrift: »Heilig dem Herrn« (Exodus 28,36). Die Priester operieren mit heiligen Geräten, »Kohlepfannen, Gabeln, Schaufeln, Becher«, die andere Personen nur unter Lebensgefahr berühren können (Numeri 4,14 ff.). Ebenso gibt es heiliges Brot, das man nur nach sexueller Askese verzehren darf (1. Samuel 21,5). Zur Präparation des heiligen Raumes verwendet man heiliges Öl (Exodus 30,26 ff.) und heiliges Räucherwerk, das auf keinen Fall zum privaten Genuss verwendet werden darf (Exodus 30,34 ff.). Für die Durchführung von Orakeln stehen dem Priester heilige Lose zur Verfügung (Numeri 27,21; Esra 2,63).

Der Umfang der personalen Repräsentanz des Heiligen ist in Israel umstritten gewesen. Jedenfalls protestieren Korah und seine Anhänger gegen den Führungsanspruch von Mose und Aaron: »Ihr geht zu weit! Denn die ganze Gemeinde, sie alle sind heilig, und der Herr ist unter ihnen« (Numeri 16,3). In der Tat soll sich am heiligen Tag das ganze Volk zur »heiligen Versammlung« zusammenfinden (Exodus 12,16). Und Mose erhält auf dem Sinai die Botschaft für ganz Israel: »Ihr sollt mir ein Königreich von Priestern und ein heiliges Volk sein« (Exodus 19,6), eine Botschaft, die im Neuen Testament betont aufgegriffen wird (1. Petrus 2,9; Apokalypse 1,6). Dementsprechend redet Paulus in seinen Briefen die Gemeindemitglieder in Korinth, Rom, Philippi ohne Rücksicht auf aktuelle Konflikte als »Heilige« an (Römer 1,7; 1. Korinther 1,2; Philipper 1,1).

Heilig sind alle, die den Tempeldienst versehen (2. Chronik 23,6). Aber heilig wirkt auf seine Umgebung auch ein Einzelner wie der Prophet Elisa (2. Könige 4,9). Im Neuen Testament wird das von den Propheten generell gesagt (Lukas 1,70), aber auch von den Aposteln (Epheser 3,5), den Brüdern (Hebräer 3,1) und von großen Frauengestalten (1. Petrus 3,5). Selbstverständlich wird auch der »Knecht« Jesus (Acta 4,27) in seiner hohepriesterlichen Würde (Hebräer 7,26) als heilig bezeichnet. Und der verwendet das Wort für die Engel (Markus 8,38), aber auch bei der Anrede an seinen himmlischen Vater (Johannes 17,11).

»Heilig, heilig, heilig ist der Herr Zebaoth«, singen die himmlischen Mächte in der Vision des Jesaja. Was damit angesagt ist, umschreibt der Lobgesang des Mose ausführlicher: »Wer ist wie du so hehr und heilig, furchtbar in Ruhmestaten, Wunder verrichtend?« (Exodus 15,11 – Zürcher Bibel). Ähnlich heißt es im Lobgesang der Hanna: »Es ist niemand heilig wie der Herr; ... der Herr tötet und macht lebendig, führt hinab zu den Toten und wieder herauf« (1. Samuel 2,2 und 6). Wer den heiligen Namen nicht ehrt, der gerät in eine lebensbedrohliche Lage (Deuteronomium 28,58f.). Um Gottes Heiligkeit willen verzehrt Feuer die, die falsch opfern (Leviticus 10,1ff.). Gesteinigt werden soll, wer eines seiner Kinder dem Moloch übergibt (Leviticus 20,3). Nur gegen die Heiligen verhält Gott sich heilig (2. Samuel 22,26). Deshalb muss auf dem Landtag zu Sichem die naive Bereitschaft des Volkes zum Bundesschluss von Josua zunächst abgewehrt werden: »Ihr könnt dem Herrn nicht dienen; denn er ist ein heiliger Gott, ein eifernder Gott, der eure Übertretungen und Sünden nicht vergeben wird« (Josua 24,19). Und auch das Neue Testament rechnet ganz selbstverständlich damit, dass es »schrecklich« ist, »in die Hände des lebendigen Gottes zu fallen« (Hebräer 10,31) und dass die unwürdige Aufnahme der Gottesspeise tödliche Nebenwirkungen mit sich bringt (1. Korinther 11,30). Die lebensförderliche und lebensbedrohliche Macht der Gottheit ist so gewaltig, dass Jesus in der Passionsgeschichte beim Verhör den direkten Hinweis darauf vermeidet und nur von der »Kraft« redet, neben der er sitzen wird (Matthäus 26,64).

»Heilig« werden in der Bibel also irdische Phänomene genannt, Räume und Zeiten, Personen und Sachen. Heiliges gibt es aber auch in der himmlischen Welt. Wie man das Verhältnis beider Wirklichkeitsbereiche zu denken hat, das lässt sich erst genauer bestimmen, wenn man auch die Aussagen über die wechselseitige Beeinflussung beider Sphären in wichtigen Punkten herangezogen hat. Zwischen der irdischen und der überirdischen Welt des Heiligen laufen Prozesse der »Heiligung« ab, die teils von unten, teils von oben ausgelöst, gefordert und durchgeführt werden. Eine zentrale Formel, die beide Sphären aufeinander bezieht, lautet: »Ihr sollt heilig sein; denn ich bin heilig, der Herr, euer Gott« (Leviticus 19,2). Sie klingt nicht nur im Alten Testament an verschiedenen Stellen an (Numeri 15,40, Jeremia 2,3), sondern wird auch im Neuen Testament ausdrücklich zitiert (1. Petrus

1,16). Als handlungsauslösendes Subjekt der Heiligung können in der biblischen Tradition verschiedene Größen angeführt werden.

Zunächst ist Heiligung ein Vorgang, der menschliches Verhalten betrifft und der durch Menschen vollzogen wird. So soll man die Erstgeburt für die Gottheit heiligen (Exodus 13,2). Man soll ein heiliges Fasten praktizieren (Joel 1,14) und sich für den heiligen Krieg präparieren (Joel 4,9). Menschen heiligen das im Krieg erbeutete Gold und Silber, indem sie es für die Gottheit reservieren (Josua 6,19; 2. Samuel 8,11). Die Christen sollen ihre Glieder heiligen (Römer 6,19), so dass ihr Leib zum heiligen Tempel Gottes wird (1. Korinther 3,16f.). Deshalb können sie sich in der Gemeinde mit dem heiligen Kuss grüßen (Römer 16,16) und in der Ehe den nichtchristlichen Partner derart »heiligen«, dass auch die gemeinsamen Kinder »heilig« werden (1. Korinther 7,14).

»Das ist der Wille Gottes, eure Heiligung«, und die besteht zunächst im Vermeiden von Unzucht (1. Thessalonicher 4,3ff.). Aber auch andere Formen der sachlichen und personalen Verunreinigung können die Heiligkeit gefährden (Leviticus 16,19; 11,44 u.ö.); dazu gehören auch Objekte, die exklusiv für die Gottheit bestimmt sind (Josua 7,13). Heiligungsprozeduren sind notwendig zur Präparation für den folgenden Tag (Numeri 11,18). Priester und Leviten bereiten sich dadurch für die Opferhandlungen vor (2. Chronik 29,34, auch indem sie sich von Schuld durch ein Bekenntnis befreien wie in 2. Chronik 30,15). Aber der Vorgang der Heiligung kann nicht nur den eigenen Leib, andere Menschen und ausgewählte Objekte umfassen, sondern kann auch im Akt des Betens dem Namen der Gottheit gelten (Matthäus 6,9).

Die Heiligungsakte, die durch Menschen vollzogen werden, bestehen einerseits in Reinigungshandlungen, im Verzicht auf bestimmte Aktivitäten, in der Überwindung bestimmter Einstellungen, und andererseits in der Auffüllung mit heiliger Kraft. Vor allem dieser zweite Aspekt macht verständlich, dass das Geschehen von Heiligung auf die Gottheit selbst zurückgeführt wird. Israel soll den Sabbat heiligen (Exodus 20,8) und an diesem Tag keine Arbeit verrichten. Die positive Voraussetzung für das menschliche Verhalten bildet das göttliche Handeln: »Gott segnete den siebenten Tag und heiligte ihn, weil er an ihm ruhte von allen seinen Werken« (Genesis 2,3). Der Sabbat selbst dient Jahwe zur Heiligung seines Volkes (Exodus 31,13). Ebenso wird die Stiftshütte geheiligt durch den Einzug des göttlichen Kabod (Exodus 29,43). Mit ihrer Präsenz kann die Gottheit durchaus auf das Bitten von Menschen reagieren (1. Könige 9,3) und auch problematische Gegenstände, wie etwa Gold, heiligen (Matthäus 23,17). Grundsätzlich wird das Verhältnis zwischen göttlichen und menschlichen Aktivitäten in der Formel zusammengefasst: »der, der heiligt, und die, die geheiligt werden« (Hebräer 2,11).

Die Sakralisierung kann durch das göttliche Wort erfolgen (Psalm 105,42; 1. Timotheus 4,5); denn die Schrift ist heilig (Acta 18,24), auch das Gesetz (Römer 7,12). In der Begegnung mit göttlichen Worten geraten menschliche

Leiber ins Zittern (Jeremia 23,9); denn dieses Wort ist »lebendig und kräftig und schärfer als ein zweischneidiges Schwert« (Hebräer 4,12). Heiligung kann auch durch das Blut Jesu geschehen (Hebräer 13,12). Aber das zentrale Medium, das die positive Seite der Heiligung von Gott aus auch in all diesen Vorgängen vermittelt, ist heiliger Geist.

Dessen Heiligungskraft zeigt sich zunächst am Geschick Jesu. Maria wird durch »die Kraft des Höchsten« überschattet (Lukas 1,35) und schwanger (Matthäus 1,18). Dem Simeon ist die Geburt des Messias durch den Geist angekündigt (Lukas 2,26). Bei der Taufe Jesu fährt dieser Geist »in leiblicher Gestalt«, »wie eine Taube« auf Jesus herab (Matthäus 4,16; Lukas 3,22), und alsbald führt er ihn in die Wüste an den Ort der Versuchung (Matthäus 4,1). Jesus haucht diesen Geist an die Jünger weiter; damit erhalten sie die Vollmacht zur Sündenvergebung (Johannes 20,22 f.). In Situationen der Verfolgung wird dieser Geist sie auch inspirieren, so dass sie Rede und Antwort zu stehen wissen (Markus 13,11). Das gilt erst recht für das zentrale Bekenntnis des Glaubens. »Niemand kann Jesus den Herrn nennen ohne durch den heiligen Geist« (1. Korinther 12,3). Die Taufe vermittelt durch seine Kraft »Wiedergeburt und Erneuerung« (Titus 3,5). Heiliger Geist begabt die Anwesenden zur Verkündigung (Acta 2,4) und erfüllt im Akt der Predigt die Hörer/innen (Acta 10,44). Zur Heiligung gehört deshalb der Glaube (Acta 26,18), die Hoffnung (Römer 15,13), die Freude (1. Thessalonicher 1,6). Der heilige Geist spricht im Gewissen (Römer 9,1); er reagiert aber auch auf Fasten (Acta 13,2). Die gehorsamen Zeugen der Geschichte Jesu, die vom Geist Gottes erfüllt sind (Acta 5,32), können wegen dieser engen Verbindung in ihrer konziliaren Verlautbarung gewissermaßen ex cathedra formulieren: »Beschlossen haben der heilige Geist und wir« (Acta 15,28).

II. In der Sozialpsychologie

Das Stichwort »heilig« umschreibt in der Bibel wie in anderen religiösen Traditionen ein semantisches Feld, auf dem sich irdische und überirdische Größen begegnen. Dieses Feld wird durch Abgrenzung definiert. Die Welt des Heiligen und die darin enthaltenen Gegebenheiten, Einstellungen und Verhaltensmuster unterscheiden sich von den anderen Gegebenheiten, Einstellungen und Verhaltensmustern auf eine spezifische, theoretisch noch näher zu bestimmende Weise. Dabei rechnet die Bibel damit, dass die Phänomene des Heiligen auch außerhalb der eigenen Religion auftauchen. Auch für das Götzenopfer kann man sich heiligen (Jesaja 66,17). Auch für den Baal wird ein heiliges Fest gefeiert (2. Könige 10,20). Wer dem Moloch in Israel ein eigenes Kind opfert, entheiligt den Namen des eigenen Gottes (Leviticus 20,3). Und für Nebukadnezar besitzt Daniel, der Traumdeuter und Wahrsager, »den Geist der heiligen Götter« (Daniel 4,5).

Heilig werden Personen und Sachen, Verhaltensmuster und Einstellungen im Prozess von »Heiligung«. Was geschieht in diesem Vorgang, der Akte der Reinigung und Ausgrenzung, der Tabuisierung und Glorifizierung, der Infusion und Ekstase umfasst? Die theoretische Diskussion der letzten Jahrzehnte ist von zwei Modellen bestimmt, die sich am zentralen Punkt, in den Aussagen zur Genese des »Heiligen«, prinzipiell unterscheiden. Heiligung kann entweder sozialpsychologisch als ein deklaratorischer Vorgang verstanden werden, der in Form von Zuschreibungen abläuft und auf funktionale Leistungen zielt. Oder man kann darin phänomenologisch eine Wirklichkeitsdimension entdecken, die sich unter spezifischen Wahrnehmungsbedingungen erschließt und nach bestimmten Handlungsgesetzen auch methodisch zu realisieren ist.

Einem klassischen Vertreter des sozialpsychologischen Ansatzes sind wir schon in der Gestalt von E. Durkheim begegnet. »Die elementaren Formen des religiösen Lebens« basieren, wie wir hörten, auf der »Klassifizierung der realen oder idealen Dinge, die sich die Menschen vorstellen, in zwei Klassen, in zwei entgegengesetzte Gattungen …, die man im allgemeinen durch zwei unterschiedliche Ausdrücke bezeichnet hat, nämlich durch profan und heilig«.[4] Diese Klassifizierung basiert freilich nicht, wie es die überlieferte Religionskritik unterstellt, auf einer projektiven Illusion, sondern besitzt ein Fundament in der Realität. »Die Religion hört auf, eine unerklärliche Halluzination zu sein. Sie gründet vielmehr in der Wirklichkeit. Wir können in der Tat sagen, daß sich der Gläubige keinen Täuschungen hingibt, wenn er an die Existenz einer moralischen Kraft glaubt, von der er abhängt und von der er den besten Teil seiner selbst bezieht: diese Macht existiert; es ist die Gesellschaft.«[5]

Für Durkheim zeigt die Biografie der Religionsstifter und die Dramaturgie der religiösen Rituale, dass die religiösen Vorstellungen in einem spezifischen Zustand entstehen und weitergegeben werden. Die moralischen Kräfte wie andere kollektive Ideen werden wirksam in der Situation der Ekstase bzw. des Deliriums. »Die religiösen Glaubensüberzeugungen sind nur ein besonderer Fall eines sehr allgemeinen Gesetzes. Das ganze soziale Milieu erscheint uns von Kräften bevölkert, die in Wirklichkeit nur in unserem Geist existieren. Wir wissen, was für den Soldaten die Fahne bedeutet; an sich handelt es sich nur um ein Stück Tuch. Das menschliche Blut ist nur eine organische Flüssigkeit; trotzdem können wir es noch heute nicht fließen sehen, ohne eine heftige Erregung zu verspüren, die seine physisch-chemischen Eigenschaften nicht erklären können.«[6] Auch und gerade in der Religion präsentiert sich die Gesellschaft, um einen modernen Terminus zu

4. E. Durkheim, Die elementaren Formen des religiösen Lebens, Frankfurt 1981, 62.
5. A.a.O. 308f.
6. A.a.O. 311.

verwenden, als »Erregungsgemeinschaft«.[7] »Die Idee ist dort, mehr als anderswo, die Wirklichkeit.«[8] Eben darin unterscheidet sich dieser Zustand auch von pathologischen Phänomenen. Es handelt sich um ein »Pseudodelirium, das man an der Basis so vieler Kollektivvorstellungen findet: es ist eine der Formen dieses wesentlichen Idealismus. Es handelt sich also nicht um ein eigentliches Delirium; denn die Ideen, die sich auf diese Weise objektivieren, sind nicht in der Natur der materiellen Dinge begründet, sondern in der Natur der Gesellschaft«.[9]

Heiligung kann auf dieser Grundlage nichts anderes meinen als die individuelle Erfahrung einer kollektiven Wirkung. »Die religiöse Kraft ist nichts als das Gefühl, das die Kollektivität ihren Mitgliedern einflößt, jedoch außerhalb des Bewußtseins der Einzelnen, das es empfindet und objektiviert. Um sich zu objektivieren, heftet es sich auf ein Objekt, das damit heilig wird; aber jedes Objekt kann diese Rolle spielen.«[10] In allen Handlungen der Ausgrenzung und Absonderung, die sich in der Folge von negativen und positiven Aktionen ergeben, finden gesellschaftliche Zuschreibungen statt, die Individuen für das kollektive Leben determinieren. »Der heilige Charakter, den eine Sache bekleidet, liegt also nicht in den inneren Eigenschaften der Sache selbst: er ist dazugekommen. Die Welt des Religiösen ist also kein besonderer Aspekt der empirischen Natur, er ist ihr immer aufgesetzt.«[11]

Wenn das Heilige die wirklichkeitsetzende Idee der Gesellschaft darstellt, dann kann man erklären, dass sich die konkreten Manifestationen dieser Idee im Lauf der gesellschaftlichen Entwicklung verändern. Die Wissenssoziologie kann ermitteln, in welchem Umfang und in welchen Varianten biomorphe und soziomorphe Vorstellungen bei der Formung religiöser Anschauungen wirksam geworden sind.[12] Und die empirische Soziologie kann dann untersuchen, »Was den Deutschen heilig ist«. Unter Berufung auf M. Weber sagt G. Schmidtchen: »Das Heilige ist das spezifisch Unveränderliche. Damit sind jene in ihrem Wert fixierten Verhaltensbegründungen und Verhaltensgrenzen gemeint, über die eine soziale Verständigung erreicht worden ist.«[13] Die elementaren Grundbedürfnisse, die dabei zutage treten, betreffen die persönliche Bewegungs- und Entscheidungsfreiheit sowie den Schutz der Privatsphäre und des Familienlebens, in das auch ausgesprochen

7. Vgl. P. Sloterdijk, Der starke Grund, zusammen zu sein. Erinnerungen an die Erfindung des Volkes, Frankfurt 1998.
8. E. Durkheim, a. a. O. 312.
9. A. a. O. 313.
10. Ebd.
11. A. a. O. 314.
12. Vgl. E. Topitsch, Vom Ursprung und Ende der Metaphysik. Eine Studie zur Weltanschauungskritik, München 1972.
13. G. Schmidtchen, Was den Deutschen heilig ist. Religiöse und politische Strömungen in der Bundesrepublik Deutschland, München 1979, 64.

religiöse Phänomene wie Weihnachtsfest und Taufe integriert werden. Im Rahmen einer solchen sozialpsychologischen Untersuchung lautet das Fazit konsequenterweise: »Der Ort, an dem das Heilige erlebt wird, ist also nicht der besondere, der ausgezeichnete Ort, ist nicht ein Zustand der Entrückung, sondern der Alltag mit seinen ständig wiederholten Ritualen, in denen sich das Ethos einer Verpflichtung ausdrückt.«[14] Wer daraus eiligst Handlungsanweisungen ableiten möchte, den muss man freilich darauf aufmerksam machen, dass diese Migration des Heiligen in die Alltagswelt sich allein der besonderen Fragestellung verdankt, die sich nach subjektiven Wertschätzungen erkundigt.

Wenn Religion in diesem Sinn auf gesellschaftliche und individuelle Setzungen zurückzuführen ist, dann kann »das Heilige« natürlich auch durch gesellschaftliche Entwicklungen abgelöst werden. Die Individualisierung und Privatisierung, die sich aus der Befragung von Schmidtchen ergibt, kann man dann auch als einen Beweis für den »Untergang des Heiligen in der industriellen Gesellschaft« interpretieren, wie ihn der italienische Religionssoziologe S. S. Acquaviva schon in den 60er Jahren beschrieben hat. In seiner abschließenden Zusammenfassung will er gleichwohl »die Krise des Heiligen nicht als irreversibles Phänomen betrachten: es verfällt das Heilige im sozialen Leben; im menschlichen Geist bleibt jedoch sein Archetypus, der jederzeit bereit ist, das religiöse Gefühl wieder ins Bewußtsein zu bringen, wenn die Umstände günstig sind«.[15] Auch die Beiträge, die »Seine Spur in der Moderne« verfolgen wollen, können, wie die Herausgeber feststellen, nur dessen fassbare Unfasslichkeit bzw. unfassliche Fassbarkeit umkreisen. »In der Kette der Substitute des Heiligen läuft eine Achse von der Raumordnung zur Zeitordnung, vom ausgedehnten Körper zum Wort in der Zeit, zum Sprechen: vom Menschenopfer über dem Stein zum discours amoureux, der Zeit braucht. Trotz aller Oszillation der vollendeten Profanation, die eine vollendete Sakralisation zu sein scheint, bleibt das Ereignis, das ausbleibt.«[16] Nur dort, wo man der überlieferten Religion eindeutige Funktionen zuweisen kann, kann man ebenso eindeutig konstatieren, dass die Aufgaben der Welterklärung, der Wertevermittlung und der Verhaltensregulierung heute durch andere gesellschaftliche Instanzen übernommen worden sind.[17]

14. A. a. O. 66.
15. S. S. Acquaviva, Der Untergang des Heiligen in der industriellen Gesellschaft, Essen 1964, 172.
16. D. Kamper/Chr. Wulf, Einleitung, in: Das Heilige. Seine Spur in der Moderne, Frankfurt 1987, 29.
17. Vgl. N. Luhmann, Funktion der Religion, Frankfurt 1977, 225 ff.

Für die sozialpsychologische Betrachtung bleibt die Gesellschaft im Delirium religiöser Ergriffenheit letztlich bei sich selbst. Auch die Handlungslogik der entsprechenden Methoden ist dann unvermeidlich auf diese Perspektive beschränkt. Der korporale Austausch, der abläuft, betrifft das Verhältnis von Anomie und normativer Einbindung ins Kollektiv.[18] Der Ortswechsel findet statt zwischen Situationen des routinierten Alltags und der ekstatischen Erregung. Und alle Formen des Gabentauschs, die passieren können, erfolgen im Rahmen einer Ökonomie, die von der Gesellschaft gesetzt ist, auch wenn sie die Gesellschaft beherrscht. Alle religiösen Phänomene können auf dieser Grundlage immer nur in ihren sozialen, psychologischen und sozialpsychologischen Funktionen für die individuelle bzw. kollektive Praxis verstanden werden.

Eine entschiedene Alternative dazu bildet der phänomenologische Ansatz. Auch R. Otto ist in seiner Studie über »Das Heilige« grundlegend mit Erfahrungen des Irrationalen bzw. Transrationalen befasst. Aber die Widerfahrnisse, die sich den Menschen in der Begegnung mit dem Numinosen erschließen, werden auf keinen Fall als die ekstatische Dimension des sozialen Lebens interpretiert. Das Heilige, das in allen Religionen und »mit ausgezeichneter Kräftigkeit« in der biblischen Überlieferung lebt, ist »nicht definibel im strengen Sinne, sondern nur erörterbar«.[19] Es kann in Gefühlen und Körperreaktionen wie der »Gänsehaut«[20] erkannt und dennoch begrifflich nie adäquat erfasst werden. Seine Wahrnehmung erfolgt vornehmlich im Bereich der Gefühle. Aber das Gefühl des Numinosen ist »ein aus keinem andern Gefühle ableitbares, aus keinem andern ›entwickelbares‹, sondern ein qualitativ eigenartiges originales Gefühl, ein Urgefühl«.[21] Deshalb kritisiert R. Otto auch den Versuch Schleiermachers, das schlechthinnige Abhängigkeitsgefühl als absolutes gegenüber den relativen Abhängigkeitserfahrungen, die generell zum Leben gehören, anzusehen. Gerade durch diese Absolutsetzung wird es seiner Meinung nach faktisch relativiert. Vor allem aber lehnt er die Selbstbezüglichkeit, die in Schleiermachers Definition steckt, entschieden ab: »Unmittelbar und in erster Hinsicht wäre das religiöse Gefühl dann ein Selbst-Gefühl, das heißt ein Gefühl einer eigentümlichen Bestimmtheit meiner selbst, nämlich meiner Abhängigkeit. Erst durch einen Schluß, indem ich nämlich zu ihr eine Ursache außer mir hinzudenke, würde man nach Schleiermacher auf das Göttliche selber stoßen. Das ist aber

18. Vgl. die Suizid-Theorie von E. Durkheim, Der Selbstmord, Neudruck Neuwied/Berlin 1973.
19. R. Otto, Das Heilige. Über das Irrationale in der Idee des Göttlichen und sein Verhältnis zum Rationalen, Neudruck München 1963, 6f.
20. A.a.O. 18.
21. A.a.O. 59f.

völlig gegen den seelischen Tatbestand. Das ›Kreatur-gefühl‹ ist vielmehr selber erst subjektives Begleitmoment und Wirkung, ist gleichsam der Schatten eines anderen Gefühlsmomentes (nämlich der ›Scheu‹), welches selber zweifellos zuerst und unmittelbar auf ein Objekt außer mir geht. Das aber ist eben das numinose Objekt.«[22] Zugespitzt entspringt aus dieser Einsicht die Formulierung: »Das Gefühl einer ›schlechthinnigen Abhängigkeit‹ meiner hat zur Voraussetzung ein Gefühl einer ›schlechthinnigen Überlegenheit (und Unnahbarkeit)‹ seiner.«[23]

Das Heilige ist deshalb für Otto »eine Kategorie rein a priori«.[24] Das Gefühl des Numinosen »bricht auf aus dem ›Seelengrunde‹, aus dem tiefsten Erkenntnis-grunde der Seele selber, zweifellos nicht vor und nicht ohne Anregung und Reizung durch weltliche und sinnliche Gegebenheiten und Erfahrnisse sondern in diesen und zwischen diesen. Aber es entspringt nicht aus ihnen sondern nur durch sie. Sie sind Reiz und ›Veranlassung‹ daß es selber sich rege«.[25] In der Begegnung mit dem Heiligen wird, wie in anderen Bereichen, eine menschliche Anlage geweckt. »Anlagen für etwas in gesteigerter Form sind Talente für etwas. Anlage als ›Veranlagung‹ für etwas ist zugleich eine teleologische Determinante, ein a priori der Richtung von Erleben Erfahren Verhalten – ein a priori Eingestelltsein auf etwas. Daß es dergleichen ›Veranlagungen‹ für und Vorbestimmtheiten zu Religion giebt, die spontan zu instinktmäßigem Ahnen und Suchen, zu unruhigem Tasten und sehnendem Verlangen, das heißt zu einem religiösen Triebe werden können, der erst zur Ruhe kommt, wenn er über sich selber sich klar geworden ist und sein Ziel gefunden hat, das kann niemand leugnen, der sich ernstlich auf Menschen- und Charakterkunde eingelassen hat.«[26]

Diese Kooperation von externem Reiz und interner Reaktion gilt auch für die religiöse Wahrnehmung, die »das Heilige in der Erscheinung echt zu erkennen und anzuerkennen« vermag und die Otto als »Divination« bezeichnet.[27] Wie er am ersten Messiasbekenntnis des Petrus verdeutlicht, erfolgt die menschliche Reaktion auf die Präsenz des Numinosen nicht als erzwungene Anerkennung einer Autorität, aber auch nicht als subjektive Deutung einer undeutlichen Erfahrung, sondern als »Entdeckung …, entstanden aus dem Eindrucke … aus dem Eindruck, der sich begegnete mit dem Zeugnis aus jener Tiefe des Gemütes wo nicht Fleisch und Blut, wo auch nicht das ›Wort‹ lehrt, sondern ›mein Vater im Himmel‹ selber und ohne Mittel«.[28] Rationalisierungen, etwa in dogmatischer Form, die dem

22. A.a.O. 10f.
23. A.a.O. 12.
24. A.a.O. 137.
25. A.a.O. 138.
26. A.a.O. 140f.
27. A.a.O. 173.
28. A.a.O. 187.

Heiligen dienen wollen, indem sie »das Rätsel des Mirum nun doch irgendwie zu deuten« versuchen, enden für Otto häufig damit, »daß das Mysterium geradezu ausgetrieben wird«.[29]

R. Otto hat die Wirklichkeit des Heiligen unter erkenntnistheoretischen Fragen zu erfassen versucht. Die Kategorie des reinen a priori soll verständlich machen, wie das außermenschliche Numinose in menschlichen Gefühlseindrücken erfahren werden kann. Auch M. Eliade lehnt es nachdrücklich ab, religiöse Phänomene, wie es dem sozialpsychologischen Ansatz entsprechen würde, »mittels der Physiologie, der Psychologie, der Soziologie, der Wirtschaftswissenschaft, der Sprachwissenschaft, der Kunst usw. einzukreisen«.[30] Sein Interesse ist aber nicht von der erkenntnistheoretischen, sondern von der religionsgeschichtlichen Problematik bestimmt. Wie kann die Pluriformität und Variabilität des Materials, das die Religionswissenschaften zusammengetragen haben, unter einheitlichen Gesichtspunkten ausgewertet werden?

Der Lösungsvorschlag, mit dem er die Manifestationen des Heiligen in den »Hierophanien« erfassen möchte, will zwei Aspekte in diesem Geschehen zusammenbinden: »1. Als Hierophanie offenbart es eine Modalität des Sakralen. 2. Als historischer Moment offenbart es eine Situation des Menschen in bezug auf das Sakrale.«[31] Auch die interreligiösen Konflikte sollen in dieser Perspektive betrachtet werden. »Die ›Gestalt‹ des Jahwe siegte über die ›Gestalt‹ des Ba'al; sie offenbarte das Heilige in umfassenderer Weise, sie heiligte das Leben, ohne die elementaren Kräfte, wie sie der Ba'alkult in sich schloß, zu entfesseln; sie errichtete einen geistlichen Bau, in welchem dem Leben und dem Schicksal des Menschen neue Geltung verliehen wurde; sie ermöglichte reichere religiöse Erfahrung und eine sowohl ›reinere‹ als auch umfassendere Kommunion mit dem Göttlichen. Die Jahwehierophanie triumphierte schließlich, und da sie eine universelle Modalität des Sakralen darstellt, war sie von Natur aus auch anderen Kulturen annehmbar; sie kam, durch das Christentum, zu weltweiter religiöser Geltung.«[32]

Der funktionale Aspekt klingt hier deutlich durch. Quantitative (umfassender, reicher) und qualitative (neu, universal) Aussagen sollen den Siegeszug des Jahwe-Glaubens verständlich machen. Diese partielle Integration der funktionalistischen Perspektive hängt nicht zuletzt damit zusammen, dass Eliade auch die Handlungen der Religion in seine Überlegungen einbezieht, und Handlungen sind zielorientiert. Die elementare religiöse Methode besteht seiner Meinung nach in Riten. »Derjenige, der einen Ritus vollzieht, überschreitet den profanen Raum und die profane Zeit; ebenso ist,

29. A.a.O. 31.
30. M. Eliade, Die Religionen und das Heilige. Elemente der Religionsgeschichte, Frankfurt/Leipzig 1998, 13.
31. A.a.O. 22.
32. A.a.O. 25.

wer ein mythisches Modell ›nachahmt‹ oder nur die Rezitation eines Mythos rituell (also teilhabend) anhört, aus dem profanen Werden herausgerissen und findet in die Große Zeit zurück.«[33] In solchen Riten findet Heiligung statt. Daraus ergibt sich für den Bereich der Vegetationsreligion: »Ein Baum oder eine Pflanze ist niemals heilig als Baum oder Pflanze; sie werden es durch ihre Teilhabe an einer transzendierenden Realität, sie werden es, weil sie diese Realität bedeuten. Durch ihre Weihung wird die konkrete, ›profane‹ Pflanzenart transsubstantiiert.«[34] Auch »kontemplative Techniken und Methoden zielen darauf ab, alle Qualitäten, welcher Natur sie auch seien, in radikaler Weise zu transzendieren«.[35] Ebenso kann man mit Hilfe heiliger Formeln Lebenskraft wecken.[36] In solchen Handlungen der Heiligung wird für Eliade fassbar, dass das Heilige eine Wirklichkeit darstellt, die nicht naturgegeben vorhanden ist, die aber, unter anderem auch durch menschliche Praxis, vermittelt werden kann. »In der Religionsgeschichte findet sich nirgends Anbetung eines kosmischen oder tellurischen Objekts um seiner selbst willen. Ein sakraler Gegenstand, welcher Gestalt und Substanz auch immer, ist heilig, weil er die höchste Realität offenbart oder weil er an ihr teilhat. Jedes religiöse Objekt ›inkarniert‹ etwas: das Heilige ... Es inkarniert das Heilige kraft seines Seins – wie zum Beispiel der Himmel, die Sonne, der Mond, die Erde usw. – oder durch seine Gestalt (das heißt symbolisch; zum Beispiel Spirale – Schnecke) oder auch durch eine Hierophanie (ein bestimmter Ort, ein bestimmter Stein usw. wird sakral; ein bestimmter Gegenstand wird ›geheiligt‹, ›geweiht‹, und zwar durch ein Ritual, durch die Berührung eines anderen heiligen Gegenstandes oder einer solchen Person usw.).«[37]

Auch für G. van der Leeuw sind Phänomene weder durch eine objektivierende Metaphysik noch durch eine subjektbezogene Psychologie zu erfassen. »Sondern das Phänomen ist ein subjektbezogenes Objekt und ein objektbezogenes Subjekt. Weder Objekt noch Subjekt sind dabei in dem Sinne gemeint, daß das Subjekt etwas mit dem Objekt vornähme, oder umgekehrt das Objekt etwas vom Subjekt erlitte. Das Phänomen wird vom Subjekt nicht produziert; noch weniger wird es von ihm erhärtet oder erwiesen. Sein ganzes Wesen ist darin gegeben, daß es sich zeigt, sich ›jemandem‹ zeigt.«[38] Das hat auch eine Religionsphänomenologie zu berücksichtigen, die von der Diskrepanz zwischen wissenschaftlicher und religiöser Wahrnehmung ausgeht: »In der Religion ist Gott der Agens in der Beziehung zum Menschen,

33. A.a.O. 496.
34. A.a.O. 377.
35. A.a.O. 484.
36. Vgl. a.a.O. 392, 453, 473. u.ö.
37. A.a.O. 188.
38. G. van der Leeuw, Phänomenologie der Religion, 2. Auflage, Tübingen 1956, 768.

die Wissenschaft weiß nur vom Tun des Menschen in der Beziehung zu Gott, nichts vom Tun Gottes zu erzählen.«[39] Will die Wissenschaft sich dennoch auf das Phänomen der Religion ernsthaft einlassen, muss sie von den Machterfahrungen ausgehen, die Menschen in diesem Bereich erleben, und Macht als elementare Kategorie ihrer Arbeit entdecken. »Die Distanz zwischen dem Mächtigen und dem relativ Machtlosen bezeichnen wir als das Verhältnis von heilig und profan. Das ›Heilige‹ ist das Abgegrenzte, Ausgenommene (lat. sanctus). Seine Mächtigkeit schafft ihm eine Stelle für sich.«[40] Auch das menschliche Verhalten in der Religion ist von dieser Machterfahrung geprägt. »Sein Benehmen soll dem Mächtigen, das sich ihm offenbart, gemäß sein. Es ist nicht gleichgültig, wie er sich benimmt, wie er sitzt, steht, liegt. Nur im Schlafe sinkt er zurück in die wahllose Bejahung des Mutterschoßes. Aber im Wachen soll er immer bereit sein, seine Sorge darf nie ruhen. Er soll observant sein.«[41] Ihren deutlichsten Ausdruck findet diese Observanz im Ritus, der die Handlungen des Heiligen, etwa bei der Schöpfung, in der heiligen Handlung durch Imitation wiederholt und vergegenwärtigt. An solchen Punkten zeigt sich auch der Unterschied zur Religionspsychologie. »Insofern in allem Religiösen Seelisches mitspricht und -handelt, haben Psychologie und Phänomenologie eine gemeinsame Aufgabe. In der Religion aber zeigt sich mehr als Nur-Seelisches. Der ganze Mensch hat an ihr teil, ist in ihr aktiv, wird von ihr ergriffen.«[42]

Auch andere Gesamtdarstellungen der Religion haben sich für ihre Arbeit ausdrücklich auf die phänomenologische Methode berufen. Sie zielten damit nicht nur auf eine möglichst umfassende Sammlung des empirischen Materials und auf eine möglichst deutliche Abgrenzung gegen Religionsgeschichte und Religionspsychologie. Das Interesse an diesem Verfahren hat F. Heiler so definiert: »Die Erscheinungen sind nur zu untersuchen um des Wesens willen, das ihnen zugrunde liegt, und im Blick auf dieses. Man darf nie an der äußeren Schale hängenbleiben, sondern muß überall hindurchbohren zum Kern der religiösen Erfahrung; von den feststehenden Formen (Kultformen und Dogmen) müssen wir zum unmittelbaren religiösen Leben vordringen.«[43] Um auf das Wesen zu stoßen, geht Heiler bei der Entfaltung nicht, was auch möglich wäre, den Weg des Längsschnitts, der die Religionen in ihrer geografischen und historischen Streubreite erfasst, und auch nicht den Weg des Querschnitts, der mit Hilfe einer Typologie die soziologischen, theologischen und psychologischen Eigenarten ermittelt. Das

39. A.a.O. 3.
40. A.a.O. 32.
41. A.a.O. 383.
42. A.a.O. 785. Den Einfluss von K. Jaspers betont J. Kehnscherper, Theologisch-philosophische Aspekte der religionsphänomenologischen Methode des Gerardus van der Leeuw, EHS 23/637, Frankfurt 1998.
43. F. Heiler, Erscheinungsformen und Wesen der Religion, Stuttgart 1961, 16.

von ihm angewandte Ordnungsprinzip beschreibt er als den Weg der konzentrischen Kreise. »Drei Ringe werden nacheinander durchstoßen:

I. die sinnliche Erscheinungswelt, d. i. das institutionelle Element der Religion,
II. die geistige Vorstellungswelt, die Gedankenwelt, das rationale Element,
III. die psychische Erlebniswelt, die Tiefenschicht der Wertgefühle, das mystische Element der Religion.

Das Zentrum bildet die Gegenstandswelt, das Objekt der Religion, die göttliche Realität.«[44]

Phänomenologie, wie sie hier betrieben wird, besteht im Durchstoßen von Erscheinungen, die in sich selbst einen hierarchischen Kosmos bilden und ins Zentrum eines Mysteriums führen. In philosophischer Hinsicht entspricht ein solches Modell am ehesten dem Konzept von M. Scheler.[45]

IV. In der Theologie

In der protestantischen Theologie sind zwei andere Entwürfe phänomenologischen Denkens sehr viel einflußreicher geworden. Hegels »Phänomenologie des Geistes« verfolgt die Geschichte des Wissens durch Substanz- und Subjektbezogenheit hindurch bis zu ihrer Aufhebung im absoluten Geist. In einer Selbstanzeige hat er Aufbau und Ergebnis seines Werkes so zusammengefasst: Die Phänomenologie des Geistes »faßt die verschiedenen Gestalten des Geistes als Stationen des Weges in sich, durch welchen er reines Wissen oder absoluter Geist wird. Es wird daher in den Hauptabteilungen dieser Wissenschaft, die wieder in mehrere zerfallen, das Bewußtsein, das Selbstbewußtsein, die beobachtende und handelnde Vernunft, der Geist selbst, als sittlicher, gebildeter und moralischer Geist, und endlich als religiöser in seinen unterschiedenen Formen betrachtet. Der dem ersten Blick sich als Chaos darbietende Reichtum der Erscheinungen des Geistes ist in eine wissenschaftliche Ordnung gebracht, welche sich nach ihrer Notwendigkeit darstellt, in der die unvollkommenen sich auflösen und in höhere übergehen, welche ihre nächste Wahrheit sind. Die letzte Wahrheit finden sie zunächst in der Religion und dann in der Wissenschaft, als dem Resultate des Ganzen«.[46]

44. A. a. O. 19.
45. Vgl. G. Pfleiderer, Theologie als Wirklichkeitswissenschaft. Studien zum Religionsbegriff bei Georg Wobbermin, Rudolf Otto, Heinrich Scholz und Max Scheler, Tübingen 1992, 210ff. Eine aktuelle Variante dieses Ansatzes bietet G. Stephenson, Wege zur religiösen Wirklichkeit. Phänomene – Symbole – Werte, Darmstadt 1995, bes. 82ff.
46. Hegels Selbstanzeige ist abgedruckt in: G. W. F. Hegel, Phänomenologie des Geistes, Werke 3, Frankfurt 1970, 593.

In der Gegenwart hat E. Herms seine bewusstseinstheoretische Fundierung der Theologie als »Phänomenologie des christlichen Glaubens« bezeichnet, mit der Konsequenz: »Theologie so verstanden umfaßt alle Prozesse der Selbsterfassung und Selbstdarstellung des christlichen Glaubens, zu denen das christliche Leben überhaupt Anlaß gibt: die informellen Reflexionsprozesse, die der Selbstverständigung jedes einzelnen Christen dienen, genauso wie diejenigen schulmäßigen Reflexionsprozesse, die für die kunstmäßige Führung des durch Ordination übertragenen öffentlichen Lehr- und Verkündigungsamtes erforderlich sind.«[47] Die Phänomene, mit denen sich Theologie wie Religionswissenschaften zu beschäftigen haben, sind damit auf eine einzige anthropologische Dimension konzentriert und wohl auch verengt. Die Selbstoffenbarung Gottes soll bedacht werden, aber eben »im genauen Sinn einer reflexiven Erfassung Gottes«.[48] Der Vorteil dieses Ansatzes besteht sicher darin, dass man »die informellen Reflexionsformen« der Christ/innen und die »schulmäßigen Reflexionsprozesse« der Theolog/innen gleichrangig thematisieren kann. Auf der anderen Seite ist aber deutlich, dass auf diese Weise die religiösen Handlungen immer nur im Kontext von Bewusstseinsleistungen ins Blickfeld geraten. Dass etwa zum religiösen Akt der Anbetung eine weit reichende Selbstvergessenheit gehört, dass auch alle religiösen Rituale im Augenblick ihres Vollzugs bewusstseinstranszendent ablaufen, sind Wirklichkeitsaspekte, die für einen solchen Ansatz immer nur Grenzfälle darstellen können.

In »Sein und Zeit« hatte M. Heidegger in kritischer Abgrenzung gegen Descartes die Phänomenologie als Hermeneutik bestimmt: Der methodische Sinn der phänomenologischen Diskretion ist »Auslegung«.[49] Ein Phänomen ist deshalb nicht eine Erscheinung, die auf etwas verweist, sondern »das, was sich zeigt, das Sichzeigende, das Offenbare«.[50] Im Spätwerk Heideggers meldet sich die Wahrheit des Seins vorrangig in der Sprache des Daseins. Dabei wäre seiner Meinung nach »die Kennzeichnung der Sprache als lautliche Äußerung innerer Gemütsbewegungen, als menschliche Tätigkeit, als ein bildhaft-begriffliches Darstellen«[51] nicht grundsätzlich falsch,

47. E. Herms, »Theologie als Phänomenologie des christlichen Glaubens«. Über den Sinn und die Tragweite dieses Verständnisses von Theologie, in: W. Härle/R. Preul (Hg.), Phänomenologie. Über den Gegenstandsbezug der Dogmatik, Marburg 1994, 94f. Ausführlich informiert über die theologische Rezeption von Phänomenologie P. Biehl, Der phänomenologische Ansatz in der deutschen Religionspädagogik, in: H.-G. Heimbrock (Hg.), Religionspädagogik und Phänomenologie. Von der empirischen Wendung zur Lebenswelt, Weinheim 1998, bes. 28ff.
48. A.a.O. 96.
49. M. Heidegger, Sein und Zeit, 6. Auflage, Tübingen 1949, 37.
50. A.a.O. 28.
51. M. Heidegger, Die Sprache, in: Unterwegs zur Sprache, Gesamtausgabe I/12, Frankfurt 1995, 13.

aber sie bliebe vordergründig. »Die Sprache spricht.«[52] Deshalb findet der Denker das wahre Wort bei den Dichtern. »Das sterbliche Sprechen ist nennendes Rufen, Kommen-Heißen von Ding und Welt aus der Einfalt des Unter-Schiedes. Das rein Geheißene des sterblichen Sprechens ist das Gesprochene des Gedichtes. Eigentliche Dichtung ist niemals nur eine höhere Weise (Melos) der Alltagssprache. Vielmehr ist umgekehrt das alltägliche Reden ein vergessenes und darum vernutztes Gedicht, aus dem kaum noch ein Rufen erklingt.«[53]

Wirksam geworden ist dieser phänomenologische Ansatz in der Sprach- und Existenztheologie der Bultmann-Schule. Schon 1925 hat der Marburger Neutestamentler jedes objektivierende Reden über Gott als ebenso »atheistisch« eingestuft wie die direkte Gottesleugnung. »Denn jedes ›Reden über‹ setzt einen Standpunkt außerhalb dessen, worüber geredet wird, voraus. Einen Standpunkt außerhalb Gottes aber kann es nicht geben, und von Gott läßt sich deshalb auch nicht in allgemeinen Sätzen, allgemeinen Wahrheiten reden, die wahr sind ohne Beziehung auf die konkrete existentielle Situation des Redenden.«[54] Nur im Geschehen von Sprache, theologisch: nur im Ereignis des Wortes Gottes kann die sündige Sehnsucht nach einer Weltanschauung, die in der Welt Sicherheit bietet, überwunden werden. »Völlig zufällig, völlig kontingent, völlig als ein Ereignis tritt das Wort in unsere Welt hinein. Keine Garantie ist da, auf die hin geglaubt werden könnte. Keine Berufung hat Platz auf den Glauben anderer, sei es Paulus, sei es Luther. Ja, für uns selbst kann der Glaube nie ein Standpunkt sein, woraufhin wir uns einrichten, sondern stets neue Tat, neuer Gehorsam. Stets wieder unsicher, sobald wir als Menschen uns umsehen und fragen; stets unsicher, sobald wir über ihn reflektieren, sobald wir über ihn reden; nur sicher als Tat.«[55]

Durch eine solche Phänomenologie des Sprachgeschehens konnte man christlichen Glauben und pastorales Handeln sehr eng miteinander verbinden. Wenn der Glaube aus dem Wort Gottes lebt und wenn die Theologie das Wort Gottes auslegen lehrt, dann konnte man die pastorale Ausbildung auf die Weitergabe theologisch korrekter Aussagen reduzieren. Auch wenn die Vertreter der dialektischen Theologie den Unterschied zwischen theologischer Reflexion und homiletischer Proklamation, zwischen Theologie und Verkündigung immer sehr deutlich betont haben, konnte ihr Programm in der Praxis doch zur permanenten Reproduktion theologischer Einsichten und zur andauernden Kritik theologisch nicht korrekter Formen von Volksfrömmigkeit führen. Das lag schon deswegen nahe, weil durch die Kombination von Wort- und Bewusstseinsnormen religiöse Handlungen,

52. Ebd.
53. A.a.O. 28.
54. R. Bultmann, Welchen Sinn hat es, von Gott zu reden? Glauben und Verstehen I, 3. Auflage, Tübingen 1958, 26.
55. A.a.O. 37.

die in der Regel leiborientiert verlaufen, in vollem Umfang und in ihrer Eigenart gar nicht mehr wahrnehmbar werden. Religiöse Methoden, die die psychische Reflexions- wie die soziale Kommunikationsebene transzendieren, geraten unter diesen Vorzeichen fast unvermeidlich in den Verdacht der »Magie«.

Um eine solche Engführung zu vermeiden und um die ganze Breite von religiösen Handlungen in der Bibel und in der Frömmigkeitstradition erfassen zu können, greifen wir hier auf ein Konzept von Phänomenologie zurück, das einerseits die Wirklichkeit des Göttlichen und andererseits die Leiblichkeit des Menschen gleichermaßen betont. In seinem »System der Philosophie« arbeitet H. Schmitz mit folgender Definition: »Religion ist für mich: Verhalten aus Betroffenheit von Göttlichem«,[56] deshalb weder mit den religiösen Anstalten auf eine soziale Institution noch mit Schleiermacher auf eine psychische Provinz zu beschränken. Gegen alle Kritik, die in den vergangenen Jahrzehnten vorgetragen worden ist, verteidigt Schmitz R. Ottos Ansatz bei gleichzeitiger begrifflicher Präzisierung: »Ein Gefühl, das als überpersönliche Atmosphäre die von Otto dem Numinosen zugewiesenen Züge besitzt, ist genau dann numinos für einen von ihm ergriffenen Menschen zu der betreffenden Zeit, wenn seine Autorität für diesen dann unbedingten Ernst (Gewissensqualität) besitzt.«[57]

Den Hintergrund für diese Formulierung bildet die Gefühlstheorie von Schmitz, die den transpersonalen, transsubjektiven und transmentalen Charakter dieser Phänomene hervorhebt. »Gefühle sind überpersönliche, räumlich ergossene Atmosphären, die ebenso als ergreifende Mächte Subjekte durch affektives, leibliches Betroffensein heimsuchen wie nach Art des Wetters gleichsam ›in der Luft liegen‹ und sich als objektive Gefühle, um umschriebene Gegenstände verdichtet, der Wahrnehmung darbieten können.«[58] Gefühle entstehen also nicht in der Psyche von Menschen. Vielmehr gilt: Wenn Angst einen ergreift, dann wird er ängstlich. Und Trauer kann nicht nur in Individuen einziehen, sondern kann, etwa im Todesfall, ein ganzes Haus beherrschen. Auch der Machtaspekt der religiösen Erfahrung, der für van der Leeuw so wichtig ist, wird in diesem Rahmen verständlich. »Es ist die fesselnde Kraft des Göttlichen selbst, die den Ergriffenen nicht von sich loskommen läßt und ihm keine Chance gibt, sich redlich auch nur partiell in seiner Eigenschaft als erwachsener, mündiger Mensch ›darüberzustellen‹.«[59]

56. H. Schmitz, Das Göttliche und der Raum. System der Philosophie III/4, Bonn 1977, 11.
57. A.a.O. 87. Schon R. Otto, West-östlich Mystik. Vergleich und Unterscheidung zur Wesensdeutung, Neudruck Gütersloh 1979, 85 ff., hat eine deutliche Abgrenzung der mystischen Erfahrung gegen »Empfindungsmystik« vollzogen.
58. H. Schmitz, a.a.O. 80 f.
59. A.a.O. 92.

Ergriffenheit aber realisiert sich nicht nur durch Worte und manifestiert sich nicht nur in Bewusstseinsakten. Den Ausgangspunkt für seine sorgsamen Analysen bildet für Schmitz die Pfingsterzählung, die vom Wirken (des) heiligen Geistes ohne Verwendung des bestimmten Artikels berichtet: »alle wurden heiligen Geistes voll« (Acta 2,4). Für Schmitz ist darin der Hinweis enthalten, dass der göttliche Geist hier nicht als Person, sondern als überpersönliche Atmosphäre umschrieben wird, die sich räumlich ergießt und die leiblich gespürt werden kann. In ähnlicher Weise spricht das Neue Testament auch vom Frieden (Matthäus 10,13), »der als Atmosphäre auf und über Menschen und Stätten kommen, aber auch wieder von ihnen abgezogen werden kann«.[60] In seiner Gefühlstheorie hat er dafür die Kategorie des affektiven Betroffenseins entwickelt, die besonders in der mystischen Erfahrung zutage tritt. »Der so betroffene Mensch ist überwältigt von einer Atmosphäre, die nicht als Figur oder Person und überhaupt nicht als ein Gegenüber sich anbietet, sondern ihn mit der fast hypnotisch bannenden und verschlingenden Gewalt heimsucht, durch die sich unter den Gefühlen besonders die Wonne auszeichnet.«[61] Solches Betroffensein in Schrecken und Angst, in Schmerz oder Wonne löst aber immer auch leibliche Regungen aus. Freude tendiert zum Luftsprung, Trauer drückt nieder zur Erde, Göttliches erfüllt Menschen mit Kraft.

Die Wirklichkeit des Heiligen ereignet sich demnach nicht nur in verbaler Anrede und löst nicht nur reflexive Akte aus, sondern zeigt sich in leiblich spürbaren Wirkungen. Obwohl Schmitz selbst die Leser/innen an einer Stelle zum Experiment einer phänomenologischen Wahrnehmung einlädt,[62] bleiben die methodischen Fragen der Lebenspraxis bei ihm durchweg unerörtert. Unter Aufnahme seiner Begrifflichkeit hat G. Böhme für die ästhetische Praxis »Das Machen von Atmosphären« thematisiert. Auch für ihn sind, anders als die cartesianische Objektontologie unterstellt, Subjekt und Objekt im atmosphärischen Raum schon verbunden. »Die Atmosphäre ist die gemeinsame Wirklichkeit des Wahrnehmenden und des Wahrgenommenen. Sie ist die Wirklichkeit des Wahrgenommenen als Sphäre seiner Anwesenheit und die Wirklichkeit des Wahrnehmenden, insofern er, die Atmosphäre spürend, in bestimmter Weise leiblich anwesend ist.«[63] In der Kunst werden machtvolle Räume aber nicht nur rezipiert, sondern auch für die optische und akustische Wahrnehmung komponiert. »Die ästhetische Arbeit besteht darin, Dingen, Umgebungen oder auch den Menschen selbst

60. A. a. O. 34.
61. A. a. O. 204.
62. Vgl. a. a. O. 207 ff. Inzwischen hat Th. Fuchs, Leib, Raum, Person. Entwurf einer phänomenologischen Anthropologie, Stuttgart 2000, 199 ff., die Struktur des Stimmungsraums durch die Differenzierung zwischen Atmosphäre, Stimmung und Gefühl zu präzisieren versucht.
63. G. Böhme, Atmosphäre. Essays zur neuen Ästhetik, Frankfurt 1995, 34.

solche Eigenschaften zu geben, die von ihnen etwas ausgehen lassen. D. h. es geht darum, durch Arbeit am Gegenstand Atmosphären zu machen. Diese Art von Arbeit finden wir überall.«[64] Böhme selbst führt Beispiele aus der Produktion von Garten- und Theaterkunst an. Aber auch in den religiösen Methoden geht es um nichts anderes als um die Vergegenwärtigung einer atmosphärischen Macht. Den theologischen Vorbehalt, den man in diesem Zusammenhang anmelden möchte, hat der Philosoph schon selbst formuliert: »Es ist jedoch gar nicht nötig zu leugnen, daß zu jeder atmosphärischen Wirklichkeit ein Stück Unverfügbarkeit gehört. Die atmosphärische Kompetenz, das Erscheinenmachen, muß ja nicht als ursächliche gedacht werden, sondern als das Wissen um die Bedingungen des Erscheinens und als die Fähigkeit, diese Bedingungen bewußt zu setzen.«[65] Religiöse Methoden können dann dadurch charakterisiert werden, dass sie mit den Bedingungen umzugehen verstehen, unter denen sich Göttliches einzustellen bereit ist.

Die religiösen Verfahren operieren im Rahmen einer Wirklichkeit, die in der Sprache der Religionsphänomenologie »das Heilige« heißt. Das ist eine Kategorie, kein Begriff, der Wirklichkeit in die Sphäre des Geistes aufhebt, und kein Kriterium, das auf der Basis einer normativen Dogmatik eindeutige Urteile, vor allem Verurteilungen erlaubt. Dass und in welcher Weise sich die korporalen, lokalen und sozialen Austauschprozesse, die in den religiösen Handlungen ablaufen, von der Praxis in anderen Lebensbereichen unterscheiden, lässt sich nun genauer bestimmen. Religiöse Methoden sind dadurch charakterisiert, dass sie nicht nur mit psychischen, biologischen und sozialen Realitäten rechnen, sondern sich auf eine Sphäre beziehen, die sich in diesen Realitäten, aber gleichwohl in spürbarer Eigenständigkeit realisieren kann.

64. A. a. O. 35.
65. A. a. O. 199 f.

Zur Methodik religiöser Handlungen

§ 5 Fasten

Religiöse Arbeit beginnt mit Akten zur Präparation des Leibes. Das ist selbst dort der Fall, wo man ansonsten auf die korporale Dimension dieser Praxis keine Aufmerksamkeit verwendet. Alle Empfehlungen zur Konzentration schließen leibliche Installationen ein. Wer in der Stille über pastorale Aufgaben nachdenkt, entzieht sich körperlich dem Einfluss der Öffentlichkeit. Das Gebet des Frommen soll in der Kammer vollzogen werden und auf jeden breiten Wortstrom verzichten (Matthäus 6,5 f.). Und auch aufgeklärte Pfarrer/innen halten sich am Samstagabend vor dem Gottesdienst beim Genuss von Alkohol und anderen Drogen merklich zurück.

All diese Akte einer andeutungsweise asketischen Präparation stellen keine religiöse Besonderheit dar, sondern werden auch auf zahlreichen anderen Praxisfeldern vollzogen. Schon Paulus verweist auf das Vorbild der Sportler: »Jeder Wettkämpfer aber ist in allen Dingen enthaltsam; jene nun, damit sie einen vergänglichen Kranz empfangen, wir aber einen unvergänglichen« (1. Korinther 9,25). Im Sport der Moderne ist die Diätetik zur Förderung der athletischen Konstitution eine hochkomplexe Wissenschaft geworden. Aber auch andere Leistungsträger müssen sich zur Bewältigung ihrer mehr oder weniger anspruchsvollen Aufgaben auf eine strenge Regelung ihres Lebensablaufs einstellen. Das gilt für Manager und Politiker, für Schauspieler/innen und Sänger/innen und für viele andere, die nicht direkt im Rampenlicht der Öffentlichkeit stehen.

Wer auf diese Verbreitung partieller asketischer Übungen achtet, wird skeptisch gegenüber der Annahme, in der Fastenpraxis ginge es um eine prinzipielle Abwertung leiblicher Existenz. Gerade wenn das Einhalten einer Diät keinen Selbstzweck darstellt, sondern als eine Methode verstanden wird, mit der man spezifische Ziele zu erreichen vermag, geraten auch rigide, vielleicht sogar autoaggressive asketische Aktionen in ein anderes Licht.[1] Die Präparation des Leibes dient innerhalb und außerhalb der Religion Intentionen, die man nur mit Hilfe korporaler Exerzitien realisieren kann. Wer nicht trainiert, kann nicht laufen, wer nicht wach ist, kann nicht starten.

Deshalb gehört das Fasten auch für die reformatorische Theologie bei aller Abwehr der Werkgerechtigkeit zur Praxis des Glaubens. Nicht als göttliches Gebot, sondern als kirchliche Ordnung werden solche Übungen von Melanchthon in der »Apologie der Konfession« thematisiert. »Und die Kasteiung des Fleisches oder alten Adams lehren wir also, wie unser Confession

1. Zu den methodischen Intentionen der Askese im frühen Christentum vgl. P. Brown, Die Keuschheit der Engel. Sexuelle Entsagung, Askese und Körperlichkeit am Anfang des Christentums, München 1991, bes. 80 ff.

meldet, daß die rechte Kasteiung denn geschiehet, wenn uns Gott den Willen bricht, Kreuz und Trübsal zuschickt, daß wir lernen seinem Willen gehorsam sein, wie Paulus zum Röm. am 12. sagt: ›Begebet euer eigen Leibe zu einem heiligen Opfer:‹ Und das sind recht heilige Kasteiung, also in Anfechtungen lernen Gott kennen, ihnen fürchten, lieben sc. Über dieselbigen Trübsalen, welche nicht in unserem Willen stehen, sind auch noch die leiblichen Übunge, da Christus von sagt: ›Hütet euch, daß euer Leib nicht beschweret wird mit Fressen und Saufen.‹ Und Paulus zu den Korinth: ›Ich zähme meinen Leib sc.‹ Die Übung sollen darum geschehen, nicht daß es nötige Gottesdienste sein, dadurch man für Gott fromm werde, sondern daß wir unser Fleisch im Zaum halten, damit wir durch Füllerei und Beschwerung des Leibes nicht sicher und müßig werden, des Teufels Reizunge und des Fleisches Lüsten folgen. Dieselbige Fasten und Kasteien sollt nicht allein auf gewisse Zeit, sondern allzeit geschehen. Denn Gott will, daß wir allzeit mäßig und nüchtern leben, und wie die Erfahrung gibt, so helfen dazu nicht viel bestimmte Fastentag.«[2]

Das religiöse Fasten, das zahlreiche Verhaltensvarianten umfasst, lässt sich in seiner Handlungslogik freilich erst rekonstruieren, wenn der gesellschaftliche und der individuelle Kontext skizziert ist, in dem es eingebettet erscheint und auf dessen Hintergrund seine Eigenart profiliert werden kann.

I. Gesellschaftliche Zwänge

Der Verzicht, der in der Religion mindestens heutzutage freiwillig praktiziert wird, wird im gesellschaftlichen Leben mehr oder weniger stark erzwungen. Askese ist nicht nur ein Trainingsprogramm für auf Leistung bedachte Athleten in den verschiedensten Lebensbereichen, sondern bildet ein elementares Gesetz für das soziale Dasein. Weil dieses Gesetz so grundlegend und so umfassend wirkt, wird es in der Regel gar nicht mehr wahrgenommen. Auch das, was gegenwärtig Konsumgesellschaft genannt wird, gewinnt seine Faszination auf dem Hintergrund nicht nur von Defiziten, sondern auch von Verboten. Es waren die großen Theoretiker des vorigen Jahrhunderts, die aufgedeckt haben, in welchem Umfang das gesellschaftliche Leben auf der Verweigerung von direkter Bedürfnisbefriedigung aufgebaut ist.

Schon mit dem Titel seiner Schrift über »Das Unbehagen in der Kultur« (1930) erinnert S. Freud an die Gebrochenheit des sozialen Daseins, und alle, die heute wieder schnell und leichtfertig mit diesem Stichwort hantie-

2. Ph. Melanchthon, Apologie der Konfession XV, in: Die Bekenntnisschriften der evangelisch-lutherischen Kirche, 3. A. Göttingen 1956, 306; Art. XII rechnet sogar mit einem göttlichen Gebot für das rechte Fasten (a. a. O. 283), Luthers »Kleiner Katechismus« würdigt es als »eine feine äußerliche Zucht« zur Vorbereitung des Abendmahlsempfangs (a. a. O. 521).

ren, sollten sich die Ambivalenzen vor Augen halten, die zum kultivierten Leben gehören. Für Freud bilden Kultur und Glück einen unauflöslichen Widerspruch, weil jede Kultur grundlegende Einschränkungen von ihren Angehörigen verlangt.

Was wollen die Menschen? Sie »streben nach Glück, sie wollen glücklich werden und so bleiben. Dieses Streben hat zwei Seiten, ein positives und ein negatives Ziel; es will einerseits die Abwesenheit von Schmerz und Unlust, andererseits das Erleben starker Lustgefühle«.[3] Dieses Glücksverlangen wird von Freud triebtheoretisch bestimmt. In der psychoanalytischen Anthropologie darf man nicht nur mit libidinösen, sondern muss man auch mit aggressiven Neigungen bei jedem Menschen rechnen. »Infolgedessen ist ihm der Nächste nicht nur möglicher Helfer und Sexualobjekt, sondern auch eine Versuchung, seine Aggression an ihm zu befriedigen, seine Arbeitskraft ohne Entschädigung auszunützen, ihn ohne seine Einwilligung sexuell zu gebrauchen, sich in den Besitz seiner Habe zu setzen, ihn zu demütigen, ihm Schmerzen zu bereiten, zu martern und zu töten.«[4]

Kultur als Basis des sozialen Lebens muß diese Triebwünsche unvermeidlich beschränken. Durch Erziehung, durch Belohnungen und Bestrafungen wird das Lustprinzip mehr oder weniger stark mit dem Realitätsprinzip ausgeglichen. Jede Kultur ist infolgedessen auf Triebverzicht aufgebaut,[5] denn ohne soziale Normierung ist ein einigermaßen friedliches Zusammensein unter Menschen nicht möglich. Indem er die individualpsychologische Betrachtung der Psychoanalyse sozialpsychologisch ausweitet, kann Freud »in den Erscheinungen der Kulturentwicklung die Rolle dieses Über-Ichs verfolgen«[6] und konstatieren, »daß der Preis für den Kulturfortschritt in der Glückseinbuße durch die Erhöhung des Schuldgefühls bezahlt wird«.[7]

Im Konflikt zwischen den Ansprüchen des Es und den Forderungen des im Gewissen fundierten Über-Ichs müssen die Menschen in ihrem Leben Kompromisslösungen finden, die auf jeden Fall eine weit reichende Beschränkung des Glücksverlangens umfassen. Sexualität soll nur in sozial definierten Konstellationen praktiziert, Aggressivität nur gegen sozial definierte Feinde eingesetzt werden. Eine relative Reduktion des erzwungenen Leidens gelingt allenfalls mit Hilfe von Sublimierung. »Das Schicksal kann einem dann wenig anhaben. Die Befriedigung solcher Art, wie die Freude des Künstlers am Schaffen, an der Verkörperung seiner Phantasiegebilde, die des Forschers an der Lösung von Problemen und am Erkennen der Wahrheit, haben eine besondere Qualität.«[8] Auch die Religion hat an dieser

3. S. Freud, Das Unbehagen in der Kultur, Studienausgabe IX, Frankfurt 1982, 208.
4. A. a. O. 240.
5. A. a. O. 250 ff.
6. A. a. O. 269.
7. A. a. O. 260.
8. A. a. O. 211.

Stelle ihren triebtheoretischen Sitz im Leben wie ihre, wenn auch für Freud höchst fragwürdige, therapeutische Funktion. »Ihre Technik besteht darin, den Wert des Lebens herabzudrücken und das Bild der realen Welt wahnhaft zu entstellen, was die Einschüchterung der Intelligenz zur Voraussetzung hat. Um diesen Preis, durch gewaltsame Fixierung eines psychischen Infantilismus und Einbeziehung in einen Massenwahn gelingt es der Religion, vielen Menschen die individuelle Neurose zu ersparen.«[9]

Weil der Antagonismus zwischen Triebhaftigkeit und Sozialität weltweit zu beobachten ist, soll das »Unbehagen in der Kultur« nach Freuds Ansicht mindestens für alle »zivilisierten« Gesellschaften gelten. Demgegenüber hat M. Weber eine Theorie aufgestellt, die die Genese der kapitalistischen Industriegesellschaft erhellen soll und die deshalb zeitlich wie räumlich begrenzt ist.

Nicht durch Triebverzicht generell, sondern durch Konsumverzicht hat sich in Mitteleuropa und Nordamerika ein spezifischer Menschentyp entwickelt, den Weber folgendermaßen charakterisiert: »Der Mensch ist auf das Erwerben als Zweck seines Lebens, nicht mehr das Erwerben auf den Menschen als Mittel zum Zweck der Befriedigung seiner materiellen Lebensbedürfnisse bezogen.«[10] Die gesellschaftliche Praxis in Arbeit und Beruf zielt auf die Ansammlung von Besitz, der in der Frühzeit des Kapitalismus nicht, wie gegenwärtig, alsbald in immer neuen Konsumvarianten hedonistisch verbraucht, sondern akkumuliert worden ist. Das kapitalistische Wirtschaftssystem verdankt seine Entstehung nach Webers Ansicht einer asketischen Lebenshaltung.

Darin sind für ihn zwei religiöse Motive wirksam geworden. Der Verzicht auf unmittelbaren Genuss ist vorgebildet durch die Methoden rationaler Lebensführung, wie sie schon im Mönchtum, aber auch im Pietismus und im Puritanismus praktiziert worden sind. Der Kampf zwischen dem Fleisch, das die irdischen Güter genießen möchte, und dem Geist, der um der himmlischen Seligkeit willen darauf verzichtet, wird jetzt nicht nur religiös, sondern auch gesellschaftlich exekutiert und dabei auch säkularisiert. Gewinn und Verlust bilden für den kapitalistischen Geist dabei eine gelungene Balance. »Die innerweltliche protestantische Askese … wirkte … mit voller Wucht gegen den unbefangenen Genuß des Besitzes, sie schnürte die Konsumption, speziell die Luxuskonsumption, ein. Dagegen entlastete sie im psychologischen Effekt den Gütererwerb von den Hemmungen der traditionalistischen Ethik, sie sprengte die Fesseln des Gewinnstrebens, indem sie es nicht nur legalisierte, sondern … direkt als gottgewollt ansah.«[11]

Bei dieser Entwicklung ist nämlich noch ein zweites religiöses Motiv

9. A.a.O. 216.
10. M. Weber, Die protestantische Ethik und der Geist des Kapitalismus, in: Die protestantische Ethik I. Eine Aufsatzsammlung, Gütersloh 1981, 44.
11. A.a.O. 179.

wirksam geworden, das man auf bestimmte Probleme der reformierten Theologie, nämlich der Erwählungslehre zurückführen kann. Wenn man von einem doppelten Dekret Gottes ausgeht und also auch für sich selbst mit der Möglichkeit der Erwählung wie der Verwerfung rechnen muss, dann stellt sich die Frage der Heilsgewissheit in dringlichster Form. Dem Wort allein, das im Evangelium das Heil verspricht, kann man dann nicht einfach vertrauen, weil es ja nur für die Erwählten bestimmt ist. Also muss eine neue Gewissheitsquelle gefunden werden, die ganz konkret in der Erfahrung des göttlichen Segens besteht. Im so genannten syllogismus practicus werden die irdischen Güter zum Zeichen göttlicher Gnadenwahl und bleiben schon deswegen dem alsbaldigen Verbrauch entzogen. »Es ist klar, daß sich dieser Lebensstil mit der für die ›bürgerliche‹ Erwerbsarbeit als solche möglichen und üblichen Form der Selbstrechtfertigung – Geldgewinn und Besitz nicht als Selbstzweck, sondern als Maßstab der eigenen Tüchtigkeit – am intimsten berührt und geradezu deckt: die Einheit des religiösen Postulats mit dem für den Kapitalismus günstigen bürgerlichen Lebensstil ist erreicht.«[12]

Auch und gerade in diesem Lebensstil kann man, wie es O. Pfister getan hat,[13] Elemente von Schuldbewusstsein und Strafangst entdecken. Die Orientierung an den gesellschaftlichen Anforderungen ist mit dem Verzicht auf das Ausleben momentaner Bedürfnisse verknüpft. Das Opfer, das im Gottesdienst nicht wiederholt wird, wird jetzt in der Pflichterfüllung des beruflichen und familialen Alltags praktiziert. Und noch die inhumansten Formen entfremdeter Arbeit können durch eine Ethik des Berufs sanktioniert erscheinen.

Im globalen Kapitalismus hat der »Terror der Ökonomie«[14] andere Widersprüche entwickelt. Aus dem Sparzwang ist eine Konsumdiktatur geworden. Die Fülle der Warenangebote verdunkelt die Begrenztheit personaler Lebenserfüllung, weil sie sich mit der permanenten Verheißung von Aufstiegschancen verbindet. Wer mobil bleibt, wer Wohnorte, Berufe, Beziehungen nach Bedarf wechselt, der wird sich das leisten können, worauf er im Augenblick noch verzichtet. Auch wenn er gar nicht mehr merkt, was er bei dieser Jagd nach dem Glück alles verliert. »Die Angst vor dem Absturz«[15] kann die Bereitschaft zum Lebenseinsatz nur steigern. »Der flexible Mensch«[16] wird mit Freiheitsversprechen geködert. Die politische bzw. welt-

12. M. Weber, Religiöse Heilsmethodik und Systematisierung der Lebensführung, a. a. O. 347.
13. Vgl. O. Pfister, Das Christentum und die Angst, Frankfurt 1985, S. ???.
14. Vgl. V. Forrester, Der Terror der Ökonomie, Wien 1997.
15. Vgl. B. Ehrenreich, Die Angst vor dem Absturz. Das Dilemma der Mittelklasse, Reinbek 1994.
16. Vgl. R. Sennett, Der flexible Mensch. Die Kultur des neuen Kapitalismus, Berlin 1998, sowie J. Strasser, Leben oder Überleben. Wider die Zurichtung des Menschen zu einem Element des Marktes, Zürich 2001.

anschauliche Orientierungslosigkeit, die man derzeit vor allem bei Jugendlichen beobachten kann,[17] kann sich als Vorteil auf dem Markt der Lebensmöglichkeiten erweisen. In der Risikogesellschaft soll das Individuum durch eine Mobilität, die lokale Verwurzelung wie soziale Vernetzung von Fall zu Fall preisgibt, seine Identität gewinnen.[18]

Die Askese, die man aus religiösen Gründen praktiziert, ist wirklich nicht außergewöhnlich. Die Religion selbst hat in der Geschichte immer wieder die Legitimation für Verzichtleistungen in der Gesellschaft geliefert. Sie hat sicher auch für asketische Einstellungen in der Profanität Modell gestanden. Und sie wird in einer Konsumdiktatur, in der prinzipiell alles erlaubt, wenn auch faktisch nicht alles zugänglich ist, gern als Karikatur dargestellt, als ob sie Leiblichkeit einfach verteufeln und Lebensfreude abwerten wollte.

II. Individuelle Übungen

Das Leben in der Gesellschaft ist auf Verzichtleistungen gegründet. Menschen müssen ihre elementaren Triebe wie ihre fundamentalen Bedürfnisse einschränken, wenn die Grundlagen der Gemeinschaft nicht gesprengt werden sollen. Die Konsumgesellschaft hat zu diesem Sachverhalt eine ideologische Falle gebastelt, indem sie die Möglichkeit zur Überwindung von Verzicht suggeriert und die Verantwortung für den notwendigen Vollzug von Verzicht dem Individuum zuschiebt. Man kann alles haben, wenn man sich an die herrschenden Normen anpasst. So ist es nicht verwunderlich, dass es zunehmend persönliche Versuche gibt, nicht durch Unterwerfung unter ein solches Diktat, sondern durch Abgrenzung dagegen individuelle Integrität zu gewinnen.

Wie die entsprechenden Ratschläge und Empfehlungen in der illustrierten Presse beweisen, ist auch das Fasten inzwischen zum Konsumgut geworden. Sehr viel ernsthafter und gesundheitsförderlicher sind die medizinischen Diätregeln, die eine weite Verbreitung gefunden haben. Als Beispiel ziehen wir die Methode des Heil-Fastens heran, die der Arzt Otto Buchinger (1878-1966) entwickelt hat und die nicht nur in der Klinik von Bad Pyrmont praktiziert wird.

Der Begriff »Heil-Fasten« weckt transtherapeutische Assoziationen, die durchaus beabsichtigt sind. Zunächst soll dieses medizinische Verfahren Krankheiten lindern bzw. beseitigen. Herz- und Kreislaufleiden, Stoffwechselprobleme, Übergewicht werden in diesem Rahmen behandelt; die Liste der Kontraindikationen fällt dementsprechend aus. Aber darüber hinaus soll

17. Vgl. J. Goebel/Chr. Clermont, Die Tugend der Orientierungslosigkeit, Reinbek 1999.
18. Vgl. U. Beck/E. Beck-Gernsheim, Riskante Freiheiten. Individualisierung in modernen Gesellschaften, Frankfurt 1994.

die Kur auch »Heil« vermitteln. Wirkungen sind intendiert, die jenseits körperlicher Regeneration, allenfalls in deren Gefolge, liegen. So sollen »die geistige Aufnahmefähigkeit und die Gedächtnisleistung« steigen. »Negative Ein- und Vorstellungen ändern sich, Konflikte und Schwierigkeiten verlieren an Bedeutung oder werden wie durch einen Blitzstrahl erhellt.«[19] Es geht in dieser Fastenpraxis, wie es Buchinger selbst formuliert, um die »gleichzeitige Heilung von Körper und Geist«.[20]

Die Kur, die man zwei oder drei Wochen lang absolviert, folgt dem Modell des korporalen Austausches. Entschlackung und Entgiftung des Körpers werden dadurch erreicht, dass man auf die Zufuhr schädlicher Stoffe verzichtet und sich mit der Aufnahme flüssiger Nahrungsmittel begnügt. Mentale Exerzitien unterstützen die Wirkung. So wird dringend empfohlen: »Zerstreuungen beschränken, möglichst nicht fernsehen, Verzicht auf überflüssige Telefonate und Termine, negatives Denken versuchen abzustellen.«[21] Die Reinigung des Körpers ermöglicht auch eine umfassende Lebensbilanz: »Vergangenheit und Zukunft überdenken, sich am ›Heute‹ freuen. – Zeit nehmen, um zu überlegen, was ich bisher falsch gemacht habe, was ich in Zukunft besser machen kann. Schädliche Gewohnheiten aufgeben. Geistige, eventuell religiöse Grundlagen (wieder) entdecken.«[22] Das Heil-Fasten ist eine Methode, die durch Verzicht zur »Selbstfindung«[23] führen will.

Was hier freiwillig und bewusst praktiziert wird, läuft in den Hungerkrankheiten unbewusst ab. So ist die anorexia nervosa, die Magersucht, ein Krankheitsbild, das man seit dem 19. Jahrhundert wahrnimmt. Jugendliche, meist junge Mädchen, verweigern aus unerklärlichen Gründen die Nahrungsaufnahme. Das Behandlungsmodell ist heute oft familiendynamisch orientiert. R. Battegay etwa sieht in der Magersucht »ein ›Denkmal‹ des zur Sucht gewordenen Hungers«.[24] Der in der Familie ungestillte Hunger nach Liebe wird derart radikal agiert, dass die daraus resultierende Modellierung des Körpers sogar die außerfamiliale Liebe unmöglich macht. Das Beispiel dieser Krankheit zeigt, dass auch und gerade Unersättlichkeit in eine lebensgefährliche asketische Praxis münden kann.

Was heute unbewusst abläuft, konnte im Mittelalter, so lautet jedenfalls die Hypothese von T. Habermas,[25] durch die Integration in die Religion

19. H. Dürselen, Heilfasten. Entschlackung und Entgiftung nach der Buchinger-Methode, 5. A. Düsseldorf 1994, 17.
20. Zitiert nach H. Dürselen, a. a. O. 11.
21. A. a. O. 27.
22. Ebd.
23. A. a. O. 26. Zum Ganzen vgl. auch R. Gronemeyer, Die neue Lust an der Askese. Berlin 1998.
24. R. Battegay, Die Hungerkrankheiten. Unersättlichkeit als krankhaftes Phänomen, Frankfurt 1989, 22.
25. Vgl. T. Habermas, Heißhunger. Historische Bedingungen der Bulimia nervosa, Frankfurt 1990, 43 ff.

heilvoll bearbeitet werden. Die asketische Praxis, die damals öffentlich anerkannt war, war für die jungen Frauen mit einem mehrfachen Vorteil verbunden. Ihr Verhalten wurde nicht als Krankheit stigmatisiert, sondern als heiligmäßiges Dasein respektiert. Durch den Eintritt ins Kloster wurde der Konflikt aus dem Entstehungsraum ausgelagert. Die Auseinandersetzung mit der Vater-Autorität konnte dort fortgesetzt werden, aber in gelockerter und hilfreicher Form. Der Beichtvater, der an die Stelle des leiblichen Vaters getreten war, konnte vor übertriebenen Verzichtleistungen nachdrücklich warnen und zur Nahrungsaufnahme mahnen. Der lokale Austausch zwischen Elternhaus und Kloster konnte die Unterbrechung der korporalen Austauschprozesse lebensförderlich steuern.

Mit der Auflösung von Klöstern und Kommunitäten hat der moderne Protestantismus alternative Lebenswelten und Verhaltensformen weitgehend verloren. Erst allmählich, aber auch erstaunlich weiträumig werden religiöse Methoden der Lebensgestaltung wieder entdeckt, wobei das Projekt »Sieben Wochen ohne« wohl das prominenteste Beispiel darstellt. 1983 in Hamburg von Theologen und Journalisten entwickelt, hat sich diese Initiative in mehrfacher Hinsicht ausgebreitet. Inhaltlich geht es nicht nur um den Verzicht auf Alkohol, sondern auch um das Rauchen, die Süßigkeiten und andere lieb gewordene, jedoch schädliche Gewohnheiten. In personeller Hinsicht machen inzwischen Teilnehmer/innen aus fast allen Bevölkerungsschichten mit, sofern sie jedenfalls ökonomisch zu Verzichthandlungen überhaupt in der Lage sind. Regional gibt es Nachahmer in Europa und Übersee. Und intentional ist die negative Ausrichtung inzwischen mit positiven Zielsetzungen verknüpft. Man will Ruhe finden, den Körper durch Sport und Bewegung aktivieren, soziale Kontakte mit Freunden und Nachbarn pflegen, und auch für Formen der praxis pietatis ist verstärkt Raum vorgesehen.

Das Projekt »Sieben Wochen ohne« ist im kirchlichen Raum entstanden, wurde durch kirchliche Traditionen angeregt und wird von Kirchenmitgliedern durchgeführt. Dennoch wird es hier nicht als eine religiöse Methode vorgestellt. Der Hauptgrund für diese Einschätzung liegt darin, dass die Aktion ihre Ziele weitgehend subjektorientiert definiert.

In einer Werbe-Broschüre wird darauf hingewiesen, dass das Projekt als ein Test der Selbstbeherrschung entstanden ist. »Sie wollten herausfinden, ob sie diese Gewohnheiten frei bestimmen können oder davon beherrscht werden.« Dabei ging es zunächst um die Regulierung des alltäglichen Alkoholkonsums. Die Bandbreite des drohenden Selbstverlusts ist, wie wir hörten, inzwischen gewachsen. Aber auch auf allen anderen Feldern geht es für viele um den Wunsch nach einem positiven Selbstbild durch die Realisierung bzw. Wiederherstellung persönlicher Autonomie gegenüber Suchtgefährdung.

Deshalb kann man das, was hier intendiert wird, auch als eine Methode der Selbststabilisierung bezeichnen. Menschen, die daran teilnehmen, möchten, wie es in der Broschüre heißt, »etwas verändern und können bei sich selber beginnen. Die Kluft zwischen Arm und Reich wird in unserer Gesellschaft immer größer. Und viele erkennen, daß Überfluß nicht glücklich macht«. Die armen Reichen können also auf eine begrenzte Zeit ihren luxuriösen Lebensstil ändern. Wobei natürlich nicht auszuschließen ist, dass das Exerzitium eine Eigendynamik gewinnt und zu einer grundlegenden und andauernden Änderung der Lebensverhältnisse führt.

Das Fastentraining, wie es hier praktiziert wird, kann durch ein religiöses Begleitprogramm erweitert werden.[26] Es gibt Einladungen zur individuellen Meditation, zu Passionsandachten in der Kirchengemeinde oder zu Seminaren, die spirituelle Elemente vermitteln. Konstitutiv ist der religiöse Kontext aber für diese Methode der Selbsterfahrung nicht. »Durch den Verzicht leben sie jeden Tag bewußter, erfahren sich und andere neu und finden ›neue Lust auf Leben‹, wie eine Teilnehmerin schreibt.« Die Diktatur der Konsumgesellschaft wird hier nur probeweise, auf Zeit, zur Vergewisserung der eigenen Autarkie überwunden. Der punktuelle Verzicht auf den Lebensgenuss kann unter Umständen zur Methode werden, um den Appetit auf die Genussmittel der Warenwelt neu zu wecken.

Durch diese Feststellungen soll die Aktion »Sieben Wochen ohne« keineswegs generell disqualifiziert werden. Selbstverständlich kann man in diesem Rahmen auch religiöse Erfahrungen machen. Und selbstverständlich hat diese Fastenpraxis auch dort, wo man auf einen religiösen Kontext verzichtet, einen guten, persönlichkeitsfördernden Sinn. Es muss nur klargestellt werden, dass Methoden, die aus der religiösen Überlieferung stammen, ihren religiösen Charakter verlieren, wenn man sie aus ihrem Kontext herauslöst und aus welchen respektablen Gründen auch immer säkular praktiziert.

III. Religiöse Methoden

Die Gesellschaft fordert Verzichtleistungen, ohne dass die Betroffenen es selber entdecken. Individuen experimentieren teils unbewusst, teils auch bewusst mit Verzichtleistungen. Wann wird das Fasten zur Methode in der Religion? Wann ist es mehr als ein Programm zur persönlichen Regeneration und Selbstverwirklichung?

Religion ist menschliche Arbeit im Machtbereich des Heiligen. In der Askese kann man erfahren, dass die Begegnung mit dieser Macht nicht nur in Kognitionen und Emotionen, sondern auch σωματικώς (Kolosser 2,9 f.),

26. Vgl. die Vorschläge bei W. Hohensee, Sieben Wochen für die Seele. Ein spiritueller Fastenbegleiter, Gütersloh 2002. Die allgemeine Ausschreibung nennt auch im Jahr 2002 überwiegend nichtreligiöse Intentionen: »Gezielt den eigenen Lebensweg in den Blick bekommen, sich Zeit für sich selbst nehmen, sich meditierend auf Ostern vorbereiten, mit Heilfasten den Winterspeck loswerden und durch Konsumverzicht Solidarität mit Benachteiligten zeigen.«

leiblich geschieht. Was für jede intensive zwischenmenschliche Annäherung selbstverständlich erscheint, dass man sich nämlich für den körperlichen Kontakt durch Reinigung und Ausschmückung vorbereitet, wird durch die Präparation des Leibes auch in der Religion praktiziert. In der biblischen und kirchlichen Tradition, aber auch in der allgemeinen Religionsgeschichte gehören zur Fastenpraxis in der Regel Aspekte der Reinigung, der Umkehr und des Kraftgewinns.[27] Das alles schließt keine Verteufelung von Leiblichkeit ein, sondern setzt voraus, dass man nicht nur die Seele und die Sinne, sondern auch den Leib insgesamt als Instrument der religiösen Begegnung einsetzen kann.[28]

Reinigung

Jesus selbst hat nach dem Matthäus-Evangelium (4,2 ff.) wie Mose und Elia (Exodus 34,28; 1. Könige 19,8) 40 Tage und 40 Nächte gefastet. Dass es dabei zu visionären Wahrnehmungen gekommen sein soll, wie der Text berichtet, klingt glaubwürdig, weil solche Phänomene bis heute in analogen Übungen auftreten.[29] Die methodische Intention wird in diesem Zusammenhang

27. Vgl. P. Gerlitz, Art. Fasten/Fasttage I, TRE XI, Berlin 1983, 42 ff., der mit einer etwas anderen Typologie arbeitet.
28. Eine frühe psychoanalytische Betrachtung rechnet mit folgenden Wirkungen von Askese; vgl. K. Schjelderup, Die Askese. Eine religionspsychologische Untersuchung, Berlin 1928, 183:
»1. Auf der einen Seite können wir sagen, daß die Askese in einer Verdrängung des primären Trieblebens besteht. Das Verdrängte lebt jedoch als eine wirksame Macht im Seelenleben weiter und sucht sich auf verschiedene Weise Befriedigung zu verschaffen. Teils meldet es sich dem Bewußtsein als verlockende Phantasie, die an sich bereits eine Art Befriedigung bedeutet, teils schafft es sich direkten Ausdruck in Traum und Halluzination.
2. Von einer anderen Seite betrachtet, bezeichnet die Askese ein Sichzurückziehen der Libido von den natürlich gegebenen Objekten, indem sie teils rückwärts auf infantile Formen der Triebbefriedigung gerichtet wird (Regression), teils nach innen als Konzentration auf das eigene Ich und mit einer Überbetonung egozentrischer lustbetonter Phantasiewirksamkeit (Introversion).
3. Von einer dritten Seite betrachtet, bezeichnet endlich die Askese eine Entsagung gegenüber der natürlichen Triebbefriedigung mit dem Ziel, die Lebensenergie in den Dienst ›höherer‹ geistiger Zwecke zu stellen. Hierbei kann es geschehen, daß die primäre Triebrichtung unverändert auf das neue Lebensgebiet übertragen wird und sich hier unter verdeckter Form auslebt, was zu einer Sexualisierung der höheren Zwecke führt (Elevation). Ebenso möglich aber ist es, daß eine wirkliche Transformation stattfindet, wobei die primären Triebe in einer sublimierten Form zum Ausdruck kommen.«
29. Vgl. M. M. Özelsel, Vierzig Tage. Erfahrungsbericht einer traditionellen Derwischklausur, Reinbek 1995.

ebenso deutlich wie in der uneinheitlich bezeugten Lesart von Markus 9,29 (Matthäus 17,21): »Diese Art (von Dämonen) fährt nur durch Beten und Fasten aus«.

Sehr viel kurzfristiger ist die Fastenpraxis, die vor der rituellen Begegnung mit dem Heiligen absolviert wird. Entsprechende Vorschriften gibt es in fast allen Kulturen. Vornehmlich Priester und Priesterinnen, die im Heiligtum eines Götterkults praktizieren, haben sie zu beachten.[30] Aber auch die Initiation in Geheimbünde von Männern und Frauen umfasst entsprechende Regeln, so in den antiken Mysterien, aber auch bei den Orphikern und Pythagoräern. Die Enthaltsamkeit besteht im Verzicht auf das Schlafen (Lukas 6,12; 2. Korinther 11,27). Viele Abstinenz-Regeln betreffen die Nahrungsaufnahme, die für bestimmte Zeiten generell eingeschränkt oder nur für bestimmte Nahrungsmittel (Fleisch, Wein) ausgeschlossen wird. Schon bei den australischen Aborigines sind den großen Festen Karenztage vorgeschaltet.[31] Sexuelle Askese wird vor der Epiphanie der Gottheit bzw. vor dem Betreten des Allerheiligsten verlangt (Exodus 19,15; 1. Samuel 21,5; Leviticus 15,16-18). Ein Redeverbot wird auch heute noch in vielen protestantischen Kirchen vor Beginn des Gottesdienstes respektiert.

Die präparative Intention dieses von ihm sogenannten negativen Kults hat E. Durkheim folgendermaßen beschrieben: »Daraus folgt, daß die Askese keinesfalls, wie man etwa glauben könnte, eine seltene exzeptionelle und fast anomale Frucht des religiösen Lebens ist. Sie ist im Gegenteil eines ihrer wesentlichen Elemente. Jede Religion enthält sie zum mindesten im Ansatz; denn es gibt keine Religion, in der man nicht einem System von Verboten begegnet. Der einzige Unterschied, der in dieser Hinsicht unter den Kulten besteht, ist, daß dieser Ansatz mehr oder weniger entwickelt ist. Außerdem muß man noch hinzufügen, daß es wahrscheinlich keinen Kult gibt, in dem diese Entwicklung nicht wenigstens zeitweise die charakteristischen Züge der eigentlichen Askese annimmt. Das tritt im allgemeinen in gewissen kritischen Perioden ein, in denen innerhalb eines relativ kurzen Zeitraums bei einem Menschen irgendeine schwerwiegende Zustandsveränderung hervorgerufen werden muß. Um ihn also rascher in den Kreis der heiligen Dinge einzuführen, mit denen er in Kontakt treten soll, trennt man ihn gewaltsam von der profanen Welt. Das geht nicht ohne vielfältige Entsagungen, ohne eine außergewöhnliche Verschärfung des Systems der Verbote.«[32]

Dass das Fasten eine Präparationsprozedur darstellt, wird am deutlichsten am Gebot der Nüchternheit vor dem Empfang der Eucharistie. Was 1415 auf dem Konzil von Konstanz zum allgemeinen Kirchengesetz erklärt wurde,

30. Vgl. die Übersicht bei P. R. Arbesmann, Das Fasten bei den Griechen und Römern, Gießen 1929.
31. Vgl. E. Durkheim, Die elementaren Formen des religiösen Lebens, Frankfurt 1981, S. 451f.
32. A.a.O. 422.

blickte auf eine lange Vorgeschichte zurück. »Man hat im Mittelalter die Disziplin, die sich im Altertum herausgebildet hatte, streng eingehalten. Der Priester, aber auch die assistierenden Kleriker und selbst die Gläubigen wurden – vielfach selbst dann, wenn sie nicht kommunizierten – angehalten, nüchtern zur Meßfeier zu kommen.«[33] Heute gilt diese Regel nicht mehr ab Mitternacht, sondern erst eine Stunde vor Kommunionsempfang und kann im Krankheitsfall vollständig entfallen.

Welche Handlungslogik steckt im Gebot der eucharistischen Nüchternheit? Um eine reine Leibfeindlichkeit kann es sich hier nicht handeln; denn die Alternative heißt nicht: Essen oder nicht Essen, sondern: profanes oder heiliges Essen. Wie radikal diese Alternative praktiziert werden konnte, zeigt bis in die Neuzeit hinein das Beispiel der Stigmatisierten, die nur von der Einnahme der Eucharistie gelebt haben sollen.[34]

Einleuchtend wird die Regel der eucharistischen Nüchternheit erst dann, wenn man sie als Spezialfall der allgemeinen Stoffwechselproblematik betrachtet. Das Einatmen wird möglich erst nach dem Ausatmen. Die Einführung neuer Nahrung setzt die Entleerung von alten Nahrungsmitteln voraus. Diese Folge wird in der liturgischen Praxis auch sonst angewendet. Wer am Altar ein Opfer deponieren möchte, soll sich zuvor mit seinem Bruder versöhnen (Matthäus 5,23 f.). Und nach reformatorischer Lehre soll man vor dem Empfang des Abendmahls seine Sünden bekennen und die Vergebung empfangen. Die Reinigungsprozeduren, die hier im sozialen Bereich und für das Gottesverhältnis gefordert werden, werden durch das eucharistische Fasten am eigenen Leib praktiziert.

Der Verzicht auf profane Nahrung vor dem Empfang des heiligen Sakraments soll also qua Entleerung nicht nur Platz schaffen im quantitativen Sinn. Er soll auch nicht nur den Hunger nach der Gegenwart des Göttlichen leiblich spürbar symbolisieren. Die Reinigung, die hier intendiert wird, rechnet mit einer Unvereinbarkeit zwischen der Heiligkeit Gottes und dem irdischen Dasein der Menschen in Gottes Schöpfung, die allein durch religiöse Distinktion und religiöse Methodik überwunden werden kann. So lässt sich auch die notwendige Präparation auf den Empfang des Abendmahls am ehesten von den Anschauungen her verstehen, die M. Douglas für die Interpretation der Speisegebote im Heiligkeitsgesetz vorgeschlagen hat: »Heiligkeit erfordert, daß die einzelnen Dinge der Klasse entsprechen, zu der sie gehören. Sie erfordert außerdem, daß verschiedene Klassen von Dingen nicht vermischt werden dürfen.«[35]

Die Realpräsenz des Heiligen im Sakrament kann heilvoll nur wirken, wenn man sich für den Empfang von irdischen Belastungen möglichst gerei-

33. H. B. Meyer SJ, Eucharistie. Geschichte, Theologie, Pastoral, Gottesdienst der Kirche 4, Regensburg 1989, 232.
34. Vgl. T. Habermas, a. a. O. 50 ff.
35. M. Douglas, Reinheit und Gefährdung, Berlin 1985, 73.

nigt hat. Deshalb sollen zwischenmenschliche Konflikte behoben, sündige Gedanken, Worte und Werke beseitigt und irdische Stofflichkeit möglichst ausgeräumt sein. Wie man beim Beten aus dem interpersonalen Wortwechsel austritt, so wird beim Fasten, mehr oder weniger radikal, der innerweltliche Stoffwechsel transzendiert.

Diese Übung, die die Reinigung des Leibes für die Begegnung mit dem Göttlichen intendiert, ist ein Akt der Unterbrechung. Die Alltagsroutine von Nahrungsaufnahme wird ausgesetzt. In der Askese beherzigt man eine Parole, die ein moderner Werbe-Slogan so formuliert: »Mach mal Pause«. Diese Unterbrechung will hier nicht im medizinisch-diätetischen Sinn die Leibesfülle verringern. Sie soll den Leib auch nicht unbedingt in seinen vitalen Bedürfnissen schwächen. Die Unterbrechung der oralen, genitalen, optischen und verbalen Kontakte zur Umwelt, die durch diese Pause passiert, soll eine neue Ausrichtung des leiblichen Daseins ermöglichen.

Buße

Das Projekt »Sieben Wochen ohne«, das in der Passionszeit praktiziert wird, greift mit dieser Datierung auf die altkirchliche Quadragesima zurück, eine vorösterliche Bußzeit, die 334 im Osterfestbrief des Athanasius von Alexandria zum ersten Mal erwähnt wird. In der lutherischen Tradition hat man die alte Fastenzeit christologisch definiert und als Passionszeit bezeichnet.[36] Aber die Anleitung zu Umkehr und Besinnung war, wie das Beispiel der Passionsandachten beweist, auch hier ein wesentliches Anliegen. Insofern hatten sich altkirchliche Füllungen dieses Zeitraums, der seit dem 4. Jahrhundert auch der Vorbereitung auf den Empfang der Taufe in der Osternacht und seit dem 5. Jahrhundert der Rekonziliation der Büßer diente, auch nach dem Wegfall dieser konkreten Übergangsrituale durchgehalten. Vor dem Fest der Auferstehung wird durch die Kasteiung des eigenen Leibes und durch die Erinnerung an das leibliche Leiden des Gottessohnes Einkehr mit dem Ziel der Umkehr gehalten.

Diese Kombination von Buße und Fasten begegnet auch in der biblischen Tradition. Sie wird von David nach dem Ehebruch mit Bathseba zur Rettung des gemeinsamen Kindes praktiziert (2. Samuel 12,16). Ahab will auf diese Weise die Strafe für seine Mordtat an Naboth abwenden (1. Könige 21,27). Nehemia unterstreicht damit sein Bekenntnis für die Sünden des Volkes (Nehemia 1,4ff.). Johannes attackiert nicht nur seine Zeitgenossen mit aggressiven Worten, sondern auch den eigenen Körper durch das Essen von Heuschrecken und wildem Honig (Markus 1,6). Welche Handlungslogik liegt solchen Exerzitien zugrunde?

36. Vgl. K.-H. Bieritz, Das Kirchenjahr. Feste, Gedenk- und Feiertage in Geschichte und Gegenwart, Berlin 1986, 90ff.

Man hat die Fastenpraxis als Akt der Selbstpreisgabe interpretiert. Die Unterbrechung des korporalen Austausches mit der Umwelt wäre dann auch als eine Form des sozialen Austausches mit dem Göttlichen zu verstehen. Ein Mensch hat durch leibliche Aktivitäten, besonders deutlich bei David, eine Sünde begangen und will durch leibliche Aktivitäten sich selber bestrafen. Auch dort, wo man auf eine explizite Sündenlehre im theologischen Sinn verzichtet, kann man mit einem solchen Opfermodell operieren: »Der Akt des Fastens, besonders der des 40tägigen Fastens, ist eine mystische Opferung des Körpers. In Verbindung mit Meditation, die auf dieser Ebene eine Opferung des Verstandes darstellt, wird aus dem Fasten ein mystisches Opfern unseres physischen und mentalen Egos.«[37]

Für ein solches Verständnis kann man durchaus Gründe anführen. Hier handelt es sich in der Tat um eine Hingabe des eigenen Körpers, in der religiösen Tradition sogar um die Unterwerfung unter ein strenges Gesetz. Das kann mit einer solchen Radikalität ausgeführt werden, dass es den Menschen bis an die Grenze des Sterbens treibt. Die Begrenzung, die vor dem Sterben rettet, erfolgt nicht mehr durch eine therapeutische Zielsetzung, sondern durch das Eingreifen der göttlichen Gnade, an die man mit dem Einsatz des eigenen Lebens leibhaftig appelliert.

Ist diese Opferhandlung deswegen ein Glücksspiel, ein Drahtseilakt, bei dem man auch abstürzen kann? Für die biblische Tradition sicher nicht. Die Hingabe der eigenen Leiblichkeit durch den Verzicht auf die aktuelle Befriedigung primärer Lebensbedürfnisse basiert auf dem Vertrauen gegenüber der heiligen Verkehrsordnung. »Bittet, so wird euch gegeben« (Matthäus 7,7). Gerade weil es um die Regeln der Gottesbeziehung geht, muss man die eigene Fastenpraxis gegenüber der Öffentlichkeit durch ein strahlendes Aussehen tarnen: »Wenn du aber fastest, so salbe dein Haupt und wasche dein Angesicht, auf das du nicht scheinest vor den Leuten mit deinem Fasten, sondern vor deinem Vater, welcher im Verborgenen ist; und dein Vater, der in das Verborgene sieht, wird dir's vergelten« (Matthäus 6,17f.). Ohne ein solches Vertrauen verliert die religiöse Übung ihr evangelisches Fundament und wird zu einem gesetzlichen Zwang,[38] der das Leben an Leib und Seele gefährdet.

In diesem Zusammenhang tauchen auch in der biblischen Überlieferung methodische Erwägungen auf. »Warum fasten wir, und du siehst es nicht? Warum kasteien wir uns, und du beachtest es nicht?«, fragen die Frommen zur Zeit des Tritojesaja (Jesaja 58,3). Die ritualisierte Praxis an den öffentlichen Bußtagen findet nach Auskunft der prophetischen Mahnrede deswe-

37. G. Cousens, Ganzheitliche Ernährung und ihre spirituelle Dimension, Frankfurt 1995, 249.
38. Vgl. die Beispiele für verrechtlichte Bußleistungen in teilweise skurriler Form bei A. Angenendt, Geschichte der Religiösität im Mittelalter, 2. A. Darmstadt 2000, 652ff.

gen kein Gehör, weil sie auf einer unangemessenen Haltung beruht. Dabei geht es nicht, wie es die protestantische Auslegung gern interpretiert, um die Alternative zwischen religiösen und sozialen Aktivitäten. Es geht um ein Fasten, das die gesamte Einstellung der Akteure umfasst. Sie haben ihren Leib in bedrückende Positionen gebracht (v. 5). Dieser Druck setzt sich fort in Konfliktsituationen und im Verhältnis zu Untergebenen (v. 3 f.). Ein Fasten dagegen, das die Gesetzlichkeit übersteigt, löst Freiheitsbewegungen aus,[39] im Verhältnis zu Sklaven, Armen und Obdachlosen, aber damit auch im Verhältnis zum eigenen Leben (v. 6 ff.). Der Prophet hat die Wirklichkeit einer solchen Haltung mit erstaunlichen Worten beschrieben: Auratischer Glanz und leibliche Heilung beginnen zu sprießen, und eigene Gerechtigkeit wie göttliche Herrlichkeit werden den Lebensweg rahmen (v. 8). Ein Fasten, das uneingeschränkte Hingabe praktiziert, wird auch den menschlichen Dialog mit der Gottheit eröffnen: »Wenn du dann rufst, so wird der Herr antworten; wenn du schreist, wird er sprechen: Siehe, hier bin ich!« (v. 9).

Die korporale Unterbrechung, die auf einen sozialen Austausch mit dem Göttlichen zielt, schließt deshalb auch den Aspekt des lokalen Austausches ein. Der Verzicht auf die Materialien des oralen, genitalen, visuellen und verbalen Verkehrs ist ja immer auch ein Vorgang der Weltentsagung. Die eigene Leiblichkeit findet eine Ausrichtung, die eine Unterscheidung voraussetzt und neue Daseinsräume eröffnet. Als Buße mag das Fasten ein Akt der Opferung sein. Als Umkehr vollzieht sich darin eine bestimmte Bewegung, weg von den irdischen Lebensmitteln, hin zu himmlischer Lebenskraft. Ein Moment der Selbsttötung wird darin unvermeidlich enthalten sein. Aber im Machtbereich des Heiligen ist das Sterben immer der Weg in das Leben.

Lebenskraft

Das Fasten will die Lebenskräfte nicht schwächen, sondern ihre verdeckte Power freilegen. Die Anschauung, dass man Exorzismen nur nach gezielter Vorbereitung mit Hilfe spiritueller Methoden vollziehen kann, wie sie in den Überlieferungsvarianten zu Markus 9,29 und Matthäus 17,21 begegnet, ist in der Religionsgeschichte weit verbreitet. Die Grundregel hat ein antikes Zauberbuch festgehalten: »Du mußt auch nach Möglichkeit nüchtern und mäßig leben, diese Zeit über, und dich für übermäßigem Essen und Trinken, als zur Unterhaltung des Leibes nötig ist, hüten.«[40] Der Zauberspruch gewinnt seine ganze Kraft erst, wenn er von einem Menschen gesprochen wird, der seinen Leib nicht mit übermäßigen Nahrungsmitteln belastet. Erst in

39. Nach C. Westermann, Das Buch Jesaja – Kapitel 40-66, ATD 19, Göttingen 1966, 268, umfasst das »Moment der Selbstbeschränkung« beim Fasten hier »das Befreien aus jeglicher Art von Gefangenschaft«.

40. Zitiert nach P. R. Arbesmann, a. a. O. 63.

einem möglichst entleerten Leibraum kann sich die Resonanz der machtvollen Worte entfalten.

G. van der Leeuw hat diesen Vorgang der Potenzierung durch den Vergleich zwischen Sitte und Askese zu interpretieren versucht. »Wir können die Askese beschreiben als eine Begehung, die, genau wie das Vergehen, Macht entwickelt, aber im entgegengesetzten Sinne, die Sitte verschärfend, statt sie zu brechen. Dem entspricht der Gehalt der asketischen Praxis: Keuschheit, Fasten, Selbstkasteiung, Schweigen, Atembeschränkung usw. Die Sitte ordnet die Wirkung der Mächte im Leben; die Askese ordnet sie à outrance, so daß fast nichts übrigbleibt. Die Sitte schreibt Reden und Schweigen vor; die Askese bloß Schweigen; die Sitte verbietet den Genuß bestimmter Speisen, die Askese verbietet das Essen überhaupt, soweit es nicht zum Leben unbedingt erforderlich ist; die Sitte ordnet das Sprechen in bestimmten Absätzen, nach vorgeschriebenen Akzenten, die Askese ordnet sogar das Atmen und beschränkt es auf das Unentbehrliche.«[41] Ob damit, wie das anschließende Nietzsche-Zitat behauptet, immer eine Diabolisierung von Leiblichkeit verbunden sein muss, darf man freilich bezweifeln.

Auch in Gesellschaften, denen man Leibfeindlichkeit wirklich nicht unterstellen kann, wird Askese als Methode des Kraftgewinns eingesetzt. »Praktisch weltweit herrschte so vor allem die Regel, vor der Jagd, vor Kriegszügen, weiten Reisen, vor der Herstellung einer Medizin oder auch eines Kunstwerks, vor der Aussaat und allen bedeutenderen Sakralhandlungen sexuelle Enthaltsamkeit zu üben.«[42] Das ist eine konservierende Anschauung, wie sie auch in der modernen Sportmedizin praktiziert worden ist. Sexuelle Askese soll für die Bewahrung körperlicher Potenzen sorgen.

In der Religion reicht die energetische Kalkulation bei der Anwendung asketischer Methoden freilich weiter. Es geht nicht einfach um die Bewahrung, sondern um einen Gewinn von Lebenskraft, und zwar deshalb, weil die Reinigung von irdischen Lebensmitteln die Zufuhr göttlicher Vitalkraft ermöglicht. Wein und Heiliger Geist lassen sich deshalb nicht einfach addieren, sondern bilden nach Epheser 5, 18 eine Alternative. Dabei können alle drei Grundmodelle des leiblichen Lebens zum Zuge kommen. Der Leib wird durch korporalen Austausch von verbrauchten Stoffen befreit und mit neuer Kraft gefüllt. Der Mensch opfert in der Askese sein bisheriges Leben im Vertrauen darauf, dass er von Gott mit neuem Leben beschenkt wird. Deshalb vollzieht sich im Fasten immer auch ein lokaler Austausch. Man geht aus den Weltbezügen des Alltags heraus und in einen Kraftraum hinein, in dem die Fülle der Gottheit in mehr oder weniger hoher Konzentration begegnet.

41. G. van der Leeuw, Phänomenologie der Religion, 2. A. Tübingen 1956, 519f.
42. K. E. Müller, Das magische Universum der Identität. Elementarformen sozialen Verhaltens – Ein ethnologischer Grundriß, Frankfurt 1987, 306.

Das Fasten kann deshalb als eine Methode bezeichnet werden, die die medialen Fähigkeiten leiblichen Daseins gestaltet. Entsprechende Erfahrungen laufen auch im profanen Leben. Vor Situationen intensiver Belastung, etwa durch ein bevorstehendes Examen, werden Menschen oft durch Appetit- und Schlaflosigkeit beunruhigt. Sie können das als bedrohliche Störung interpretieren und die befürchtete Schwächung ihrer Leistungsfähigkeit durch Schlaftabletten und Aufputschmittel zu beheben versuchen. Dem Vorgang kann man aber auch, wenn er sich auf einen kurzen Zeitraum beschränkt, sehr viel gelassener begegnen. Der Organismus sorgt auf eine vom Bewusstsein nicht gesteuerte Weise durch wenig Schlaf und leeren Bauch für hellwache »Geistesgegenwart«. Das religiöse Fasten ist nicht mehr als eine Methode, in der die Möglichkeiten geschöpflichen Daseins zur Arbeit im Machtbereich des Heiligen voll ausgeschöpft werden. Was in der Gesellschaft meistens unbemerkt abläuft und was in der Moderne zur Stabilisierung einer konsumunabhängigen Identität verwendet wird, die Variabilität im Verhältnis zwischen dem Leib und der Welt, das radikalisiert die Religion, um durch den Verzicht auf »Fleischeslust« Anteil an der ewigen Seligkeit zu gewinnen. Insofern ist Askese eine Form harter religiöser Athletik.[43]

In seinen »Briefen aus der Wüste« hat Evagrios Pontikos darauf hingewiesen, dass alle negativen Akte der Enthaltsamkeit von positiven Akten der Auffüllung durch die Lektüre der Heiligen Schriften begleitet sein müssen.[44] In diesem Rahmen gilt auch das, was man am Beispiel der Brahmanen lernen kann: »Das, was jenseits von Hunger und Durst, von Kummer, Irrtum, Alter und Tod steht, darin sehen die Brahmanen das Selbst, lassen ab von dem Wunsch nach Kindern, von dem Wunsch nach Besitz, von dem Wunsch nach der Welt und ziehen als Bettler hinaus. Denn der Wunsch nach Söhnen ist der Wunsch nach Besitz, der Wunsch nach Besitz ist ein Wunsch nach der Welt. Wunsch ist beides. Darum soll ein Gelehrter der Gelehrsamkeit überdrüssig geworden, in Einfalt verharren. Der Einfalt wie der Gelehrsamkeit überdrüssig geworden, wird er ein schweigender Asket. Des Nichtschweigens wie des Schweigens überdrüssig geworden, wird er ein echter Brahman. Auf welche Weise ist er ein Brahman? So wie er ist, dadurch ist er ein solcher. Alles andere ist leidvoll.«[45] Die spirituelle Methode überwindet sich selbst. Für die jüdische Mystik entsteht durch eine radikale Askese des frommen

43. Vgl. P. Sloterdijk, Weltfremdheit, Frankfurt 1995, 90: »die Wüstenheiligen sind keine Dichter; sie sind Athleten einer metaphorischen Disziplin, die aus Weltmenschen Gottmenschen zu machen fordert«.

44. Evagrios Pontikos, Briefe aus der Wüste, ed. G. Bunge, Trier 1986, 214ff., s. bes. 266: »Mißachte jene, die das Fasten allein lieben, während sie zwar von den Gedanken der Gaumenlust nicht verfinstert sind, statt dessen jedoch von Besitzgier, Groll, Zorn, citlem Ruhm und Überheblichkeit überschwemmt werden.«

45. Bribad-Âranyaka-Upanishad III, 4, zitiert nach: Upanishaden. Die Geheimlehre der Inder, ed. A. Hillebrandt, München 1998, 63f.

Subjekts die Gestalt des Gerechten: »Weil er selbst im Nichts steht und nichts für sich will und nichts von sich hat, wird er das reine Medium, durch das der Schefa', der göttliche Influx der Vitalität, in ihn fließt und durch ihn zu allen Wesen.«[46]

46. G. Scholem, Von der mystischen Gestalt der Gottheit. Studien zu Grundbegriffen der Kabbala, Frankfurt 1977, 129.

§ 6 Beten

Die Präparation des Leibes, die im Fasten geschieht, wird in der Regel durch sprachliche Äußerungen begleitet. Die Reinigung von der Sündenmacht kann auch durch ein Sündenbekenntnis vollzogen werden. Die Buße wird auch als Bitte um Sündenvergebung praktiziert. Und der Gewinn von Lebenskraft, den die Askese anstrebt, wird durch die Anrufung einer Gottheit begleitet. Zum Fasten gehören also immer schon verbale Artikulationen, in denen sich die neue Einstellung des Leibes auch sprachlich manifestiert. Und umgekehrt beginnt jedes Beten mit einer leiblichen Regung, die die momentane körperliche Konstellation korrigiert. Im Stoßgebet blickt man unwillkürlich nach oben. Beim Tischgebet nimmt man sich so zusammen, dass die Hände nicht sofort beim Essen zugreifen können. Und in den spezifisch religiösen Ritualsituationen kann gelegentlich auch eine umständliche und merkwürdige Strukturierung der korporalen Präsenz erforderlich sein.

Diese Körperhaltungen können schon aus der Tatsache resultieren, dass das Beten einen spezifischen Handlungstyp darstellt. Der Aktionsradius von Handarbeit ist minimal, weil durch die Reichweite der körperlichen Extremitäten begrenzt. Eine gebetsähnliche Fernwirkung ist aber schon intendiert, wenn einer dem anderen verspricht: »Ich drück' dir die Daumen.« Psychische Arbeit umfasst einen größeren Handlungsraum, weil Menschen mit Hilfe von Phantasie und Imagination nicht nur vorhandene Objekte realisieren, sondern auch Wünsche und Gedanken über das Hier und Jetzt hinaus ausstreuen können. Jedenfalls arbeiten sie mit einer entsprechenden Hypothese, wenn sie einander versichern: »Ich werde an dich denken.« Durch den Einsatz technischer Medien ist die Reichweite der Stimme nicht nur räumlich, sondern auch zeitlich globalisiert. Man kann in der Gegenwart über die ganze Erde hinweg telefonieren, man kann aber schon seit Erfindung der Schrift Äußerungen über Jahrhunderte hin konservieren und transportieren. Das Beten stellt insofern die Tätigkeit mit dem größten Handlungsraum dar, weil dabei unterstellt wird, dass man nicht nur irdische Gegebenheiten erreichen kann, sondern auch Mächte, die jenseits von Raum und Zeit existieren.

I. Gebet oder Beten

Für theologisches Denken ist das Gebet immer menschliche Antwort auf ein göttliches Wort. Das lässt sich schon anthropologisch begründen, weil der frühkindliche Spracherwerb, wie Kaspar-Hauser-Gestalten beweisen, immer eine personale Sprachvermittlung voraussetzt. Dadurch gewinnt das Hungergebrüll des Säuglings mit der Zeit eine lautliche Strukturierung und eine Orientierung im Blick auf Objekte, die mehr oder weniger schnell zu Hilfe eilen. Dieser Sitz im frühkindlichen Leben fundiert ein Vertrauen auf die Wirksamkeit von Hilferufen, das trotz aller Enttäuschungen bei den meisten Menschen nie ganz verloren geht. Auf dem Weg zum Erwachsenwerden haben sie beides gelernt: Dass jedes Wort eine Antwort bildet und dass jedes Wort eine Antwort findet.[1]

Also gilt, was die Theologie seit Alters behauptet: »Das Gebet setzt ein Wissen von Gott voraus, wie und woraufhin er anzureden ist. Es setzt ein Wort von ihm voraus, das zur Antwort berechtigt.«[2] Schon in Israel ist das Gebet »immer eine Reaktion … Diese Tatsache wird im AT theol. verdichtet: Die Initiative zum G. liegt letztlich nicht beim Beter, sondern bei Jahwe, der in Situationen führt, die zum G. herausfordern. So besteht das G. zunächst im Wahrnehmen, im Hören: Der Mensch hört auf Gott, bevor er zum eigenen Rufen ansetzt (vgl. 1 Sam 3). Zu allererst muß Gottes Wort gehört, muß gleichsam Gott ›erhört‹ werden«.[3]

Das Wort, das auf Gottes Anrede antwortet, wird durchweg als ein sprachliches Phänomen betrachtet. Dass dabei auch körperliche Haltungen eine Rolle spielen, wird durchaus gesehen, aber als Ausdruck innerer Bewegungen interpretiert. Sie sollen durchweg menschliche Passivität zur Darstellung bringen, so nach G. Ebeling »das Falten der Hände, um sie gleichsam zu binden, ihr Emporheben im Gestus der Empfangsbereitschaft, das Niederknien als Zeichen der Unterwerfung«.[4] Durch diese Passivität soll sich die christliche Praxis von anderen Gebetsverständnissen unterscheiden. Mit Nachdruck wird von vielen Theologen immer wieder betont, dass dieser Akt keinen Zauberspruch, keine magische Beschwörungsformel, keinen Bemächtigungsversuch gegenüber der Gottheit enthält. Das Gebet als Antwort in passiver Haltung respektiert die »Nichtobjektivierbarkeit Gottes«,[5] seine Freiheit und Unverfügbarkeit. Es ist keine Handlung menschlicher Hybris, sondern durch die Anrede Gottes erlaubte und gebotene Reaktion.

Deshalb gehört das Gebet nach einer verbreiteten Anschauung nicht in den Raum der Arbeit. Es findet dort statt, wo der Mensch mit dem tätigen Leben aufhört und im Hören auf Gottes Wort zur Ruhe kommt. Es gehört an den Ort der Betrachtung und der Besinnung, dorthin, wo »etwas zu hören ist, nämlich das Wort Gottes, und an welchem der Mensch zu antworten,

1. Vgl. F. Grünewald, Das Gebet als spezifisches Übergangsobjekt, WzM 34, 1982, 221 ff.
2. G. Ebeling, Dogmatik des christlichen Glaubens I, Tübingen 1979, 202.
3. H.-M. Barth, Art. Gebet, EKL II, 3. A., Göttingen 1989, 13.
4. G. Ebeling, a. a. O. 199.
5. A. a. O. 204. Die inneren Einstellungen, die dem entsprechen, hat schon J. Calvin, Unterricht in der christlichen Religion, hg. O. Weber, Neukirchen 1955, 566 ff., in vier Regeln für »Gemüt und Herz« zusammengefasst.

nämlich mit der Anrufung seines Namens zu antworten hat«.[6] Insofern ist diese Handlung ganz von der Erfahrung fundamentaler Abhängigkeit bestimmt. »Alles deutet auf schlechthinnige Abhängigkeit, auf eine den ganzen Menschen erfassende Stille und Sammlung, Ehrfurcht und Erwartung. Und dies wiederum deutet darauf, daß es um das Leben des Menschen geht hinsichtlich dessen, worüber ihm die eigene Verfügungsmacht mangelt.«[7]

All diese Äußerungen stellen den methodischen Charakter des Betens auf den ersten Blick durchaus in Frage. Eine Reaktion wird durch eine Aktion ausgelöst, eine Antwort setzt den Impuls eines Wortes voraus. Ebenso ist man in der Situation der Passivität auf externe Aktivität permanent angewiesen. Und auch die Ausblendung der Leiblichkeit, wie sie in den meisten Äußerungen, und sei es durch psychologisierende Interpretation, geschieht, verstärkt den rein rezeptiven Charakter dieses Geschehens.

Eine phänomenologische Betrachtung wird alle genannten Aspekte nicht grundsätzlich bestreiten, aber von der einfachen Wahrnehmung ausgehen: Menschen beten. Also ist das Beten eine menschliche Handlung, die durchaus bestimmte Anlässe hat, die sich in bestimmten Formen vollzieht, die bestimmte Ziele verfolgt, auch wenn die Handelnden, im Unterschied vielleicht zu anderen Situationen, sehr stark betonen, dass die Initiative zu dieser Handlung keineswegs allein aus ihnen selbst stammt. Ein Baby schreit, das die Eltern gezeugt und die Mutter ausgetragen, geboren und genährt hat. Es schreit und ist im Rahmen der elterlichen, vor allem der mütterlichen Fürsorge durchaus aktiv. Es wird sogar sehr schnell, wenn auch unbewusst, bestimmte Methoden entwickeln, um die Mutter möglichst rasch zum hilfreichen Erscheinen zu animieren.

Das Baby schreit. Das ist mehr, als wenn man sagt: Es stößt einen Schrei aus. Ähnliches gilt von dem religiösen Grundakt, von dem hier zu reden ist. Menschen sprechen nicht ein Gebet, Menschen beten. Das Gebet, wie es in der Theologie meist thematisiert wird, ist eine sprachliche Gattung, die in Texten konzentriert ist und durch hermeneutische Operationen interpretiert werden kann. Im Lebensakt des Betens geschieht sehr viel mehr. Dort artikulieren nicht einfach Subjekte einen überlieferten oder einen eigenen Text. Dort vollziehen Menschen eine Handlung, die gewiss auch eine sprachliche Dimension umfasst, und in der Regel wird diese sprachliche Seite im Zentrum stehen. Aber diese Sprechhandlung ist Teil einer korporalen Konstellation, bei der nicht nur die angemessene Verwendung von Worten, sondern auch die angemessene Ausrichtung von Haltung, Gebärden und Blicken zu berücksichtigen ist. Die Methodenprobleme des Betens werden

6. K. Barth, Die Kirchliche Dogmatik III/4, 646. Zu Barths Ansatz vgl. O. Herlyn, Religion oder Gebet. Karl Barths Bedeutung für ein ›religionsloses Christentum‹, Neukirchen 1979, 67 ff.
7. G. Ebeling, a. a. O. 199.

deutlicher fassbar, wenn man von der Beachtung der Körpergestaltung ausgeht.

II. Einstellungen

Das Beten schließt immer eine bestimmte Organisation der individuellen Leiblichkeit ein. Das kann, wie beim Stoßgebet, vollkommen unbewusst und durch minimale Veränderungen der Körperhaltung geschehen. Das kann aber auch aufwendige Prozeduren umfassen und zu komplexen Strukturierungen führen. Am Beten sind nicht nur der menschliche Geist und die menschliche Seele beteiligt. Es ist eine Handlung, die vom ganzen Menschen vollzogen wird.

Strittig ist, wie sich äußere und innere Einstellung bei dieser Aktion zueinander verhalten. Die Grundausrichtung auf das Göttliche hin ist intendiert. Und dieser Intention haben sprachliche Äußerungen wie leibliche Darstellung gemeinsam zu dienen. In der Regel wird das Zentrum der Handlung in den Innenraum der Handelnden verlegt. So heißt es bei G. Ebeling: »Das Beten sucht unwillkürlich nach einem Ausdruck im Leiblichen.«[8] Ähnlich kommt für D. Stollberg in den liturgischen Gesten und Gebärden der Glaube zum Ausdruck und erfüllen kultische Rollen kraft solcher Symbolisierung ihre Funktion.[9] Die körperlichen Aktionen sind dabei mehr oder weniger sekundäre Folgen seelischer Operationen.

Auch die umfangreiche Untersuchung über »Die Gebetsgebärden der Völker und das Christentum«, die der Benediktiner Th. Ohm 1948 vorgelegt hat, arbeitet mit einem entsprechenden Modell. »Gebärde ist dort, wo der Mensch etwas aus sich gebiert, das für andere sichtlich wahrnehmbar ist, in sich und nicht erst eines äußeren Zweckes wegen einen Sinn hat und einen Gedanken, eine Willensbewegung, eine Willenshaltung oder ein Gefühl ausdrückt, bezeichnet und mitteilt.«[10] Sehr deutlich hat Ohm auch formuliert, dass sich dieses Modell einer spezifischen Bestimmung im Verhältnis von Seele und Leib verdankt. Dahinter steht nämlich für ihn »die menschliche Natur, näherhin der innere Strukturzusammenhang und das Wechselverhältnis von Leib und Seele. Was in der Seele geschieht, tritt natürlich und notwendigerweise äußerlich in die Erscheinung«.[11]

8. Ebd. Zu den religionspädagogischen Konsequenzen von Ebelings Ansatz vgl. P. Biehl, Erschließung des Gottesverständnisses durch elementare Formen des Gebets. EvErz 36, 1984, 168ff.
9. Vgl. D. Stollberg, Liturgische Praxis. Kleines evangelisches Zeremoniale, Göttingen 1993, 16ff.
10. Th. Ohm OSB, Die Gebetsgebärden der Völker und das Christentum, Leiden 1948, 9.
11. A.a.O. 22.

Dass das Zentrum religiöser Praxis im seelischen Bereich liegt, wird durch theologische Traditionen der verschiedensten Art gestützt. Schon in der Alten Kirche wird die Polarität von Seele und Leib im Sinne des hellenistischen Dualismus zwischen dem Göttlichen und dem Irdisch-Materiellen verstanden. Die Reformation verlagert, nicht ohne Einfluss der frühbürgerlichen Entwicklung,[12] die Entscheidung über das menschliche Heil aus dem Verhaltensbereich der Werke in den Einstellungsraum des Glaubens. Im Pietismus will das fromme Gefühl in Körperhaltungen, etwa dem »Himmelsblick«,[13] sozial erkennbar zur Darstellung kommen. Und seit Schleiermacher ist dieser Begriff auch für das neuprotestantische Denken eindeutig durch eine Bewegung von innen nach außen bestimmt. Das alles hat dazu geführt, dass die sprachlichen Texte und nicht die Körperhaltungen die theologische Aufmerksamkeit auf sich gezogen haben; denn in den Texten demonstriert die christliche Seele, dass sie mit Gott im Rahmen der reinen Lehre zu kommunizieren vermag. Gegenüber dieser Darstellung theologischer Korrektheit sind alle Probleme leiblicher Einstellung von sekundärer Bedeutung und in der Regel auch nicht korrekturbedürftig.

Für die Moderne wurde diese Konzentration auf die psychischen und sprachlichen Phänomene der religiösen Praxis durch die wissenschaftliche Entwicklung außerhalb der Theologie weiter gefördert. In der Soziologie gehört die religiöse Praxis eindeutig auf die Seite der Kopfarbeit, ein Eindruck, der umgekehrt auch durch die Veränderungen der pastoralen Tätigkeit unterstrichen wurde. Zur Vorbereitung auf den Gottesdienst praktiziert man kein spirituelles Körpertraining, sondern Gedankenarbeit am Schreibtisch, die in Predigt- und Gebetsmanuskripten ihren Niederschlag findet. Und die dabei entstandenen Texte können als Produkt innerpsychischer Konflikte betrachtet werden. Der Siegeszug individual- und sozialpsychologischer Ansätze in Theologie und Kirche hat die Fundierung religiöser Praxis im menschlichen Innenraum gefördert, aber auch zur Voraussetzung.

In seiner gründlichen Untersuchung ist Th. Ohm durchaus auch auf Phänomene gestoßen, die sich dem Ausdrucksschema, das mit seelischen Regungen in leibliche Bewegungen hinein rechnet, entziehen. So kommt es in den Körperhaltungen immer wieder zur menschlichen Nachahmung göttlicher Vorbilder. Fußstellungen und Handhaltungen bei indischen Tempeltänzerinnen sind durch Götterbilder präfiguriert.[14] Körperhaltungen sollen für den inneren Vollzug durch äußere Struktur disponieren; so können Hal-

12. Vgl. vor allem H.-M. Gutmann, Über Liebe und Herrschaft. Luthers Verständnis von Intimität und Autorität im Kontext des Zivilisationsprozesses, Göttingen 1991.
13. Vgl. M. Scharfe, Die Religion des Volkes. Kleine Kultur- und Sozialgeschichte des Pietismus, Gütersloh 1980, 48 ff.
14. Vgl. Th. Ohm OSB, a.a.O. 109 f.

tungen beim Sitzen oder Stehen den Konzentrationsgrad erhöhen.[15] Aber nicht nur ins Innere hinein, sondern auch zum Göttlichen hin sollen leibliche Konstellationen Einfluss bewirken, wie Israels Kampf mit den Amalekitern verdeutlicht. »Solange nun Mose seine Arme hochhielt, hatte Israel die Oberhand; wenn er aber seine Arme sinken ließ, hatte Amalek die Oberhand. Da jedoch die Arme Moses schwer wurden, nahmen sie einen Stein und legten denselben unter ihn, und er setzte sich darauf, während Aaron und Hur seine Arme stützten, der eine auf dieser, der andere auf jener Seite. So blieben seine Arme fest, bis die Sonne unterging« (Exodus 17,11 f.). In der religiösen Tradition gibt es also zahlreiche Hinweise darauf, dass das Ausdrucksmodell nicht alle Aspekte des Betens zu erfassen vermag. Die Handlungslogik des körperlichen Verhaltens zeigt sich sehr viel einleuchtender, wenn man dieses Verhalten nicht als psychische Expression, sondern in seiner kommunikativen und energetischen Intention betrachtet.

Menschen wollen beim Beten etwas erreichen, das außerhalb von ihnen liegt. Sie wollen sich nicht einfach ausdrücken, sondern sich (und andere) mit etwas erfüllen. Dieses Interesse zeigt sich am deutlichsten in der hesychastischen Methode des Herzensgebets, das auf die Inhabitation des Göttlichen im menschlichen Herzen zielt. Es wird, wie die »Centurie der Mönche Kallistus und Ignatius Xanthopouloi genannt« feststellt, durchaus als humanes Handeln verstanden, freilich mit einer paradoxen Grundstruktur. »So weit nämlich der Sonnenaufgang vom Niedergang entfernt ist und so weit der Himmel die Erde und die Seele den Leib überragt, so übersteigt das Tun der empfangenden Annahme und der Gnade das Tun der eigenen Anstrengung. Denn jenes Tun, das aus dem Bemühen entsteht, ist äußerlich, und durch die wohlgeordnete Bewegung der Dinge sucht es die Bilder zu sammeln und zu ordnen, indem es eines aus dem andern entwickelt und so Fortschritte macht und sich im Glauben zu Gott hin ausstreckt. Das andere aber, jenes Tun nämlich, das empfangende Annahme ist, pflegt unmittelbar durch die Einwirkung Gottes wesenhaft im Herzen zu entstehen.«[16]

Bei der Durchführung setzt dieses Beten zunächst einen lokalen Wechsel voraus, aus dem schon erhebliche Wirkungen resultieren: »Die Grundlage alles Guten, die Befreiung der Seele aus der Gefangenschaft des Feindes und der Weg, der zum Licht und zum Leben führt, besteht in diesen zwei Dingen: sich an einen einzigen Ort zurückzuziehen und immer zu fasten, d. h. sich selber klug und weise eine geregelte Nahrungsordnung festzusetzen, ohne sich von seiner Stätte zu entfernen, in unaufhörlicher Ruhe und Betrachtung Gottes. Daraus aber entsteht die Herrschaft über die Sünde, daraus die Enthaltsamkeit des Geistes, daraus die Bezähmung der tobenden

15. A. a. O. 100 ff.
16. Die Centurie der Mönche Kallistus und Ignatius Xanthopouloi genannt, in: A. Rosenberg (Hg.), Die Meditation des Herzensgebets. Ein christlicher Weg der Meditation – mit einer Einführung in Methode und Praxis, München 1983, 92.

Leidenschaften, die den Leib beunruhigen, daher kommen die sanften Gedanken, daher die Regungen erleuchteten Denkens, daher die hohen und herrlichen Gedankengänge, daher die unaufhaltsam quellenden Tränen, daher die Mahnung an den Tod, daher die reine Weisheit, die von jeder das Denken behindernden Phantasie frei bleibt, daher die Erkenntnis der höchsten Dinge und die Kraft, entfernte Dinge zu erkennen.«[17] Praktiziert wird das Herzensgebet nach der Methode des heiligen Nikephoros, »nach der der Zugang zum Innersten des Herzens mittels des Einatmens durch die Nase (rhinos eisodexodos) erlangt werden kann – eine Methode, die auf eine Weise auch der Sammlung des Geistes dient«.[18] Der Atem, der über die Lunge das Herz erreicht, wird dabei konkret mit der heiligen Kraft des göttlichen Namens gefüllt. Diese Übung ist ursprünglich für die Eremitenhöhlen und Klosterzellen entwickelt worden, hat sich dann aber auch nach heftigen theologischen Auseinandersetzungen auf Alltagsräume und Pilgerwege ausgebreitet.[19]

Das Herzensgebet mag in psychologischer Hinsicht auf der menschlichen Sehnsucht nach dem Göttlichen beruhen. Als Expression dieser Sehnsucht kann man ein solches Trainingsprogramm aber in keiner Weise bezeichnen, weil es nicht einen Ausdruck, sondern einen Einfluss anstrebt. Ähnliches lässt sich auch von den anderen Exerzitien sagen, die zum Repertoire klassischer Spiritualität zählen. Die Gebärde des Kniens, die einen Akt der Selbstverkleinerung darstellt, kann nur von einer Person, die faktisch hochmütig ist, als Ausdruck der eigenen Demut angezeigt werden. In Wahrheit bildet diese Übung den Versuch, gegen die eigene Hybris Demut zu lernen, was, wie auch Luther in Rom praktiziert hat, über weite Strecken ausgedehnt werden konnte.[20] Auch andere Gebetshaltungen dienen in der Regel nicht dem Ausdruck individueller, schon vorhandener Gefühle, sondern werden in kommunikativer Absicht und mit dem Ziel des energetischen Kraftgewinns vollzogen.[21]

17. A.a.O. 60.
18. A.a.O. 51.
19. Zu den Auseinandersetzungen um die hesychastische Theologie vgl. K. Deppe, Der wahre Christ. Eine Untersuchung zum Frömmigkeitsverständnis Symeons des Neuen Theologen und zugleich ein Beitrag zum Verständnis des Messalianismus und Hesychasmus, Theol. Diss. Göttingen 1971, 161ff. Zu möglichen Anfragen aus der Sicht reformatorischer Theologie vgl. H.-M. Barth, »Betet ohne Unterlaß!« Das Herzensgebet der Ostkirche für Protestanten entdeckt, in: Begegnung wagen – Gemeinschaft suchen, Bensheimer Hefte 94, Göttingen 2000, 225ff.
20. Luther hat bei seinem Aufenthalt in Rom 1510/11 auch die dort übliche Pilgerübung, die Treppe im Lateranpalast auf den Knien hinaufzurutschen, absolviert; vgl. M. Brecht, Martin Luther. Sein Weg zur Reformation 1483 – 1521, Stuttgart 1981, 108f.
21. A. Angenendt, Geschichte der Religiosität im Mittelalter, 2. A., Darmstadt 2000,

Wie in der zwischenmenschlichen Begegnung soll auch beim Beten eine Beziehung eröffnet und gestaltet werden.[22] Die Hände, die sich nach oben strecken, wollen eine Botschaft senden und einen Segen empfangen. Diese schon im AT praktizierte Position (Exodus 9,29; Psalm 143,6 u.ö.) wurde in der Alten Kirche eingeschränkt, weil sie der heidnischen Gebetshaltung zu stark ähnelte. Das Zusammenlegen der Hände ohne Verschränkung der Finger, das aus dem germanischen Lehnsrecht stammt, ist die Geste des Vasallen, der die Herrschaft des Lehnsherrn respektiert; in den Kulturen des Fernen Ostens gehört sie zum Ritual der Begrüßung. Das Händefalten mit verschränkten Fingern, wie es bei uns durchweg praktiziert wird, ist dagegen religionsgeschichtlich wenig verbreitet und bildet mit dieser konzentrativen Gebärde sehr stark die Selbstbeschränkung des frommen Subjekts. Ganz anders ist es bei jener Einstellung, in der die Handflächen nach oben gehalten werden und die man im Islam so kommentiert hat: »Gott ist schamvoll und edelmütig; er würde sich vor seinem Diener schämen, daß dieser seine Hände emporhebt und er nichts hineinlegt.«[23]

Die Gebetshaltung soll eine Beziehung gestalten und der Sendung wie dem Empfang der Botschaften dienen. Deshalb wird sie in eine bestimmte Himmelrichtung vollzogen, in der Regel nach Osten. Diese Orientierung im wörtlichen Sinn gilt, naturreligiös, dem Aufgang der Sonne und, heilsgeschichtlich, der »Sonne der Gerechtigkeit«, die im Osten erschienen ist. Auch der Augenblick enthält weit mehr als eine emotionale Entladung. Jesus hebt seine Augen alttestamentlichem Vorbild gemäß beim Vollzug von Ge-

543 f., bietet eine Zusammenfassung der Gebetslehre des Petrus Cantor (gest. 1197): »Für die Gebetspraxis kennt Petrus sieben Körperhaltungen, die auch bildhaft mitgeteilt werden: 1. Stehen mit hochgereckten Armen und zusammengelegten Händen als Zeichen für das erhobene Herz; 2. Stehen mit in Kreuzform ausgebreiteten Armen; 3. wiederum Stehen mit vorgereckten Armen und zusammengefalteten Händen; 4. Niederknien auf der Erde; 5. Sich-Niederwerfen auf die Erde, so daß das Gesicht die Erde berührt; 6. Stehen mit gesenktem Haupt bzw. Oberkörper, wie es sich vor Altären gebührt; 7. Knien und Vorbeugen, wobei die Ellbogen den Boden berühren. – Bemerkenswert ist die strikte ›Formgerechtigkeit‹, sowohl in der Körperhaltung wie im Geistesvollzug. Wer beim Stehen sich anlehnt oder wer sich nicht richtig bis zum Boden kniet, betet nachlässig, sogar falsch und kann nicht auf Erfolg hoffen. Die Formgerechtigkeit betrifft auch den Inhalt. Wer einen zum Ganzen des Gebets gehörenden Vers, ein Wort oder auch nur eine Silbe ausläßt, betet wiederum falsch und schlecht.«

22. Vgl. A. Schimmel, Mystische Dimensionen des Islam. Die Geschichte des Sufismus, 3. Auflage, München 1995, 220 f.: »Eine esoterische Interpretation konnte in den verschiedenen Haltungen des betenden Muslims eine Darstellung der Anbetungshaltungen erkennen, wie sie durch die ganze Schöpfung geht: die Prostration an den vegetabilischen Zustand, das ruku', Kniebeuge, an den tierischen Zustand, während die aufrechte Haltung das Vorrecht des Menschen ist.«
23. Zitiert nach Th. Ohm OSB, a.a.O. 261.

bet und Kraftakten nach oben (Psalm 121,1; Markus 7,34; Matthäus 14,19; Johannes 17,11). Weil der Anblick der göttlichen Herrlichkeit gefährlich sein kann (Exodus 33,20), muss Mose während der Epiphanie sein Gesicht verhüllen (Exodus 3,6) und scheut sich der Zöllner in seiner Sündhaftigkeit, seine Augen nach oben zu richten (Lukas 18,13).

Während kommunikative Gebetshaltungen ein Gegenüber zwischen dem Menschen und der Gottheit konstituieren, zielen die energetischen Einstellungen auf die Ermöglichung einer Machterfahrung.[24] Was sich beim Herzensgebet in exemplarischer Deutlichkeit zeigt, lässt sich auch bei anderen Körperformationen beobachten. Dabei geht es insbesondere um die Gestaltung der vertikalen Dimension, also um den Einfluss zwischen Himmel und Erde. Weil Abraham zum Segen für alle Völker berufen ist, bittet er im Stehen für das von der Strafe Gottes bedrohte Sodom (Genesis 18,22). Umgekehrt wirft sich Jesus bei seinem inkarnatorischen Weg in die Niedrigkeit auf die Erde, um das drohende Ende noch abzuwenden (Matthäus 26,39). Der syrische Hauptmann Naeman nimmt auf zwei Maultieren Erde aus Israel mit, um beim Tempelbesuch seines Königs, den er begleiten muss, mit dem wahren Gott in Kontakt zu bleiben (2. Könige 5,17 ff.). Auch das Sitzen, das einen heutzutage meist einer pädagogischen oder homiletischen Einflussbemühung aussetzt, ist ursprünglich eine privilegierte Position gewesen. David darf sich zum Beten setzen (2. Samuel 7,18). Und die Jünger werden am Ende der Zeit mit dem Menschensohn zu Gericht sitzen und auf diese Weise an der Macht des Göttlichen partizipieren (Matthäus 19,28). Nicht nur ein Ausdruck von Frömmigkeit, sondern vor allem eine Methode des Kraftgewinns ist die Geste der Bekreuzigung, mit der man sich selber zu segnen vermag. Ebenso kann man durch das Auflegen von Händen, das mit einem Gebet begleitet wird, Vitalkraft auf andere übertragen.

Die meisten Gesten und Gebärden, die beim Beten verwendet werden, sind, wie Th. Ohm gezeigt hat, kultur- und religionsgeschichtlich weit verbreitet und für die ethologische Betrachtung teilweise sogar im stammesgeschichtlichen Erbe verankert. Wer sie in der religiösen Praxis verwendet, greift zu Methoden, die überliefert sind, die auf Erfahrung beruhen und die man sich in einem Ausbildungsprozess aneignen kann. Selbst dort, wo ein Mensch ganz spontan und individuell ein Stoßgebet spricht, wird er nicht nur sprachlich auf ein kollektives Verhaltensprogramm zurückgreifen müssen. Umso erstaunlicher ist, dass die individuelle und scheinbar spontane Gebetsäußerung in der Literatur gegenüber dem methodisierten und ritualisierten Verfahren eindeutig aufgewertet wird.

So unterscheidet F. Heiler in seinem grundlegenden Werk über »Das Gebet« zwei Typen, die er höchst divergent einschätzt. Primär ist für ihn die

24. Welche Kraft davon ausgeht, wenn Pfarrer/innen mit ihren Händen den Altar berühren, zeigt Th. Hirsch-Hüffell, Praktischer Liturgie-Unterricht. Ein Protokoll, Pth 89, 2000, 118 ff.

»naive, spontane Seelenäußerung«, die er in folgenden Formen findet: »das naive Beten des primitiven Menschen, das individuelle Gebetsleben der religiösen Genien, das Beten großer Männer, das gottesdienstliche Gemeindegebet (soweit es sich noch nicht zu einer starren sakralen Institution verfestigt hat)«.[25] Demgegenüber werden die folgenden Typen einseitig negativ bewertet: »Die rituelle Gebetsformel, der Kulthymnus, das liturgische Gemeindegebet als sakrale Institution, das gesetzliche und verdienstliche Gebet – all diese Gebetstypen sind Erstarrungsphänomene, in denen das quellende persönliche Leben zu objektiven, überpersönlichen Formen und Normen geworden ist.«[26]

Verantwortlich für diese Bewertung ist jenes psychologische Verständnis des Betens, dem wir schon in vielen Variationen begegnet sind. Auch nach Heiler ist »das Gebet eine rein seelische Größe, der unmittelbare Ausdruck eines urkräftigen seelischen Erlebens«.[27] Dagegen kann »die Tendenz zur heiligen Wiederholung einer und derselben Formel«, wie man sie im Sch'ma Israel, beim Rosenkranz und auch beim Vaterunser beobachten kann,[28] nur als eine magische und gesetzliche Verfallsform betrachtet werden. Hier vollzieht sich für Heiler »ein mehr oder weniger äußerliches Tun, kein innerer Herzensverkehr mit Gott«.[29]

Das Verhältnis beider Typen läßt sich auch anders beschreiben. Ritualität ist dann kein Abfallprodukt von Spontaneität; vielmehr greifen spontane Äußerungen von Individuen immer auf überlieferte Verhaltensformen des Kollektivs zurück. Und was als Ausdruck frommer Seelenregungen im Augenblick aufbricht, verdankt sich seinerseits dem Einfluss von Impulsen, die aus sozialen wie transzendenten Quellen stammen. In diesem Sinn ist das Beten in der Tat immer Antwort auf ein Wort, das von außen kommt, auch wenn dieses Geschehen den verbalen Bereich auf beiden Seiten weit überschreitet.

III. Bestimmungen

Menschen stellen sich ein, um zu beten. Was oder wen sie erreichen wollen, wird sichtbar in der Körperkonstellation, die sie einnehmen und in der sie sich mit dem ganzen Leib, mit Hand- und Kopfhaltungen in eine bestimmte

25. F. Heiler, Das Gebet. Eine religionsgeschichtliche und religionspsychologische Untersuchung, 4. Auflage, München 1921, 488.
26. Ebd.
27. Ebd.
28. A.a.O. 481.
29. A.a.O. 491. Eine derartige Kritik betrifft ursprünglich die unterstellte Magie heidnischer Gestik; vgl. J.-C. Schmitt, Die Logik der Gesten im europäische Mittelalter, Stuttgart 1992, 304ff.

Richtung positionieren. Diese körperliche Orientierung ist zunächst sehr allgemein. »Nach Ausweis seiner Gängelung durch tonangebende Gebärden ist Beten ein räumlicher Übergang, der sich durch leibliche Richtungen aus der Enge in die Weite führen läßt und in dieser zu Göttlichem verhält, ohne notwendig auf eine Person als Ziel hinzustreben.«[30] Die Orientierungen weisen von hier nach Osten, von unten nach oben, von einem begrenzten Ich in ein unendliches All.

Dieser Einstellung und Ausrichtung des Leibes fügt das Sprechen eine konkrete Bestimmung hinzu. Durch lautliche Artikulation wird eine Macht angerufen, die im Unterschied zur korporalen Präsenz des Betenden nicht sichtbar anwesend ist. Insofern ist das Beten in der Tat die Urform von Telephonie. Damit diese Handlung nicht ins Blaue hinein erfolgt, muss ein Code der Erreichbarkeit vorgegeben sein, etwa in einem heiligen Buch, das den Namen, den Aufenthaltsort und die Eigenschaften des angerufenen Adressaten enthält. Daraus ergeben sich dann auch die unterschiedlichen Gattungen der Kontaktaufnahme, die beim Beten realisiert werden können. Die kommunikative Grundsituation wird durch den Anruf bestimmt. Dem energetischen Kraftgewinn soll die Bitte für sich und für andere dienen. Durch den Lobpreis der Doxologie taucht das Beten in die schweigenden Tiefen der Gottheit hinein.

Anruf

Jeder kommunikative Akt schließt eine präzise Bestimmung des Adressaten ein. Das kann im Nahbereich durch einen Blick geschehen und, falls es um eine Gruppe geht, durch die Anrede der anwesenden »Damen und Herren«. Faktisch ist die Luft nicht erst seit den Erfindungen der modernen Massenmedien mit unendlich viel Lauten erfüllt, mit Flüstern und Flüchen und Schreien, die keiner bestimmten Person gelten, die ins Weite gerichtet werden und im Weltall verhallen. Innerhalb dieses Stimmengewirrs, das um den Erdball flutet, sind die Gebete dadurch charakterisiert, dass sie in der Tat in eine bestimmte Richtung und an eine bestimmte Macht ergehen.

Verbale Kommunikation setzt in der Regel voraus, dass der Redende den Namen des Angeredeten kennt. Auch in allen polytheistischen Religionen benötigt man angesichts der Vielzahl möglicher Adressaten eine genaue Bezeichnung der Macht, um deren Beistand man bittet. In den monotheistischen Hochreligionen wird die Benennung der Gottheit aus zwei Gründen zum Problem. Auf der einen Seite ist die Kenntnis des Namens nicht unbedingt nötig, weil der Anruf zum Göttlichen hin nur einem einzigen Adressaten gelten kann. Und auf der anderen Seite wird die Kenntnis von dessen

30. H. Schmitz, Das Göttliche und der Raum. System der Philosophie III/4, Bonn 1977, 363.

Namen auch mehr oder weniger bedrohlich, weil dieser Name mit der Allmacht des Heiligen aufgeladen ist, die sich im Polytheismus auf eine Vielzahl von Gestalten verteilt. Deshalb ist die Angabe einer Codierung, unter der die Gottheit erreichbar sein will, auf jeden Fall ein Gnadenerweis.[31]

In der kirchlichen Tradition wird die Namenlosigkeit der Gottheit respektiert, ohne dass ihre Anrufbarkeit darunter leidet. Man kann das Beten auf dreifache Weise in eine bestimmte Richtung lenken: durch eine Positionsdefinition mit der Anrede »Herr«, die die Beziehung zum Göttlichen durch die Unterscheidung von Ohnmacht und Allmacht füllt; durch den Hinweis auf die Heilsgeschichte, in der sich die Gottheit im Alten und Neuen Bund von ihrer barmherzigen Seite gezeigt hat; und durch die Verwendung jenes menschlichen Namens, in dem sich die Gottheit inkarniert und im Geheimnis ihres dreieinigen Seins offenbart hat.

Die Anrede »Herr«, die man in den Gebeten häufig durch Adjektive wie »heilig, ewig, allmächtig« spezifiziert, wird gegenwärtig aus verschiedenen Gründen kritisch betrachtet. So hat Y. Spiegel darauf hingewiesen, dass die modernen Typen von Herrschaft, wie sie Manager, Politiker und Experten repräsentieren, zur Darstellung göttlicher Macht wenig geeignet sind.[32] Und die feministische Theologie beklagt mit Recht eine einseitig männliche Konnotation dieses Wortes.[33] Eine Alternative dazu dürfte freilich angesichts der Geprägtheit religiöser Formeln nicht leicht zu entwickeln sein.

31. Zur Bedeutung des Namens für die biblische Theologie vgl. G. von Rad, Theologie des Alten Testaments 1, München 1960, 193 ff. Vgl. auch H. Molla-Djafari, Gott hat die schönsten Namen ... Islamische Gottesnamen, ihre Bedeutung, Verwendung und Probleme ihrer Übersetzung, EHS 21/231, Frankfurt 2001. Dass die Größe der Gottheit mit keinem Namen angemessen benannt werden kann, betont der »Lateinische Asclepius« im Corpus Hermeticum: »Wenn nämlich ein gesprochenes Wort folgendes ist: ein Ton infolge der durch unseren Atem in Bewegung gesetzten Luft, der alles Wollen oder alle Gedanken eines Menschen deutlich macht, die er aus den Sinneseindrücken in seiner Seele gefaßt hat, ein Name, dessen ganzer Bestand aus wenigen Silben zusammengesetzt und so bestimmt und abgegrenzt ist, daß er unter den Menschen den notwendigen Austausch zwischen Sprechenden und Hörenden ermöglicht, dann ist zugleich auch der ganze Name Gott ein Produkt von Wahrnehmung, Atem, Luft und von all dem, was in ihnen ist, was durch sie bewirkt und von ihnen hergeleitet wird; denn ich habe keine Hoffnung, daß man den ganzen Schöpfer der gesamten Erhabenheit und Pracht, den Vater und Herrn aller Dinge, mit einem Namen, sei er aus vielen zusammengesetzt, bezeichnen kann, ihn, der namenlos ist oder eher jeden Namen trägt, weil er ja einer und alles ist« (Das Corpus Hermeticum Deutsch, Teil 1: Die griechischen Traktate und der lateinische ›Asclepius‹, Stuttgart-Bad Cannstatt 1997, 280).
32. Vgl. Y. Spiegel, Glaube wie er leibt und lebt, Teil 2: Gottesbilder von Herrschaft und Liebe, München 1984, 90 ff.
33. Zu den linguistischen Problemen vgl. E. Hug, Reden zu Gott. Überlegungen zur deutschen liturgischen Gebetssprache, Zürich 1985.

Auf keinen Fall dürfte dabei die Verhältnisbestimmung verloren gehen, die in der klassischen Anrede enthalten ist. Durch diese Formel wird ja nicht nur bestimmt, wem sie gilt. Es wird darin vor allem festgestellt, was den Sinn der religiösen Handlung ausmacht. Ein »Herr« wird angerufen, dessen Macht so gewaltig ist, dass sein Name geheim bleibt. Und wer diesen »Herrn« anzureden wagt, der sieht sich eben dadurch in der Rolle des Ohnmächtigen, weil er die Hilfe dieses »Herrn« benötigt und dessen Namen nicht kennt. Gegen alle Ohnmachtsphantasien, die sich leicht einstellen können, muss man freilich auch nüchtern konstatieren: Dieser »Herr« ist selbst schutzbedürftig, weil man, wie sein Gebot es verrät, seinen Namen auch missbräuchlich einsetzen kann (Exodus 20,7).

Die Anrede im Gebet muß, in welcher sprachlichen Gestalt sie auch formuliert ist, diese respektable Distanz artikulieren, die den kommunikativen Akt des Betens strukturiert. Das gilt auch für die Bezeichnung aus dem Familienleben, die Jesus wie andere Frommen zu seiner Zeit verwendet hat. Die Gottheit »Vater« zu nennen, ist nicht unbedingt Indiz einer infantilen Vertraulichkeit. Es geht, wie der Kontext zeigt (Matthäus 6,9 f.), auch bei diesem Anruf um himmlische Macht, um Heiligkeit.[34]

Offenkundig heiligt das Herrengebet den Namen der Gottheit, indem sie ihn nicht explizit verwendet. Dass hier keine unbekannte Größe angerufen wird, kann man im Gefolge der alttestamentlichen Psalmen durch andere sprachliche Strategien zum Ausdruck bringen. Immer wieder wird dort die Gottheit an vergangene Heilstaten und Verheißungen erinnert. So heißt es im Psalm 25,6: »Gedenke, o Herr, deiner Barmherzigkeit und deiner Gaben, die von Ewigkeit her sind.« Oder Psalm 106,4: »Gedenke meiner nach der Gnade, die du verheißen hast.« Wenn man solche Sätze rein psychologisch interpretiert, dann zeichnen sie im Extremfall das anthropomorphe Bild einer senilen Gottheit, deren Erinnerungsvermögen getrübt ist. In Wirklichkeit soll mit diesen beschwörenden Aussagen eine bestimmte Seite der Allmacht erreicht werden, die schon bestens bekannt ist und sich tatkräftig bewährt hat. Der Anruf der Gottheit, mit der das Beten sprachlich beginnt, bezieht sich auf Offenbarungserfahrungen, die für die Gegenwart reaktiviert werden sollen. Die Quelle der göttlichen Energien soll an einer bestimmten Stelle angezapft werden.[35]

34. B. Lang, Heiliges Spiel. Eine Geschichte des christlichen Gottesdienstes, München 1998, 106 f., kombiniert diese Anrede deshalb mit der Vollmacht zum Heilen.

35. Nach H. C. A. von Nettesheim, Die magischen Werke, Neudruck Wiesbaden 1997, 165, gilt das generell für »die Gesänge, die Zauberformeln, die Verwünschungen, die Gebete, die Anrufungen, die Beschwörungen, die Exorzismen u. dgl. Bei Abfassung von Gesängen und Gebeten, womit man die Kraft eines Gestirns oder eines höheren Wesens anziehen will, muß man genau in Betracht ziehen, welche Kräfte, Wirkungen und Verrichtungen einem jeden Sterne zukommen«. Moderne Kinder sind, vielleicht mit Recht, unsicher, ob sie beten,

Im NT kann die Heiligkeit des göttlichen Namens deswegen gewahrt bleiben, weil die Allmacht mit Hilfe eines menschlichen Namens erreichbar geworden ist. In Jesu Namen können die Jünger böse Geister austreiben und Wunder tun (Markus 9,38f.). Wenn zwei oder drei in seinem Namen versammelt sind, dürfen sie mit seiner Gegenwart rechnen (Matthäus 18,20). Was sie in seinem Namen bitten werden, das wird er tun (Johannes 14,13 u.ö.). Seine Anhänger werden mit seinem Namen bezeichnet, weil sie mit diesem Namen Gott anrufen (Apostelgeschichte 9,21). Dieser Name ist also die beste Adresse für den, der mit der Gottheit Kontakt aufnehmen will. Seine Übermacht ist schon dadurch sichergestellt, dass alle anderen Mächte diesen Namen anerkannt und sich ihm gegenüber als unterwürfig erwiesen haben (Philipper 2,5ff.). Die Telefonie mit dem Göttlichen ist deswegen möglich, weil den Menschen mit dem Namen Jesu ein Code anvertraut ist, durch den sie untereinander heilvoll wirken und die Gottheit heilvoll beeinflussen können.

Bitte, Klage, Dank

Das Beten ist eine Handlung der Telephonie. Durch körperliche Einstellung und sprachliche Ausrichtung wird eine überweltliche Macht angerufen. Menschliche Ohnmacht stellt eine Verbindung zur göttlichen Allmacht her. Der Anruf der Gottheit erfolgt häufig in einer Notlage und enthält einen Hilfsappell. Die Grundstruktur dieser Handlung konnte man vor nunmehr zehn Jahren besonders gut im Golfkrieg studieren. Die irdischen Machthaber waren durch öffentliche Demonstration nicht zur Änderung ihrer militanten Aktionen zu bewegen. Vor allem Student/innen, die selbst noch keinen Krieg miterlebt hatten, legten sich aus Solidarität mit den Bedrohten auf die Straße. Und auch Menschen, die nicht zur Kerngemeinde gehörten, fanden sich zu den Friedensgebeten ein, um die Erfahrung der eigenen Ohnmacht angesichts der politischen Übermacht durch den Appell an die göttliche Allmacht zu transzendieren.

Die Bitte, die in einem solchen Hilferuf erfolgt, wird strukturiert durch die sprachliche Konzentration auf zwei Punkte, zwischen denen eine Beziehung hergestellt wird. Auf der einen Seite geht es dabei um die Situation der Hilfsbedürftigkeit, um eigene Not oder fremdes Leiden. Wie umfassend der

wenn sie vor dem Einschlafen ihre Wünsche ins Weltall schicken. So sagt Janina in einem Interview: »es ist irgendwie, als wenn ich so eine Bitte losschicke. Wie so eine Welle, eine Elektrowelle, die von einem Elektromast zu einer Antenne vom Radio kommt«; zitiert nach U. Arnold/H. Hanisch/G. Orth, Was Kinder glauben. 24 Gespräche über Gott und die Welt, Stuttgart 1997, 44f. (den Hinweis verdanke ich Chr. Grethlein). Zu Arbeitsteilung und Spannungen im Bereich des Göttlichen vgl. W. Dietrich, Grenzen göttlicher Macht nach dem Alten Testament, ZThK 96, 1999, 439ff.

göttliche Beistand erfleht werden kann, zeigt das Allgemeine Kirchengebet, das in seinen Hauptteilen auf menschliche Elendslagen, auf öffentliche Aufgaben und auf die kirchliche Verkündigung eingeht. In den privaten Gebeten der Einzelnen können die Anliegen naturgemäß sehr viel konkreter benannt werden: für Angehörige und Freunde, für eine bevorstehende Operation, für eine notwendige Entscheidung in Krisenzeiten.[36]

Diese mehr oder weniger begrenzte Situation menschlicher Ohnmacht und Hilfsbedürftigkeit wird in der Bitte sprachlich verknüpft mit den Handlungsmöglichkeiten der Gottheit. Auffälligerweise werden dabei häufig einzelne Felder im Allmachtsbereich evoziert: die Liebe oder die Gnade oder das Erbarmen der Gottheit. Für die westliche Dogmatik geht es dabei um die Eigenschaften der heiligen Trinität bzw., wie K. Barth sie genauer bezeichnet hat, um seine »Vollkommenheiten«.[37] Vor allem die Rede von den Eigenschaften kann sehr leicht ein psychologisches Verständnis provozieren, als ob man, wenn man sich an die Liebe Gottes wendet, eine Gefühlsregung aktivieren möchte. Sehr viel treffender, weil biblisch fundierter ist demgegenüber die orthodoxe Anschauung von den göttlichen Energien.[38] Das sind ewige, ungeschaffene, weil zum dreieinigen Sein Gottes immer gehörende Machtfelder, die auf Menschen durch spirituelle Praxis Einfluss gewinnen und die Menschen beim Beten durch sprachliche Bestimmung anpeilen können.

Durch die telefonische Handlung des Betens werden menschliche Hilfsbedürftigkeit und göttliche Hilfsbereitschaft zusammengeführt. Was durch Welten voneinander getrennt ist, wird in einer Zeile oder in einem Satz miteinander verknüpft. Dieser Akt vollzieht, mindestens teilweise, eine Überweisung, weil nicht mehr nur die Betenden für die Beseitigung der Elends-

36. Zu den Inhalten vgl. G. Schmied, »Lieber Gott, gütigste Frau -«. Eine empirische Untersuchung von Fürbittbüchern, Konstanz 1998, bes. 99 ff. mit dem Vergleich von Gebetstäfelchen aus Buddhismus und Shintoismus. Negative Wünsche wurden artikuliert in der Praxis des »Totbetens«; vgl. W. Dürig, Die Verwendung des sogenannten Fluchpsalms 108 (109) im Volksglauben und in der Liturgie, Münchener Theologische Zeitschrift 27, 1976, 71 ff., sowie K. Schreiner, Tot- und Mordbeten, Totenmessen für Lebende. Todeswünsche im Gewand mittelalterlicher Frömmigkeit, in: Das Andere wahrnehmen. Festschrift A. Nitschke, Köln/Wien 1991, 335 ff.

37. Vgl. K. Barth, Die Kirchliche Dogmatik II/1, 362 ff.

38. Vgl. D. Wendebourg, Geist oder Energie. Zur Frage der innergöttlichen Verankerung des christlichen Lebens in der byzantinischen Theologie, München 1980, 33 ff. Ein vergleichbares energetisches Modell skizziert Dalai Lama, Die Lehren des tibetischen Buddhismus, München 2000, 191: »Allgemein gibt es drei unterschiedliche Arten von Glückseligkeit; (1) die Glückseligkeit, die vom Erguß der Keimflüssigkeiten verursacht wird, (2) die Glückseligkeit, die aus dem Fluß lebenswichtiger Elemente innerhalb der Energiekanäle stammt, (3) die Glückseligkeit, die im Tantra als ›unveränderliche Glückseligkeit‹ geläufig ist.«

lage die Verantwortung tragen. Er ist aber gleichzeitig auch eine Methode der Be-Handlung. Was oberflächlich wie ein Verzicht auf eigene Aktivitäten aussieht, mobilisiert ja im Rahmen einer religiösen Aktion ein Hilfspotential, das rein menschliche Fähigkeiten weit übersteigt.[39]

Not lehrt Beten.[40] Aber nicht jedes Gebet wird erhört. Und nicht jede Not hat ein Ende. Wie in allen Bereichen, in denen man mit lebendigen und eigenartigen Wesen zu tun hat, gibt es auch bei der religiösen Methodik keinen Wirkungsmechanismus und keine Erfolgsgarantie. Die Prüfungszeit kann verlängert werden. Die Ruhmsucht der Frommen muss abgewehrt werden. »Lass dir an meiner Gnade genügen; denn meine Kraft ist in den Schwachen mächtig« (2. Korinther 12,9), bekommt der Apostel zu hören, der um die Heilung seiner Krankheit gebeten hat.

Zwischen der Bitte und dem Dank steht in vielen Fällen die Klage. Sie blickt auf ausgedehnte Leidenserfahrung, aber auch auf enttäuschte Hoffnungen zurück. Der Beistand Gottes ist ausgeblieben. In der Klage realisiert ein Mensch sein Vertrauen auf die Gnade Gottes trotz der Erfahrung ihrer Verborgenheit. Die Klage zeigt, dass der Glaube nicht kapituliert, weder vor den irdischen Verhältnissen, unter denen er leidet, noch in der Beziehung zu Gott, dessen aktuelle Intention ihm verschlossen bleibt. Gerade in der Fähigkeit zum Klagen zeigt sich, ob man das Göttliche nur als Nothelfer und Lückenbüßer gebraucht oder ob man, auch wenn alles dagegen spricht, mit der Wirksamkeit dieser Wirklichkeit rechnet. »Dennoch bleibe ich stets an dir« (Psalm 73,23). So ist gerade diese Form des Betens, die sich bis zur Anklage steigern kann, die extreme Gestalt eines Begehrens, das trotz Enttäuschungen mit Erfüllung rechnet. Deshalb können in der Bibel auch Handlungsformen, die mindestens in unseren Breiten sozial diskreditiert sind, wie das schrittweise Feilschen (Genesis 18,23 ff.) und die unverschämte Belästigung (Lukas 11,5 ff.), als vorbildlich hingestellt werden.

Die Methode des Betens schließt andere methodische Arbeitsformen nicht aus. Das Verhältnis der religiösen Tätigkeit zu profanen Handlungen lässt sich idealtypisch dreifach lokalisieren. Menschen beten vor dem Beginn ihrer irdischen Arbeit. Menschen setzen die Methode des Betens ein, weil angesichts der bedrohlichen Lage andere Verfahren nicht mehr aussichtsreich scheinen. Und Menschen danken nach erfolgreicher Arbeit für den Segen, den sie bei ihrem Tun von Gott her empfangen haben.

Gerade an dieser Stelle wird deutlich, dass das Beten nicht nur einen lo-

39. Eine hilfreiche Auseinandersetzung mit religionskritischen Positionen bietet H.-M. Barth, Wohin – woher mein Ruf? Zur Theologie des Bittgebets, München 1981, 73 ff.

40. Das gilt selbst fürs Tischgebet, weil die Einführung fremder Stofflichkeit in den eigenen Leib mindestens in der Vormoderne eine risikoreiche Handlung darstellte; zur liturgiegeschichtlichen Entwicklung dieser Praxis vgl. G. Fuchs, Mahlkultur. Tischgebet und Tischritual, Regensburg 1998.

kalen Austausch einschließt, weil man dabei in jedem Fall aus den Weltgeschäften herausgeht. Durch diesen Raumwechsel wird ein sozialer Austausch in Gang gesetzt. Ein Mensch gibt Gott gute Worte. Sie werden von der Gottheit erhört und mit hilfreichen Reaktionen erwidert. Selbst dann, wenn die Antwort nicht ganz im Sinn des Betenden ausfällt, kann er sie mehr oder weniger dankbar annehmen und mit Worten des Lobes erwidern. Auch und gerade im Beten zeigt sich, dass die religiöse Praxis Aspekte des Gabentausches enthält, auch wenn die Partner in diesem Verhältnis durchaus nicht gleichrangig sind.

Anbetung

Die religiöse Telephonie ist eine zielgerichtete und zweckorientierte Handlung. Der Anruf an die Gottheit formuliert häufig einen Hilfsappell. Aber auch das Beten, das menschliche Ohnmacht transzendieren möchte, kann sich der Begrenztheit und Fehlerhaftigkeit menschlicher Praxis nicht entziehen. »Wir wissen nicht, was wir beten sollen, wie sich's gebührt« (Römer 8,26). Gegen allen Enthusiasmus[41] besteht Paulus darauf, dass Menschen auch mit dieser religiösen Methode ihrer irdischen Schwachheit nicht entrinnen. »Aber der Geist selbst vertritt uns mit unaussprechlichem Seufzen« (ebd.). Das Gebet, das Menschen sprachlich artikulieren, wird durch den Einfluss des göttlichen Geistes in transverbale Laute aufgelöst und in die Felder der göttlichen Allmacht transportiert.

Diese Entgrenzung, die mit der Sprache passiert, hat beim Akt des Betens, aber auch schon in der Sprache begonnen. Das Beten, das um Hilfe ruft und für Hilfe dankt, enthält immer auch eine Tendenz zur Selbstvergessenheit. Wer die göttlichen Heilstaten er-innert, kann außer sich geraten. Der Anruf kann über Bitte, Dank und Lob zur Anbetung führen. Die Methode, die die Beziehung zu allem Irdischen transzendiert, kann sich auf diese Weise selbst transzendieren und jenseits aller Zweckorientierung zur universalen Bestimmung alles Geschöpflichen führen. Menschen partizipieren dann am kosmischen Lobgesang der irdischen und der himmlischen Welt.

Auch und gerade an dieser Stelle sollte man sich vor einer Überschätzung individueller Ausdrucksmöglichkeiten hüten, wie man sie bei F. Heiler antreffen kann: »Die stimmungsgesättigte Kontemplation des summum bonum, wie sie uns auf den Höhepunkten des mystischen Betens begegnet, die enthusiastische Versenkung in die Herrlichkeit der Natur, wie wir sie in der literarischen Hymnenpoesie antiker Völker und in der ästhetischen Mystik moderner Dichter treffen, ist die reine Anbetung, der gegenüber die kultische Anbetung nur eine Vorform darstellt.«[42]

41. Vgl. E. Käsemann, Der gottesdienstliche Schrei nach der Freiheit, in: Paulinische Perspektiven, Tübingen 1969, 211 ff.

Doxologisches Beten greift unvermeidlich auf Formeln zurück, weil nur auf diese Weise die Totalität des Seins zu erfassen ist. Das gilt für die Zeitperspektive: »Ich bin das A und das O, sagt Gott der Herr, der ist und der war und der kommt, der Allmächtige« (Offenbarung 1,8). Das gilt aber auch für die Wirklichkeitsdimension. Angerufen wird »ein Gott und Vater aller, der über allen und bei allen und in allen ist« (Epheser 4,6). Das gilt nicht zuletzt aber auch für die Heiligkeit der Gottheit selbst, wie sie in der doxologischen Grundformel beschworen wird: »Ehre sei dem Vater ...«.

Auch eine Verteidigung solcher Formeln aus kommunikationspsychologischen Gründen wird ihrem Wirklichkeitsgehalt nicht gerecht. So heißt es bei M. B. Merz: »Gebetsformeln erweisen sich als unentbehrlich im Rahmen einer komplexen liturgischen Ordnung, da sie die betende Kommunikation erleichtern (es steht ein Code zur Verfügung) und Unsicherheit vermeiden (es besteht keine Notwendigkeit, sich bei jeder Gemeindeversammlung über einen Code neu zu vergewissern).«[43] In der Anbetung artikulieren Menschen nicht mehr ihre Schwierigkeiten und ihre Wünsche. Vielmehr demonstrieren sie, worin trotz aller Schwierigkeiten das Ziel ihres Lebens besteht. Auf dreifache Weise findet dabei eine Grenzüberschreitung statt. Die Distanzen zwischen Vergangenheit und Gegenwart, zwischen Individuum und Gemeinschaft, zwischen dem Menschlichen und dem Göttlichen werden aufgehoben. Durch den Verzicht auf die Thematisierung von Eigenproblemen kann man in eine Situation der Selbstvergessenheit geraten. Und durch die sprachliche Vereinigung, die die Rezitation von All-Formeln mit sich bringt, kann man sich für eine begrenzte Zeit in den Urgrund des Seins versenken.

Auf diese Weise führt die Anbetung, wenn man sie ausführlich übt, unvermeidlich in ein vom Beten erfülltes Schweigen. Die betende Haltung endet dort, wo die Einstellung zum Beten beginnt, nämlich in einer Leiblichkeit, die nun geisterfüllt ist und für den Kontakt mit der Gottheit keiner Worte bedarf. Unter den christlichen Konfessionen wird »Das schweigende Gebet«, wie St. Dietrich in ihrer Arbeit gezeigt hat,[44] unterschiedlich bewertet. Große Schwierigkeiten mit dieser sprachlosen Übung hat naturgemäß die protestantische Theologie, auch wenn R. Otto dem Schweigen im Gottesdienst sakramentale Qualität zugesprochen hat.[45] Vor allem für die orthodoxe Tradition vollzieht sich an dieser Stelle die Vergöttlichung, wie wir bescheidener sagen würden: die Heiligung des Menschen. »Je mehr der Mensch sich Gott im Gebet nähert, sich auf die Vereinigung mit ihm im Gebet hin streckt, je mehr sich der Mensch dem Willen Gottes anvertraut, umso ›reiner‹ ist das

42. F. Heiler, a. a. O. 492.
43. M. B. Merz, Gebetsformen der Liturgie, Gottesdienst der Kirche 3, Regensburg 1987, 111.
44. Vgl. St. Dietrich, Das schweigende Gebet. Zur Grundlage des Verständnisses von schweigendem Gebet in ökumenischem Blickwinkel, Leipzig 2000.
45. Vgl. K. Wiefel-Jenner, Rudolf Ottos Liturgik, Göttingen 1997, 190ff.

Gebet. Je weniger der Mensch von seinen eigenen Bemühungen und Gedanken geleitet ist, umso näher tritt er Gott im Gebet. Sein Wille fließt gleichsam mit dem göttlichen Willen zusammen.«[46] Im schweigenden Gebet wird die Grundlage dafür gelegt, dass das christliche Leben ein Beten ohne Unterlass darstellt (1. Thessalonicher 5,17), weil diese wortlose Ausrichtung den Menschen auch bei anderen Tätigkeiten erfüllt. Insofern ist es, auch wenn man es auf keinen Fall funktionalisieren darf, die intensivste Form einer Präparation auf die Lebenspraxis des Glaubens.

46. St. Dietrich, a.a.O. 263 f.

§ 7 Weihen

Durch Fasten und Beten erfolgt die Präparation für das Handeln im Bereich der Religion. Ein Leib ist entleert, eine Gottheit ist angerufen. Der mediale Kanal, durch den Gotteskraft fließen kann, ist bereitet. Alle Handlungen, die nun folgen, haben mehr oder weniger den Charakter der Konzentration. Sie dienen dem Ziel, die Heilkraft des Heiligen im Hier und Jetzt zu realisieren. Räume, die in den Bereich der geschaffenen Welt gehören, werden geweiht. Durch Aktionen des Opferns und Segnens finden gottbezogene und zwischenmenschliche Austauschprozesse statt. Schädigungen an Leib und Seele, die Kranke quälen und Leben gefährden, werden geheilt. In all diesen Handlungen hält das Gottesreich auf der Erde Einzug, wird die Kraft des Evangeliums zwischen und in den Menschen real präsent.

Wenn das Göttliche in irdischen Räumen einzieht, dann lässt sich dieses Geschehen von den Abläufen eines profanen Wohnungswechsels her strukturieren.[1] Das neue Lebenszentrum will ausgewählt werden. Es muss von den Spuren der Vorbewohner gereinigt werden. Und es muss mit jenen Utensilien ausgestattet werden, die durch ihre auratische Macht für die neuen Bewohner den Eindruck einer befriedeten Welt vermitteln. Deshalb umfassen alle Verfahren religiöser Weihen immer auch Akte der Auswahl, der negativen Reinigung und der positiven Aufladung.

Die Räume, um die es in solchen Handlungen geht, sind freilich nicht nur lokaler Natur. Das NT denkt nicht an neue Gebäude, wenn es vom Tempel redet,[2] sondern verweist auf Menschen. »Der Tempel Gottes ist heilig«, hält Paulus den Korinthern entgegen, »der seid ihr« (1. Korinther 3,17). Und der Epheserbrief sieht die Gemeinde »aufgebaut auf dem Grund der Apostel und Propheten, wobei Christus Jesus sein Eckstein ist, in dem der ganze Bau zusammengefügt heranwächst zu einem heiligen Tempel im Herrn, in dem auch ihr miterbaut werdet zu einer Wohnung Gottes im Geist« (Epheser 2,20ff.).

Die Weihe, von der hier zunächst zu reden ist, betrifft also die Priesterweihe der Christ/innen, die in der Taufe vollzogen wird (I). Erst auf dieser

1. Vgl. M. Josuttis, Vom Umgang mit heiligen Räumen, in: Gelebte Religion. Festschrift G. Otto, Rheinbach 1997, 241ff.
2. Vgl. G. Faßbeck, Der Tempel der Christen. Traditionsgeschichtliche Untersuchungen zur Aufnahme des Tempelkonzepts im frühen Christentum, Tübingen 2000; zu den alttestamentlichen Hintergründen vgl. S. Owczarek, Die Vorstellung vom Wohnen Gottes inmitten seines Volkes in der Priesterschrift. Zur Heiligtumstheologie der priesterschriftlichen Grundschrift, EHS XXIII/625, Frankfurt 1998.

Basis sind dann auch jene Handlungen zu thematisieren, in denen lokale Bereiche (II) und einzelne Gegenstände (III) einer Weihe ausgesetzt werden.

I. Leibräume

Wenn Paulus von der Residenz Gottes in einem Menschen redet, dann geht es dabei vorrangig weder um Kognitionen noch um Emotionen, sondern um eine Besetzung des Leibes durch eine andere Macht: »Wisst ihr nicht, dass euer Leib ein Tempel des Heiligen Geistes in euch ist, den ihr von Gott habt, und dass ihr euch nicht selbst angehört?« (1. Korinther 6,19). Die Einweihung erfolgt durch eine Einwohnung, die eine Entfremdung zur Folge hat. Der Heilige Geist ergreift einen irdischen Leibraum. Wie kann das geschehen? In den Äußerungen des Paulus ist dieser Akt von Konflikten umgeben, die merkwürdigerweise die sexuelle Sphäre betreffen. Der Zugang zum Tempeldasein darf um Gottes willen nicht an die Bedingung der Beschneidung gebunden werden (Galater 5,2). Und der Vollzug der Tempelexistenz schließt grundsätzlich jede Form von Unzucht aus (1. Korinther 6,18 f.), wie umgekehrt die eheliche Gemeinschaft auch zur Heiligung der nicht christlichen Partnerin bzw. des ungläubigen Partners führt (1. Korinther 7,14). Die Einwohnung des göttlichen Geistes reicht bis in die Tiefe leiblicher Lebensenergie, kann aber andererseits durch aggressive Manipulation menschlicher Leiblichkeit nicht erzwungen werden.

Warum lehnt Paulus die Beschneidung für Christen, die nicht aus dem Judentum stammen, so vehement ab? Aus den spärlichen Andeutungen der Texte lassen sich einige Argumente erheben. Für Paulus ist die Beschneidung eine leibliche Operation fleischlichen Charakters; sie bleibt oberflächlich und wirkt äußerlich und verändert den Menschen nicht im Kern (Philipper 3,3). Als sichtbares Zeichen am christlichen Leib kommt für Paulus selbst nur das Kreuz in Frage, das er wohl als Stigmatisierter getragen hat (Galater 6,12 ff.).[3] Die neue Schöpfung, die sich im christlichen Leben realisiert, kann nur durch ein Ritual vollzogen werden, das nicht eine partielle Behandlung, sondern die totale Transformation, also den Weg durch das Sterben ins Leben, umfasst (Kolosser 2,11 f.). Nicht ein körperlicher Eingriff, sondern nur spiritueller Einfluss kann das leibliche Dasein von Menschen in der gefallenen Schöpfung verändern.

Deshalb umfasst der Weg zur Taufe in der Alten Kirche eine Vielzahl präparativer Prozeduren. Der neue Mensch ist nicht das Produkt eines sakramentalen Zauberkunststücks, sondern das Ergebnis eines Prozesses, der zahlreiche Einzelhandlungen einschließt, die in sich wiederum negativ und positiv polarisiert sind. Das galt schon für die Auswahl der Taufbewerber.

3. Vgl. E. Güttgemanns, Der leidende Apostel und sein Herr. Studien zur paulinischen Christologie, Göttingen 1966, 126 ff.

Nicht alle, die für den neuen Heilsweg Interesse zeigten, wurden zum Taufunterricht ohne weiteres zugelassen. Nach der »Apostolischen Überlieferung« benötigten sie zunächst einen christlichen Bürgen, den man als Vorform des späteren Paten ansehen kann. Sorgfältig wurde dann geprüft, »weshalb sie sich dem Glauben zugewandt haben«[4]. Außerdem mussten sie über ihre familiäre, soziale und berufliche Situation Auskunft geben und unter Umständen auch auf einträgliche Tätigkeiten verzichten.[5] Solche Prüfungen sind in der Kirchengeschichte immer wieder üblich gewesen. In der aufgeklärten Moderne sollte man sich daran erinnern, dass im frühen Mittelalter Karl der Große Taufpaten zurückweisen ließ, weil sie Vaterunser und Glaubensbekenntnis nicht auswendig aufsagen konnten.[6]

In den Einzelheiten ist die Taufvorbereitung in der Alten Kirche auf jenen Transitus eingestellt, der unmittelbar vor der Taufhandlung stattfindet. Auch Luthers »Taufbüchlein« hat diesen Schritt, trotz der Tilgung zahlreicher Ritualelemente, die während des Mittelalters in den Ablauf integriert worden waren,[7] bewusst und nachdrücklich beibehalten. Vor dem Empfang

4. Traditio Apostolica – Apostolische Überlieferung, Fontes Christiani I, Freiburg 1991, 245. Zu den Fragen nach Autor und Überschrift des Textes vgl. Chr. Markschies, Wer schrieb die sogenannte Traditio Apostolica? Neue Beobachtungen und Hypothesen zu einer kaum lösbaren Frage aus der altkirchlichen Literaturgeschichte, in: W. Kinzig/Chr. Markschies/M. Vinzent, Tauffragen und Bekenntnis. Studien zur sogenannten »Traditio Apostolica«, zu den »Interrogationes de fide« und zum »Römischen Glaubensbekenntnis«, AKG 74, Berlin 1999, 1 ff.
5. »Ist jemand Besitzer eines Bordells, soll er diese Tätigkeit aufgeben, oder man weise ihn zurück. Ist einer Bildhauer oder Maler, weise man ihn an, keine Götzenbilder zu machen; sie sollen davon ablassen, oder man weise sie zurück. Ist einer Schauspieler oder gibt er Vorstellungen im Theater, soll er damit aufhören oder zurückgewiesen werden … Wer Gladiator ist, Gladiatoren im Kampf unterrichtet, ein Tierkämpfer, ein Organisator von Gladiatorenspielen: sie sollen davon ablassen oder abgewiesen werden … Der Soldat, der unter Befehl steht, soll keinen Menschen töten. Erhält er dazu den Befehl, soll er diesen nicht ausführen, auch soll er keinen Eid leisten … Ein Magier werde nicht einmal zur Prüfung zugelassen. Zauberer, Sterndeuter, Wahrsager, Traumdeuter, Scharlatane und der Abschneider, der den Rand der Münzen abschneidet, sowie derjenige, der Amulette anfertigt: alle diese sollen ihre Tätigkeiten aufgeben oder abgewiesen werden. Die Konkubine eines Mannes soll, wenn sie seine Sklavin ist, seine Kinder aufzieht und ihm allein treu ist, das Wort hören dürfen. Andernfalls weise man sie ab. Ein Mann, der eine Konkubine hat, soll von ihr lassen und sich eine Frau nach dem Gesetz nehmen; will er aber nicht, weise man ihn ab« (a.a.O. 247/249).
6. Vgl. A. Angenendt, Geschichte der Religiosität im Mittelalter, 2. Auflage, Darmstadt 2000, 40.
7. »So gedenke nu, daß in dem Täufen diese äußerliche Stücke das geringste sind, als da ist: unter Augen blasen, Kreuze anstreichen, Salz in den Mund geben, Speichel und Kot in die Ohren und Nasen tun, mit Öle auf der Brust und Schuldern

der Taufe muss die Absage an das Böse und das Bekenntnis des christlichen Glaubens erfolgen. Entsprechend bestand die Vorbereitung, die sich in der Alten Kirche über einen langen Zeitraum,[8] zunächst sogar über 3 Jahre erstreckte, aus negativen und positiven Akten, die eine allmähliche, schrittweise Umkehr aus dem Machtbereich des Bösen unter die Herrschaft Christi vollziehen halfen.

Die anthropologische Voraussetzung für dieses methodische Verfahren bildet die Einsicht, dass Wachstumsprozesse und erst recht Transformationsvorgänge Zeit benötigen. Das gilt für biologische Entwicklungen, aber auch für therapeutische Veränderungen und für soziale Übergänge. Wer in eine neue Sphäre gerät, muss sich allmählich aus den alten Strukturen lösen und Schritt für Schritt an die neuen Werte und Handlungsmuster gewöhnen. Weil die christliche Taufe nicht nur ein Wasserbad ist, das vom Sündenschmutz reinigt, sondern das Mitsterben mit dem Erlöser einschließt, müssen Menschen auf diesen Vorgang eingestellt werden. Der lokale Austausch zwischen der Welt und dem Christus kann ohne energetischen Austausch nicht praktiziert werden.

Als Wasserhandlung ist die Taufe in der Tat ein Reinigungsritus, ein Akt religiöser Hygiene. F. Heiler, der dazu reichhaltiges Material aus der Religionsgeschichte zusammengetragen hat, kommentiert die Intention dieser Handlungen folgendermaßen: »Die Sünde wird als materieller Schmutz gedacht; in vielen Sprachen bedeutet ein und dasselbe Wort Sünde und Schmutz. Dieser Schmutz wird getilgt durch Wasser. Dieses ist an sich ein heiliges, seelenhaltiges Mittel, sein Mana ist stärker als das Tabu der Sünde, es wirkt als Gegenzauber. So wie die desinfizierende Lösung alle Krankheitskeime abtötet, so auch das Wasser alle Sündenkeime. Die moderne hygienische Theorie von der Desinfektion ist nur eine Weiterführung der primitiven zauberhaften Vorstellung von der Reinigung.«[9]

Im NT ist dieser purifikatorische Aspekt aus zwei Gründen erweitert wor-

salben und mit Cresem die Scheitel bestreichen, Westerhembd anziehen und brennend Kerzen in die Händ geben«, in: Die Bekenntnisschriften der evangelisch-lutherischen Kirche, 3. Auflage, Göttingen 1956, 536 f.

8. Pseudo-Dionysius Areopagita, Über die himmlische Hierarchie – Über die kirchliche Hierarchie, ed. G. Heil, Stuttgart 1986, 115, spricht ausdrücklich von »Methoden der Heiligung«, die dabei ablaufen. Im neuen römischen Ritus der Erwachsenentaufe, der im Gefolge des II. Vatikanums entwickelt wurde, ist dieses Moment zeitlicher Dehnung wieder eingeführt worden; vgl. B. Fischer, Die neuen römischen Riten der Erwachsenen- und Kindertaufe, in: Redemptionis Mysterium. Studien zur Osterfeier und zur christlichen Initiation, Paderborn 1992, 201 ff.

9. F. Heiler, Erscheinungsformen und Wesen der Religion, Stuttgart 1961, 186. Dass auch zu modernen Reinigungsprozeduren häufig fluidale Erfahrungen gehören, zeigt H. Stoffer, Die Magie des Wassers. Eine Tiefenpsychologie und Anthropologie des Waschens, Badens und Schwimmens, Meisenheim 1966.

den. Auf der einen Seite hat Jesus die Mächte der Unreinheit nachdrücklich im Innenraum menschlicher Existenz lokalisiert: »Nichts kommt von außen in den Menschen hinein, das ihn verunreinigen kann, sondern was aus dem Menschen herauskommt, das ist es, was den Menschen verunreinigt« (Markus 7,15). Der folgende Katalog konkretisiert diese Aussage durch die Aufzählung unterschiedlichster Laster: »Denn von innen, aus dem Herzen der Menschen kommen die bösen Gedanken, Unzucht, Diebstahl, Mord, Ehebruch, Habsucht, Bosheit, List, Ausschweifung, neidischer Blick, Lästerung, Hochmut, Narrheit« (21 f.). Und die Macht der Sünde, die sich darin manifestiert, ist für Paulus so groß, dass Menschen nicht mehr durch eine punktuelle und partielle Aktion davon befreit werden können. Im Wasserbad der Reinigung vollzieht sich, wie schon in den antiken Mysterien,[10] durch die Schicksalsgemeinschaft mit dem Erlöser eine Lebenserneuerung: »Wir sind also durch die Taufe auf seinen Tod mit ihm begraben worden, damit, wie Christus durch die Herrlichkeit des Vaters von den Toten auferweckt worden ist, so auch wir in einem neuen Leben wandeln« (Römer 6,4).

Diese Radikalisierung der Reinigungshandlung hat man in der Alten Kirche durch baptismale Exorzismen methodisch zu realisieren versucht.[11] In der Vorbereitungszeit vor dem Tauftermin und in den Vorbereitungsakten vor dem Taufgeschehen müssen die bösen Mächte, die den Taufbewerber bisher besetzt haben, durch einen vollmächtigen Akteur ausgetrieben werden. Die Herleitung dieser Handlungen aus der Gnosis, wie sie gelegentlich vorgeschlagen worden ist, ist deswegen überflüssig, weil sich die Rituale erkennbar auf exorzistische Handlungen aus der synoptischen Tradition beziehen, so etwa in der Salbung mit Öl, die schon bei Hippolyt bezeugt ist, die Luther im Taufbüchlein tilgt und die sich auf Markus (6,3) stützt. In der einfachsten Form wird ein solcher Exorzismus durch Handauflegung mit Gebet bzw. mit Machtwort praktiziert, wie es »Hippolyt« als episkopale Aktion am Morgen vor der Taufvigil beschreibt.[12]

Die Reinigung des Leibraums, die auf diese Weise geschieht, verlangt nicht nur einen angemessenen Zeitraum, sie benötigt vor allen Dingen Menschen, die als medialer Kanal für den Abfluss des Bösen zur Verfügung ste-

10. Zur neueren Diskussion vgl. E. Käsemann, An die Römer, HNT 8a, Tübingen 1973, 151 ff.
11. Einige Informationen über die Diskussion in der nachlutherischen Theologie bietet P. Graff, Geschichte der Auflösung der alten gottesdienstlichen Formen in der Evangelischen Kirche Deutschlands I, 2. Auflage, Göttingen 1937, 294 ff.
12. »Am Sabbat sollen sich nach Anweisung des Bischofs die Täuflinge an einem Ort versammeln. Dann fordert er sie alle auf, zu beten und die Knie zu beugen. Unter Handauflegung beschwört der Bischof alle fremden Geister, sie zu verlassen und nicht mehr in sie zurückzukehren. Wenn er den Exorzismus vollzogen hat, soll er ihr Gesicht anhauchen und nach Bekreuzigung von Stirn, Ohren und Nasen läßt er sie aufstehen« (a. a. O. 255).

hen. Gewiss hat G. Kretschmar Recht, wenn er in den Taufexorzismen das Eingeständnis enthalten sieht, dass ein Mensch die Aufgabe perfekter Reinigung für den Taufakt »nicht aus eigener Kraft, auch nicht durch Bußübungen wie Fasten und Beten leisten kann, sondern der Hilfe durch die Macht Gottes bedarf, der im Exorzisten wirkt«.[13] Aber diese theologisch korrekte Aussage schließt ja auf jeden Fall ein, dass der Exorzist seiner Aufgabe, der Macht Gottes zu dienen, auch wirklich gewachsen ist. Die Handlung, die er mit seinen Händen und Worten vollzieht, muss positiv wirksam werden. Die Wirklichkeit des Bösen muss den Leib eines Menschen verlassen, ohne den Leib des Exorzisten zu infizieren. In der psychologischen Moderne sind die bösen Mächte zu negativen Bildern geworden; aber auch jetzt muss der Therapeut durch den ausbalancierten Einsatz von Übertragung und Gegenübertragung darauf achten, dass er in den Machtbereich dieser Imagines nicht unbewusst selber hineingerät.

Weil die Taufe den lokalen Transitus aus der Welt in den Leib Christi vollzieht, muss sich am Leib des Täuflings ein energetischer Austausch vollziehen, so dass man im Ergebnis feststellen kann: »Das Alte ist vergangen; siehe, ein Neues ist geworden« (2. Korinther 5,17). Deshalb müssen die exorzistischen Prozeduren durch positive Akte der Infiltration ergänzt und ans Ziel gebracht werden. Auch hier ist die Alte Kirche schrittweise vorgegangen. In einem mystagogischen Prozess werden biblische Traditionen, ethische Maximen, aufs Sakrament bezogene Einsichten und, als Höhepunkt des Einführungsweges, das Geheimnis des Glaubens vermittelt, das dann in der »redditio symboli« vor dem Bischof laut artikuliert werden musste und die Grundlage für die Zulassung zum Taufvollzug bildete.[14] In dieser Sequenz hat sich zunächst auch der soziale Austausch des Taufens konkretisiert. Das Bekenntnis, das ihm anvertraut worden ist, gibt der Taufbewerber zurück, wie er insgesamt das Leben, das ihm geschenkt worden ist, Gott anvertraut und wie dann mit der Durchsetzung der Kindertaufe Eltern den ihnen geschenkten Nachwuchs Gottes Fürsorge übergeben haben.

Die personale Priesterweihe, die durch das Taufen geschieht (1. Petrus 2,9),[15] wird also durch die Einweihung in die heiligen Geheimnisse vorbereitet. Das ist ein Lernprozess ganz eigener Art.[16] Es geht hier nicht um die

13. G. Kretschmar, Die Geschichte des Taufgottesdienstes in der alten Kirche, Leiturgia V, 1970, 80.
14. Zur Inszenierung von Absage und Bekenntnis vgl. Cyrill von Jerusalem, Mystagogicae Catecheses – Mystagogische Katechesen, ed. G. Röwe-Kemp, Fontes Christiani 7, Freiburg 1992, 97 ff.
15. Die seit der Reformation gängige Verbindung von Taufe und Priesterschaft, die sich vor allem auf diesen Text stützt, wird exegetisch relativiert durch N. Brox, Der Erste Petrusbrief, EKK XXI, Zürich/Neukirchen 1979, 102 ff.
16. Für die Gegenwart vgl. Chr. Bizer, Luthers Kleiner Katechismus, im Blick auf den Konfirmandenunterricht aufs Neue gelesen, in: B. Dressler u. a. (Hg.), Konfirmandenunterricht: Didaktik und Inszenierung, Hannover 2001, 88 ff.

Vermittlung kognitiver Informationen, auch nicht um den Erwerb einer religiösen Sprachfähigkeit oder um die Konstitution einer christlichen Identität. All das mögen im modernen Jargon formulierte Nebenprodukte eines methodischen Verfahrens sein, das mit der Wirksamkeit sprachlicher Wirklichkeiten im Leibraum von Menschen rechnet. Deshalb wird die Übergabe heiliger Worte und Formeln immer begleitet von Handlungen der leiblichen und verbalen Berührung. Durch Handauflegung und Beten werden die Kandidaten schon vor der Taufe mit jenem Geist infiltriert, der sie dann seit der Taufe in einem Höchstmaß erfüllt. Auch für diese positive Präparation ist die zeitliche Dehnung wichtig, und zwar nicht nur wegen der damit verbundenen Steigerung von Memorierkapazitäten. Wenn nämlich das Heilige eine Wirklichkeit darstellt, die in der ungeschützten Annäherung zerstörerisch wirkt, dann muss auch der Leibraum, der zum Tempel des Heiligen werden soll, durch eine schrittweise Anhebung seiner Kapazität auf die Einwohnung der göttlichen Macht eingestellt werden.

Im Einweihungsverfahren des Taufens geht es durchaus um die Übermittlung sprachlicher Traditionen und am Ziel auch um die Artikulation eines verbalen Bekenntnisses. Dennoch ist in der Kirchengeschichte die Säuglingstaufe immer nur zeitweise zu einem ernsthaften Problem geworden. Das Postulat der Erwachsenentaufe basiert auf zwei anthropologischen Voraussetzungen, die sich allgemein erst in der Neuzeit gebildet und durchgesetzt haben. Es rechnet auf der einen Seite mit einem individuellen Subjekt, das sich auch im religiösen Bereich relativ unabhängig vom sozialen Umfeld der Familie definiert. Und es lokalisiert auf der anderen Seite die Gottesbeziehung vorrangig auf der Bewusstseinsebene, so dass eigentlich nur mündige, voll bewusstseinsfähige Subjekte einer Glaubensgemeinschaft beitreten können. Die Alte Kirche, aber auch die Landeskirchen, die sich in der Reformationszeit gebildet haben, haben diese Voraussetzungen nicht geteilt. Selbstverständlich konnten auch Kinder die heilige Taufe empfangen, sofern die Vertreter der Familie, die Eltern und die Paten, die Absage an das Böse und das Bekenntnis des Glaubens selber zu sprechen bereit waren. Damit war sichergestellt, dass die Säuglinge in ein Haus hineinwachsen würden, das, gewiss mehr oder weniger stark, von der Macht des göttlichen Geistes bestimmt war, zumal in diesem Haus in der Regel ein Kreuz hing und später auch eine Bibel herumlag. Glaube artikulierte sich hier nicht in der kognitiven und konfessorischen Kompetenz eines gebildeten Individuums. Das christliche Haus, jenseits von Ideologie und Moral, war erfüllt von einem Netz religiöser Symbole und Rituale. Wenn diese Voraussetzung nicht mehr gegeben ist, wenn Eltern und Paten selbst das Credo aus den verschiedensten Gründen nicht mehr zu sprechen vermögen, dann wird die Kindertaufe zu einem Akt sakramentaler Magie, wie sie protestantisches Selbstbewusstsein gern anderen Konfessionen und Religionen zuschreibt.

In der Liturgiegeschichte ist der rituelle Ablauf des Taufens teils weiter ausgebaut,[17] teilweise, wie in der Reformation, in der Aufklärung oder auch durch das II. Vatikanum, auf die Grundlinien reduziert worden.[18] Nicht nur der Täufling, auch das Taufwasser wurde für das Geschehen eingeweiht. Und nicht nur mit Wasser und Worten wurde gearbeitet, sondern auch mit dem Atemkanal, mit Öl und mit Kerzen. Den Taufort konnte ein Baptisterium bilden, das in Kreuzform in den Erdboden eingelassen war, aber auch eine einfache Schale, in die man aus einem Kelch Wasser goss. Die Handlung wurde ursprünglich zur Stunde der Auferstehung, also in der Osternacht vollzogen, sie konnte aber auch, im Rahmen der so genannten Nottaufe, zu jeder Tages- und Nachtzeit erfolgen. Für diesen Fall war auch die Bindung des Sakraments an den Amtsträger, die im Laufe der Jahrhunderte zur Norm geworden war, aufgehoben; jeder Christ, der zum Abendmahl zugelassen war, konnte die heilige Handlung vollziehen.

Weil das Taufen im Christentum eine einmalige und radikale Aktion darstellt, die den Menschen in das Machtfeld des Leibes Christi und den Einflussbereich des göttlichen Geistes überführt, können alle anderen Wechselfälle, die an Personen erfolgen, in der Kirche nur sekundären und funktionalen Charakter haben.[19] Die Priesterweihe haben alle Getauften erhalten. Deshalb kann die Beauftragung zu kirchlichen Diensten nicht mehr transformatorisch, durch Übertragung spezifisch geistlicher Qualitäten, sondern nur noch delegatorisch, durch Berufung in besondere Aufgaben, vorgenommen werden, für die man sich durch bestimmte Ausbildungsgänge wiederum präparieren muss. Die Forderung, dass Pfarrer/innen in ihrer Entwicklung aus Theolog/innen zu Geistlichen werden sollen,[20] zielt nicht auf die Bildung einer besonderen Priesterkaste, sondern will sie zu einem exemplarischen christlichen Leben ermahnen.

Alle Regelungen, die man kirchlicherseits entwickelt hat, haben für solche Adiophora in sachlicher wie in personaler Hinsicht eine Ordnung gefunden, die dem kulturellen Kontext wie der organisatorischen Struktur der jeweiligen Konfession mehr oder weniger angepasst war. Grundlegend für die methodische Gestaltung des Taufens sind immer jene drei Austausch-Dimensionen gewesen, in denen das Leben insgesamt abläuft. In der Taufe wird der

17. Auf die wechselseitige Beeinflussung zwischen antiken Mysterienriten und kirchlichen Sakramenten verweist C. Colpe, Mysterienkult und Liturgie. Zum Vergleich heidnischer Rituale und christlicher Sakramente, in: C. Colpe u. a. (Hg.), Spätantike und Christentum. Beiträge zur Religions- und Geistesgeschichte der griechisch-römischen Kultur und Zivilisation der Kaiserzeit, Berlin 1992, 217 ff.
18. Einen umfassenden Überblick bietet B. Kleinheyer, Sakramentliche Feiern I: Die Feiern der Eingliederung in die Kirche, Gottesdienst der Kirche 7/1, Regensburg 1989.
19. Zu den daraus folgenden Konsequenzen vgl. H.-M. Barth, Einander Priester sein. Allgemeines Priestertum in ökumenischer Perspektive, Göttingen 1990.
20. Vgl. M. Josuttis, Segenskräfte. Potenziale einer energischen Seelsorge, Gütersloh ^{2}2002, 108 ff.

lokale Transitus aus der Welt, auch aus der Familie, in den Leib Christi absolviert. Dieser lokale Austausch wird ermöglicht durch den energetischen Austausch, durch den die Mächte des Bösen aus dem Leibraum eines Menschen ausgetrieben werden und der Geist Gottes diesen Menschen besetzt. Und in diesem Rahmen kann auch ein sozialer Austausch erfolgen: Taufbewerber geben das Glaubensbekenntnis, das sie empfangen haben, als ihr eigenes Bekenntnis zurück; Eltern vertrauen das Kind, das ihnen geschenkt worden ist, der Obhut Gottes an.

II. Ortsräume

Das Heilige manifestiert sich nicht nur in Tempeln von personaler Gestalt. Hierophanien im Sinne von M. Eliade hat es an vielen Orten gegeben, an Bäumen und Steinen, an Wasserfurten und auf Bergen.[21] Dafür gibt es auch im AT noch zahlreiche Belege. Dass sich die Präsenz Gottes auf heilige Bauten konzentriert, ist eine Entwicklung, die sich der Religionspolitik des Josia verdankt. In seiner Kultreform wurden nicht nur außerisraelitische Gottesbilder innerhalb und außerhalb des Jerusalemer Tempels beseitigt; die Kulthöhen insgesamt wurden unbrauchbar gemacht und private synkretistische Riten wurden verboten (2. Könige 23,4ff.). Stützen konnte sich diese Reformbewegung, wie R. Albertz betont, in den Jahren 603-609 »auf eine breite Trägerschaft in der judäischen Gesellschaft ...; sie bestand aus einer großen Koalition zwischen Teilen der Jerusalemer Beamtenschaft, der Jerusalemer Priester, der judäischen Mittelschicht, einzelnen Propheten und dem davidischen Königshaus«.[22] Insgesamt ist diese Reform von oben so erfolgreich gewesen, dass sie bis heute die kirchliche Praxis der Ökumene bestimmt.[23] Der rechtmäßige Gottesdienst findet in geweihten Gebäuden statt.

21. Vgl. M. Eliade, Die Religionen und das Heilige. Elemente der Religionsgeschichte, Frankfurt 1949, bes. 221ff.
22. R. Albertz, Religionsgeschichte Israels in alttestamentlicher Zeit 1, Göttingen 1992, 317. Auf vorhergehende Tendenzen verweist E. Reuter, Kultzentralisation. Entstehung und Theologie von Dtn 12, Frankfurt 1993, 260f.
23. Vgl. H. Donner, Geschichte des Volkes Israel und seiner Nachbarn in Grundzügen 2, 2. Auflage, Göttingen 1995, 389: »Durch die Erhebung Jerusalems zum Zentralheiligtum, durch die Proklamation des Deuteronomiums und durch das in Josia verkörperte Königsideal hat die josianische Reform unabsehbare Wirkungen auf die Geschichte Israels, des Judentums, des Christentums und des Islam entfaltet: mithin auf die Kultur-, Religions- und Geistesgeschichte der ganzen morgen- und abendländischen Welt.« Zu aktuellen theologischen Fragen vgl. G. M. Martin, Lebensräume – Gottesräume, in: J. Moltmann/C. Rivuzumwami (Hg.), Wo ist Gott? Gottesräume – Lebensräume, Neukirchen 2002, bes. 21ff., und J. Moltmann, Gott und Raum, a. a. O. 29ff.

Auch das Christentum, das in seinen Anfängen nur eine personale Weihe gekannt hat, ist der josianischen Entscheidung gefolgt. Heilige Räume, in denen die Erbauung des Leibes Christi geschieht, müssen erbaut werden. In meist legendarischen Überlieferungen ergeht der Befehl dazu, wie in der Religionsgeschichte nicht selten, durch von Gott inspirierte Träume. Meist werden Zentren des sozialen Lebens mit Kirchbauten versehen. Dort, wo das Christentum heidnische Heiligtümer besetzt, wird das Problem des Anknüpfungspunktes, das in der dialektischen Theologie so viel diskutiert worden ist, durch bautechnische Aktionen gelöst. Der heilige Ort wird okkupiert. Alle symbolischen Relikte, die an den vorchristlichen Kult erinnern könnten, werden beseitigt. Und ein neuer Raum, ausgestattet mit den Symbolen des christlichen Glaubens, wird an der alten Stelle errichtet. Bis heute werden Kirchen in zentraler Lage gebaut und mit architektonischen Stilelementen versehen, die die öffentliche Aufmerksamkeit erregen. Umgekehrt müssen Gebäude von Religionsgemeinschaften, die in der Gesellschaft noch nicht allgemein akzeptiert sind, wie die Protestanten im kaiserlichen Österreich und bis vor kurzem die Muslime in Deutschland, ihre kultischen Räume tarnen.

Die Auswahl der Bauplätze für christliche Kirchen kann also durch göttliche Inspiration, durch religiöse Tradition und/oder durch soziale Kalkulation erfolgen. Die entscheidende, für protestantisches Denken bis heute heikle Frage besteht darin, ob und in welchem Sinn man diese Gebäude weihen kann. Eine positive Antwort darauf würde ja implizieren, dass man nicht nur Menschen, sondern auch Objekte der verschiedensten Art mit göttlicher Segens- oder gar Geisteskraft füllen kann. In der Liturgiegeschichte kann man zwei Formen der Kirchweihe unterscheiden, die, weil sie mit unterschiedlichen Schwerpunkten der gottesdienstlichen Handlung rechnen, auch konfessionelle Präferenzen enthalten.

Im ersten Modell ist die Weihe auf den Altar konzentriert. A. Angenendt hat die mittelalterliche Entwicklung im Anschluss an das 950 redigierte »Pontificale Romano-Germanicum« so zusammengefasst: »Zuerst gibt der Bischof dem Altar mit einem speziell zubereiteten Weihwasser (dem mit Wein versetzten Gregorius-Wasser) oben auf der Platte von Hand eine Segnung und in siebenmaligem Umschreiten eine allseitige Besprengung. Dann geschieht eine mehrfache Salbung, zunächst nur mit heiligem Öl, dann mit Chrisam; die Salbungen werden in der Mitte der Platte und an den Altarecken in Kreuzesform vollzogen. Es folgt der sogenannte Alphabet-Ritus, abgeleitet von der antiken Agrimensorik (Feldvermessung): Der Bischof schreibt im Kirchenraum auf den Linien eines Diagonalkreuzes das lateinische und griechische Alphabet. Dann bezeichnet er die Wände an zwölf Stellen mit Chrisam zur Erinnerung an die Apostel. Die Einbettung der Reliquien in das Sepulcrum (das in der Altarplatte ausgemeißelte Reliquiengrab) bildet den Schlußakt. Jetzt erst darf das Volk eintreten, kann aber, da ein Velum ausgespannt wird, diesen letzten Vorgang nicht sehen. Die ins

Sepulcrum einzulegenden Reliquien befinden sich in besonderen Gefäßen oder auch künstlerisch gestalteten Kästchen, haben eine schriftliche Beglaubigung, dazu noch Weihrauchkörner und sogar Partikel der Eucharistie, letztere um anzuzeigen, daß Altar und Kirche Christus zugehören. Eine besondere, wiederum feierlich gesalbte Platte verschließt das Altargrab. Dann folgt die Festmesse.«[24]

Kirchweihe wird hier im Kern als Altarweihe praktiziert. Das Verfahren umfasst Gesten und Bewegungen durch geweihtes Personal, die Verwendung von geweihten Materialien, die Fixierung von heiligen Zeichen auf dem Grund und an den Grenzen des Raumes sowie die Lokalisierung heiliger Leiblichkeit. Gerade dieser letzte Akt verdeutlicht die Intention der gesamten Aktion. Auch in anderen Religionen und Kulturen befinden sich im Sakralraum »die Gräber der Gründer des Ortes oder anderer bedeutsamer Ahnengestalten, deren übermächtige Segenskraft aus der Tiefe der Erde heraus weiterhin fortwirkt und der Stätte noch ein Mehr an Sakralität verleiht«.[25] Ihrer energetischen Qualitäten wegen wurden solche kostbaren Heiligtümer in den Zentralkirchen des Mittelalters geradezu gehortet und in regelmäßigen Abständen öffentlicht ausgestellt, um auch optisch ihre Heilpotenz wirken zu lassen.[26] Aber auch dort, wo man, wie im protestantischen Raum, auf die materielle Vergegenwärtigung heiliger Gestalten aus der Vergangenheit verzichtet, werden sie mit dem Gotteshaus in Verbindung gebracht, und zwar durch die Verwendung ihrer Namen. Eine Martin-Luther- oder Dietrich-Bonhoeffer-Kirche will nicht nur die Erinnerung an einen großen Theologen wachhalten, sondern wohl auch dafür sorgen, dass dieses Gebäude mit der Geisteskraft dieses christlichen Zeugen erfüllt wird.

Das geschieht dann freilich im Rahmen eines Modells von Kirchweihe, das nicht altarkonzentriert, sondern wortorientiert abläuft. Auch Luthers berühmte Predigt in der Schlosskapelle zu Torgau von 1544 verwendet die gebräuchliche Terminologie. »Mein lieben Freunde, Wir sollen jtzt dis newe Haus einsegnen und weihen unserm Herrn Jhesu CHristo, Welches mir nicht allein gebürt und zustehet, Sondern jr solt auch zu gleich an den Sprengel und Reuchfass greiffen, auff das dis newe Haus dahin gericht werde, das nichts anders darin geschehe, denn das unser lieber Herr selbs mit uns rede durch sein heiliges Wort, und wir widerumb mit jm reden durch Gebet und Lobgesang.«[27] Aber die Methoden, die er verwendet, werden gegenüber den alten Verfahren nachdrücklich abgegrenzt: »Darumb, damit es

24. A. Angenendt, a.a.O. 435.
25. K. E. Müller, Das magische Universum der Identität. Elementarformen sozialen Verhaltens – Ein ethnologischer Grundriß, Frankfurt 1987, 19.
26. Vgl. H. Kühne, Ostensio reliquiarum. Untersuchungen über Entstehung, Ausbreitung, Gestalt und Funktion der Heiltumsweisungen im römisch-deutschen Regnum, AKG 75, Berlin 2000.
27. WA 49, 588.

recht und Christlich eingeweihet und gesegnet werde, nicht wie der Papisten Kirchen mit jrem Bischoffs Chresem und reuchern, sondern nach Gottes befehl und willen, Wollen wir anfahen Gottes wort zu hören und zu handlen. – Und nu jr es, lieben Freunde, habt helffen besprengen mit dem rechten Weyhwasser Gottes Worts, So greiffet nu auch mit mir an das Reuchfas, das ist: zum Gebet.«[28]

Man kann lange darüber streiten, worin der Unterschied zwischen den beiden Methoden besteht. Die protestantische Theologie sieht in der Verbalisierung der Weihehandlung eine Personalisierung im Glaubensverständnis und eine Spiritualisierung in der Glaubenspraxis. Das Heilige wird nicht mehr substanzhaft präsent, sondern bleibt eingebunden in die Begegnung zwischen dem mündlichen Wort und dem persönlichen Glauben. Eine solche Interpretation der Verlagerung ins Wortgeschehen hinein lässt sich mit der frühbürgerlichen Versprachlichung und Rationalisierung aller Lebensbereiche unschwer vereinbaren.[29] Sie findet aber an einem zentralen Punkt von Luthers Theologie einen Widerstand, und zwar in der Abendmahlsfeier, in der der Reformator bei aller Hervorhebung der Einsetzungsworte an der leiblichen Realpräsenz Christi in den Elementen unerschütterlich festgehalten hat. Diese elementare Realität war für ihn, unabhängig von allen Transsubstantiationstheorien, durch die neutestamentliche Überlieferung vorgegeben. Wer die Einsetzungsworte laut spricht, darf dessen gewiss sein, dass der Erlöser mit Leib und Blut in Brot und Wein gegenwärtig ist. Die Einsetzungsworte sind keine Weiheworte, die die Substanzen verwandeln, aber sie sind gleichwohl »Tätelworte« in dem Sinn, dass sie den Erlöser in seiner himmlischen Leiblichkeit realisieren.[30]

Auch die Worte, die bei der Kirchweihe in Lesungen, Predigt und Gebeten erklingen, haben, wie alle Worte, eine Raum erfüllende Macht. Luther kann auf die Anwendung von geweihtem Öl und Weihrauch verzichten, weil diese Materialien, im Unterschied zum Sakrament, im NT nicht vorgesehen sind, aber auch weil ihre Wirkungsmacht aus der Wirkmacht der Worte lebt, mit denen sie geweiht worden sind und verwendet werden. Die Kraft Gottes, die im Evangelium zur Sprache kommt, kann nicht nur Leib-, sondern auch Ortsräume erfüllen. In einer alten Kirche kann man die heiligen und frommen Worte, die dort durch die Jahrhunderte hin laut gesprochen worden sind, unschwer erspüren. Sie haben jenseits personaler Präsenzen, unabhängig auch von architektonischer Ausstattung und sakramentaler Permanenz

28. WA 49, 588 und 613.

29. Vgl. vor allem K.-H. Bieritz, Daß das Wort im Schwang gehe. Lutherischer Gottesdienst als Überlieferungs- und Zeichenprozeß, in: Zeichen setzen. Beiträge zu Gottesdienst und Predigt, Stuttgart 1995, 82ff.

30. Zu den Schwierigkeiten, die sich aus der Kombination unterschiedlicher Sprachaspekte ergeben, vgl. E. Bizer, Die Abendmahlslehre in den lutherischen Bekenntnisschriften, in: E. Bizer/W. Kreck, Die Abendmahlslehre in den reformatorischen Bekenntnisschriften, ThExh 47, München 1955, 3ff.

eine Atmosphäre geschaffen, die man beim Betreten mehr oder weniger stark zu erfassen vermag.

Durch Weihehandlungen werden nicht nur Leibräume, sondern auch Ortsräume zu Residenzen des Heiligen. Der lokale Austausch erfolgt hier in der Form einer Ausgrenzung. Im irdischem Bereich der Schöpfung wird ein Areal für die Einwohnung des Göttlichen definiert und seiner Bestimmung durch energetischen Austausch zugeführt. Wie bei der Taufe sind auch bei der Einweihung von protestantischen Kirchen die negativen Aktionen sehr stark begrenzt. Sie müssen sicher nicht so drastisch ausgeführt werden wie in der Ordnung des Bischofs Drogo von Metz (826-855). Dort vertreibt der Bischof, ehe er die Kirche betritt, in einem Dialog den Teufel, den ein in der Kirche versteckter Kleriker darstellt. B. Fischer hat in dieser Szene eine Analogie zur Auferstehungsfeier gesehen.[31] Die göttliche Macht, die jetzt dieses Haus besetzt, vertreibt die darin bislang herrschenden Mächte des Todes.

Der Hinweis auf solche negativen Aspekte des Weihrituals ist in der Gegenwart deswegen nötig, weil er zum Nachdenken über die unbedachte Verwendung von Kirchräumen für nicht religiöse Zwecke veranlassen kann. Wer eine Kirche für Technopartys, Werbekampagnen oder als Relaisstation für Mobilfunknetze vermietet, muss überlegen, für welche Wirklichkeiten er dabei die Residenz des Heiligen instrumentalisiert. Regino von Prüm (gest. 915) hat im Rahmen seines mittelalterlichen Weltbildes die Eigenart und den Anspruch des geweihten Raumes folgendermaßen umschrieben: »Wenn nämlich das Haus Gottes ein Haus des Gebetes genannt wird, dann muß es sein, als was es bezeichnet wird, und es darf dort nichts Andersartiges getan oder aufbewahrt werden. Wo nämlich der Leib des Herrn konsekriert wird, wo an der Gegenwart der Engel kein Zweifel ist, wo die Reliquien der Heiligen niedergelegt sind und verehrt werden, da darf nichts Unehrbares erscheinen, was die Augen der zum Gebet Eintretenden beleidigt, da darf auch nichts erscheinen, was auf weltlichen Gewinn zielt, sondern alles sei heilig, alles rein und allein auf den kirchlichen Dienst bezogen.«[32]

Die Kirche in Mitteleuropa hat immer am Markt gestanden, in nächster Nähe also zur Öffentlichkeit. Aber vom Markt in die Kirche musste man eine Tür passieren, nach deren Durchgang man sich unter katholischen Christ/innen bis heute bekreuzigt. Der Raum des Evangeliums soll von den Gesetzen des Marktes nicht überflutet werden. Auch heute ist bei allen Vermietungen eines sakralen Gebäudes darauf zu achten, dass der dabei erfolgende

31. Vgl. B. Fischer, Die Auferstehungsfeier am Ostermorgen. Altchristliches Gedankengut in mittelalterlicher Fassung, in: Redemptionis mysterium, a.a.O. 15f. Wichtige Beiträge zur Geschichte der Kirchweih finden sich in: H. Emonds OSB (Hg.), Enkainia. Gesammelte Arbeiten zum 800jährigen Weihegedächtnis der Abteikirche Maria Laach, Düsseldorf 1956.

32. Zitiert nach A. Angenendt, a.a.O. 435.

energetische Austausch die Präsenz des Heiligen nicht tangiert und dass der Raum als lokale Alternative zum Marktgeschehen erhalten bleibt.

Dass durch die Weihe des Kirchenraumes auch ein sozialer Austausch erfolgt, zeigt sich gegenwärtig in seiner archaischen Qualität als Asyl. Die Besitzverhältnisse sind formaljuristisch eindeutig. Das Kirchengebäude gehört dem Patronat, der Gemeinde oder, wie die Universitätskirche in Göttingen, einer staatlichen Behörde. Angesichts dieser Eigentumssituation hätte die staatliche Zwangsgewalt jederzeit das Recht, abgewiesene Asylbewerber, die sich dort aufhalten, zu verhaften und der Abschiebung zuzuführen. Dass das nicht geschieht, ist im Rahmen juristischer Systematik irrational. Die Handlungslogik dieses Vorgangs erschließt sich erst, wenn man unterstellt, dass ein geweihtes »Gotteshaus« nicht mehr nur der Kirchengemeinde oder einem sonstigen sozialen Träger gehört, sondern in die Verfügungsgewalt der Gottheit selbst geraten ist. Das Gebäude, das den Altar umgibt und das von den Worten des Evangeliums gefüllt ist, vermag selbst die angrenzenden Räumlichkeiten wie den Gemeindesaal oder die Pfarrerwohnung vor dem staatlichen Zugriff zu schützen.

Gegenwärtig stellt sich zudem ein Problem, das in der Kirchengeschichte zwar immer wieder, aber meist nur in Einzelfällen aufgetaucht ist, heute jedoch in manchen Landeskirchen massenhaft auftritt. Es geht um die Entsorgung von Kirchengebäuden, die aus den verschiedensten Gründen nicht mehr benötigt werden. Eine kulturprotestantische Mentalität wird sich darüber aufregen, dass Kirchen in revolutionären und nachrevolutionären Zeiten als Viehstall oder Fabrikhalle benutzt worden sind. Auch die Indienstnahme durch ökonomische Interessen wird bei dieser Einstellung sehr viel fragwürdiger als jene Lösung, die in den alten Räumen Kulturveranstaltungen ansiedeln möchte. Für welche Nachfolgezwecke man sich auch entscheidet und selbst wenn ein totaler Abriss notwendig wird, in jedem Fall stellt sich unvermeidlich die Frage: Wie wird die durch Weihe erbetene Anwesenheit der Gottheit beendet?

Die Analogie zur Priesterweihe der Taufe hilft hier nicht weiter, weil man die Taufe auch durch Kirchenaustritt entgegen der landläufigen und auch in den Kirchen verbreiteten Ansicht nicht ungeschehen machen kann.[33] Am ehesten können noch Rituale, die in den letzten Jahren für die Ehescheidung entwickelt worden sind,[34] Anregungen für einen geordneten Auszug aus Kirchengebäuden enthalten.

33. Vgl. M. Josuttis, Kirchenaustritt und Taufverständnis, in: Herausgeforderte Kirche, Festschrift E. Busch, Wuppertal 1997, 339ff. Weil dieser Sachverhalt mit keinem Wort erwähnt wird, bleiben die »Theologische(n) Erwägungen der Kammer für Theologie zum Dienst der evangelischen Kirche an den aus ihr Ausgetretenen« ohne ekklesiologisches Fundament; vgl. Kirchenamt der EKD (Hg.), Taufe und Kirchenaustritt, EKD Texte 66, Hannover 2000, bes. 12f.

34. Vgl. die Beiträge in S. Merian (Hg.), Scheiden tut weh, Gütersloh 1995, sowie

Durch Lesungen, Verkündigung und Gebete ist eine heilige Macht zur Einwohnung in den Kirchraum geladen worden. Durch Lesungen, Verkündigung und Gebete kann man auch bitten, dass sie die Gemeinde bei ihrem Auszug aus diesem Gebäude begleitet. Die Bibel enthält eine Vielzahl von Migrationsperikopen, weil der biblische Gott seine befreiende Macht gerade in Exodus-Erfahrungen demonstriert. In den Ansprachen und Gebeten wird das laut werden, was auch für die Situation im Ritual der persönlichen Trennung wichtig ist: der Dank für erfahrene Hilfe, die Bitte um Vergebung für gelebten Unglauben, Kleinglauben und andere Schuld, die Hoffnung auf Führung in die neuen Räume hinein und auf Segen für den gesamten Lebensweg. Wichtig ist bei alledem auch, dass nicht nur geredet wird, sondern dass man auch sakrale Gegenstände, die zu einem Kirchraum gehören, auf angemessene Weise entfernt.

III. Sachräume

Zur Innenausstattung personaler Tempel gehören sprachliche Traditionen, in die Menschen durch Unterweisung eingeführt werden müssen oder genauer: die ihnen durch katechetische Arbeit eingeflößt werden. Zur Tempelgemeinde gehört man, »wenn du mit deinem Mund Jesus als den Herrn bekennst und mit deinem Herzen glaubst, dass Gott ihn von den Toten auferweckt hat« (Römer 10,9). Deswegen hat man in allen Elementarformen kirchlichen Unterrichts eine Kenntnis der Hauptstücke, der Gebote, des Credos und des Vaterunsers, verlangt.

Die Innenausstattung geweihter Ortsräume hat sich, auch wenn die Weihe selbst sprachlich vollzogen wurde, in der Regel nicht mit dieser verbalen Infusion begnügt. Allenfalls in der reformierten Tradition ist der Verzicht auf religiöse Symbolik radikal, wenn auch nie total praktiziert worden. Ein Exemplar der Heiligen Schrift und ein Kreuz ohne Kruzifixus hat man bei aller Abwertung von Altären, Bildern und Kerzen in der Regel doch installiert. Weil jede Weihehandlung räumliche Phänomene betrifft, sei es in personaler Gestalt, sei es in lokaler Erstreckung, sind wir bei der Beschreibung der entsprechenden Verfahren schon auf zahlreiche Gegenstände gestoßen, die dabei eingesetzt werden und die ihrerseits der religiösen Präparierung bedürfen.

Einen Eindruck von der Wichtigkeit solcher Sakralobjekte kann das vermitteln, was M. Eliade über die Tracht und die Trommel der Schamanen ausgeführt hat. »Die Tracht stellt für sich selbst einen geistigen Mikrokosmos vor, der von dem umgebenden profanen Raum qualitativ verschieden ist. Einerseits bildet sie ein fast vollständiges symbolisches System, anderseits

M. Josuttis, Gottesdienst am Scheideweg, in: Gottesliebe und Lebenslust. Beziehungsstörungen zwischen Religion und Sexualität, Gütersloh 1994, 65 ff.

ist sie durch die Konsekration mit vielerlei geistigen Kräften und vor allem mit ›Geistern‹ getränkt. Einfach durch das Anlegen der Tracht – oder durch das Benützen der Gegenstände, die sie ersetzen – überschreitet der Schamane den profanen Raum und rüstet sich, mit der geistigen Welt in Berührung zu treten. Im allgemeinen bedeutet diese Vorbereitung fast schon die konkrete Einführung in jene Welt, denn man legt die Tracht erst nach manchen Vorbereitungen, unmittelbar vor dem Beginn der schamanischen Trance an.«[35] Die Investition bildet die Vorbereitung für die Expedition. Der Kleidungswechsel stellt einen Raumwechsel dar, in dem nichtalltägliche Bewegungen in die Himmels- und in die Unterwelt möglich werden.

Wie sorgfältig die Auswahl des Materials für solche Objekte vonstatten geht, zeigt das Beispiel der Trommel. »Da sein Trommelkasten von dem Holz des Weltenbaums selbst genommen ist, wird der Schamane beim Trommeln auf magische Weise an den Weltenbaum versetzt: Er ist ins Zentrum versetzt und damit kann er auch zu den Himmeln aufsteigen.«[36] Das Holz für diesen Gegenstand, der ihn mit dem Zentrum des Lebens verbindet, kann er auf verschiedene, immer aber wunderbare Weise gewinnen. Der Baum, aus dem es stammt, ist entweder vom Blitz getroffen, er wurde ihm von den Geistern im Traum gezeigt, oder er ist auf ihn gestoßen, als er mit geschlossenen Augen den Wald durchdrang. Auf den Bildern, mit denen die Trommel geschmückt wird, sind die kosmischen Räume und Kräfte festgehalten, die sich in der schamanischen Trance realisieren.

Nicht nur das Kirchengebäude und der Altar bedürfen nach kirchlicher Tradition der Weihe. Auch die Glocken werden für ihre religiöse Verwendung einer entsprechenden Prozedur unterzogen. Für ihren Einsatz in reiner Signalfunktion wäre das sicher nicht nötig; denn die Information, dass der Gottesdienst bald beginnt, dass im Gottesdienst die Wandlung erfolgt bzw. das Herrengebet gesprochen wird, kann auch ohne religiöse Aufladung des Geläutes erfolgen. Die Weihe sollte und soll den Glocken darüber hinaus eine spezifische Kraft verleihen, zur Abwendung von Gewitterschäden, zur Mobilisierung der Gemeindemitglieder, aber auch zur Wahrnehmung des Gebets in der himmlischen Welt. Die Glocke schafft einen Klangraum, der von jenen Mächten erfüllt ist, die durch das Ritual in den Gegenstand imprägniert werden.

Die römisch-katholische Glockenweihe umfasst nach W. Reindell folgende Einzelaktionen, so dass sie nach Meinung des Autors »in vielen Einzelheiten dem Vollzug des Taufsakraments bedenklich nahekommt«[37]: »Vor der Kirche werden die Glocken mit Ketten an einem Traggerüst so aufgehängt, daß sie für den weihenden Bischof leicht erreichbar sind. Die Handlung beginnt mit dem Gesang folgender sieben Psalmen: Ps. 51 (wegen Vers 17); 54

35. M. Eliade, Schamanismus und archaische Ekstasetechnik, Frankfurt 1975, 149.
36. A. a. O. 168f.
37. W. Reindell, Die Glocken der Kirche, Leiturgia IV, Kassel 1961, 868.

(wegen Vers 7); 57 (wegen Vers 6); 67 (wegen Vers 2-3); 70 (wegen Vers 3); 86 (wegen Vers 14-16); 130 (wegen Vers 2). Es folgt die Waschung der Glocke mit Weihwasser von innen und von außen, während die Psalmen 145-150 rezitiert werden. Dann beginnen die Salbungen, zunächst mit Krankenöl in Kreuzform und mit sieben Kreuzen auf die Außenwandung, mit Chrisam vier weitere Kreuze an der Innenwandung. Der Sinn der dabei gesprochenen Gebete ist eindeutig, die Glocke soll wider die dämonischen Mächte gefeit und mit der Kraft des Heiligen Geistes ausgerüstet werden. Die zweite Salbung wird begleitet von Ps 29, dem gewaltigen Preislied der ›Stimme des Herrn‹ im Gewitter, siebenmal genannt analog den siebenfachen Gaben des Heiligen Geistes. Alsdann erfolgt die Beräucherung mit einer Mischung von Thymian, Weihrauch und Myrrhe in einem unter die Glocke gestellten Becken. Dabei spielt neben den Gedanken der Reinigung der der Verehrung eine Rolle, begleitet von Ps 77, dem Liede von der Macht Gottes, die sich vor allem im Gewitter kundtut. Das abschließende Gebet des Bischofs bittet gemäß Luc. 8,22-25 um die Abwendung von Gefahren für Leib und Seele. Das vom Diakon gesungene Schlußevangelium Luc. 10,38-42 unterstreicht noch einmal den Mahnruf, den die Glocke fortan ergehen lassen soll: ›Eins ist Not!‹«[38]

Luther äußert sich gegenüber der apotropäischen Intention einigermaßen tolerant; aber die eigentliche Kraft schreibt er nicht dem Läuten zu, sondern dem Beten, das durch die Glocken animiert werden soll. »Were nicht bo(e)se/das die Prediger yn Sommerzeit/das volck vermaneten/so sich ungewitter hebet/vnd wo man leutet/das solche gewonheit daru(e)mb gehalten werde/nicht das der glocken dohn vnd weihung der glocken das wetter odder frost vertreibe/wie bisher gelert vnd gehalten ist worden/Sondern das man dadurch erynnert wu(e)rde/Gott zu bitten/vns die fru(e)chte der erden behu(e)ten.«[39] Wie eine Glockenweihe im Rahmen der reformatorischen Theologie abgelaufen ist, zeigt eine Predigt, die P. Graff aus Leutkirch 1614 zitiert: »Es ist zu dieser Stunde die Glocke in dem neuen Kirchturm zum ersten Mal angezogen und geläutet worden, und haben wir gehört, wie einen herrlichen und tapferen Resonanz und Klang sie von sich gibt, wann wir nun solche hinführo zu unserm Gottesdienst gebrauchen werden, und man aber mit Wahrheit nicht sagen könnte, wir haben eine ungeweihte Glocke, so will es von Nöten sein, daß wir sie weihen, welches wir im Namen Gottes auf diesmal verrichten wollen, und aber dasselbige nicht auf papistische Weise ..., sondern auf christliche, apostolische Weise, nämlich und nach der Regel,

38. A.a.O. 867. Die Neuordnung der Glockenweihe im Rituale Romanum von 1984 hat nach A. Adam, Grundriß Liturgie, Freiburg 1985, 312, folgende Struktur: »Eröffnung, Wortgottesdienst mit zahlreichen Lesungsvorschlägen, kurzer Homilie und Fürbitten, Segensgebet (zwei Textformen), Besprengung mit Weihwasser und Inzens, wobei Psalm 149 gesungen wird, und feierlicher Schlußsegen«.
39. M. Luther, Unterricht der Visitatoren, Studienausgabe 3, Berlin 1983, 454.

die uns St. Paulus fürschreibt 1. Tim. 4,5 und sagt, es wird alles geweiht durch das Wort und Gebet ... Dies Wort Gottes aber haben wir von den Glocken, daß wir durch sie, wie ihr Name ausweiset, zusammen gelocket werden, Gottes Wort zu hören, zu beten, und Gott zu dienen.«[40] Die Glocken bleiben, auch wenn sie durch ein verbales Ritual mit religiösen Vokabeln in Dienst genommen werden, irdische Instrumente. Sie werden mit Lesungen und Gebeten dazu bestimmt, Menschen in der Reichweite ihres Klangraums zu Gottesdienstbesuch und Gebetsvollzug einzuladen.[41] Ob und in welchem Sinn ihr Klang kosmische Effekte hervorbringt, ob sie gegen Naturkräfte schützen und Himmelskräfte mobilisieren, das wird in dieser Perspektive nicht wahrgenommen. Sie sind von Menschen gemacht, sie werden in der christlichen Gemeinschaft installiert und für parochiale Zwecke eingesetzt, die dann im Laufe der Geschichte durchaus auch kommunale und nationale Anlässe umfassen konnten.[42]

Zwischen den Konfessionen strittig ist nicht nur der Ablauf und der Inhalt von Weihehandlungen an Orts- und Sachräumen, sondern auch der Umfang derartiger Aktionen. Muss alles, was im liturgischen Vollzug an Gegenständen verwendet wird, dafür durch ein besonderes Ritual präpariert werden? Und bedürfen auf der anderen Seite nur Kirchen einer derartigen Handlung, oder können auch andere kirchliche Bauwerke, vielleicht sogar öffentliche Gebäude, Arbeitsstätten und Freizeiträume mit Segenskräften versehen werden?

In der römisch-katholischen Kirche hat sich ein weiträumiges und engmaschiges Netz von Sakralgegenständen entwickelt, die einerseits selbst geweiht sind und andererseits zur Weihe von anderen Objekten herangezogen

40. P. Graff, Geschichte der Auflösung der alten gottesdienstlichen Formen in der evangelischen Kirche Deutschlands I, 2. Auflage, Göttingen 1937, 412. Die Unterscheidung zwischen evangelischem Beten und »papistischem« Vertrauen auf die geweihten Glocken spielt noch in der Volksaufklärung eine zentrale Rolle; vgl. J. C. Nägeli, Des Lehrnsbegierigen und Andächtigen Landmanns Getreuer Wegweiser (Zürich 1738), Neudruck Volksaufklärung 2, Stuttgart-Bad Cannstatt 1992, 67 f.
41. K. Raschzok, Lutherischer Kirchenbau und Kirchenraum im Zeitalter des Absolutismus 1, Frankfurt 1988, 488, zitiert eine Glockenweihpredigt aus dem Jahr 1747: »Werden ordentlich mit den Glocken dreymahl die gewöhnlichen Zeichen zum öffentlichen Gottes-Dienst gegeben, so soll das erste die Kirchgänger erinnern, ihrem Leib eine ehrbare Kleidung anzuziehen. Das andere ein Gebet-Buch in die Hand zu nehmen, und Gott anzuruffen, daß er, wie der Purpur-Krämerin Lydia, das Herz öffnen wolle, damit man die Predigt Göttlichen Wortes fleißig zuhören könne, umb die Seele zu erwecken, und ihr Heyl zu besorgen: Das dritte, um die Füße behend aus dem Hause zu setzen, und nach dem Tempel des Herrn zu eilen.«
42. Vgl. A. Corbin, Die Sprache der Glocken. Ländliche Gefühlskultur und symbolische Ordnung im Frankreich des 19. Jahrhunderts, Frankfurt 1995, 111 ff.

werden. Besonders aufschlussreich ist die Taufwasserweihe, die in der Osternacht mit Hilfe der Osterkerze erfolgt. Der Ritus enthält in seiner vorkonziliaren Fassung eine vitale Basis, die F. Heiler aufgedeckt hat: »Ein Rest der antiken phallischen Zeremonien hat sich bei der römischen Taufwasserweihe erhalten, bei welcher die Osterkerze in das Taufwasser gestoßen wird. In den begleitenden Gebeten kommt deutlich zum Ausdruck, daß dieser Zeugungsakt das Wasser gebärfähig machen soll.«[43] Durch diesen Akt der Befruchtung wird das Taufwasser zum Fruchtwasser für die Wiedergeburt transformiert. Die postkonziliare Reform hat diese Anklänge getilgt, das Eintauchen der Osterkerze »pro opportunitate« freigestellt und den eigentlichen Weihevorgang in das Gebet verlegt: »Durch seinen geliebten Sohn steige herab in dieses Wasser die Kraft des Heiligen Geistes, damit alle, die durch die Taufe mit Christus begraben sind in seinen Tod, durch die Taufe mit Christus auferstehen zum ewigen Leben.«[44] Die Tendenz zur Entsinnlichung der kultischen Praxis, die A. Lorenzer am II. Vaticanum so vehement kritisiert hat,[45] wird auch hier wirksam.

Bei der Weihe von Personen, Kirchengebäuden und Sakralgegenständen verwendet man Worte. Diese methodische Maxime ist ökumenisch anerkannt. Zur Innenausstattung von Kirchen gehören aber auch Gegenstände und Geräte, und nicht nur die Benutzer von Kirchengebäuden hoffen auf heilvolle Atmosphären in den jeweiligen Räumen. Wie schwierig eine einleuchtende Begrenzung von Weihehandlungen ist, beweist die Agende IV der VELKD von 1987. Dort findet man mehr oder weniger ausführliche Rituale für die Weihe von Altar, Kanzel, Taufstein und Orgel, für die Einweihung kirchlicher Gebäude vom Gemeindehaus bis zum Altenheim und zur Friedhofskapelle, aber auch für die Einweihung sonstiger Bauwerke, Einrichtungen und Verkehrsfelder (Straßen, Brücken). Im Blick auf die Sakralobjekte im Kontext der Spendung von Sakramenten heißt es dagegen lapidar: »Neue Tauf- und Abendmahlsgeräte werden durch ihren ersten Gebrauch geweiht. In Verkündigung und Gebet kann darauf Bezug genommen werden.«[46]

Ein Vorteil der verbalen Methodik besteht in pragmatischer Hinsicht sicher darin, dass beim Vollzug einer solchen Handlung sehr viel stärker die Situation berücksichtigt werden kann. Auf der anderen Seite ist zu betonen,

43. F. Heiler, a.a.O. 103. Zu den Einzelheiten der Diskussion vgl. A. Stock, Ostern feiern. Eine semiotische Untersuchung zur Osterliturgie, in: A. Stock/M. Wichelhaus (Hg.), Ostern in Bildern, Reden, Riten, Geschichten und Gesängen, Zürich 1979, 108ff.
44. Zitiert nach A. Stock, a.a.O. 112.
45. Vgl. A. Lorenzer, Das Konzil der Buchhalter. Die Zerstörung der Sinnlichkeit – eine Religionskritik, Frankfurt 1981.
46. Kirchenleitung der VELKD (Hg.), Agende für evangelisch-lutherische Kirchen und Gemeinden IV, Hannover 1987, 152.

dass diese Verbalisierung nicht einfach einen Reduktionsvorgang darstellt, wie es auf den ersten Blick scheinen mag. Auch die geweihten Gegenstände, mit denen man arbeitet, haben ihre spezifische Kraft aus der Verwendung von spezifischen Worten, aus dem Anrufen heiliger Namen und dem Lesen heiliger Texte, gewonnen.[47] Insofern ist der Prozess der Versprachlichung, wie er in der bürgerlichen Neuzeit auch sonst zu beobachten ist, im religiösen Bereich auch als Konzentrationsbewegung zu interpretieren. Die Sprache wird dann freilich auf eine Weise eingesetzt, die sich dem hermeneutischen Interesse auf Verständlichkeit und Rationalität grundlegend entzieht. Die Priesterinnen und Priester, die durch ihre Taufe geweiht sind, bringen bei allen Weihehandlungen an Personen, Gebäuden und Gegenständen eine Wirklichkeit zur Sprache, die »über allen und bei allen und in allen« (Epheser 4, 6) ist und die jetzt mit ihrer Präsenz Leibräume, Ortsräume, Sachräume gnädig erfüllen möge.

47. R. W. Scribner, Magie und Aberglaube. Zur volkstümlichen sakramentalischen Denkart in Deutschland am Ausgang des Mittelalters, in: P. Dinzelbacher/ D. R. Bauer (Hg.), Volksreligion im hohen und späten Mittelalter, Paderborn 1990, 258, hat die Handlungslogik derartiger Aktionen so zusammengefasst: »Die Kraft der Sakramentalien entstand beim Prozeß der Weihung. Sie geschah in zwei Stufen: Exorzismus und Benediktion. Im ersteren wurden alle dämonischen Mächte ausgetrieben, in der zweiten wurde das zu weihende Objekt gesegnet, so daß jeder den Gegenstand ohne Schaden benutzen und zum Heil des Körpers und der Seele gebrauchen konnte.«

§ 8 Opfern

Für die religiöse Praxis muss man sich präparieren, was vorrangig durch Fasten und Beten geschieht. Dann kann man die göttliche Lebenskraft im Vollzug des Weihens auf begrenzte Räume konzentrieren. Man kann diese Lebenskraft aber auch wieder delegieren. Im Opfergeschehen gibt man an die Gottheit zurück, was man dank ihrer Zuwendung von ihr empfangen hat.

Dass das Opfern eine Urform religiöser Praxis darstellt, zeigt sich schon in der Etymologie. Das deutsche Wort ist abgeleitet aus dem Lateinischen »operari«, das »Handeln« im allgemeinsten Sinn bezeichnet.[1] Entsprechend sind Opferformen schon in vorgeschichtlicher Zeit verbreitet; jedenfalls werden paläontologische Funde, die man als Relikt religiöser Handlungen interpretieren kann, durchweg entweder auf Bestattungsriten oder auf Opferzeremonien zurückgeführt.[2] Auch in der Gegenwart praktizieren die meisten Religionen im Zentrum ihres Kults eine Opferhandlung. Und selbst die konfessionellen Kontroversen im Christentum beweisen durch die Heftigkeit der Auseinandersetzung, welche Sprengkraft in dieser Handlung steckt.

Wie macht man das: opfern? Die Frage nach dem angemessenen Vollzug dieser Urhandlung ist deswegen so brisant, weil die moderne Gesellschaft an diesem Punkt durch einen elementaren Widerspruch gekennzeichnet ist. Auf der einen Seite werden Opferhandlungen in den großen christlichen Konfessionen nicht mehr real zelebriert. Auf der anderen Seite aber werden durch die gesellschaftliche Praxis Opfer andauernd produziert. Ob beides miteinander zusammenhängt und ob man in einer solchen Situation überhaupt erfolgreich opfern kann, ist eine Frage, die sehr schwer zu klären ist.

In den großen christlichen Konfessionen ist die Distanz gegenüber der Opferpraxis mehr oder weniger stark ausgeprägt. Dass die Reformatoren alle Opferaussagen aus dem Messformular getilgt und den römisch-katholischen Gottesdienst wegen seiner Opferanschauung im Extremfall »eine vermaledeite Abgötterei«[3] genannt haben, ist bekannt und braucht ange-

1. So W. Burkert, Homo necans. Interpretationen altgriechischer Opferriten und Mythen, Berlin 1972, 9f. Für eine Herleitung aus »offerre« plädiert H. Bürkle, Die religionsphänomenologische Sicht des Opfers und ihre theologische Relevanz, in: R. Schenk (Hg.), Zur Theorie des Opfers: ein interdisziplinäres Gespräch, Stuttgart-Bad Cannstatt 1995, 154.
2. Vgl. M. Eliade, Geschichte der religiösen Ideen I, Freiburg 1978, 15ff.; S. A. Tokarew, Die Religion in der Geschichte der Völker, Köln 1978, 21ff., sowie A. Leroi-Gourhan, Die Religionen der Vorgeschichte – Paläolithikum, Frankfurt 1981, 16ff.
3. So der Heidelberger Katechismus in Frage 80.

sichts der vorliegenden Untersuchungen nicht weiter belegt zu werden. Aber auch den Gegenstand dieser aufgeregten Kritik kann man nur noch uneigentlich als Opferhandlung bezeichnen. Denn hier werden Lebewesen bzw. Lebensmittel nicht mehr vernichtet; vielmehr wird das einmalige Opfergeschehen unblutig wiederholt und als priesterliche Gabe der Gottheit dargebracht.[4] Die Gegenwart des Gekreuzigten in der Feier des Gottesdienstes ist bis heute zwischen den Konfessionen unumstritten. Der kontroverstheologische Konflikt betrifft in seinem Zentrum die Frage, wer im Rahmen dieser Realpräsenz wem etwas gibt. Die einen insistieren darauf: Gott schenkt sich den Menschen. Die anderen behaupten demgegenüber: Weil Gott sich gegeben hat, können auch die Menschen ihm etwas geben, und zwar schon im kultischen Kontext, nicht erst im Alltag des Lebens. Das ist nicht mehr und nicht weniger als ein Streit um Worte, Gesten und Situationen. Ein Opfer im Sinne der Lebensvernichtung wird auf keiner Seite vollzogen.

Ganz anders ist das in der modernen Gesellschaft. Hier werden auch keine Opferhandlungen praktiziert, aber es werden andauernd Opfer produziert. Jedenfalls signalisiert das die Sprache. Wenn man bis in die Nachrichten der Massenmedien hinein von »Verkehrs-« und »Kriegsopfern« redet, dann verweist man auf Akte der Lebensvernichtung, die schicksalhaft oder durch Zufall zustande kommen, denen man aber auf der anderen Seite auch keine direkte Handlungslogik zusprechen kann.[5] Im Krieg gibt es Gefallene und Zerbombte. Im Straßenverkehr ereignen sich Unfälle, die Jahr für Jahr mehrere tausend Tote zur Folge haben. Kriege werden geführt zur Durchsetzung von Macht- und Wirtschaftsinteressen, mit nationalistischen oder revolutionären Zielen. Der Straßenverkehr dient der allgemeinen Produktivität und der individuellen Mobilität. Beide Handlungsbereiche bringen Opfer hervor und benötigen wohl auch Opfer, aber nicht im Sinne einer strengen Mittel-Zweck-Kalkulation, sondern eher als unvermeidliche Nebenprodukte von Funktionsmechanismen. Wobei das Sinndefizit für die Nebenwirkungen des Straßenverkehrs sicher größer ist als bei den Soldaten, denen man immerhin ein stellvertretendes Sterben für die Gemeinschaft zuschreiben könnte.

Die Tiefenpsychologie hat darüber hinaus Opferprozesse aufgedeckt, die abseits dieser öffentlichen Handlungsfelder im privaten, vor allem im familialen Raum ablaufen. Kinder werden zum Substitut elterlicher Konflikte.[6]

4. Vgl. die Belege bei R. Schulte, Die Messe als Opfer der Kirche. Die Lehre frühmittelalterlicher Autoren über das eucharistische Opfer, Münster 1959; kritische Gesichtspunkte zu dieser Entwicklung bietet R. Meßner, Die Meßreform Martin Luthers und die Eucharistie der Alten Kirche. Ein Beitrag zu einer systematischen Liturgiewissenschaft, Innsbruck 1989, 84ff.
5. Vgl. K.-P. Jörns, Krieg auf unseren Straßen. Die Menschenopfer in der automobilen Gesellschaft, Gütersloh 1992.
6. Vgl. H.-E. Richter, Eltern, Kind und Neurose. Psychoanalyse der kindlichen Rolle, Reinbek 1969, 155ff.

Trauernde übernehmen Eigenarten und Neurosen Verstorbener in das eigene Ich.[7] Aber solche Vorgänge hat es, wie Lebensgefährdungen durch Schwangerschaft und Geburt für die Mutter, Verzichtleistungen im Erziehungsprozess bei den Eltern, auch schon früher gegeben. Und sie konnten dann auch, wenn sie überhaupt wahrgenommen wurden, als selbstverständliche Folgen der Partizipation an der kultischen Opferpraxis in das Leben integriert werden.

Die Opferpraxis in der religiösen und in der säkularen Öffentlichkeit der Moderne liegt so weit auseinander, dass jenseits der sprachlichen Konnotation kein sachlicher Zusammenhang zu bestehen scheint. Die Frage nach der Methodik des Opferns wird dadurch umso dringlicher, und auch die Skepsis wächst, ob unter den Bedingungen des Lebens in der kapitalistischen Marktgesellschaft diese Praxis überhaupt noch zu realisieren ist.[8] Wir versuchen, uns der Klärung dieser Fragen zu nähern, indem wir wichtige Opfertheorien (I.), zentrale Opferaussagen des Neuen Testaments (II.) und Möglichkeiten aktueller Opfermethoden (III.) behandeln.

I. Opfertheorien

Was ist zu opfern? Eine Typologie von Ritualen, die »sich dank ihrer sozialen und psychologischen Funktionen als stabilisierende Faktoren kultureller Tradition jahrtausendelang fortgepflanzt« haben, hat W. Burkert vorgelegt.[9] So müssen die Männer in der paläolithischen Jägerkultur etwas Neues lernen: »Töten um zu essen. Aggressives Jagdverhalten mit Waffengebrauch und Blutvergießen mußte den Männern andressiert und zugleich unter Kontrolle gebracht werden. Dies leisten vorbereitende Riten einerseits, Riten nachträglicher ›Wiedergutmachung‹ mit Ehrung des Opfertieres andererseits.«[10] Auch das Reinigungs- oder Sühnopfer verdankt sich in dieser funktionalistischen Perspektive den Erfahrungen des Lebenskampfes. Ein Tier oder ein Mensch muss preisgegeben werden, wenn man sich der Umzingelung durch ein Raubtierrudel entziehen will. Das Primitialopfer, der Verzicht auf die Erstgeburt, schafft Solidarität im doppelten Sinn, weil es den Ranghöchsten beseitigt und die Gemeinschaft in ihrer Fähigkeit zur »Erhebung über wirtschaftlich-materielle Zwänge«[11] bestätigt. Dem Votivopfer

7. Vgl. Y. Spiegel, Der Prozeß des Trauerns. Analyse und Beratung, München 1973, 251 ff.
8. Vgl. M. Godelier, Das Rätsel der Gabe. Geld, Geschenke, heilige Objekte, München 1999, 287 ff.
9. W. Burkert, Opfertypen und antike Gesellschaftsstruktur, in: G. Stephenson (Hg.), Der Religionswandel unserer Zeit im Spiegel der Religionswissenschaft, Darmstadt 1976, 172.
10. Ebd.
11. A. a. O. 174.

liegt für Burkert eine Wenn-dann-Kalkulation zugrunde; in Situationen der Angst will man das Ganze retten, indem man auf einen, wenn auch bedeutsamen, Teil verzichtet. Die Sicherheit der Vernichtung ist beim Feueropfer am größten; deshalb wird dieses Verfahren verwendet, wenn es um die radikale und totale Hingabe an die Urmacht des Lebens geht. Auf der anderen Seite steht die Libation, das Vergießen von Flüssigkeiten, das vorrangig der Grenzziehung dient und dadurch geeignet wird, »die Ordnung des Raumes, die Grenzen, die Zentren des Heiligen« zu markieren.[12]

Diese Typologie Burkerts ist am Problem der Genese einzelner Opferarten interessiert und verweist dabei eher assoziativ auf Ur-Szenen, in denen die einzelnen Formen entstanden sein können: bei der Nahrungssuche der ersten Jäger, in der Bedrohung durch Raubtiere, in den Machtkämpfen einzelner Gruppen, durch Aufgaben der Zukunftssicherung in Raum und Zeit. Dabei spielt ein Motiv in fast allen Formen eine wichtige Rolle. Man opfert, indem man gibt. Das geschieht bei der Sühne wie bei der Erstgeburt, im Gelübde wie beim Verbrennen oder Vergießen. Es geschieht auch dort, wo die Fleischmahlzeit mit der Ehrung des getöteten Tieres endet. Durch das Opfern wird ein sozialer Austausch vollzogen, auch und gerade in den Hochkulturen, in denen die Grundtypen Burkerts nur noch in Mischformen begegnen. Innerhalb dieses sozialen Austausches kommt es freilich manchmal auch zu Vernichtungsaktionen, für die zu vermuten ist, dass dabei energetische Modelle wirksam werden. Durch Tötung von Leben will man Anteil an Lebenskraft gewinnen. Die theoretischen Probleme, die sich in diesem Zusammenhang stellen, lassen sich exemplarisch beim Primitialopfer diskutieren, weil gerade an diesem Phänomen die umfassendsten Opfertheorien aufeinanderstoßen.[13]

Das Erstlingsopfer muss nicht die erste Form des Opfers gewesen sein, wie schon Aristoteles behauptet hat, aber es ist gerade für das biblische Opferverständnis besonders aufschlussreich.[14] Der tödliche Konflikt zwischen Kain und Abel entsteht durch die unterschiedliche Annahme ihrer Erstlingsgaben (1. Mose 4,3 f.). Als religionsgeschichtlichen Hintergrund der Handlung, die Abraham an seinem Sohn Isaak vollziehen soll, hat man die Ab-

12. A. a. O. 176. Nach Chr. Eberhart, Studien zur Bedeutung der Opfer im Alten Testament. Die Signifikanz von Blut- und Verbrennungsriten im kultischen Rahmen, Neukirchen 2002, steht im Zentrum der alttestamentlichen Opferpraxis der Verbrennungsritus, der die menschliche Gabe für die Annahme durch die Gottheit transformiert.

13. Einen informativen Überblick bietet H.-M. Gutmann, Das Opfer. Wege zu einem problematischen Thema evangelischer Theologie in praktischer Absicht, VuF 40, 1995, 28 ff.

14. Belege zur Verbreitung des Primitialopfers bei H. J. Kraus, Gottesdienst in Israel, 2. Auflage, München 1992, 135 ff., sowie R. Rendtorff, Studien zu Geschichte des Opfers im Alten Israel, Neukirchen 1967, 169 ff.

lösung des Menschenopfers durch ein Tieropfer vermutet[15] (1. Mose 22,1 ff.). Auch ohne Tötung soll alle Erstgeburt in Israel der Gottheit gehören: »alles, was zuerst den Mutterschoß durchbricht, bei Mensch und Tier, das ist mein« (2. Mose 13,2). Hier wird auch ausdrücklich festgestellt, dass das Opfer einen Akt der Heiligung darstellt. Im Neuen Testament wird der gekreuzigte Christus als »Erstling unter den Entschlafenen« bezeichnet (1. Korinther 15,20). Dieser »Erstgeborene der ganzen Schöpfung« (Kolosser 1,15) ist auch »der Erstgeborene unter vielen Brüdern« (Römer 8,29). Deshalb kann der erste Getaufte in einer Provinz auch als »Erstgeborener« bezeichnet werden (Römer 16,5). Und deshalb konnte das entsprechende Opfergesetz auch in der Kirchengeschichte wirksam werden. Im römischen Katholizismus wurden und werden erstgeborene Söhne für die Priesterrolle bewusst delegiert.[16] Im Protestantismus gibt es auch in der Gegenwart eine auffällige Häufung Erstgeborener in der Pfarrerschaft.[17] Das kann man sozialpsychologisch durch deren Wunsch erklären, auch im Beruf die Rolle des großen Bruders oder der großen Schwester zu spielen; man kann darin aber auch die fortwährende, wenn auch unbewusst bleibende Macht des Opfergesetzes entdecken.

Warum muss ausgerechnet die Erstgeburt geheiligt, der Gottheit gegeben und für die Gottheit geschlachtet werden? Für die psychoanalytische Theorie S. Freuds wiederholt sich in diesem kollektiven Akt der ödipale Konflikt zwischen Vater und Sohn. Die »Übereinstimmungen im Seelenleben der Wilden und der Neurotiker«, die aufzudecken Freud im Untertitel von »Totem und Tabu« (1912) ankündigt, bestehen in der Feststellung, »daß das Totemtier wirklich der Ersatz des Vaters ist«.[18] Das gilt nach W. Robertson Smith für den totemistischen Kult: »Das Opfer war ein Sakrament, das Opfertier selbst ein Stammesgenosse. Es war in Wirklichkeit das alte Totemtier, der primitive Gott selbst, durch dessen Tötung und Verzehrung die Clangenossen ihre Gottähnlichkeit auffrischten und versicherten.«[19] Das gilt aber auch noch für das christliche Abendmahl: »Unser Blick verfolgt durch die Länge der Zeiten die Identität der Totemmahlzeit mit dem Tieropfer, dem theanthropischen Menschenopfer und mit der christlichen Eucharistie und erkennt in all diesen Feierlichkeiten die Nachwirkung jenes Verbrechens, welches die Menschen so sehr bedrückte und auf das sie doch so stolz sein mußten. Die christliche Kommunion ist aber im Grunde eine neuerliche

15. Vgl. G. von Rad, Das Opfer Abrahams, München 1971.
16. Vgl. M. Lahaye-Geusen, Das Opfer der Kinder. Ein Beitrag zur Liturgie- und Sozialgeschichte des Mönchtums im Hohen Mittelalter, Altenberge 1991.
17. Vgl. R. Riess, Pfarrer werden? Zur Motivation von Theologiestudenten, Göttingen 1986, 128 f.
18. S. Freud, Totem und Tabu. Einige Übereinstimmungen im Seelenleben der Wilden und der Neurotiker, Studienausgabe IX, Frankfurt 1982, 425.
19. A.a.O. 423.

Beseitigung des Vaters, eine Wiederholung der zu sühnenden Tat.«[20] In allen Opferformen wird jener elementare Triebkonflikt agiert, in dem der Sohn die Mutter besitzen will und notgedrungen den Vater beseitigen muss. In der Urhorde ist dieser Konflikt einmal exekutiert worden. In der Familie bestimmt er bis heute die Beziehungen in der zentralen Triade. In der Religion wird er unter dem Deckmantel der Sühne andauernd wiederholt, gleichzeitig aber auch durch die Einschärfung von Schuldbewusstsein, Gewissensnormen und sozialen Regeln wie dem Inzesttabu gestaltet. Weil es dabei um elementare Triebtendenzen geht, bleibt die Opferproblematik, auch wenn die kollektiven Opfersysteme religiöser Art an sozialer Relevanz verlieren, in der Gesellschaft erhalten. In der ödipalen Triade kommt es, wenn man so will, zur Zuspitzung des Lebenskampfes. Leben will und muss Leben zerstören, um Lebenskraft zu gewinnen.

Wenn das Totemtier immer der Vater ist, wenn selbst in der Inkorporation des Sohnes der Vater gemeint ist, dann ist das Opfer immer nur an der Oberfläche ein Phänomen der Gabe. Im Kern geht es dabei um Gewinn, um Anteil an der Lebenskraft des Totems, um die Steigerung der Fortpflanzungschancen durch die Beseitigung eines lästigen Konkurrenten, auch um den Aufbau einer Kultur, die trotz des elementaren Unbehagens allererst soziales Leben ermöglicht. Vor allem in der tiefenpsychologischen Variante des Modells, die C. G. Jung entwickelt hat, indem er das Wandlungssymbol der Messe als Individuationsgeschehen interpretiert, tritt dieser Aspekt besonders deutlich hervor. Der »beabsichtigte Verlust ist aber insofern und von einer anderen Seite betrachtet kein wirklicher Verlust, sondern im Gegenteil ein Gewinn, denn das Sichopfernkönnen beweist das Sich-Haben. Niemand kann geben, was er nicht hat«.[21]

Für die tiefenpsychologische Theorie ist die kollektive Opferpraxis, in die weltweit Menschen und Tiere, Gegenstände und Götter verwickelt waren, in den interfamilialen Konflikten zwischen Vater und Sohn bzw. in dem interpersonalen Entwicklungsprozess vom Ich zum Selbst fundiert. Diese Aussagen sind insofern konsequent, weil sie dem Ansatz eines Konzepts, das mit bewussten und unbewussten Größen im Individuum rechnet, durchaus entsprechen. Sehr viel weiträumiger ist demgegenüber das soziologische Modell, das M. Mauss im Anschluss an den Gabentausch in archaischen Gesellschaften entworfen hat.

Den Ausgangspunkt für seine Opfertheorie bilden Beobachtungen zum

20. A. a. O. 437.
21. C. G. Jung, Das Wandlungssymbol in der Messe, Gesammelte Werke XI, Zürich 1963, 281. Zur liturgiewissenschaftlichen Würdigung dieses Werks vgl. A. Odenthal, Die Schrift »Das Wandlungssymbol in der Messe« von Carl Gustav Jung. Auf dem Weg zu einem Dialog der Liturgiewissenschaft mit der Tiefenpsychologie, Archiv für Liturgiewissenschaft 41, 1999, 121 ff.

»Potlatsch«,[22] einem kollektiven Festverhalten, das von Mauss mit einem Stichwort aus der Indianersprache bezeichnet, aber mit Materialien aus Polynesien und Melanesien, aus dem römischen, dem Hindu- und dem germanischen Recht belegt wird. Im Potlatsch, das immer zwischen zwei Kollektiven bzw. deren Repräsentanten abläuft, werden Geschenke ganz unterschiedlicher Art getauscht. Der Vorgang kann kostbare Güter umfassen, aber auch »Höflichkeiten, Festessen, Rituale, Militärdienste, Frauen, Kinder, Tanz, Feste, Mächte«.[23] Weil dabei praktisch alle Bestandteile des sozialen Lebens verwendet werden können, nennt Mauss das Phänomen ein »System der totalen Leistungen«.[24]

Zur Totalität dieser Praxis gehört unter Umständen auch die radikale Vernichtung der ausgetauschten Gaben, wie es von Indianerstämmen Nordwestamerikas berichtet wird: »Man verbrennt ganze Kisten mit Kerzenfischen – oder Walfischöl, Häuser und Tausende von Wolldecken; man zerbricht die wertvollsten Kupferplatten oder wirft sie ins Wasser, um einen Rivalen auszustechen, ›flachzumachen‹.«[25] Anerkennung gewinnt man in dieser Kultur nicht durch die Anhäufung von Eigentum, sondern durch Verschwendung: »Derjenige, der seinen Reichtum am verschwenderischsten ausgibt, gewinnt an Prestige. Alles gründet auf dem Prinzip des Antagonismus und der Rivalität.«[26]

Der Potlatsch als soziales System kann nur funktionieren, wenn er getragen ist von normativen Vorstellungen, mit deren Hilfe er die Gesellschaft konstituiert. Mauss spricht von drei Verpflichtungen, die im Potlatsch als einem gesellschaftlichen Regelsystem impliziert sind. Die erste, offenkundige Verpflichtung besteht darin, dass die Gaben, die einer im Potlatsch empfängt, von ihm erwidert werden müssen, und zwar mit Zinsen, die zwischen 30 und 100 % liegen. »Wenn ein Untertan von seinem Häuptling für einen geleisteten Dienst eine Decke erhält, wird er ihm anläßlich einer Heirat in der Häuptlingsfamilie, der Initiation des Häuptlingsohns etc. zwei Decken zurückgeben.«[27] Weniger offensichtlich, aber ebenso wirksam als Voraussetzung des ganzen Vorgangs ist die Verpflichtung zu geben. »Ein Häuptling muß Potlatsch geben für sich selbst, für seinen Sohn, seinen Schwiegersohn oder seine Tochter sowie für die Toten. Er kann seine Autorität über den Stamm, über sein Dorf, ja über seine Familie und seinen Rang neben den Häuptlingen innerhalb und außerhalb seiner Nation nur dann aufrechterhalten, wenn er beweisen kann, daß er von den Geistern begünstigt

22. Vgl. M. Mauss, Die Gabe. Form und Funktion des Austauschs in archaischen Gesellschaften, Soziologie und Anthropologie II, Berlin 1978, 20ff.
23. A.a.O. 16.
24. Ebd.
25. A.a.O. 66f.
26. A.a.O. 65.
27. A.a.O. 78.

wird.«[28] Der syllogismus practicus, mit dem die reformierte Theologie operiert hat, bezieht sich hier nicht auf die Ansammlung, sondern auf die Preisgabe von Besitz. Schließlich kann das System nur funktionieren, wenn als dritte Verpflichtung die Verpflichtung zum Annehmen besteht. »Man hat nicht das Recht, eine Gabe oder einen Potlatsch abzulehnen«,[29] bzw. man signalisiert dadurch, dass man nicht imstande ist, die Gabe entsprechend zu erwidern und verliert seine öffentliche Anerkennung. Mauss verweist in diesem Zusammenhang auf den Doppelsinn des germanischen Wortes »Gift«; es ist ein Geschenk, aber mit sozialen Pflichten, deshalb auch mit Gefahren verbunden.

Fragt man nun weiter, warum diese Folge von Geben, Nehmen und Erwidern funktioniert, welche Anschauung dahintersteht, stößt man in der Sprache der Maori in Polynesien auf die Vorstellung vom »Hau«; das Wort bezeichnet den Geist der Sachen und des Besitzers. Darin sind zwei wesentliche Aspekte enthalten. Etwas geben heißt dann immer, etwas von sich selbst geben. Die Gabe ist also nichts Äußerliches, sondern immer ein Teil des Gebers. Weil das der Fall ist, muss ich diese Gabe als einen Teil des anderen respektvoll annehmen und ebenso ehrenvoll von mir aus erwidern.

Auch die Ahnen, die Geister, die Götter sind in das Geflecht des Potlatsch-Systems einbezogen. Auch das Opfer, das man in ihrem Machtbereich praktiziert, ist deshalb bestimmt von den Regeln des Gabentauschs. Menschen haben etwas empfangen und angenommen und geben etwas davon zurück. Umgekehrt wird auch das, was einer den Ahnen, den Geistern oder den Göttern gibt, von diesen angenommen und angemessen erwidert werden. Die vitale Grundlage für den Opfervollzug liegt hier nicht in den Tötungswünschen und Schuldgefühlen des männlichen Individuums, wie es die Tiefenpsychologie unterstellt. Und das soziale Modell für den Opfervollzug liefert auch nicht die Jurisdiktion, die Sühne verlangt und Strafe verhängt. Indem Freud den Schuldaspekt in das Zentrum seiner Opfertheorie rückt, bleibt er letztlich der westlichen Theologie und ihrer juristischen Interpretation des Sterbens Jesu verpflichtet. Sehr viel elementarer, weil auch die juristischen Regeln umfassend, ist demgegenüber das ökonomische Modell des Gabentauschs, wie es von M. Mauss entworfen worden ist.

Dass die Opferpraxis im Alten Testament trotz sonstiger Abgrenzungen gegen die religiöse Umwelt positiv rezipiert werden konnte, ist auf der Basis dieser soziologischen Theorie durchaus verständlich. Denn das Opfer ist keine exzeptionelle Handlung, sondern eine Form der gesellschaftlichen Beziehung, die im Austausch besteht, diesmal nicht gegenüber Menschen vollzogen, sondern gegenüber der Gottheit. Das Opfer ist dann auch nicht Ausdruck einer besonderen psychischen Befindlichkeit wie der Schuld oder der Angst, sondern normale Erscheinungsform des gesellschaftlichen Verkehrs.

28. A.a.O. 71.
29. A.a.O. 76.

Wie ich mit anderen Menschen bei besonderen Gelegenheiten im Potlatsch umgehe, so auch mit den Ahnen, den Geistern, den Göttern, so auch mit dem Gott Israels. Das Opfer ist dann schließlich auch nicht in dem Sinne eine äußerliche Handlung, in der der Mensch etwas gibt, was er nicht selber ist; sondern in den Sachen oder Tieren, die er an die Gottheit delegiert, präsentiert er immer einen Teil seiner selbst. Deshalb ist das Opfer auch weder eine rein egoistische noch eine rein masochistische Handlung; rein egoistisch nicht, weil der Mensch ja wirklich etwas, das zu ihm gehört, aufgibt, rein masochistisch nicht, weil auch die Götter in das Verpflichtungsnetz einbezogen sind und ihm die Gabe erwidern werden. Auch Handlungen, die dem modernen Betrachter wie eine Vernichtung erscheinen mögen, sind in Wirklichkeit nur die radikale Darstellungsform eines abgrundtiefen Vertrauens. Das Erstgeborene ist für diesen Akt der »Heiligung« deshalb besonders geeignet, weil in ihm nach antiker Anschauung und oft auch nach moderner Erfahrung ein Höchstmaß an Lebenskraft steckt.

II. Opferaussagen im NT

Die heilige Handlung findet statt an einem heiligen Ort. Das Opfer wird an bzw. auf dem Altar vollzogen. Bis heute feiert man dort die Eucharistie. Ein Kreuz steht darauf. Reliquien von Märtyrern, die sich für den Glauben geopfert haben, liegen manchmal darunter. Am Altar werden die Einsetzungsworte gesprochen. Um den Altar versammelt sich die Gemeinde, um unter Brot und Wein Leib und Blut des himmlischen Erlösers zu empfangen. Auf den Altar wird mancherorts der Klingelbeutel gelegt, in den man während des Gottesdienstes Geld für wohltätige Zwecke gesammelt hat. Am Altar werden Trauungen vollzogen und Trauerfeiern gehalten. Vom Altar her wird die Gemeinde durch den/die Geistliche/n gesegnet. Offenkundig ist der Altar ein Ort voller Lebenskraft. Aber ein Opfer im strengen Sinn findet dort auch in der römischen Messe nicht statt. Die Kraft des Altars muss nicht durch regelmäßige Schlachtungen hergestellt werden.

Aus der Überwindung des antiken Opferwesens haben die ersten Christen ihr Überlegenheitsbewusstsein gewonnen. Das Opfer wandert aus dem kultischen Raum in das semantische Feld. H.-D. Wendland hat die entsprechenden Begriffe folgendermaßen geordnet: »Im Gegensatz zum Judentum und zur heidnischen Welt – kennt die urchristliche Gemeinde überhaupt keinen O.kultus mehr. – Man könnte drei Typen von nt. O.begriffen unterscheiden, den christologischen, den sakramentalen und den ethischen; doch dürfte es richtiger sein, im Blick auf die beiden letzteren nur von verschiedenen Zuspitzungen zu sprechen, da die sakramentale und die ethische O.vorstellung nur Auswirkungen des O.s. Christi im Handeln der Kirche darstellen.«[30]

30. H.-D. Wendland, Art. »Opfer III. Im NT«, RGG IV[3], 1647. Zu möglichen Opfer-

Vom Streit um das Verständnis dieser drei Dimensionen und ihrer Wechselwirkung untereinander ist die Theologiegeschichte der letzten 2000 Jahre erheblich bestimmt gewesen.

Von Anfang an haben die ersten Christen in der Hinrichtung Jesu ein Opfergeschehen gesehen. Schon Paulus greift auf überlieferte Aussagen zurück, wenn er die »im vorchristlichen Zeitraum aufgespeicherte Schuld im Tode Jesu getilgt«[31] findet (Römer 3,25). Der Epheserbrief redet ausdrücklich von »Gabe und Opfer für Gott« (5,2). Für den Hebräerbrief besteht die Eigenart dieses Opfers darin, dass der Priester in diesem Fall nicht für sich selbst, sondern sich selbst gegeben hat, und zwar einmalig und nicht, wie im Tempeldienst, täglich (7,27).

Wie sind diese und ähnliche Aussagen im Neuen Testament zustande gekommen? Was hat die ersten Christen dazu gebracht, aus der Opferpraxis auszusteigen, aber die Opferterminologie weiter zu verwenden? Sie haben sich damit weder der prophetischen noch der philosophischen Kultkritik angeschlossen, gleichwohl jedoch die Opferanschauung von Grund auf verändert. Am Kreuz wurde Jesus vermittels einer großen Koalition von jüdischer Religionsbehörde und römischem Staat teils wegen Gotteslästerung, teils wegen Rebellion hingerichtet. Für die unvoreingenommene Wahrnehmung der Beteiligten und Betroffenen hatte sich der Tod des Mannes aus Nazareth in dieser Perspektive erschöpft.

Einige seiner Anhänger, aber auch seiner Gegner haben demgegenüber behauptet, Jesus sei nicht einfach von religiösen und politischen Machthabern beseitigt worden; vielmehr sei er im Auftrag Gottes gestorben (Kolosser 1,20) und habe sein Sterben als Akt des Gehorsams auch akzeptiert (Philipper 2,6). Am pointiertesten argumentiert der frühere Sektenbeauftragte Paulus, indem er das negative Urteil des Gesetzes: »Verflucht ist jeder, der am Holze hängt«, zum Beleg für die positive Bedeutung des Kreuzes verwendet[32] (Galater 3,13 f.). Die ersten Christen haben verraten, worauf sie sich bei diesen absurden hermeneutischen Operationen stützen. Ihr Glaube besagt, »dass Christus für unsere Sünden gestorben ist, nach den Schriften, und dass er begraben und dass er auferweckt worden ist am dritten Tag, nach den Schriften« (1. Korinther 15,3 f.).

Wie soll man diesen Vorgang in wissenschaftlichen Kategorien der Neuzeit wiedergeben? Auf der einen Seite gibt es auch hier die sozialpsychologisch-konstruktivistische Position. Die Interpretation des Todes Jesu als

handlungen Jesu und zur Entwicklung der frühchristlichen Opfertheologie vgl. B. Lang, Heiliges Spiel. Eine Geschichte des christlichen Gottesdienstes, München 1998, 241 ff.

31. E. Käsemann, An die Römer, HNT 8a, Tübingen 1973, 91.
32. Zu den exegetischen Problemen vgl. H. D. Betz, Der Galaterbrief. Ein Kommentar zum Brief des Apostels Paulus an die Gemeinden in Galatien, München 1988, 269 ff.

eines Sühnopfers ist dann Ausdruck einer Deutung seiner Anhänger gewesen. Gerade in ihrer Situation enttäuschter Hoffnungen hätten sie mit Hilfe der Heiligen Schrift eine Möglichkeit gefunden, dem schrecklichen Geschehen einen Sinn zuzuschreiben. Die Begegnungen mit dem Auferstandenen hätten sie dann in ihrer Intention bestärkt oder seien selbst Produkte ihrer projektiven Phantasie gewesen. Wer demgegenüber in diesem Zusammenhang nicht sozialpsychologisch, sondern phänomenologisch verfahren möchte, wird nicht von Deutungen, sondern von Entdeckungen reden müssen. Demnach hätten die Anhänger Jesu in der schrecklichen Wirklichkeit von Golgata eine Wahrheit wahrzunehmen gelernt, die sich trotz aller Verzweiflung unter dem Einfluss göttlicher Kraft allmählich bei ihnen eingestellt hat: durch visionäre Erfahrungen, durch lektorale Erleuchtungen, durch persönliche Überwältigung (wie bei Paulus). Draußen vor dem Tor, außerhalb des Lagers, jenseits der Welt der Altäre wäre dann ein Opfer absolviert, das alle künftige Opferpraxis verändert (Hebräer 13,11 ff.).

Die Entdeckung der Opferung Jesu am Kreuz war für die ersten Christ/innen mit einer persönlichen Erfahrung verbunden. Die Einmaligkeit dieses Geschehens erschöpfte sich nicht in historischer Abständigkeit, sondern entfaltete sich in der Kraft, Menschen an dieser Opferhandlung partizipieren zu lassen. Die eschatologische Qualität der Kreuzigung Jesu manifestierte sich in sakramentalen Ritualen, in denen der Opferakt nicht aktiv wiederholt, sondern passiv erfahren wurde. Christ/innen sind in ihrer Taufe »mit Christus gestorben« (Römer 6,8). Im Abendmahl empfangen sie Anteil an seinem Leib und Blut (1. Korinther 11,24 ff.; Markus 14,22 ff.). Durch die Feier dieser sakramentalen Vollzüge werden und bleiben die Christ/innen in die Realisierung der Opferpraxis eingebunden.

Durch diese »Schicksalsgemeinschaft mit Christus«[33] geraten Menschen freilich in eine gefährliche Lage. Sie haben das Ja und Amen Gottes zu hören und den Geist Gottes als Angeld im Herzen zu spüren bekommen (2. Korinther 1,18 ff.). Die Opfermacht Christi hat sie aus dem Verderbenszusammenhang der alten Welt herausgerissen. Aber in der Übergangszeit zwischen dem alten und dem neuen Äon können auch Menschen, die die Taufe empfangen haben, wieder verlorengehen. Paulus erinnert warnend daran, »dass unsere Väter sind alle unter der Wolke gewesen und sind alle durchs Meer gegangen und sind alle auf Mose getauft mit der Wolke und mit dem Meer und haben alle einerlei geistliche Speise gegessen und haben alle einerlei geistlichen Trank getrunken; sie tranken aber von dem geistlichen Fels, der mitfolgte, welcher war Christus. Aber an den meisten von ihnen hatte Gott kein Wohlgefallen, denn sie wurden niedergeschlagen in der Wüste« (1. Korinther 10,1 ff.). Am Beispiel Israels kann man seiner Meinung nach lernen, dass das befreiende Handeln Gottes keinen Freibrief für menschliches Versagen darstellt. Die Krankheits- und Todesfälle, die wider Erwarten in der

33. E. Käsemann, a. a. O. 155.

Gemeinde aufgetreten sind, sind für Paulus auf unsachgemäßen Umgang mit dem Sakrament zurückzuführen (1. Korinther 11,28 ff.).

Die Einmaligkeit des Opfers Christi am Kreuz schließt für die ersten Christ/innen einerseits die Abschaffung der kultischen Opferpraxis ein. Aber sie impliziert andererseits auch eine Radikalisierung des Opferdaseins, weil der Gabentausch gegenüber der Gottheit sich nicht mehr auf Einzelobjekte beschränken lässt. Paulus, der sein apostolisches Amt als zwanghaftes Schicksal erlebt (1. Korinther 9,16), erfährt auf diese Weise das Sterben Christi um der Gemeinde willen (2. Korinther 4,12). Und auch die Christen werden von ihm ermahnt, ihre »Leiber als ein lebendiges, heiliges, Gott wohlgefälliges Opfer hinzugeben« (Römer 12,1). In der Schicksalsgemeinschaft mit dem gestorbenen und auferstandenen Erlöser kann sich Erlösung während der Übergangszeit zum neuen Äon nur im Mitsterben realisieren.

Was Paulus als Leitsatz für den paränetischen Teil des Römerbriefs formuliert, bietet ein Fazit seiner Opferanschauung, das sich zunächst durch einige Abgrenzungen profilieren lässt. Im christlichen Glauben wird das Opfer nicht, wie in Philosophie und Mystik, spiritualisiert, sondern in der eigenen Leiblichkeit realisiert. Die kritische Spitze gegenüber dem Opferkult, die hier zweifellos vorliegt, führt insofern nicht zu dessen Beseitigung, sondern zu dessen Verschärfung. Denn der vernünftige Gottesdienst, den die Christ/innen zu feiern haben, vollzieht sich über die zeitlichen und räumlichen Grenzen der kultischen Handlung hinaus in der gesamten Lebensgestaltung. Insofern hat E. Käsemann recht: »Der Gottesdienst der Christen besteht nicht in dem, was an heiligen Stätten, zu heiligen Zeiten und mit heiligen Handlungen praktiziert wird … Er ist die Hingabe der leiblichen Existenz in dem sonst profan genannten Raum und, als dauernd gefordert, im Alltag der Welt, wobei jeder Christ zugleich Opfer und Priester ist.«[34]

Diese Abgrenzungen gewinnen freilich eine zu starke Einseitigkeit, wenn das Verhältnis zwischen der kultischen und der profanen Praxis nicht auch positiv bestimmt werden kann. Die kultische Terminologie, die Paulus verwendet, will ja nicht, wie in der antiken und modernen Religionskritik üblich, die kultische Praxis durch symbolisierende Verdünnung dekonstruieren. Vielmehr zielt sie darauf ab, das Opfergeschehen, in das Christen durch sakramentale Partizipation verstrickt sind, in das weite Feld des profanen Lebens hinein wirksam werden zu lassen. Nicht die Säkularisierung der christlichen Existenz, sondern ihre Heiligung wird durch das eine und einzige Opfer Christi fundiert. Wie er selbst »außerhalb« der Sphären von Religion und Kultur gelitten hat, so sollen auch die Christen auf ihrem Weg in die himmlische Stadt ihre Lob- und Wohltätigkeitsopfer darbringen (Hebräer 13,12 ff.).

Im Neuen Testament hat die Opferhandlung eine neue Qualität und eine neue Quantität erhalten. Beide Aspekte lassen sich mit Hilfe der metho-

34. A.a.O. 314.

dischen Regeln, die die reformatorische Theologie herausgearbeitet hat, erfassen.[35] Die erste Regel besagt, dass alle Handlungen von Gott her erfolgen. Das gilt auch und gerade im Opferbereich. Das Opfer Jesu will als Werk Gottes respektiert und kann menschlicherseits nur passiv empfangen werden. Alle Opferhandlungen, die darauf folgen, bleiben durch Gottes Aktivität bestimmt und setzen keine selbständige Subjektivität auf Seiten des Menschen voraus. Der Austausch, der in jeder Opferhandlung vollzogen wird, ist kein Vorgang im Gegenüber zweier mehr oder weniger gleichrangiger Partner, sondern ist ein Prozess im Machtbereich des Leibes Christi. Nur diejenigen, die in diesen Prozess involviert bleiben, die in ihrem leiblichen Dasein das Opfern realisieren, partizipieren an der Lebenskraft der Erlösung und werden dafür auch himmlischen Lohn empfangen, wie es Paulus für seine Gemeindearbeit erwartet (1. Korinther 3,14; 2. Korinther 5,10).

Die neue Qualität der Opferpraxis besteht also darin, dass die Polarität des Gabentausches zwischen Gottheit und Mensch im Leib Christi zu einem energetischen Tauschprozess wird. Durch die sakramentale Vereinigung mit dem Erlöser wechseln Menschen auch in ein neues Machtfeld hinein, in dem es zu einer beständigen Zufuhr göttlicher Lebenskraft kommt und damit unvermeidlich auch zur Entgrenzung aller Hingabefähigkeiten. In diesem Opferakt werden nicht mehr andere Menschen gegeben, nicht mehr erstgeborene Kinder, nicht mehr reine Tiere und kostbare Güter. Im Leib Christi wird realisiert, dass die eigene Person schon im Taufakt gestorben ist und dass »Christus in mir« existiert (Galater 2,20). Insofern passiert hier auch keine Restitution des Menschenopfers an der eigenen Person. Opfern kann jetzt nur heißen, das Opfergeschehen am Kreuz, in das man durch Taufe und Abendmahl hineingeraten ist, im Medium der eigenen Leiblichkeit sich lebenslang realisieren zu lassen. In diesem Sinn gilt auch die zweite methodische Regel reformatorischer Spiritualität, dass nämlich nicht nur Gott immer anfangen muss, sondern dass auch der Mensch mit seinem Handeln immer nur anfangen kann.

III. Opfermethoden

Der Aufenthalt im direkten Machtbereich des Heiligen versetzt den Menschen in eine gefährliche, weil gefährdete Situation. Auch wenn Theologie und Kirche in der Gegenwart die entsprechenden Warnungen andauernd relativieren: Das Neue Testament lässt keinen Zweifel daran, dass man aus der Geborgenheit des Leibes Christi auch wieder herausfallen kann und dass ein solcher Rückfall in das von Welt und Gesetz geprägte Leben tödliche Konsequenzen mit sich bringt. Gerade das Opfern ist ein Praxisfeld, in dem es beim Austausch von Gaben um den Übergang vom Tod in das Leben

35. S.o. S. 37.

geht.[36] Umso bedrohlicher wirkt die Forderung nach einer Hingabe der eigenen Person. Und umso einladender wirken alle Angebote, mit deren Hilfe man der Radikalität dieses Postulats scheinbar entrinnen kann.

Unter den Objekten des Gabentauschs ist bisher eine Größe unerwähnt geblieben, durch die man das Gottesverhältnis sachlich zu regulieren versucht hat, nämlich das Geld. M. Noth hat den Prozess der »Rationalisierung und Merkantilisierung«, der mit der Einführung des Münzgeldes den Opferkult in Israel verändert hat, folgendermaßen beschrieben: »Als das deuteronomische Gesetz die Einheit der Kultstätte forderte, gab es aus praktischen Gründen für die von dem nunmehr einzigen Heiligtum entfernt Wohnenden hinsichtlich der Abgabe des Zehnten vom Ernteertrag und der Erstgeburten von den Herden die Möglichkeit frei, die Abgabeobjekte am Wohnsitz zu verkaufen und für den Erlös am Ort des Heiligtums Entsprechendes wieder einzukaufen (Dtn 14,22-27). Dabei ist zwar noch grundsätzlich an der Naturalabgabe festgehalten; aber es werden doch schon nicht mehr die den Israeliten zuteil gewordenen Segensgüter dargebracht, vielmehr spielt ihr Geldwert schon eine wesentliche Rolle. Außerdem mußte sich bei der Durchführung dieser Regelung in der Umgebung des Heiligtums und im Zusammenhang mit ihm ein mehr oder weniger lebhafter Handel entwickeln (vgl. dazu Mk 11,15-17 par.). Weiterhin sind dann bestimmte Abgaben überhaupt nur noch in Geldzahlung erfolgt.«[37] Mit der Einführung des Münzgeldes sind aus den empfangenen Gaben, die man der Gottheit zurückgegeben hat, Waren geworden. Das hat den Charakter des Tauschvorgangs, der das Opfern konstituiert, von Grund auf verändert und letztlich dazu geführt, dass sich der Gabentausch zu einem Geschäftsverhältnis entwickelt.

Wie buchhalterisch genau man in diesem Rahmen die Opferpraxis kalkulieren kann, zeigt sich im späten Mittelalter. Wenn das Opfer Christi am Kreuz als meritorische Zahlung für die menschliche Urschuld verrechnet worden ist, dann können auch einzelne Verschuldungen, mindestens soweit sie kirchliche Gebote betreffen, durch monetäre Leistungen abgegolten werden. Die rationale Methodik des Warentauschs kann dann auch den Vollzug des Gottesdienstes bestimmen, wobei von findigen Theologen genaue Verrechnungstabellen aufgestellt wurden: »Wie aber die Messe impetratorisch (fürbittend) wirkte, so auch propitiatorisch (sühnend): Messen konnten zur Abbüßung von Sünden gefeiert werden und ließen sich dabei mit be-

36. Vgl. die Beiträge von H.-M. Gutmann: Die tödlichen Spiele der Erwachsenen. Moderne Opfermythen in Religion, Politik und Kultur, Freiburg 1995; Symbole zwischen Macht und Spiel. Religionspädagogische und liturgische Untersuchungen zum »Opfer«, Göttingen 1996; Das Geschenk, das die Gewalt verschlingt. Über Krimis, Kino und Gott oder Geld, Wuppertal 2001.

37. M. Noth, »Geld und Geist« im Kult des alten Israel, in: Festschrift E. H. Vits, Frankfurt 1963, 194f.

stimmten Zeiten des Bußfastens verrechnen. In den Bußbüchern finden sich entsprechende Umrechnungen: eine Messe für zwölf Tage, zehn Messen für vier Monate, 20 Messen für sieben Monate und 30 Messen für ein ganzes Jahr.«[38]

Die Reformation hat solche Kalkulationen aus theologischen Gründen kritisiert. In theoretischer Hinsicht ist aber zu betonen, dass eine solche Transformation von Austauschvorgängen sich unvermeidlich einstellt, wenn man das Geld als Medium sozialer Kontakte ins Zentrum rückt. So heißt es bei F. Fürstenberg, wie vorher schon bei K. Marx und G. Simmel: »Religionssoziologisch wäre hier zu bemerken, daß die ursprünglich religiös gebundenen sozialen Austauschprozesse mit Hilfe eines allmählich völlig entritualisierten und streng rationalisierten Geldgebrauchs säkularisiert werden. Ihr Regulativ sind dann nicht im Individuum verinnerlichte transzendentale Werte, sondern die funktionalen Erfordernisse des Tauschmechanismus. Geld als Rationalisierungsinstrument wirtschaftlicher Austauschprozesse hat auch einen Großteil sozialer Beziehungen aus der Kontrolle durch traditionelle Wertorientierungen gelöst und sie gleichzeitig in versachlichte Austauschprozesse umgewandelt.«[39]

Wenn in der kapitalistischen Gesellschaft das Opfer mit dem zentralen Kommunikationsmittel dieser Gesellschaft nicht zu realisieren ist, dann bietet sich eine andere Möglichkeit als Lösung an. Es wird dann die Notwendigkeit des Opferns grundsätzlich bestritten. Das geschieht nicht in jenen therapeutischen Ansätzen, die die Überforderung der sozialen Hingabe durch sadomasochistische Phantasien[40] und die Symptombildung in Familienstrukturen durch die Zuweisung von Opferrollen aufdecken wollen.[41] In beiden Fällen wird daran festgehalten, dass es sozial wertvolle Formen leidender Hingabe gibt. Sehr viel problematischer dagegen ist die reflexionstheologische Aufhebung der Opferpraxis, wie sie F. Wagner durch die »christliche Revolutionierung des Gottesgedankens« intendiert sieht.

Diese Revolutionierung des Gottesgedankens wird von ihm folgendermaßen beschrieben: »Der Geist des Christentums geht aus dem Wissen hervor, daß gerade die zum göttlichen Subjekt vergegenständlichte absolut-unmittelbare Selbstmächtigkeit ihrer selbst nicht mächtig ist. Die mit diesem Wissen verbundene Verabschiedung der Vorstellung des allmächtigen Schöpfergottes stellt jedoch nicht das Ende, sondern den Anfang des dem Chris-

38. A. Angenendt, Geschichte der Religiosität im Mittelalter, 2. Auflage, Darmstadt 2000, 495.
39. F. Fürstenberg, Religionssoziologie einer Kritik des Geldes. Aspekte des Kapitalismusproblems, in: W. F. Kasch (Hg.), Geld und Glaube, Paderborn 1979, 138.
40. Vgl. Th. Reik, Aus Leiden Freuden. Masochismus und Gesellschaft, Frankfurt 1983, 393 ff.
41. Vgl. H.-E. Richter, Patient Familie. Entstehung, Struktur und Therapie von Konflikten in Ehe und Familie, Reinbek 1972, 58 ff.

tentum eigentümlichen Geistes dar. Im Bewußtsein dieses Geistes können die Menschen das der Natur eingeschriebene Prinzip der unmittelbaren Selbsterhaltung überschreiten.«[42] Ein Gott, der Opfer benötigt, bleibt für Wagner trotz aller Allmacht, die man ihm zuschreibt, auf die Gaben, die er empfängt, angewiesen. Dieser Widerspruch, der auch die traditionelle Interpretation des Opferleidens Christi geprägt hat, kann und muss »durch das Verhältnis der Symmetrie von selbständigem Selbstsein und selbständigem Anderssein abgelöst«[43] werden. An die Stelle des kultischen Opfers kann dann die Gewissheit der wechselseitigen Anerkennung treten, die nicht mehr der Darstellung durch Akte blutiger Vernichtung bedarf. »Das kultisch-religiöse Opfer wird als reflexives Opfer – als Opfer des Opfers – selber geopfert. Der endgültige Verzicht auf alle Opfer schließt jedoch, metaphorisch gesprochen, ein Opfer des Verzichts ein«.[44] Zu diesem Verzicht gehört die permanente Preisgabe aller Tendenzen, das eigene Selbstsein auf Kosten des jeweiligen Andersseins durchzusetzen. Nur auf diese Weise ist jene Freiheit zur Selbstbestimmung sozial zu realisieren, die konstitutiv zum christlichen Gottesgedanken gehört.

Es ist deutlich, dass dieses Konzept die Opferproblematik mit Hilfe der cartesianischen Bewusstseinsphilosophie zu lösen versucht. Der Geist des Christentums wächst aus dem Wissen, das dem individuellen Subjekt durch ein reflexives Opferverständnis zur freien Selbstbestimmung verhilft. Natürlich kann man auch in einem solchen Modell die religiöse Tradition interpretieren. Der entscheidende Einwand muss freilich darauf aufmerksam machen, dass das kritisierte Opferverständnis auf diese Weise nicht abgeschüttelt werden kann. Das blutige Opfer der kultischen Praxis lebt weiter im reflexiven Opfer des, realiter sehr risikoreichen, Verzichts. Der Gewinn, der von einem solchen Verzicht erhofft wird, die Konstitution von Freiheit und Selbstbestimmung, stellt sich nämlich nur ein, wenn dieser Verzicht in jedem Fall reziprok verwirklicht wird. Weil das weder auf der Bewusstseins- noch auf der Verhaltensebene in der konkreten Begegnung auf jeden Fall garantiert ist, kann das Opfer des Verzichts in der sozialen Praxis sehr schnell zu einem Opfer des Lebens führen. Ein solcher Lebensverlust gehört auch für die reformatorische Theologie zu den nicht ungewöhnlichen Aspekten des Opferdaseins. Aber er ist in allen bewusstseinstranszendenten Opfermodellen sehr viel stärker in die Handlungslogik des Tauschens integriert.

Außerdem bleibt bei Wagner die entscheidende Frage offen, die für die biblischen wie für die reformatorischen Texte die Konstitution des Glaubens

42. F. Wagner, Die christliche Revolutionierung des Gottesgedankens als Ende und Aufhebung menschlicher Opfer, in: R. Schenk (Hg.), Zur Theorie des Opfers: ein interdisziplinäres Gespräch, Stuttgart/Bad Cannstatt 1995, 276.
43. A.a.O. 277.
44. Ebd.

betrifft. Wie können Menschen die Sphäre des Gesetzes, das »Prinzip der natürlichen Selbsterhaltung, das dem Fressen und Gefressenwerden Ausdruck verleiht und im Kampf aller gegen alle enden müßte«,[45] überwinden und wie gelangen sie in den »Geist des Christentums«, der ja kein Allerweltsgeist sein kann. Wagner verlangt für den Übergang »die praktische Bereitschaft, in die Freiheit meines Selbstseins die Freiheit aller anderen einzuschließen. Nur dort, wo diese Inklusivität der Freiheit den menschlichen Selbst- und Weltumgang bestimmt, gewinnt auch der göttliche Geist die ihm gemäße Wirklichkeit«.[46] Mit solchen Aussagen wird »das Opfer des Opfers« in bedenklicher Weise als eine Bewusstseinsleistung des Individuums beschrieben, das sich dem kollektiven Geist des Christentums anpasst und eben dadurch seine religiöse Subjektivität konstituiert.

Was kann man machen, wenn das leibliche Opfer Christi am Kreuz respektiert bleibt und das leibliche Opfer im alltäglichen Gottesdienst gelingen soll? Das Lamm Gottes, das die Gemeinde in der Abendmahlsfeier besingt, hat ja nicht nur eine Revolutionierung des Gottesgedankens, sondern auch eine Revolution der Opferpraxis bewirkt. Menschen stehen beim Gabentausch nicht mehr, wie in der partnerschaftlichen Konstellation des Alten Bundes, Gott gegenüber, sondern sind durch die Inkarnation und die sakramentale Vereinigung in das energetische Flussgeschehen von Lebenskraft leiblich einbezogen. Diese Fähigkeit, das eigene Leben als Opferdienst zu vollziehen, erfordert, wenn es dabei weder um eine gesetzliche noch um eine geschäftliche Leistung gehen soll, Methoden, die dafür sorgen, dass man dem Einfluss der göttlichen Kraft möglichst andauernd ausgesetzt bleibt und dass man diesen Einfluss nicht eigensinnig für eigene Zwecke instrumentalisiert. Die priesterliche Weihe, die Christen in der Taufe empfangen haben, soll sich für den Hebräerbrief in einer doppelten Opferbewegung manifestieren: »So lasset uns nun durch ihn Gott alle Zeit das Lobopfer bringen, das ist die Frucht der Lippen, die seinen Namen bekennen. Wohlzutun und mitzuteilen vergesset nicht; denn solche Opfer gefallen Gott wohl« (13,15 f.).

Auch für protestantische Frömmigkeit könnte die rituelle Arbeit mit einem Gebet hilfreich sein, das der französische Ordensgründer J. Eudes (1601 -1680) entwickelt hat und das schon seiner Kürze wegen praktikabler ist als ein ähnlicher Text W. Löhes: »Abrenuntio tibi, Satana,/Adhaereo tibi, Domine Jesu,/Redemptor meus,/Caput meum,/et vita mea carissima.«[47] Mein eigener Übersetzungsvorschlag, der von dem B. Fischers aus ästheti-

45. A.a.O. 276.
46. Ebd.
47. B. Fischer, Formen der Tauferinnerung in der Geschichte des privaten christlichen Morgen- und Abendgebets. Beispiele aus der alten Christenheit, aus dem 17. und aus dem 19. Jahrhundert, in: Redemptionis Mysterium. Studien zur Osterfeier und zur christlichen Initiation, Paderborn 1992, 191; der entsprechende Text W. Löhes 192 f.

schen und theologischen Gründen an einigen Stellen abweicht, lautet: »Ich entsage dem Bösen./Ich gehöre dir, Christus./Mein Heiland,/mein Haupt,/mein einziges Leben.«

Was geschieht, wenn man ein solches Gebet am Morgen (und/oder am Abend) spricht und damit die leibliche Kehrtwende von Westen nach Osten, die zum altkirchlichen Taufritus gehört,[48] verbindet? Sicher findet dabei mehr als eine Tauferinnerung und weniger als eine Taufwiederholung bzw. -erneuerung statt. Am ehesten lässt sich das Geschehen als Taufvergegenwärtigung definieren. Die Strukturen des damaligen Geschehens bestimmen den Ablauf in Kurzform auch hier. In negativer Hinsicht wird die Absage ausgesprochen, positiv wird ein Bekenntnis formuliert. In der sprachlichen und leiblichen Wendung wird eine Bewegung vollzogen, die einen Machtwechsel realisiert. Was in der Taufe einmal geschehen ist, gewinnt nun Bedeutung für diesen Tag. Im Namen und in den Prädikaten des Erlösers sind Kräfte enthalten, die das Leben in den folgenden Stunden bestimmen werden. Mit diesem Machtaspekt ist auch die Opferpraxis unmittelbar verknüpft. Dass Jesus der Herr (nicht nur mein Herr) ist, zeigt sich in seinem Werk als Erlöser. Und dass er auch mein Haupt bildet, ergibt sich aus der Lebenskraft, die die Eucharistie mir vermittelt.

Wer ein solches Ritual vollzieht, ist neu orientiert. Durch die leibliche Wendung ist ein lokaler Austausch, durch die sprachliche Artikulation ist ein energetischer Austausch vollzogen. In diesem Rahmen können die sozialen Austauschprozesse erfolgen, die zum priesterlichen Dasein des Christenlebens gehören.[49] Menschen, die einander nahestehen, gestalten ihre Beziehung am Morgen (und am Abend) durch mündliche Kontakte der verschiedensten Art. Durch den Vollzug eines religiösen Rituals kann auch die Gottesbeziehung realisiert werden, die sich hier als Opferfähigkeit darstellt. Zur diakonischen wie zur doxologischen Dimension sind freilich noch einige Klärungen nötig.

Dass zum christlichen Leben die Hingabe der eigenen Person für andere gehört, ist nicht neu. Dass sich im Vollzug dieser Hingabe Zwangshaltungen und Herrschaftstendenzen einschleichen können, ist ebenso bekannt. Sehr viel tiefer, weil nicht nur psychologisch, sondern auch gesellschaftlich fundiert, sitzt dagegen die Angst, dass man durch die Opferpraxis verlieren kann. Das kann in der Tat geschehen. Paulus zitiert im Blick auf persönliche

48. Vgl. Cyrill von Jerusalem, Mystagogische Katechesen – Mystagogicae Catecheses, Fontes christiani 7, Freiburg 1992, 98 ff.; zu den dahinterstehenden Vorstellungen vgl. B. Maurmann, Die Himmelsrichtungen im Weltbild des Mittelalters, München 1976.

49. Die (Ver-) Teilung der Opfergaben gehört schon zur Grundstruktur archaischer Rituale; vgl. B. Gladigow, Die Teilung des Opfers. Zur Interpretation von Opfern in vor- und frühgeschichtlichen Epochen, Frühmittelalterliche Studien 18, Berlin 1984, 25 ff.

Erfahrungen einen Psalm: »Um deinetwillen werden wir getötet den ganzen Tag; wir sind geachtet wie Schlachtschafe« (Römer 8,36 nach Psalm 44,23). Wer aus dem Kampf um die Selbsterhaltung aussteigt, zieht unter Umständen die Aggressivität jener auf sich, die sich gerade durch eine solche Haltung angegriffen fühlen.[50] Aber er bleibt nicht nur, worauf Paulus verweist, im Machtfeld der Liebe Gottes. Er kann durch die göttliche Lebenskraft, die in seiner Haltung wirksam wird, auch andere dazu animieren, seinem Beispiel zu folgen und auf die erfahrene Hingabebereitschaft selbst hilfreich zu reagieren.

Jede diakonische Opferpraxis bleibt freilich darauf angewiesen, dass sie in der Gotteskraft des Evangeliums fundiert ist. Sonst degeneriert sie nicht nur zu gesetzlicher Starrheit und Strenge. Vielmehr verliert sie ohne diesen Gottesbezug vor allem die kritische Fähigkeit, zwischen sinnvollen und sinnlosen Opferhandlungen zu differenzieren. Das politische, ökonomische, berufliche, familiäre Leben ist voller Ansprüche, die die Hingabe des Einzelnen fordern. Generell ist nur scheinbar leicht zu entscheiden, ob der Tod für das Vaterland, das Aufgehen im Beruf, die Hingabe für die eigenen Kinder notwendige Einstellungen im Auftrag Gottes sind. Die Kunst des christlichen Lebens wird sich nicht zuletzt in der priesterlichen Weisheit artikulieren, zwischen reinen und unreinen Opfervollzügen differenzieren zu können.

Warum aber ist dem allmächtigen Gott gegenüber auch das Lobopfer nötig? Die angemessene Antwort auf diese Frage kann nur ganz einfach sein: Der Schöpfer, dem alles gehört, will seine Schöpfung hören. Mit ihrem Gottesgesang stimmen Menschen in die Sphärenklänge ein, die Himmel und Erde durchziehen (Psalm 19). Der Lobgesang ist nicht nur Antwort auf göttlichen Anruf, sondern elementare Existenzform des geschenkten, weil geschaffenen Lebens. Wenn Gott »alles in allem« sein wird (1. Korinther 15,28), dann wird von dem, was jetzt ist, nur das reine Opfer bleiben: die Liebe, das Licht, der Lobgesang.

50. In der Biographie des Paulus zeigt sich die Lebenskraft der Opferhaltung in der Fähigkeit, auch Situationen extremer Belastung gewachsen zu sein (2. Korinther 11,23 ff.). Für den Alltag ergibt sich daraus jene Leidenschaftslosigkeit, die sich in der Distanz gegenüber Triebhaftigkeit, Besitz und Gefühlswelt (1. Korinther 7,29 ff.) manifestiert.

§ 9 Segnen

Wer durch die Taufe zum priesterlichen Dienst geweiht und durch die Eucharistie in das Opfernetz des Leibes Christi verstrickt ist, ist handlungsfähig geworden. Weil sein Leib im Glauben von göttlichem Einfluss bestimmt wird, werden durch ihn »Ströme lebendigen Wassers fließen« (Johannes 7,38). Die Teilhabe an der Christusgemeinschaft befähigt zum Teilen. Im Glauben können Menschen einander segnen, ja füreinander zum Segen werden.

Die Probleme, die in diesen Stichworten stecken, werden fassbar in Aussagen K. Frörs, die die gängige Position der protestantischen Theologie wiedergeben: »Gegen die Gefahr der Magie ist der christliche wie der biblische Segen schon dadurch geschützt, daß in ihm der Gott der Offenbarung das handelnde Subjekt ist, über dessen Wirken kein Mensch verfügen kann. Dieser ist aber zugleich der Gott, der sich in unverbrüchlicher Treue an seine Verheißung bindet und dessen Wort nicht leer zurückkommt. Wenn man sagt, der Segen sei exhibitiv und nicht nur signifikativ zu verstehen, so kann das deshalb nur bedeuten, daß in ihm der Zuspruch der göttlichen Verheißungen an den Einzelnen oder an eine versammelte Gemeinde wirklich geschieht.«[1]

Das Segensverständnis, wie es hier vorliegt, ist gottzentriert und personenzentriert. Im Segnen vollzieht sich, obwohl Menschen handeln, ein Handeln Gottes. Der Segen, der im Zuspruch einer Verheißung besteht, kann immer nur Menschen, niemals Sachen oder Gebäuden gelten. Deswegen ist er auch kein Akt der Magie, sondern ein Sprachgeschehen mit einer interpersonalen Struktur. Ausgeblendet werden bei einem solchen Verständnis entscheidende Dimensionen, die sich einer genauen Wahrnehmung des Phänomens geradezu aufdrängen. Segnungen werden in der Regel nie nur durch Worte, sondern meistens auch durch körperliche Kontakte vollzogen. Und entsprechende Handlungen gibt es nicht nur im christlichen Gottesdienst, sie sind auch in der Religionsgeschichte anzutreffen, aber haben Analogien auch in den Abschiedsritualen des Alltags.

Das Flussgeschehen, das den Leib Christi durchzieht, knüpft also an Handlungen an, die man auch sonst wahrnehmen kann. Um die Methodik des Segnens angemessen erfassen zu können (III.), wird es also notwendig sein, der Verbreitung solcher Verhaltenssequenzen wenigstens andeutungsweise nachzugehen (I.) und die fundamentalen Modelle für deren Interpretation zu diskutieren (II.).

1. K. Frör, Salutationen, Benediktionen, Amen, Leiturgia II, Kassel 1955, 590f.

Dass der Fluss positiver Lebenskraft nicht an die Glaubensgemeinschaft gebunden ist, damit rechnet auch die biblische Tradition. Bei Gott ist »die Quelle des Lebens« (Psalm 36,10), die nach Ezechiel 47,1 ff. durch den Tempel fließt, die aber auch von den Israeliten verlassen wird (Jeremia 2,13; 17,13). Diese Segenskraft Gottes durchzieht die gesamte Schöpfung, wie G. von Rad zu Psalm 104 ausgeführt hat: »Jahwe hat dem Urgewässer eine Grenze gesetzt, aber er hat es in der Gestalt von Quellen und Bächen heilsam in die Schöpfung einbezogen (die Berge werden durch den Regen von oben her befeuchtet). Die Quellen sind für die Tiere und Pflanzen da, das Grün der Erde bringt Brot für den Menschen, die Bäume sind für die Vögel da, die Berge für die Klippdachse. Die Gestirne bestimmen die Zeiten, von denen ist die Nacht den wilden Tieren zugeordnet, der Tag dagegen dem Menschen für seine Arbeit usw. Hier spricht sichtlich eine ganz aufgeklärte, ja eigentlich eine schon wissenschaftliche Geistigkeit, die eine völlig unmythologisch gewordene Welt bestaunt.«[2] Auch das Neue Testament stellt diesen Sachverhalt nachdrücklich fest: »Er lässt seine Sonne aufgehen über die Bösen und die Guten und lässt regnen über Gerechte und Ungerechte« (Matthäus 5,45).

Dass diese Segenskraft verbal auch außerhalb Israels artikuliert werden kann, zeigt mit zahlreichen Brechungen die Geschichte des Bileam (Numeri 20-24). Balak, der König der Moabiter, hat einen international bekannten Charismatiker engagiert, weil er sich und sein Volk durch die Invasion der Israeliten beim Auszug aus Ägypten bedroht sieht. Aber die Verfluchung, die Bileam aussprechen soll, stößt auf Hindernisse. Er wird durch ein göttliches Orakel darüber informiert, dass Israel gesegnet ist. Als er durch eine große Eskorte zu Balak abgeholt wird, gerät er in Schwierigkeiten mit seinem störrischen Esel. Der Fluch, den er zweimal auszusprechen versucht, wird durch das Eingreifen der Gottheit in einen Segen verwandelt, so dass sein Auftraggeber schließlich entnervt kapituliert und sich mit einer neutralen Haltung des Charismatikers gegenüber dem erwählten Volk zufrieden erklärt: »Du sollst es weder verfluchen noch segnen« (23, 25). Aber auch dieser Befehl bleibt vergeblich, weil Bileam unter den Einfluss des Geistes gerät und Dinge ansagen muss, die die Pläne der Beteiligten durchkreuzen. Mit seinen krafterfüllten Worten bestimmt er das Schicksal der betroffenen Völker.

Entsprechenden Vorstellungen begegnet man weltweit.[3] Jede religions-

2. G. von Rad, Theologie des Alten Testaments I, München 1957, 372.
3. Dass und in welchem Sinn umgekehrt Menschen auch die Gottheit segnen können, zeigt M. Frettlöh, Gott segnen. Systematisch-theologische Überlegungen zur Mitarbeit des Menschen an der Erlösung im Anschluß an Psalm 115, EvTh 56, 1996, 482ff. Zu entsprechenden Anschauungen in der jüdischen Mystik vgl. G. Scholem, Von der mystischen Gestalt der Gottheit. Studien zu Grundbegriffen der Kabbala, Frankfurt 1977, 16: »Jeder Einzelne in Israel, der Gott im Gebet

geschichtliche Gesamtdarstellung liefert entsprechende Materialien. Wir orientieren uns an der breiten Entfaltung solcher vormodernen Anschauungen durch das ethnologische Modell von K. E. Müller, weil sich daraus ohne Schwierigkeiten Analogien zu gegenwärtig üblichen Verhaltenssequenzen ergeben. Nach Müller sind Segens- und Fluchhandlungen in den Kulturen durch die Annahme einer Vitalkraft fundiert, die sich im Menschen, aber auch »in Pflanzen und Tieren ... in Gestalt seiner Vital- oder Lebensseele manifestiert und die Aufgabe hat, seinen Organismus funktions-, und das heißt eben: lebensfähig zu erhalten«.[4] Fassbar wird diese Kraft im körperlichen Wachstum, in der Entfaltung von sexuellen und sozialen Aktivitäten, in spezifischen Begabungen von Individuen. Konzentriert begegnet sie in den Zentralgestalten des gesellschaftlichen Lebens, also bei Ältesten, Königen, Priestern. Ihnen werden dementsprechend auch gesteigerte Segens- und Fluchkräfte zugeschrieben, die sie durch Blicke, Berührungen, Worte weitergeben.

Wenn man in dieser Perspektive das gegenwärtige Alltagsverhalten betrachtet, fallen sofort zahlreiche Entsprechungen auf. Ohne dass sie die vormodernen Anschauungen teilen, praktizieren moderne Zeitgenossen ähnliche Rituale. Beim Abschiedszeremoniell schaut man einander kürzer oder länger, intensiv oder verbindlich in die Augen. Man berührt einander mit den Händen oder den Armen. Man entlässt einander mit guten Wünschen für den Tag, für die Reise und verwendet manchmal auch die banalisierte Fassung des religiösen Wunsches »adieu«.

Was geschieht in solchen ritualisierten Aktionen? Kommunikation ist hier auf jeden Fall nicht nur ein Austausch von Informationen und Emotionen. Kommunikation besteht hier im Austausch von leiblicher Energie. Die konventionellen Handlungen sind dabei nicht unbedingt auf reflexive Bewusstseinsleistungen angewiesen. Wenn man sich »herzlich« verabschiedet, kann die bewusste Einstellung auf diese Aktion oder ihre bewusste Wahrnehmung den Ablauf teilweise sogar stören. Herzlichkeit manifestiert sich in einem Verhalten, das zu spürbaren Strömungen zwischen dem eigenen und dem fremden Leib führt. Die Sensibilität für solche segensreiche Körperkontakte haben Menschen in der allerfrühesten Kindheit gewonnen, als sie durch Streicheleinheiten einen bestätigenden Austausch erfahren haben, der nicht nur in guten Worten bestand.[5]

anruft, setzt ihm eine Krone aufs Haupt, denn das Gebet stellt einen Akt der Krönung Gottes, seine Anerkennung als König dar«; zu den damit verbundenen Änderungen in der sefirothischen Welt vgl. ders., Zur Kabbala und ihrer Symbolik, Frankfurt 1973, 170ff.

4. K. E. Müller, Das magische Universum der Identität. Elementarformen sozialen Verhaltens – Ein ethnologischer Grundriß, Frankfurt 1987, 174.
5. Vgl. J. Liedloff, Auf der Suche nach dem verlorenen Glück. Gegen die Zerstörung unsere Glücksfähigkeit in der frühen Kindheit, München 1980.

Ein derartiges Kontaktbedürfnis muss also nicht immer sexuelle Ziele verfolgen, sondern kann viel umfassender Kraftgewinn intendieren. Deshalb müssen sich moderne Zentralgestalten wie die Stars aus der Showbranche und der Sportszene durch Bodyguards vor den allzu intensiven Kontaktwünschen ihrer Fans schützen. In Fotografien und Autogrammen kann man die Ausstrahlung der Verehrungswürdigen speichern. Und auch das aufgeklärte Bildungsbürgertum lässt sich die Bücher nach der Dichterlesung vom Autor signieren.

II. Einflüsse

Der göttliche Segen durchflutet in religiösen wie in Alltagsritualen die Welt. C. Westermann hat darauf hingewiesen, dass in der Priesterschrift die beiden Aspekte, die in Widerspruch zueinander zu stehen scheinen, zusammengebunden werden. »Hier, in Num 6, vertritt P einen streng sakral begrenzten, streng auf die Gottesdienstausübung im Kult von Jerusalem beschränkten Segensbegriff; der Segensbegriff in Gen 1 hat dagegen die weiteste Bedeutung, die er überhaupt je in der Bibel hat: der Schöpfer segnet seine Geschöpfe; er segnet *alle* Menschen und *alle* lebendigen Kreaturen Gen 1,22 und 28. Wenn dann in Gen 2,3 außerdem noch der siebte Tag nicht nur geheiligt, sondern gesegnet und geheiligt wird, so ist damit die gleiche gewaltige Spannweite des Segens Gottes beschrieben: die gottesdienstliche Segnung, auch wenn sie an die heilige Handlung gebunden und auf den Kreis der zu ihr Zusammenkommenden beschränkt ist, meint in Wirklichkeit die ganze Menschheit; und der Segen, der auf die zum heiligen Dienst zusammengekommene Gemeinde gelegt wird, ist der der ganzen Menschheit, ja, allem Lebendigen zugedachte Segen, wobei Segen im ursprünglichen Sinn die Lebenskraft meint.«[6]

Schon vor den priesterschriftlichen Texten, nämlich im jahwistischen Geschichtswerk, zeichnet sich nach Westermann eine bestimmte Entwicklung im Verständnis des Segens ab. In der Tradition der Vätergeschichte wird ein magisches Ritual vollzogen: »Das Segnen ist eine Kraftübertragung, zu der eine Kontakthandlung gehört; für den Segnungsakt bedarf es der Stärkung des Segnenden durch eine besondere Speise; die Segenskraft ist in der einmaligen Segnung erschöpft, Jakob hat nur einen Segen; der Segen ist unwiderruflich und wirkt unbedingt; der Segensakt ist ein vortheologischer und vorkultischer Ritus, von Gott wird dabei nicht geredet.«[7] Der Jahwist selbst integriert diese Handlung, vor allem durch Genesis 12,1-3, in eine theologische Konzeption. So wurde »der magische Charakter des Segens dadurch

6. C. Westermann, Der Segen in der Bibel und im Handeln der Kirche, München 1992, 61.
7. A.a.O. 59.

gebrochen, daß der Segen zu einem geschichtlichen Begriff, daß er mit der Verheißung verbunden und so zu einem Bestandteil der Geschichte Jahwes mit seinem Volk wurde. In der deutoronomischen Theologie wurde diese Theologisierung des Segens dadurch noch verstärkt, daß der Segen mit dem Bund verbunden und so zu einem bedingten Segen wurde; die magischen Züge waren damit völlig beseitigt«.[8] Westermann weist aber nachdrücklich darauf hin, dass diese magischen Züge nicht getilgt worden sind; offensichtlich muss der Jahwist »diesem vorjahwistischen vortheologischen Verständnis des Segens irgendeine positive Bedeutung zuerkannt haben«.[9]

Zu fragen ist freilich, ob »magische« Handlung und theologische Reflexion wirklich einen Widerspruch in der Sache bilden. Vieles spricht dafür, dass sich ein solcher Gegensatz durch die Verwendung einer unzureichenden Begrifflichkeit auftut. Das Gegenüber von »Magie« und »Theologie« will Textaussagen differenzieren, reißt aber faktisch auseinander, was für die Texte selbst offenkundig zusammengehört. Eine Theologie des Segnens, wenn man sie denn der alttestamentlichen Überlieferung generell unterstellen darf, kann beide Aspekte des ritualisierten Ablaufs, das menschliche Handeln im heilsgeschichtlichen Zusammenhang, ohne Schwierigkeiten zusammenbinden.

Wer heutzutage sein sozialpsychologisches oder reflexionstheologisches Weltbild rein halten möchte, muss die »magischen« Elemente aus dem Verständnis der Segenshandlung stark relativieren oder ganz eliminieren. Die erste Möglichkeit praktiziert W. Schottroff, der mit seinen Aussagen dem Modell von E. Durkheim folgt. Segen meint für ihn »auf dem Boden der nomadischen Gesellschaft das in der Gemeinschaft des Clans beschlossene Heil, an dem man Anteile gewinnt, indem man durch feierlichen Zuspruch der Segensformel wirksam in den Heilsbereich der Clangemeinschaft aufgenommen oder in ihm bestätigt wird«.[10] Ein Effekt der Handlung wird hiernach angenommen; aber er resultiert aus dem Gemeingeist der Gemeinschaft, die die Handlung vollzieht.

Sehr viel radikaler wird diese Reinigung von allen transsozialen Elementen dort vollzogen, wo man das Segnen als signifikative Aktion betrachtet. Für R. Volp ist eine Segenshandlung im Verständnis reformatorischer Theologie ein »herausragendes Zeichen göttlicher Zuwendung zum Menschen«.[11] Inhaltlich wird dieses Zeichen von den Absichten der Akteure geprägt, indem sie »sowohl den Dank an den Schöpfer, die Erinnerung an seine Wohltaten in Jesus Christus und die Bitte um die Sendung des Heiligen Geistes für konkrete menschliche Beziehungen«[12] zum Ausdruck bringen. Das ist in

8. A.a.O. 60.
9. Ebd.
10. W. Schottroff, Der altisraelische Fluchspruch, Neukirchen 1969, 198.
11. R. Volp, Liturgik. Die Kunst, Gott zu feiern I, Gütersloh 1992, 590.
12. Ebd.

der Tat, wie Volp selbst konstatiert, »ein mehr geistiges Verständnis der Segenshandlung«, das sie »im betenden und bekennenden Handeln«[13] der beteiligten Menschen lokalisiert. Ob und in welchem Sinn diese Zeichenhandlungen eine Wirkung erzielen, muss in dieser Perspektive prinzipiell offen bleiben. Das gilt verstärkt auch für theologische Konzeptionen, die sich in der reformierten Tradition sehen und deshalb einen Segen nicht sprechen, sondern nur erbitten können.[14]

Dass im Segnen ein effektives Geschehen abläuft, das man nicht einfach als »magisch« denunzieren kann, lässt sich am ehesten von einem bioenergetischen Ansatz her erfassen. Diese therapeutische Methode, die A. Lowen, ein Schüler W. Reichs, entwickelt hat, bezieht sich auf energetische Prozesse, die das leibliche Dasein konstituieren und sich in Atmung und Bewegung, in Emotionalität, Sexualität und Expressivität manifestieren. Menschen sind deshalb immer auf energetische Zufuhr angewiesen, die aber nicht nur durch das Atmen, durch Essen und Trinken, sondern sehr stark auch durch soziale Kontakte erfolgt. Im Lauf der individuellen Entwicklung weitet sich die soziale Umwelt aus. Der Lebenshorizont, ursprünglich auf den Mutterleib beschränkt, wächst über Familie, Gemeinde, Vaterland, Erde bis ins unendliche Universum, und entsprechend wächst auch das Zugehörigkeitsgefühl, das für den Lebensgeist des Einzelnen ganz entscheidend ist. »Das Zugehörigkeitsgefühl, eines der wichtigsten Gefühle des Organismus, verkörpert dessen Bedürfnis nach Kontakt mit der Umgebung und Welt. Durch Zugehörigkeit befreit sich die Seele aus den Fesseln des Ichs, ohne ihr Gefühl für das Ich oder das Sein zu verlieren, aus dem unsere individuelle Existenz besteht.«[15] Im Rahmen dieser Entwicklung wächst auch der Zustrom von Lebenskraft ins Universale. Was die Mutter nach der Geburt durch Berührungen, Blicke und Körperpflege vermittelt hat, wird im Laufe der Zeit durch andere und durch immer mehr Menschen praktiziert. Ein freundlicher Blick auf der Straße kann die folgenden Stunden erhellen. Eine zärtliche Berührung kann ein Glücksgefühl auslösen, aber auch Lebenslust animieren. Wenn Segensspender und Segensempfänger auf den universalen Horizont eingestellt sind, könnte in dieser Handlung universale Lebenskraft fließen. Der Therapeut A. Lowen ist sicherlich und auch mit einigem Recht skeptisch, ob dazu der rituelle Vollzug allein schon genügt.

Aber was heißt hier »fließen«? Dieses Stichwort, das das Geschehen in Segenshandlungen kennzeichnen soll, wird in der Theologie, aber auch in der Linguistik meistens als metaphorische Redeweise charakterisiert. In seinen ausführlichen Untersuchungen zu Texten der deutschsprachigen Mystik im hohen Mittelalter hat M. Egerding den Sachverhalt folgendermaßen be-

13. A. a. O. 591 f.
14. Vgl. Th. Müller, Evangelischer Gottesdienst, Stuttgart 1993, 84 ff.
15. A. Lowen, Bio-Energetik. Therapie der Seele durch Arbeit mit dem Körper, Reinbek 1981, 55.

schrieben: »Der metaphorische Charakter einer Aussage resultiert nämlich daraus, daß in ihr verschiedene Worte so kombiniert sind, daß die betreffende Aussage nur durch eine metaphorische Interpretation einen Sinn erhält, jedoch wörtlich verstanden als logisch absurd erscheint.«[16] Dass zwischen Göttlichem und Menschlichem eine Fließbewegung stattfinden soll, schließt die Annahme räumlicher Konstellationen und flüssiger Stoffe in dieser Begegnung ein und vermag deshalb die Eigenart mystischer Erfahrung nur indirekt zu erfassen. Egerding konzediert durchaus, »daß die von einem heutigen Rezipienten festgestellten semantischen Anomalien in Texten des Mittelalters nicht in jedem Fall dem mittelalterlichen Bewußtsein entsprechen müssen«,[17] weil die Subjekt-Objekt-Spaltung das begriffliche Denken damals nicht vollständig geprägt hat. Aber auch gegenwärtige Reflexion gerät in Schwierigkeiten, wenn sie die Grenze zur metaphorischen Redeweise eindeutig festlegen soll. Blut fließt durch den Körper. Strom fließt in der Leitung. Zuneigung fließt zwischen zwei Menschen. Segenskraft fließt von der Gottheit her. All diese Vorgänge kann man körperlich spüren. Für das theologische Denken mögen der Mensch und die Gottheit in verschiedene Welten gehören. In der mystischen Ekstase, in der religiösen Erfahrung, selbst in der Alltagsbegegnung werden nach Auskunft der Betroffenen Einflüsse spürbar, die von außen kommen und das Innere durchfluten. Wenn man die Wiedergabe einer solchen leibbezogenen Erfahrung als metaphorisch bezeichnet, dann ist man auf Bilder vom Göttlichen, vom Menschlichen und von der Unmöglichkeit ihrer direkten Berührung fixiert, die von der Sprache selbst überholt sind.

Beim Segnen fließt göttliche Lebenskraft durch einen menschlichen Leib hindurch und beeinflusst andere. Nach Mechthild von Magdeburg hat dieses Geschehen auch die Verschriftlichung ihrer mystischen Erfahrung bestimmt. Die mündliche und schriftliche Überlieferung solcher Flusserfahrungen ist nur deswegen sinnvoll, weil der göttliche Einfluss realiter so stark ist, dass er auch auf diesem Wege andere Menschen zu erreichen und zu erfüllen vermag.[18] Segenskräfte können dann nicht nur durch personale Medien, sondern auch durch Gegenstände, Bücher, Bilder und Töne vermittelt werden.

Die Lebenskraft des Göttlichen fließt in der Gemeinde Gottes, aber auch in der Schöpfung Gottes. M. Luther hat, wie D. Greiner gezeigt hat, beide Wirkungsfelder durch die Unterscheidung von leiblichem und geistlichem Segen aufeinander zu beziehen versucht, wobei die tiefste theologische Zu-

16. M. Egerding, Die Metaphorik der spätmittelalterlichen Mystik, Band I: Systematische Untersuchung, Paderborn 1997, 23.
17. A.a.O. 31.
18. A.a.O. 131 Die Leiblichkeit einer solchen Flusserfahrung ist unübersehbar bei der Methode des Weinens; vgl. B. Müller, Der Weg des Weinens. Die Tradition des »Penthos« in der Apophthegmata Patrum, Göttingen 2000, bes. 166ff.

ordnung trinitarisch fundiert ist. »Der leibliche Segen ist das Schöpfungs- und Erhaltungshandeln des Vaters. Der geistliche Segen ist zum einen das Erlösungswerk Jesu Christi samt der Gabe des Geistes und zum anderen das Heiligungswerk des Heiligen Geistes samt seinem eschatologischen Wirken.«[19] Greiners Kritik an diesem Konzept ist dort berechtigt, wo der Vorgang des geistlichen Segnens sich auf Wort und Sakrament konzentriert. Das gilt dann auch für die liturgische Praxis, in der die Segenshandlung selbst keine eigenständige Relevanz gewinnt. »Der eigentliche Ort des Segnens ist im Gottesdienst nicht der Segen, sondern die Predigt und auch noch das Sakrament. Der Segen als eigenes Genus fällt zwischen Wort und Sakrament durch, bzw. wird neben Wort und Sakrament nicht beachtet.«[20]

Demgegenüber ist festzuhalten: Auch im Gottesdienst segnen Menschen im Medium von (distanzierter) leiblicher Kommunikation. Aber diese Handlung wird hier vollzogen im Namen der Gottheit, die den gottesdienstlichen Raum schon erfüllt und kraft des Segnens auch in die anwesenden Leibräume eindringen soll. Wie soll man das Verhältnis zwischen dieser sakralen Handlung und den profanen Alltagsritualen der Übermittlung von Lebenskraft bestimmen? Die von Luther vorgeschlagene Unterscheidung ist deswegen untauglich, weil auch der geistliche Ritus leiblich vollzogen wird. Das weltliche Zeremoniell vermittelt in der Tat keine geistlichen Gaben. Die Lebenskraft, die dort fließt, ist auf das irdische Dasein beschränkt. In den Ritualen der Begrüßung und des Abschieds schenken Menschen einander einen Teil ihrer Vitalität. Deshalb ist man nach einem Tag mit vielen Kontakten am Abend ausgepumpt oder ausgelaugt. In jenen Handlungen dagegen, die im Namen Gottes geschehen, reichen Quantität und Qualität der Segenskraft weiter. Sie kommt nicht aus den segnenden Menschen, sondern vom Göttlichen her, und sie ist nicht auf das Leben im Diesseits beschränkt, sondern stärkt auch für den Weg in die andere Welt. Durch die Kombination mit dem göttlichen Namen, mit Wort und Sakrament gewinnt das Segnen eine eschatologische Kraft, die die Dimension von irdischer Lebenssteigerung weit überschreitet. Geweihte Priester und Priesterinnen haben die Vollmacht, diese Segenskraft auszuteilen, ja selbst zum Segen für andere zu werden.

III. Handlungen

Wie vermittelt man Lebenskraft im Akt des Segnens? Wer die Methodik der religiösen Handlung erfassen will, muss zunächst die Rituale des Alltags analysieren. Im Zuge der kulturellen Sozialisation lernen Menschen, sich in

19. D. Greiner, Segen und Segnen. Eine systematisch-theologische Grundlegung, Stuttgart 1998, 237.
20. A. a. O. 247.

einem kommunikativen Netzwerk zu bewegen, das durch Worte, Blicke und Gesten gebildet wird und im zwischenmenschlichen Austausch Distanz und Nähe so ausbalanciert, dass eine geregelte Dosierung von Vitalkraft erfolgen kann. Menschen geben einander das, was sie geben können. Menschen holen sich voneinander auch das, was sie brauchen. Der konventionelle Rahmen, in dem der energetische Austausch erfolgt, sorgt dafür, dass die meisten Prozesse unbewusst bleiben. Wenn »die Chemie zwischen Personen nicht stimmt«, werden solche einseitigen oder wechselseitigen Störungen als Antipathie erlebt. Soziale Isolierungen wirken auf die Betroffenen deswegen bedrohlich, weil die Gelegenheiten zu solchen Austauschvorgängen dadurch erheblich eingeschränkt werden. Auf der anderen Seite lebt man in einer erfreulichen Begegnung mehr oder weniger auf.

Was in der Schöpfung Gottes andauernd geschieht, wird auch in der Gemeinde Gottes permanent praktiziert. Die Vermittlung weltlicher Lebenskraft wird durch die Verwendung machthaltiger Formeln und Rituale mit Gotteskraft aufgeladen. Menschen können einander segnen im Namen der Gottheit. In der Gegenwart ist der Vollzug solcher Handlungen durch eine doppelte Klerikalisierung bedroht, durch die Bindung an kirchliche Amtsträger und an kirchliche Gremien.

Dass Vitalkraft in hoher Konzentration von den Zentralgestalten einer Gemeinschaft erwartet wird, haben wir schon durch den Ethnologen K. E. Müller erfahren und kann man bis heute an den Berührungswünschen, mit denen Fans ihre Stars verfolgen, studieren. Selbstverständlich hat man deshalb in der Religion gerade den Priestern und Priesterinnen besondere Fähigkeiten zu Segenshandlungen zugeschrieben. Das wird so sein. Wer in der Nähe der Gottheit lebt, kann die Lebenskraft des Göttlichen weitergeben. Aber wenn es zutrifft, dass man in der Kirche durch die Taufe zum Priesterdasein geweiht wird, dann ist die Vollmacht, im Namen Gottes zu segnen, keineswegs auf Personen beschränkt, die in der Kirche amtliche Funktionen erfüllen. Der Theologische Ausschuss der Arnoldshainer Konferenz hat dieses Anliegen nachdrücklich unterstrichen. Das Priestertum aller Getauften »neu zu entdecken und die darin enthaltene Vollmacht zum Segnen neu zu begreifen, ist Aufgabe aller Christen, die ihre Berufung ernst nehmen«.[21] Menschen wollen nicht nur am Ende des Gottesdienstes, sondern z. B. auch beim Auszug aus dem Elternhaus mit einem Segen entlassen werden. Deshalb ist die Frage nach der Methodik des Segnens wichtig für die ganze Gemeinde.

Die Klerikalisierung dieses Geschehens begegnet sehr viel verfestigter aber noch an einer anderen Stelle. Auch der eben zitierte Theologische Ausschuss, der für die Wahrnehmung der priesterlichen Vollmacht durch die ganze Gemeinde so vehement eintritt, schränkt die Segensfreiheit der Christ/innen

21. Gottes Segen und die Segenshandlungen der Kirche. Ein Votum des Theologischen Ausschusses der Arnoldhainer Konferenz, Neukirchen 1995, 63.

ein. »Kirchliches Segenshandeln kann nur im Konsens darüber geschehen, wen oder was die Kirche im Namen des dreieinigen Gottes zu segnen bevollmächtigt ist.«[22] Die Zielrichtung dieses Satzes ist klar. Es geht um gottesdienstliche Aktionen für eheähnliche Lebensgemeinschaften, gleichgeschlechtliche Partnerschaften, Tiere und Gegenstände. Man kann vieles daran problematisch finden. Aber kann man darüber durch kirchliche Mehrheitsentscheidungen einfach verfügen? Wer ist die Kirche, die solche Entscheidungen trifft und einen Konsens konstatiert? Wie kann ein synodaler Beschluss das theologische Gewissen und die Segenskraft von geweihten Priestern regulieren? Taucht hier nicht, wie auch an vielen anderen Stellen, jene kirchliche Verwaltungswut gegenüber dem göttlichen Wirken auf, die Luther an der römischen Gesetzesmaschinerie so kritisiert hat? Für die biblische Tradition geht es in diesem Zusammenhang nie um die Frage: Darf ich oder darf ich nicht segnen? Sondern das Problem wird immer so formuliert: Habe ich für diesen Menschen in dieser Situation einen Segen? Die Entscheidung in strittigen Einzelfällen setzt natürlich eine gewisse Einsicht in die methodischen Regeln des Segnens voraus.

Der religiöse Segensakt ist ein Passageritus, der vornehmlich an den zentralen Wendepunkten des Lebens vollzogen wird, also beim Eintritt in die Gemeinschaft der Lebenden, beim Eintritt in den Produktions- und in den Reproduktionsbereich sowie beim Übergang in die Welt der Toten. All diese Punkte lassen sich auch als retrospektive Situationen definieren. Deshalb kommt es bei der Taufe zur Segnung der Mutter. In der Konfirmation wirkt die Einsegnung häufig im Sinn einer Aussegnung. Die kirchliche Trauung kann durch ein kirchliches Ritual aus Anlass der Ehescheidung ergänzt werden. Die Beerdigung wird durch eine Aussegnung im Sterbehaus oder in der Friedhofskapelle vorbereitet. Die kirchliche Kasualpraxis, aber auch säkulare Konkurrenzangebote belegen: An den Wendepunkten des Lebens benötigen Menschen in besonderer Weise Kraft, und diese Kraft wird an sie durch den Vollzug von Segenshandlungen weitergegeben.

Deshalb kann man die Kasualpraxis, wie U. Wagner-Rau das jüngst getan hat, mit dem Stichwort »Segensraum« interpretieren. Ihre Ausgangsdefinition lautet folgendermaßen: »Im Segensakt geht es um ein Beziehungsgeschehen zwischen drei Polen: Wer den Segen vollzieht, wendet sich damit an ein Du, dem der Segen gilt. Damit aber verweist er/sie auf den, der den Segen spendet, also auf Gott. Die Zuwendung Gottes, und zwar die freundliche und gnädige Zuwendung, ist die Beziehungserfahrung, auf die der Segen zielt und die er evozieren will.«[23] Damit ist eine Struktur beschrieben, deren inhaltliche Füllung hier noch weitgehend offen bleibt. Erst in den weiteren Ausführungen wird die spezifische Intention fassbar, die Wagner-Rau mit

22. A.a.O. 63f.

23. U. Wagner-Rau, Segensraum. Kasualpraxis in der modernen Gesellschaft, Stuttgart 2000, 158.

dieser Definition verfolgt. Die Theologie »mit ihrer Deutungsaufgabe«[24] soll auch den Segensraum, der sich in der Kasualpraxis auftut, mit Impulsen zur Lebenswahrnehmung und Selbstreflexion ausfüllen. Dass der Segen das Wohl wie das Heil von Menschen betrifft, ist gerade an den Wendepunkten des Lebens für die Gespräche, die dazu gehören, fruchtbar zu machen. »Denn hier geht es ebenso darum, die Lebensgeschichten der Menschen wertzuschätzen in dem, was in ihnen als Segen erfahren wurde, also auch darum, Menschen des Segens zu vergewissern, wo sie ihre Geschichte als zerstört oder zerstörend wahrnehmen, wo nicht für das gute Leben als Gabe Gottes zu danken ist, sondern trotz alledem an die Fortdauer der Zuwendung Gottes zu glauben ist.«[25]

Im Segensraum der Kasualpraxis werden Lebensgeschichten für die Betroffenen durchsichtig. Das ist zweifellos ein wichtiger Aspekt, weil die Lebenskraft, die ein Segen vermittelt, auch die Wahrnehmungsfähigkeiten zu steigern vermag. Auf der anderen Seite muss man freilich darauf aufmerksam machen, dass der Segensakt selbst in einer Handlung besteht, die bewusstseinszugängliche und unbewusst bleibende, kurzfristige wie lang währende Wirkungen auslöst. Der Rückblick in die eigene Vergangenheit, die Vorausschau auf erwünschte oder gefürchtete Zukunftsperspektiven gehören in die Vorbereitung einer Aktion, die die Lebenslinie eines Einzelnen oder eines Paares machtvoll unterbricht und mit neuer Lebensenergie auffüllt.

M. Luther hat seinen Vorschlag zur rituellen Gestaltung der Wendepunkte des Tages am Morgen und am Abend nicht ohne Grund mit der Mahnung beschlossen: »Alsdann mit Freuden an dein Werk gegangen und etwa ein Lied gesungen oder was dir deine Andacht eingibt« – »alsdann flugs und fröhlich geschlafen.«[26] Der Segen am Morgen und am Abend erweist seine Kraft nicht zuletzt darin, dass er von jeder Tendenz zur Selbstreflexion befreit. Die Träume der Nacht wie die Sorgen des Tages lösen sich auf, wenn der dreieinige Gott wirklich waltet und wenn sein heiliger Engel die Macht des bösen Feindes begrenzt. Der Segensraum ist ein Lebensraum, in dem man sich ohne permanente Selbstbespiegelung der Arbeit des Tages wie der Ruhe der Nacht hingeben darf.

Für die kirchliche Tradition steht deshalb im Zentrum des Segens eine leibliche Handlung, die auch Luther für die Übergangsrituale am Morgen und Abend empfiehlt: die Bekreuzigung. F. J. Dölger hat die Geschichte dieser Übung bis ins 2. Jahrhundert zurückverfolgt und nachgewiesen, dass dem Vollzug der Geste auch ohne begleitendes Segenswort positive Wirk-

24. A.a.O. 162.
25. A.a.O. 171.
26. Zu den liturgiegeschichtlichen Traditionen von Luthers Texten vgl. F. Schulz, Die Hausgebete Luthers, in: A. Peters, Kommentar zu Luthers Katechismen, 5, Göttingen 1994, 192ff.

samkeit zugeschrieben wurde.[27] Bevorzugte Körperpartien für die Selbstbekreuzigung waren Stirn, Augen, Mund und Brust. Die Segnung anderer Personen konnte durch den ausgestreckten Arm, aber auch mit Hilfe eines geweihten Gegenstandes, vor allem eines Kreuzes, erfolgen. »Das Vertrauen auf die Macht des Kreuzzeichens ließ die Selbstbekreuzigung mit der Zeit zum Schutz gegen Gefahren aller Art werden, gegen das Wirken des Teufels und der Dämonen sowie gegen Zauberei. Es wurde Heilmittel in der Volksmedizin, Schutz bei Gottesurteilen und bei Gefahren der Seefahrt. Daß es dabei auch zu Mißbräuchen kam, die von christlichen Predigern bekämpft wurden, ist nicht zu verwundern.«[28]

In der Literatur wird auch von römisch-katholischen Autoren immer wieder versucht, die Wirkung dieser Zeichenhandlung festzuhalten, aber gleichzeitig auch gegen magische Praktiken abzugrenzen. Nach J.-C. Schmitt ist diese doppelte Tendenz schon in den mittelalterlichen Texten zu finden. Dort begegnet einerseits ein rigider Formalismus. »Der Gestus muß genau nach Vorschrift vollführt werden; die Reihenfolge der Bewegungsmomente darf weder umgedreht noch sonst verändert werden, weil der Gestus sonst in Lästerung umschlüge; und er muß nach Zeit und Inhalt mit den gesprochenen Worten übereinstimmen. Jeder Formfehler macht die Wirkkraft der Geste zunichte oder, schlimmer noch, zeitigt die entgegengesetzte Wirkung, die sich dann gegen den Schuldigen wendet.«[29] Andererseits polemisieren die damaligen Theologen nicht nur gegen die magischen Rituale von Zauberern und Hexenmeistern; vielmehr sollen auch die kirchlichen Handlungen von jedem Magieverdacht durch argumentative Reflexion gereinigt werden, »indem zwischen Zeichen und Wirkung, Gestus und Wort, menschlicher Vernunft und dem Glauben an übernatürliche Kräfte von Gott und Teufel streng unterschieden wird«.[30]

Eine ähnliche Intention verfolgt auch E. Bartsch, wenn er die Handlungslogik der Kombination von Kreuzzeichen und Beschwörungsformeln rekonstruiert. »Alle angeführten Beispiele zeigen, daß Kreuz und Kreuzzeichen als Beschwörungsmittel gebraucht wurden. Eine derartige Anwendung ist vor allem auf den Gebrauch der alten ›Zaubersiegel‹ zurückzuführen. Diese Her-

27. Vgl. F. J. Dölger, Beiträge zur Geschichte des Kreuzzeichens, JAC 1 – 10, 1958ff.
28. K. Groß, Menschenhand und Gotteshand in Antike und Christentum, Stuttgart 1985, 90f. Nicht den Schutz der eigenen Person, sondern die gebotene Ehrfurcht im Akt der Inkorporation der Göttlichen intendieren die Empfehlungen zum Empfang der Eucharistie bei Cyrill von Jerusalem, Mystagogicae Catecheses – Mystagogische Katechesen, ed. G. Röwekamp, Fontes christiani 7, Freiburg 1992, 163: »Mache die Linke zum Thron für die Rechte, die den König empfangen soll. Mache die Hand hohl, empfange so den Leib Christi und sage ›Amen‹ dazu.«
29. J.-C. Schmitt, Die Logik der Gesten im europäischen Mittelalter, Stuttgart 1992, 305.
30. A.a.O. 308.

kunft vermindert den Wert der Kreuzesbezeichnung keineswegs, ist sie doch mehr formaler Natur. Die Wirkungs*weise* des Beschwörungskreuzes unterscheidet sich wesentlich von jener der heidnischen Zaubercharaktere. Letztere sollten aus sich heraus eine Wirkung hervorbringen, einen Zwang ausüben. Das Kreuz wirkt aus dem Glauben an Gott. Es ist Hinweis auf die Autorität Christi und seine Erlösungstat. Es ist nicht aus sich heraus wirksam, auch wenn diese Meinung öfters im Volksaberglauben wach wurde. In den kirchlichen Beschwörungen soll es die im Wort genannte Macht Gottes im Gestus sichtbar werden lassen und unterstreichen, wohl auch gegenüber dem Beschworenen erinnernd (an die Überwindung Satans in Jesu Kreuzestod) wirken. Die Kreuze stehen daher sehr oft bei der Nennung der göttlichen Namen innerhalb der Beschwörungen.«[31]

Eine solche eindeutige Unterscheidung zwischen heidnischer Magie und christlicher Glaubenspraxis ist schon deswegen schwierig, weil das verwendete Zeichen keineswegs eine spezifisch christliche Symbolisierung darstellt. Das gilt für das Kreuz in Gestalt von einfachen oder kostbar geschmückten Objekten. Entsprechende Formen begegnen weltweit, in Indien und in Ägypten, bei Indianern und Mexikanern. Auch die Gesten der Bekreuzigung und die dabei möglichen Fingerkonstellationen, die zwischen westlicher und östlicher Kirche im Laufe der Zeit strittig geworden sind, stammen aus vorchristlicher Zeit. »Sie gehen auf orientalische Gesten zurück, die herrscherliche Hoheit und göttliche Macht künden. In der Spätantike drangen sie in das kaiserliche Hofzeremoniell ein und dienten als Ausdruck des Gottesgnadentums der Herrscher. So war eine Übertragung auf die christliche Liturgie und auf Darstellungen von Christus und Heiligen leicht gegeben.«[32]

Die handwerkliche Dimension des Segnens besteht für christliche Priesterinnen und Priester bis heute im Vollzug der Bekreuzigung. Das Kreuz ist offensichtlich ein machtgeladenes Symbol, dessen Mächtigkeit man entweder tiefenpsychologisch aus seiner archetypischen Qualität oder phänomenologisch aus seiner räumlichen Konstruktion herleiten kann. Für die unterschiedlichen Traditionen konzentrieren sich im Kreuz die Kräfte des Kosmos. »Das vierarmige Kreuz findet sich als Schriftzeichen bei den Elamitern, Sumerern, Kretern und Hethitern, als Schmuck des hohenpriesterlichen Kleides in Memphis, als Mantel- und Halsschmuck der assyrischen Könige. Bei den Akkadern ist es das Symbol des Himmels, des Gottes Anu, bei den Galliern Symbol der Sonne, bei den Dakota-Indianern Symbol der

31. E. Bartsch, Die Sachbeschwörungen der römischen Liturgie. Eine liturgiegeschichtliche und liturgietheologische Studie, Münster 1967, 239. Sehr viel gelassener formuliert F. Steffensky, Segnen – Gedanken zu einer Geste, PTh 82, 1993, 10: »Vor Magie habe ich, da ich nicht mit protestantischer Muttermilch aufgewachsen bin, wenig Angst. Sie enthält manchmal mehr Wahrheit als die pure Aufgeklärtheit.«

32. K. Groß, a.a.O. 95.

vier Himmelsgegenden, der ›Windrose‹. Bei den Mexikanern erscheint das Kreuz als Stilisierung des Baumes des Lebens und der Fruchtbarkeit, bei den Germanen als Stilisierung des Hammers. Das Henkelkreuz gilt als Schlüssel des Lebens in Ägypten, ist aber auch in der semitischen Welt verbreitet, desgleichen in Phrygien und bei den Hethitern. Bei den Griechen wurde das Kreuzzeichen auch dem Brot eingeschnitten.«[33]

Das Kreuz ist ein gestalteter Machtraum. Es bildet deshalb in vielen Fällen den Grundriss für Kirchengebäude und bestimmt als Kruzifix auf, hinter oder über dem Altar deren Binnenraum. In den Segenshandlungen wird der Einfluss dieser Machtgestalt in der Regel auf Körperpartien bezogen, die ihrerseits Energiezentren des Leibes sind. Vor allem das aus dem Osten stammende Chakrensystem macht verständlich, dass die Auswahl der Segnungspunkte in der kirchlichen Tradition keineswegs beliebig erfolgt ist. Auch wenn die entsprechenden anthropologischen Modelle in der kirchlichen Überlieferung weitgehend unbekannt waren, hat man die Kraftübertragung beim Segnen mit großer Selbstverständlichkeit an jenen Körperstellen vollzogen, die für die Aufnahme und Verarbeitung von Lebensenergie eminent wichtig sind. Vor allem in der großen Bekreuzigung werden zwischen Haupt und Herz jene Körperpartien aktiviert, die für das religiöse wie für das soziale Leben bedeutungsvoll sind. Auffällig ist freilich auch, dass die Chakren des unteren Leibes bei der christlichen Praxis ausgespart bleiben. Wenn dahinter die Angst vor der Vitalisierung der »niederen« Lebensbereiche gestanden hat, dann könnte gerade diese Blockierung von religiöser Segenskraft die Eigendynamik des körperlichen Begehrens gefördert haben.

Beim Akt des Segnens handeln Priester und Priesterinnen in Vollmacht. Lebenskraft fließt, indem das kosmische Konstrukt des Kreuzes mit dem Namen des dreieinigen Gottes geladen und auf die energetischen Zentren des menschlichen Leibes geleitet wird. Das setzt natürlich auf Seiten der Beteiligten eine mehr oder weniger intensive Präparation voraus. Für deren Durchführung kann man das Beispiel des Gottesdienstes heranziehen. Am Ende des liturgischen Weges sind alle Anwesenden segensfähig geworden, in passiver Hinsicht zum Segensempfang, in aktiver Hinsicht zur Segensspendung. Was ist geschehen, so dass diese Handlung jetzt möglich geworden ist? Die Segensempfänger müssen eigentlich nur anwesend sein. Was der Gottesdienst insgesamt mit ihnen gemacht hat, mit welcher Intensität sie gebetet und gesungen, mit welcher Aufmerksamkeit sie das Wort Gottes aufgenommen haben, das ist nicht nur schwer zu erfassen, sondern im Grunde auch unerheblich. Sie sind da. Und sollen nach der agendarischen Ordnung unabhängig von ihrer inneren Einstellung gesegnet werden. Für diese Handlung gibt es keine Bedingung. Nur wenn man auf alle Forderungen nach einer bestimmten Bewusstseinshaltung verzichtet, kann man auch Menschen in den Übergangsphasen des Lebens, wie etwa Säuglingen oder Ster-

33. F. Heiler, Erscheinungsformen und Wesen der Religion, Stuttgart 1961, 104.

benden, göttliche Segenskraft zukommen lassen. Allenfalls dort, wo eine/r sich eine solche Handlung ausdrücklich verbeten hat, soll man in der Regel darauf verzichten.

Im lokalen Machtbereich des Leibes Christi kann man diesen energetischen Zufluss sogar realisieren, ohne auf soziale Reziprozität achten zu müssen. »Segnet, die euch fluchen« (Matthäus 5,44; ähnlich Römer 12,14). Paulus rechnet freilich auch mit der Möglichkeit, dass auf diese Weise die Fluchkraft beim anderen umgepolt wird und entweder zu seinem Verderben oder zu seiner Reinigung führt (Römer 12,10).[34]

Auch die Segnenden müssen für den Akt des Segens letztlich nur da sein. Ihre liturgische Präsenz besteht in medialer Existenz. Sie sind durch den Ablauf des Gottesdienstes von eigenen Emotionen so befreit und für die göttliche Energie so gereinigt,[35] dass der Segen Gottes durch sie hindurchströmen kann. Was sich im Lauf des gottesdienstlichen Rituals einigermaßen selbstverständlich einstellt, das kann und muss man methodisch realisieren, wenn ein solcher umfassender ritueller Kontext in Alltagssituationen nicht gegeben ist. Die Präparation umfasst auch hier negative wie positive Aktionen. Aggressive wie libidinöse Regungen müssen aufgelöst, Machtwünsche wie Ohnmachtsgefühle müssen abgebaut werden. An die Stelle einer »Theologie des Segens«, die man als Theologe und Theologin im Kopf gespeichert hat, muss man durch einen kurzen Anruf um jene Geistesgegenwart bitten, die im zwischenmenschlichen Kontakt göttliche Lebenskraft fließen lässt.

34. Zu den Auslegungsmöglichkeiten der Stelle vgl. H. Schlier, Der Römerbrief, 2. Auflage, Freiburg 1979, 383.

35. Zur Bedeutung von Schauspieltheorien für die theologische Ausbildung vgl. G. W. Rammenzweig, Lebendige Präsenz im Gottesdienst. Eine andere Art, Liturgie zu lernen, in: Gelebte Religion. Festschrift G. Otto, Rheinbach 1997, 252 ff.; M. A. Friedrich, Liturgische Körper. Der Beitrag von Schauspieltheorien und -techniken für die Pastoralästhetik, Stuttgart 2001; Th. Kabel, Handbuch Liturgische Präsenz, Band 1: Zur praktischen Inszenierung des Gottesdienstes, Gütersloh 2002. Die Differenz der präparativen Handlungen für Religion und Theater besteht nicht in der Notwendigkeit der Purifikation, sondern in den Möglichkeiten der Inspiration.

§ 10 Heilen

Durch Handlungen des Weihens werden irdische Räume mit heiligen Kräften erfüllt. Menschliche Leiber werden zu göttlichen Tempeln, vergängliche Gebäude zu Residenzen des Ewigen, profane Gegenstände zu sakralen Objekten. Die Heiligung, die in diesen Handlungen abläuft, vollzieht sich auf jeden Fall in einer Doppelbewegung. In negativer Hinsicht müssen Kräfte des Widergöttlichen aus den Räumen entfernt, in positiver Hinsicht Kräfte des Göttlichen in die Räume eingeführt werden. Diese Grundstruktur liegt auch vor, wenn es im Vollzug von Heiligung zu Heilungen kommt.

Wer die Handlungslogik religiöser Therapien sachgerecht einordnen will, muss sich von einer gängigen Meinung freimachen, die in der öffentlichen, aber auch in der kirchlichen und der theologischen Diskussion weit verbreitet ist. Nach dieser Meinung stehen sich gegenüber medizinische bzw. psychotherapeutische Methoden, die auf allgemein anerkannten wissenschaftlichen Modellen beruhen, und eine mirakulöse Praxis, deren interne Gesetzmäßigkeit, weil es sich ja um Wunder und damit um die Durchbrechung aller Gesetzmäßigkeiten handelt, unbekannt bleiben muss. Eine solche simple Opposition zwischen modernen Heilverfahren und religiösen Methoden ist aus zwei Gründen unhaltbar.

Zunächst muss man konstatieren, dass auch eine moderne Klinik, die auf naturwissenschaftlicher Basis arbeitet, mit ganz unterschiedlichen Modellen von Pathogenese operiert. In der Chirurgie, der Orthopädie oder der Zahnmedizin wird die Bestimmung der krankheitsauslösenden Faktoren relativ einfach sein. Aber es gibt andere Bereiche, wie die innere Medizin oder die Hautklinik, die mit einem sehr viel breiteren Faktorenbündel zu rechnen haben. Oft sind die Symptome diagnostisch nicht eindeutig zu lokalisieren, und als Ursachen kommen körperliche Funktionsstörungen, aber auch externe Schädigungen durch Ansteckung, Stress, Berufs- und Beziehungskrisen, falsche Ernährung und Mangel an Bewegung in Frage.

Noch verwirrender wird das Bild, wenn man die psychotherapeutischen Konzepte hinzuzieht. Von den Vertretern der Schulmedizin werden sie als modernes Schamanentum abgelehnt, untereinander sind sie teilweise noch immer heftig zerstritten. Und in der Tat: Die Psychoanalyse im Gefolge S. Freuds, die Gesprächspsychotherapie nach C. R. Rogers, Gestalttherapie und Transaktionsanalyse, Kognitive Verhaltenstherapien, Initiatische Therapie, um nur die bekannteren Ansätze aufzuzählen, verwenden Methoden, die ein höchst divergentes Bild der personalen Innenausstattung implizieren.

Daneben und darüber hinaus haben sich im Laufe der Zeit auf dem therapeutischen Markt alternative Konzepte durchgehalten bzw. neu durchgesetzt, die teilweise auf vormodernen Heiltraditionen beruhen. Homöopathie und Akkupunktur, chinesische und indianische Heilverfahren finden, trotz aller Kritik der etablierten Experten und auch ohne Kostenerstattung durch die Krankenversicherung, erheblichen Zulauf.[1]

Unabhängig vom jeweiligen Krankheitsverständnis und Gesundheitsideal geht es bei jeder Methode des Heilens um zwei elementare Fragen. Was muss weg aus dem kranken Leib, und was muss in diesen Leib hinein, damit er wieder gesundet? Die Antworten, die auf diese Grundfragen gegeben werden, sind nach kulturellem Kontext und medizinisch-therapeutischer Schule sehr unterschiedlich.[2] Ihre Plausibilität ergibt sich aus den Effekten, die sie im Blick auf den kranken Leib erzielen. Aus der Tatsache, dass auf dem therapeutischen Markt so zahlreiche Angebote begegnen, kann man jedenfalls zwei Schlüsse ziehen. Einerseits scheint keines der therapeutischen Modelle so erfolgreich zu wirken, dass es die anderen Angebote verdrängt und überflüssig macht, und andererseits scheinen auch die alternativen Praktiken so viele positive Wirkungen zu erzielen, dass sie durch Publikationen und Mundpropaganda immer neue Patienten gewinnen.

Eine einseitig rezipierte Aufklärung hat in der Theologie zahlreiche Abwehrreaktionen gegenüber religiösen Heilungen hervorgerufen (I.). Erst in der neueren Exegese werden die Krafttaten Jesu ernsthaft gewürdigt (II.), auch wenn die theoretischen Modelle zur Interpretation unvermeidlich zwischen sozialpsychologischen und phänomenologischen Ansätzen schwanken (III.). Unabhängig davon haben sich inzwischen aber auch liturgische und poimenische Praxisformen entwickelt, in denen die alte Aufgabe im zeitgenössischen Kontext realisiert werden kann (IV.).

I. Wunderkritik

Für die protestantische Theologie sind religiöse Heilungen seit der Aufklärung durchweg ein peinliches Phänomen. Entweder hat man versucht, sie durch hermeneutische Operationen im Rahmen naturwissenschaftlicher oder psychosomatischer Modelle auch für das moderne Weltbild akzeptabel zu machen. Oder es werden die Heilungen Jesu im Kontext seiner Verkündigung von der Nähe des Reiches Gottes zu einer zeitbedingten, den Glauben keineswegs konstituierenden Nebensache erklärt. Auch soziologische Theorien von einer Spezialisierung professioneller Aufgaben im Zuge der

1. Vgl. R. Jütte. Geschichte der Alternativen Medizin. Von der Volksmedizin zu den unkonventionellen Therapien von heute, München 1996, sowie P. Heusser (Hg.), ›Energetische‹ Medizin: gibt es heute nur physikalische Wirkprinzipien?, Bern 1998.
2. Vgl. R. Porter, Die Kunst des Heilens. Eine medizinische Geschichte der Menschheit von der Antike bis heute, Heidelberg 2000.

gesellschaftlichen Differenzierung konnten längst vor ihrer wissenschaftlichen Ausformulierung zur Relativierung dieser heiklen Aufgabe herangezogen werden.

Der theologische Rationalismus hat seit dem 18. Jahrhundert die Logik des Wirkens Jesu auf seine Art zu erfassen versucht. Was als Wunder überliefert ist, beruhte demnach faktisch auf der Anwendung unbekannter Naturgesetze. Am radikalsten hat diesen Ansatz H. E. G. Paulus durchgeführt, der in seinem zweibändigen »Leben Jesu« (1828) die Heilungen Jesu nach A. Schweitzer folgendermaßen interpretiert: »Bald wirkte Jesus durch seine geistige Kraft auf das Nervensystem ein, bald gebrauchte er nur ihm bekannte Heilmittel; so z. B. für die Blindenheilungen. Auch die Jünger sandte er, nach Mk 6,7 und 13, nicht ohne Heilmittel aus, denn das Öl, womit sie die Siechen salben sollen, ist natürlich ein Heilmittel, und die Dämonenaustreibung wurde auch zum Teil mit nervenberuhigenden Mitteln geübt.«[3] Insgesamt haben diese Handlungen für Jesus und seine Anhänger nur eine dienende Funktion, was insbesondere K. F. Bahrdt betont hat: »Um etwas auszurichten müssen sie sich dem Aberglauben des Volkes akkommodieren und ihre Weisheit unter dem Mantel der Torheit an die Leute bringen, ob die Menge, durch den Schein getäuscht, sich der Vernunftoffenbarung öffnen möchte und nach einiger Zeit imstande wäre, sich vom Aberglauben zu emanzipieren. Jesus sieht sich also genötigt, in der Rolle des erwarteten Volksmessias aufzutreten und sich zu entschließen, mit Wundern und Täuschungen zu operieren.« Eine bekannte Differenzierung klingt an, wenn Schweitzer die hermeneutische Basis dieses Aufklärers so charakterisiert: »Jesus hatte zwei Arten zu lehren: eine exoterische, einfache, für das Volk; eine esoterische, geheime, für die Eingeweihten.«[4]

Die Krafttaten Jesu beruhen für die Theologie des Rationalismus also entweder auf der Anwendung unbekannter Naturgesetze oder auf der Inszenierung von Täuschungsmanövern in sittlicher Absicht. In der Wort-Gottes-Theologie des vorigen Jahrhunderts ist man bemüht, die Bedeutung dieser Überlieferung durch theologische Operationen zu relativieren. Im Mittelpunkt steht die Verkündigung Jesu, und seine Heilungen bilden demgegenüber ein Randphänomen.[5] Besonders wirkungsvoll verfährt G. Klein, der den Wunderglauben von Paulus her, nämlich mit 1. Korinther 1,18-24, aus theologischen Gründen in Frage stellt. »Das Mirakel im Sinne eines widernatürlichen Naturgeschehens mit übernatürlicher Ursache ist als Element des Glaubens endgültig erledigt. Und zwar nicht bloß deswegen, weil es un-

3. Zitiert nach A. Schweitzer, Geschichte der Leben-Jesu-Forschung, 6. Auflage, Tübingen 1951, 52.
4. Zitiert nach A. Schweitzer, a. a. O. 40 f.
5. In der klassischen Studie von G. Bornkamm, Jesus von Nazareth, Stuttgart 1956, werden die synoptischen Wunderberichte auf 2 Seiten behandelt (120 f.) – das Buch umfasst insgesamt ca. 200 Seiten.

serer Wirklichkeitserfahrung widerspricht. Dieser Grund, der sich uns am Anfang unserer Überlegungen aufdrängte, ist zwar schon an und für sich sehr ernst zu nehmen. Hinzu kommt nun aber der unendlich gewichtigere, nämlich theologische Grund, den Paulus formuliert: Das Verlangen nach Mirakeln ist ein Ausdruck menschlicher Sünde und wird als solcher vor Gott zunichte. Wohlgemerkt, Paulus bestreitet nicht die objektive Möglichkeit von Mirakeln. Wir sahen, daß ein Mensch der Antike dazu auf Grund seiner weltbildlichen Voraussetzungen gar nicht in der Lage war. Aber er bestreitet, daß die Mirakel irgendeine Bedeutung für den Glauben haben.«[6] Das wirkliche Wunder ist demgegenüber »nichts anderes als die Vergebung der Sünde!«.[7] In diesem Sinn hat die neutestamentliche Botschaft weltanschauliche Konsequenzen von größter Tragweite ausgelöst. »Das Aufkommen des modernen mirakelfreien Weltbildes ist letztlich in der theologischen Entwertung des Mirakels durch das Neue Testament angebahnt.«[8]

Diese historische Abwertung des heilenden Handelns war indirekt immer auch von praktischen Interessen bestimmt, weil auf diese Weise die pastorale Tätigkeit von unangenehmen Postulaten befreit wurde. Die evangelische Seelsorge hat sich in diesem Zusammenhang vor allem durch den Hinweis auf die eingetretene Arbeitsteilung von solchen Forderungen entlastet. Was in der biblischen Tradition bei Jesus und seinen Anhängern noch in Personalunion möglich gewesen ist, nämlich die Verknüpfung von Verkündigung und Behandlung, das ist inzwischen verschiedenen Berufsgruppen als Praxiswelt zugeschrieben. Die Ärzte und Therapeuten sorgen für Heilung, die Pfarrer und Pfarrerinnen haben sich auf das Heil der Menschen zu konzentrieren. Durch diese klare Abgrenzung ihrer Kompetenzen können beide Gruppen im Bedarfsfall durchaus auch kooperieren. Eine solche Position hat besonders E. Thurneysen in seinen Seelsorge-Büchern vertreten. Danach findet in allen Formen von Therapie »eine rein zwischenmenschliche Rede«[9] statt, in der Seelsorge dagegen geht es um die Gestaltung der Gottesbeziehung. Die Heilung, auf die ärztliches Handeln zielt, betrifft die Beseitigung körperlicher oder seelischer Störungen. Das Heil, das die Seelsorge intendiert, besteht in der Beseitigung jener grundlegenden Störung, die durch die Sünde im Gottesverhältnis des Menschen ausgelöst und durch die Sündenvergebung beseitigt wird.[10] Im aktuellen Jargon formuliert: Das ärztliche

6. G. Klein, Wunderglaube und Neues Testament, in: Ärgernisse. Konfrontationen mit dem Neuen Testament, München 1970, 34.
7. A.a.O. 35.
8. A.a.O. 56f. A. Schimmel, Mystische Dimensionen des Islam. Die Geschichte des Sufismus, 3. Auflage, München 1995, 301, verweist auf einen wunderkritischen Spruch, der angeblich vom Propheten stammt: »Wunder sind die Menstruation der Männer.«
9. E. Thurneysen, Seelsorge im Vollzug, Zürich 1968, 86.
10. Vgl. a.a.O. 197.

Handeln gilt dem menschlichen Dasein in der Profanität, in der Seelsorge-Praxis kommt die religiöse Dimension in den Blick.

Auch Thurneysen kann sich freilich mit einer solchen eindeutigen Differenzierung in der Zielbestimmung, wie sie sich aus der Arbeitsteilung ergibt, nicht zufriedengeben. Durch die Anwendung religiöser Methoden, vornehmlich in Gebet und Beichte, fließen seiner Meinung nach Impulse in das Krankheitserleben ein, die die Befindlichkeit des Menschen auch in seinem leiblichen Dasein betreffen und im Rahmen eines psychosomatischen Menschenbildes verständlich werden. Seelsorge an Kranken schließt ja immer die Aufgabe ihrer »Tröstung« und damit die Einführung in »Geduld« ein.[11] Gegenüber allen Isolationserfahrungen und Verlassenheitsgefühlen ist »die Gemeinschaft mit Gott«[12] zu vermitteln. Wem die Einsicht in den verborgenen Sinn seiner Krankheit geschenkt wird, der kann zur Besinnung kommen und sie eventuell auch als »Heimsuchung und Züchtigung« erkennen.[13] Schließlich können Kranke ihre elende Lage auch anzunehmen lernen, nicht im Sinn einer Schicksalsergebenheit, sondern als Warnsignal und als Ruf zur Umkehr.[14]

Seelsorge setzt für Thurneysen also innere Prozesse in Gang, durch die das Krankheitserleben beeinflusst und auch verändert wird und die im Einzelfall durchaus auch therapeutische Effekte auslösen können. Aber direkte Heilungsabsichten sind mit dem poimenischen Handeln in keiner Weise verbunden. Eine Seelsorge, die für das Heil des Menschen Gott gegenüber zuständig ist, kann unter Umständen die Unterstützung von Heilungsprozessen bewirken. Die explizite methodische Realisierung von Heilung bleibt jedoch der Zuständigkeit des Arztes und des Therapeuten vorbehalten.

In der nachkerygmatischen, in der therapeutischen Seelsorge hat sich die Sachlage scheinbar geändert, weil hier die Seelsorger/innen durchaus mit therapeutischen Absichten operieren. Sie verwenden Methoden psychotherapeutischer Schulen. Sie wollen psychointerne und interaktive Konflikte durch Gespräche bearbeiten helfen. Sie fühlen sich durchaus dem therapeutischen Team im Praxisfeld einer Klinik zugehörig. Aber das Grundproblem der Unvereinbarkeit von Seelsorge und Heilung ist geblieben, auch wenn es hier in einer neuen Variante begegnet. Der Seelsorger kann therapeutisch wirken, solange er therapeutische Methoden verwendet. Dabei kann er im Rahmen eines psychoanalytischen Modells durchaus auch religiöse Symbole heranziehen, die, wie andere Formen der Symbolisierung, bei der Bearbeitung von Konflikten helfen.[15] Dass diese Symbole nicht nur psychotherapeu-

11. Ebd.
12. A.a.O. 198.
13. A.a.O. 207.
14. A.a.O. 208.
15. Vgl. J. Scharfenberg/H. Kämpfer, Mit Symbolen leben. Soziologische, psychologische und religiöse Konfliktbearbeitung, Olten 1980.

tische Funktionen erfüllen, sondern auch heilvolle Wirklichkeiten realisieren, dass also das Heilige selbst Heilungen schafft, das kommt für diese Perspektive jedoch nicht in Betracht. Seelsorge in diesem Kontext kann nicht mit religiösen Methoden praktizieren, solange die Handlungslogik für die Arbeit im Machtbereich des Heiligen unbekannt bleibt und mit der Rede von der »Unverfügbarkeit« dieser Macht permanent abgewehrt wird.

II. Krafttaten Jesu

Jesus hat keine »Wunder« getan. Wer dieses Stichwort verwendet, schafft sich Probleme, die er durch hermeneutische Operationen nicht mehr beseitigen kann. In der Moderne werden Wunder in der Tat, wie G. Klein betont hat, als Mirakel verstanden, die gegen allgemein anerkannte Naturgesetze verstoßen. Demgegenüber redet das Neue Testament sehr viel präziser von der Kraft, die von Jesus ausgeht (Lukas 6,19) und an der seine Jünger Anteil erhalten (Lukas 9,1). Solche Krafttaten dienen im Johannesevangelium als »Zeichen« seiner Herrlichkeit (2,23) und können, mindestens für einige, einen Hinweis auf seine göttliche Herkunft enthalten (9,16). Deshalb konstatiert K. Berger zu Recht: »Wunder/Wundererzählung ist kein Gattungsbegriff, sondern moderne Beschreibung eines antiken Wirklichkeitsverständnisses … die erzählenden Texte schildern Jesus wie die Apostel durchweg als Charismatiker. Wunder läßt sich daher religionsphänomenologisch beschreiben als staunenswerter Erweis charismatischer Macht in erzählter Geschichte.«[16]

Nachdem für eine ganze Generation von Neutestamentlern Jesu Ankündigung der Nähe des Reiches Gottes im Zentrum seines Auftretens gestanden hat, finden gegenwärtig seine Handlungen zunehmend Aufmerksamkeit. An die Stelle des Predigers soll der Magier treten. B. Lang hat dessen Eigenart durch einen Vergleich mit dem Täufer zu profilieren versucht. »Johannes hat keine Wunder bewirkt, wohl aber Jesus. Wir wissen nicht, ob Jesus innerhalb der Täuferbewegung als Dämonenaustreiber wirkte oder ob er seine diesbezügliche Begabung erst nach dem Tode seines Meisters, Johannes, entdeckte. Er entwickelte eine eigenständige Theologie, die nicht mehr auf der Lehre des Täufers beruhte, sondern auf eigener exorzistischer Erfahrung. Für Jesus und die meisten seiner Anhänger nahm der Ausdruck ›Reich Gottes‹ eine neue Bedeutung an. Nach der Auffassung Johannes des Täufers setzte das Kommen des Gottesreiches die Auflösung des Römischen

16. K. Berger, Formgeschichte des Neues Testaments, Heidelberg 1984, 305. Vgl. auch O. Perels, Wort und Wirken. Die Überlieferung von Machttaten Jesu im Rahmen der synoptischen Gesamttradition und ihre Konsequenzen für die heutige Christenheit, Hermannsburg 1998, der dabei auf seine Dissertation von 1934 zurückgreifen kann.

Reiches und andere weltpolitische Ereignisse voraus, die eine Wiedererrichtung des jüdischen Staates ermöglichen. Als Jesus (vermutlich nach dem Tode des Täufers) mit seiner Verkündigung und Tätigkeit eine neue Richtung einschlug, erwartete er das Kommen des Reichen in einer anderen, eher individuellen als politischen Weise. Während Johannes offenbar eine wiederhergestellte, ›geheilte‹ Nation als Gottesreich erwartete, richtete sich das Interesse Jesu auf die soziale und physische Heilung einzelner Menschen.«[17]

Wir brauchen die Diskussion um die Gültigkeit von Jesus-Bildern hier nicht zu entscheiden. Allgemein anerkannt ist, dass sich für Jesus die Nähe der Gottesherrschaft auch in seinen Krafttaten manifestiert hat. »Wenn ich mit dem Finger Gottes die bösen Geister austreibe, dann ist das Reich Gottes zu euch gekommen« (Lukas 11,20). Diese handwerkliche Fähigkeit ist die leibliche Realisierung einer visionären Erleuchtung, die ein in seiner Echtheit kaum bestrittenes Logion so wiedergibt: »Ich sah den Satan wie einen Blitz vom Himmel fallen« (Lukas 10,18). Die atmosphärische Kraft, die den Gegengott niedergeschmettert hat, wirkt in den vollmächtigen Worten wie in den kraftvollen Taten des Mannes aus Nazareth.

E. Haenchen hat die Ansicht vertreten, Jesus habe seine Heilungsfähigkeiten erstmals in einer verhältnismäßig einfachen Krankheitslage erkannt, nämlich beim Handkontakt mit der fiebrig erkrankten Schwiegermutter des Petrus (Markus 1,30 f.).[18] Auf der anderen Seite sind seine Krafttaten im damaligen Judentum durchaus »keine singuläre Erscheinung«.[19] Und auch für die Methoden, die Jesus verwendet, lassen sich in der Umwelt zahlreiche Belege finden.[20] Bei seinen Exorzismen arbeitet er mit Namensbefragung (Markus 5,9), mit Ausfahrbefehl (Markus 1,25; 5,8; 9,25), Umsiedlungserlaubnis (Markus 5,13) und Rückkehrverbot (Markus 9,25). Die Heilungen erfolgen in der Regel durch körperliche Kontakte, die ihm passiv widerfahren (Markus 5,30 ff.; 6,56), die er aber auch gezielt einsetzt, indem er seine Hände auflegt (Markus 6,5), mit eigenem Speichel auflädt (Markus 7,33), die fremde Hand ausstrecken läßt (Markus 3,5) bzw. ergreift (Markus

17. B. Lang, Heiliges Spiel. Eine Geschichte des christlichen Gottesdienstes, München 1998, 106.
18. E. Haenchen, Der Weg Jesu. Eine Erklärung des Markus-Evangeliums und der kanonischen Parallelen, Berlin 1966, 89.
19. B. Kollmann, Jesus und die Christen als Wundertäter. Studien zu Magie, Medizin und Schamanismus in Antike und Christentum, Göttingen 1996, 309. Ein wichtiger antiker Text ist jetzt in neuer Übersetzung zugänglich: P. A. Aristides, Heilige Berichte. Einleitung, deutsche Übersetzung und Kommentar von H. O. Schröder, Heidelberg 1986.
20. Vgl. O. Böcher, Das Neue Testament und die dämonischen Mächte, Stuttgart 1972, 33 ff. Zu Versuchen in der gegenwärtigen Theologie, solche Vorstellungen zu aktualisieren, vgl. Th. Zeilinger, Zwischen-Räume – Theologie der Mächte und Gewalten, Stuttgart 1999, 33 ff.

9,27). Aber auch Fernheilungen sind in der synoptischen Tradition überliefert (Markus 7,29 f.).

All diese Methoden kann Jesus bei anderen Heilern gesehen, aber auch gelernt haben. Wie heute auch sind solche Charismatiker von den etablierten Vertretern der Religion und der Medizin auch damals angefeindet worden. So muss sich Jesus gegen den Vorwurf zur Wehr setzen, er triebe die Dämonen durch Beelzebul aus, seine Heilungspraxis beruhe also auf einem Teufelspakt (Lukas 11,18 f.). Wenn er selbst demgegenüber in seinen Handlungen »Gottes Finger« am Werk sieht, dann lässt sich diese Aussage am ehesten im hergebrachten Pastorenjargon wiedergeben: Wie Gottes Wort in Menschenmund laut werden soll, so wird hier Gottes Kraft in Menschenhand wirksam. Was Jesus bei alledem von seinen Zeitgenossen relativ eindeutig unterscheidet, ist die eschatologische Dimension seines Wirkens. »Die Einzigartigkeit der Wunder des historischen Jesus liegt darin, daß gegenwärtig geschehenden Heilungen und Exorzismen eine eschatologische Bedeutung zugesprochen wird. In ihnen beginnt eine neue Welt. ›Als apokalyptischer Wundercharismatiker steht Jesu singulär in der Religionsgeschichte. Er verbindet zwei geistige Welten, die vorher nie in dieser Weise verbunden worden sind: die apokalyptische Erwartung universaler Heilszukunft und die episodale Verwirklichung gegenwärtigen Wunderheils‹ –. Nirgendwo sonst finden wir einen Wundercharismatiker, dessen Wundertaten das Ende einer alten und der Beginn einer neuen Welt sein sollen. Auf die Wunder fällt dadurch ein ungeheurer Akzent (und es ist unhistorisch, ihre Bedeutung für den historischen Jesus zu relativieren).«[21]

Das sind starke Aussagen, nicht nur weil sie die eschatologische Dimension der Krafttaten Jesu angemessen erfassen, sondern auch eine latente Infragestellung der gegenwärtigen kirchlichen Praxis enthalten. Kann man im Namen Jesu agieren, ohne an seiner Kraft zu partizipieren? Was für ein Reich wird realisiert, das nur in Worten beschworen, aber nicht mehr in Taten vergegenwärtigt wird? Was ist das für eine Kraft, die bei Jesus und unter seinen Anhängern wirksam gewesen ist, die in der Geschichte und in der Ökumene immer wieder aufbricht, die in den mitteleuropäischen Großkirchen aber weitgehend verlorengegangen ist?

III. Theorien der religiösen Medizin

Religiöse Heilungen radikalisieren die Frage nach der Wirklichkeit des Heiligen, weil sich dessen Wirksamkeit hier in leiblicher Konkretion manifestiert. Es werden nicht nur hilfreiche Worte gesprochen, sondern spürbare Heilstatsachen geschaffen. Deshalb stoßen die beiden Lösungsmodelle, die in der theoretischen Diskussion die Wirklichkeit des Heiligen zu lokalisieren

21. G. Theißen/A. Merz, Der historische Jesus: ein Lehrbuch, Göttingen 1996, 279.

versuchen, bei der Interpretation von Heilungsvorgängen erneut aufeinander.

Als Beispiel für aktuelle Heilungsprozeduren ziehen wir zunächst die Wallfahrten heran, die von den Hamada-Bruderschaften in Marokko zu den Gräbern von Heiligen durchgeführt werden; dort kann man an der baraka der Heiligen Anteil gewinnen und mindestens einen Rückgang von pathologischen Symptomen, »Lähmungen, Sprachverlust, plötzliches Erblinden, schwere Depressionen, nervöses Herzklopfen, Parästhesien und Besessenheit«, erreichen.[22] Der Aufenthalt an einem Mausoleum umfasst in der ausgeführten Struktur obligatorische Handlungen in dreifacher Hinsicht: Akte der Reinigung, Akte der Annäherung (»Schuhe ablegen, Portale küssen, Grab umwandeln und die vier Seiten des Grabes küssen«) und Akte der Infusion (»nahe dem Grab sitzen, Rezitation der fatha oder anderer Koranverse«).[23] Diese Grundstruktur kann durch fakultative Handlungen angereichert werden, die vor allem den Empfang von Segen und die Gabe von Opfern betreffen.

Für das sozialpsychologische Modell resultiert die Heilung, der Vorgabe Durkheims gemäß, aus der Kraft der Gesellschaft. Danach bestehen die Heilverfahren der Hamada »aus Symbolen, die für das kranke Individuum (wie auch für andere Personen aus seinem Milieu) sowohl soziale als auch psychische Realitäten repräsentieren. Diese Elemente ... dienen nicht bloß zur Artikulation, sondern unmittelbar auch zur Interpretation der individuellen Erfahrung und müssen gleichermaßen mit den seelischen Bedürfnissen und den sozio-kulturellen Realitäten in Übereinstimmung sein. Sie sind keine Projektionen des einzelnen. Sie sind Gegebenheiten der Welt, in die der einzelne hineingeboren wird, und haben von Anfang an die zweifache Funktion, seine Realität zu formen und selber in seinem Seelenleben Realität zu gewinnen«.[24] »Die gesellschaftliche Konstruktion der Wirklichkeit« ermöglicht die therapeutische Rekonstruktion beschädigter individueller Leiblichkeit. »Unserer These zufolge erzielen die Hamada ihre Heilerfolge dadurch, daß sie ihre Patienten in einen Kultzusammenhang integrieren, der ihnen nicht bloß eine neue Rolle zuweist – und zwar eine, die vermutlich ihren

22. V. Conpanzano, Die Hamada. Eine ethnopsychiatrische Untersuchung in Marokko, Stuttgart 1981, 27. Zur therapeutischen Arbeitsteilung unter den römisch-katholischen Heiligen vgl. C. L. P. Trüb, Heilige und Krankheit, Stuttgart 1978, 39ff.; das Interpretationsmodell, das der Verfasser für die therapeutischen Effekte vorschlägt, ist simpel: »Die tief gottgläubigen Kranken, die eine Hagiodulie der Krankheitspatrone durch Gebet, Wallfahrt und Weihegabe ausübten, waren Placebo-Reaktoren« (183). In Abgrenzung gegen derartige Aussagen hat J. von Görres im 19. Jahrhundert die Heilwirkungen von heiligen Gegenständen zu verteidigen versucht; vgl. ders., Die Wallfahrt nach Trier, Gesammelte Schriften 17/4, Paderborn 2000, 182ff.

23. V. Conpanzano, a. a. O. 206.

24. A. a. O. 28.

individuellen Bedürfnissen besser Rechnung trägt –, sondern ihnen auch eine Deutung ihres Leidens und seiner Behandlung liefert. Diese Deutung ermöglicht im Laufe des Heilverfahrens die symbolische Darstellung lähmender Konflikte und im Zusammenhang damit die Abfuhr von Spannungen, die eventuell das Sozialverhalten beeinträchtigen. Diese Spannungsabfuhr ist nicht einfach ein emotionaler Ausbruch, der geringen therapeutischen Wert hätte, sondern ein strukturierter Vorgang, der die symbolische Lösung derartiger, Spannung erzeugender Konflikte einbegreift.«[25]

Einen ähnlichen Vorschlag zum Verständnis »symbolischer Medizin«, die sie bei den Callawaya, indianischen Medizinmännern in Südamerika, dokumentiert hat, hat I. Rösing unterbreitet. Der Heilungsvorgang umfasst auch hier den Doppelschritt negativer und positiver Aktionen. Als Beispiel für eine Reinigungshandlung kann die folgende Szene dienen. »Mit den Ritualbereitungen in der Hand streift der Medizinmann, den Leib des Patienten kaum oder gar nicht berührend, leicht über seinen ganzen Körper und spricht dabei Gebete, die das Herausholen, Wegnehmen, Reinigen beschwören.«[26] Die Aufladung mit positiver Kraft kann durch Besprühung, Beräucherung, Bekreuzigung und Behauchung erfolgen, wobei den einzelnen Handlungen durchaus eine doppelte Zielrichtung innewohnen kann, etwa wenn der Heiler einen Kranken anhaucht: »Es bedeutet, das Schlechte (z.B. die Krankheit) auszuhauchen ...; aber es bedeutet auch, Gutes (Glaube an die Heilung, unsere Seele) in das Behauchte zu legen.«[27] Dieser Satz signalisiert zugleich das Modell der Interpretation, das I. Rösing verwendet. Der Vorgang des Behauchens »bedeutet«, nicht: bewirkt etwas, und eingehaucht wird »Glaube an die Heilung«, nicht Heilkraft, die transmental wirkt. »Der innerpsychische Gegenpart des Symbols ist die Bedeutung. Durch den Umgang mit dem Symbol werden Bedeutungen aktiviert.«[28]

Auch hier bildet die soziale Zugehörigkeit die Voraussetzung für den Heilungserfolg. »Eine erste Bedingung für die Wirksamkeit Symbolischer Heilung ist also, daß Arzt und Patient dem gleichen kulturellen Kontext angehören oder einen gemeinsamen kulturellen Kontext schaffen.«[29] Wenn

25. A.a.O. 29; in diesem Zusammenhang erfolgt beim Verfasser auch der Hinweis auf das angeführte Buch von P. L. Berger.
26. I. Rösing, Dreifaltigkeit und die Orte der Kraft – Die weiße Heilung, Mundo Ankari 2, 3. Auflage, Frankfurt 1995, 594.
27. A.a.O. 601.
28. A.a.O. 719f.
29. A.a.O. 721. Vgl. auch R. Habermas, Wallfahrt und Aufruhr. Zur Geschichte des Wunderglaubens in der frühen Neuzeit, Frankfurt 1991, 91ff., die Heilungen auf bayrischen Wallfahrten des 18. Jahrhundert im Rahmen des communitas-Konzepts von V. Turner interpretiert; dort auch informative Einzelheiten darüber, wie durch kirchlichen Druck und staatliche Zwänge der Wunderglaube des Volkes allmählich unterdrückt wurde (105ff.). Einen interkulturellen Konflikt mit tödlichem Ausgang beschreibt A. Fadiman, Der Geist packt dich und du stürzt zu

man, wie Rösing es tut, religiöse Heilungen an »gemeinsame Faktoren im kognitiven Bereich: im Bereich von Bedeutungen, Bedeutungsbezügen und Sinn«, bindet, dann werden freilich alle Phänomene interkultureller Heilung, die ja durchaus nicht selten sind, unerklärlich. Und es bleibt auf jeden Fall auch klärungsbedürftig, wieso Sinn Kraft enthalten, wieso kognitive Operationen der Deutung heilende Wirkungen auf das leibliche Dasein erzielen können.

Eine Übergangsposition zwischen dem sozialpsychologischen und dem phänomenologisch-energetischen Ansatz hat G. Theißen bezogen. In Abgrenzung gegen supranaturalistische wie rationalistische Lösungsversuche stellt er zunächst fest: »Wundercharisma ist eine spontan auftretende Macht, die in der Schöpfung vorhanden ist. Sie läßt sich nicht technisch ausnutzen, da sie nicht berechenbar auftritt, sondern an charismatische Personen und deren Interaktion mit anderen Menschen gebunden ist. Ihr liegen auch keine noch unerkannten Naturgesetze zugrunde, vielmehr scheint hier ein Spielraum der ›Natur‹ sich zu öffnen, der nicht durch Naturgesetze im üblichen Sinne determiniert wird. Solches Wundercharisma findet sich bei vielen Menschen.«[30] Aber diese Aussagen werden dann sehr stark relativiert und in den Rahmen des sozialen Konstruktivismus gerückt: »Auch solch ein religiös gedeutetes Wundercharisma ist sozial bedingt. Die Jesusüberlieferung läßt das hin und wieder durchblicken. Ohne den ›Glauben‹ der jeweiligen Umwelt kann der Wundercharismatiker nicht handeln (Mk 6,5 f.). So wie soziale Erwartungen und Erklärungsmuster die Krankheiten und Gebrechen mit-konstituieren, so schaffen auch soziale Erwartungen und Deutungen mit am Charisma des Wundertäters.«[31]

Die Alternative zu diesen sozialpsychologischen Konzepten bildet auch im Blick auf die Heilungen ein phänomenologischer, hier genauer: ein energetischer Ansatz. Gegenüber den Auftritten Jesu hat dieses Modell als erster ein wissenschaftlicher Außenseiter vertreten, nämlich W. Reich, der nach seiner freudianischen und seiner marxistischen Phase mit energiespendenden und -verstärkenden Apparaten experimentiert hat. Der Freidenker kann dabei ohne Zögern religiöse Traditionen zitieren. »Gott ist das Leben«,[32] ja der Urgrund aller Lebensenergie: »Dieser Ozean primordialer Energie des Universums ist die Quelle der einzelnen Eruptionen in ein einzelnes Leben hinein; deshalb haben die Menschen seit undenklichen Zeiten dies mit Recht als ihren ›Gott‹, ›Vater im Himmel‹, ›Schöpfer‹ oder ähnlich bezeichnet. Das Wissen um diese universelle Lebenskraft sowie darum, daß das gesamte

Boden. Ein Hmong-Kind, seine westlichen Ärzte und der Zusammenprall zweier Kulturen, Berlin 2000.

30. G. Theißen/A. Merz, a.a.O. 282.
31. Ebd.
32. W. Reich, Christusmord, Olten 1978, 58.

Weltall von ihr erfüllt ist, kann im Menschen nicht zerstört werden, weil er es fühlt.«[33] Dementsprechend ist auch die Heilkraft Christi die besonders starke und besondere reine Ausprägung einer Fähigkeit, die in allen Menschen unter ihrer Panzerung schlummert. Wo andere sich abschließen und festhalten müssen, kann er sich öffnen und austeilen: »Christus gibt großzügig. Er kann großzügig geben, weil seine Fähigkeit, Lebensenergie aus dem Universum aufzunehmen, unbegrenzt ist. Christus meint nicht, daß er etwas Besonderes tut, wenn er anderen von seiner Kraft gibt. Er macht es gern. Mehr noch: er selbst braucht dieses Geben, denn er ist voller Kraft, bis zum Überfluß. Er verliert nichts, wenn er reichlich gibt. Im Gegenteil, er wird stärker und reicher, wenn er anderen gibt.«[34]

Die neutestamentlichen Texte werden bei Reich nicht als deutende und gedeutete Glaubenswahrheit gelesen, sondern als Wahrnehmung eines Phänomens, das auch in der Gegenwart auftritt. Die Heilkraft ist demgemäß »eine heute gut verstandene und leicht beobachtbare Fähigkeit, die bei allen Männern und Frauen vorhanden ist, die mit natürlichen Führungsqualitäten ausgestattet sind«.[35] Deshalb hat Reich, der später von konservativen Kreisen in den Tod getrieben wurde,[36] eine durchaus optimistische Zukunftsperspektive entwickelt: »Das Reich Gottes auf Erden, was gleichbedeutend ist mit diesem Gefühl und dem Schwingen des lebendigen Lebens in Christus und in allen Menschen, wird mit Sicherheit kommen.«[37]

Dass man diesen Energieträger nur anrühren musste, um gesund zu werden (Markus 5,27 ff.), leuchtet in seiner Handlungslogik auf diesem Hintergrund ein. Und auch die Hinweise auf den »Glauben« derer, die Heilung suchen, geraten in ein neues Licht. Sie bezeichnen weder eine individuelle Einstellung im Sinn von gläubiger Erwartung, mit der man die soziale Konstruktion des Heilungsvorgangs begründen könnte. Noch sind sie ein eindeutiger Beleg für Reichs Hypothese, die er im Rückgriff auf Lukas 17,21 so formuliert: »Das Himmelreich ist im Innern eines jeden von euch.«[38] Vielmehr verweisen sie auf jenes energetische Feld, das vor der Heilung auch den Kranken bzw. die ihn transportierenden (Markus 2,5) umfasst und das vorhanden sein muss, damit die Heilkraft sich effektiv ausbreiten kann. Das Stichwort »Glaube« bezeichnet jenen pneumatischen Anknüpfungspunkt, auf den sich das pneumatische Handeln des Heilers bezieht, dessen Fähigkeit ebenfalls aus dieser pneumatischen Kraft resultiert. »Wer glaubt, kann alles« – hält Jesus dem Vater des epileptischen Knaben entgegen (Markus 9,23)

33. A. a. O. 268.
34. A. a. O. 59.
35. A. a. O. 60.
36. Vgl. D. Boadella, Wilhelm Reich, Frankfurt 1983, 298 ff.
37. W. Reich, a. a. O. 84.
38. A. a. O. 61

und akzeptiert die Gebrochenheit der Geistesgegenwart auf der anderen Seite: »Ich glaube; hilf meinem Unglauben« (9,24). Weder die Rechtmäßigkeit einer Glaubenswahrheit noch die Authentizität einer Glaubenshaltung werden hier ermittelt; vielmehr geht es um die Feststellung von Spuren eines energetischen Kerns, der den Fluss der energetischen Kraft offensichtlich erst möglich macht.

Aufschlussreich für das Verständnis der Heilungen Jesu ist der Bericht über seinen Aufenthalt in Nazareth. »Und er konnte dort nicht eine einzige Tat tun, außer dass er wenigen Kranken die Hände auflegte und sie heilte« (Markus 6,5). Hier zeigt sich zunächst, dass Jesus kein Wundertäter gewesen ist, der seine Kraft unabhängig von der sozialen Umgebung produzieren konnte. Auf der anderen Seite wird aber auch die sozialpsychologische Ableitung solcher Taten in diesem Fall schwierig, weil hier die Bekanntheit des Heilers sein Wirken nicht ermöglicht, sondern fast vollständig verhindert. Die soziale Vertrautheit kann das notwendige Zutrauen stören. Auf dem Feld personaler Nähe kann sich die Kraft aus der Fremde nicht ausbreiten. Das phänomenologische Modell wird den Sachverhalt so beschreiben, dass zwischen sozialer Vernetzung und religiösem Flussgeschehen eine Differenz, in den meisten Fällen sogar eine Alternative besteht. Man kann in das Umfeld so eingebunden, in den Kontakt mit anderen Menschen so verstrickt sein, dass die Vermittlung von Heilkraft gehindert wird. In der Psychoanalyse hat man aus dieser Einsicht, wenn auch mit anderer Begründung, im Unterschied zu manchem Pfarramt deutliche Konsequenzen gezogen.

IV. Formen der religiösen Heilung

Kann man die Fähigkeit zur religiösen Heilung auch in der Gegenwart reaktivieren? Dass die Vergegenwärtigung des Reiches Gottes einseitig erfolgt, wenn man sie auf die verbale Ansage beschränkt, dürfte deutlich geworden sein. Auf der anderen Seite gibt es eine verständliche Zurückhaltung gegenüber esoterischen und exotischen Versuchen, die am Rand und außerhalb der Kirchen teilweise spektakuläre Erfolge versprechen bzw. erzielt haben wollen. Inzwischen zeichnen sich freilich auch für den großkirchlichen Raum Handlungsmöglichkeiten ab, die vor allem die liturgische und poimenische Praxis betreffen.

Unter Berufung auf Jakobus 5,14f. ist in der Ökumene eine Vielzahl von Heilungs- und Salbungsgottesdiensten entstanden, die das »Sakrament« der Krankensalbung, das auf dem IV. Laterankonzil von 1215 dogmatisiert und danach jahrhundertelang als »Letzte Ölung« praktiziert worden ist, in einer theologisch wie weltanschaulich veränderten Situation erneuert haben. In den Einführungstexten der verschiedensten Art fällt zunächst ein permanentes Abgrenzungsbedürfnis auf. Die Handlung soll in keinem Falle »Magie« sein. In den Kommentaren wird deshalb die Betonung des Namens im neutestamentlichen Text nachdrücklich hervorgehoben.[39] Und nach R. Kaczynski soll die Kombination mit dem Gebet »ein magisches Verständnis der Salbung mit Öl« verhindern.[40] Natürlich sind diese Argumente wenig tragfähig, weil auch in Handlungen, die man theologischerseits als »magisch« bezeichnen möchte, die Anrufung heilvoller, krafthaltiger Namen selbstverständlich begegnet.

Kaczynski hat die nachvatikanische »Feier der Krankensakramente« nach dem gängigen Strukturmodell rekonstruiert und deshalb vier Etappen unterschieden: Eröffnung, Wortgottesdienst, Sakramentliche Feier und Abschluss. Ich selber folge bei der Analyse dem rituellen Weg, der auch im Gottesdienst gegangen wird und der die Schritte der Reinigung, der Erleuchtung und der Vereinigung umfaßt,[41] eine Abfolge, die uns in Modifikationen auch schon bei den Beispielen aus der Religionsgeschichte begegnet ist.

Die Purifikation besteht im römisch-katholischen Ritual aus einer Besprengung mit Weihwasser und aus einem allgemeinen Schuldbekenntnis, das mit der Vergebungsbitte der Beichte endet. Wie sind beide Akte aufeinander bezogen? Stehen sie additiv zueinander? Oder ist ihre Abfolge im Verhältnis von genereller und spezieller, leiblicher und seelischer Reinigung zu bestimmen? Sicher scheint mir die Auskunft von Kaczynski, es solle dadurch »die Taufe als das grundlegende Sakrament in Erinnerung gerufen werden«,[42] nicht auszureichen, auch wenn er sich auf die Aussagen des Rituals selbst bezieht. Eher muss man wohl von einer gestuften Präparation reden, sofern die Reinigung von der Sünde, die nach Jakobus 5,16 die Basis der Heilung bildet, bei dem betreffenden Kranken eine Wasserhandlung erforderlich macht, die vom neutestamentlichen Kontext her (5,17 f.) assoziativ begründet werden könnte. Im Agendenentwurf der VELKD ist ein solches Schuldbekenntnis nur fakultativ vorgesehen, was man nicht nur wegen der biblischen Vorgabe, sondern auch im Blick auf die Handlungslogik des Rituals bedauern muss.[43] Jede wirksame religiöse Aktion setzt ja die entsprechende Präparation auf Seiten der aktiv und passiv Beteiligten voraus.

Sehr viel stärker ist demgegenüber im lutherischen Entwurf der zweite Akt ausgebaut, der Erleuchtung durch Schriftlesungen umfasst und, anders als im römisch-katholischen Ritual, von einem persönlichen Zuspruch be-

39. Vgl. die entsprechenden Aussagen bei H. Balz, Der Brief des Jakobus, NTD 10, Göttingen 1980, 56, sowie H. Frankemölle, Der Brief des Jakobus, ÖTKNT 17/2, Gütersloh 1994, 711, 714.
40. R. Kazcynski, Feier der Krankensalbung. Gottesdienst der Kirche 7/2, Regensburg 1992, 255.
41. Vgl. M. Josuttis, Der Weg in das Leben. Eine Einführung in den Gottesdienst auf verhaltenswissenschaftlicher Grundlage, Gütersloh 1991, 161 ff.
42. R. Kazcynski, a. a. O. 310.
43. Vgl. Dienst an Kranken. Agende für evangelisch-lutherische Kirchen und Gemeinden III/4, Hannover 1999, 90.

gleitet sein soll. Auch hier kann man also jene operative Vermischung von Handlungsfaktoren konstatieren, die in modernen protestantischen Ritualen auch sonst zu beobachten ist. Im Taufgeschehen wird das positive Glaubensbekenntnis in der Regel ohne die vorhergehende Absage an das Böse gesprochen. Und an der Feier des Abendmahls kann man teilnehmen, ohne vorher die Sündenvergebung empfangen zu haben. Für ein solches Handlungsgemenge gibt es durchaus Beispiele aus der synoptischen Tradition und aus der Religionsgeschichte, sofern nicht jede Heilung eine explizite Reinigung zur Voraussetzung hat. Und die doppelseitige Wirkung kann durchaus passieren, auch wenn sie im Ablauf nicht ausdrücklich markiert wird. Aber mindestens für die Wahrnehmung der Beteiligten könnte eine deutlichere Differenzierung zwischen den negativen und den positiven Prozeduren hilfreich sein.

Im zentralen Akt der unio wird ein dichtes Netz von Vereinigungshandlungen über den Leib des Kranken gezogen. Die Handauflegung verbindet die beteiligten Personen. Die Weihe des Öls, die in der VELKD durch ein Gebet ersetzt wird: »Herr, unser Gott, du nimmst deine Schöpfung in den Dienst deines Erbarmens …«,[44] verknüpft das Göttliche mit dem verwendeten Element. Durch die Salbung des Kranken, die an der Stirn und den inneren Handflächen vollzogen wird, werden alle genannten Faktoren miteinander kombiniert. Was in diesem Handlungsnetz abläuft, bestimmt das Segenswort, das in der Fassung der VELKD so lautet: »N.N., du wirst gesegnet (und gesalbt mit Öl) im Namen unseres Herrn Jesus Christus. Er richte dich auf durch die heilende Macht seiner Liebe.«[45]

Offensichtlich soll in dieser Szene Vitalkraft zu fließen beginnen, und zwar vom Göttlichen her, durch elementare und personale Vermittlung, in den erkrankten Leib eines Menschen, dessen zentrale Handlungsorgane, die Hand und die Stirn, eindringlich bearbeitet werden. Auch an dieser Stelle fällt eine gewisse Zurückhaltung bei der Zielformulierung auf. Jede Heilung schließt die Abfuhr von schädlichen Elementen und die Einführung von lebensförderlichen Kräften ein. Wie, mindestens im protestantischen Ritual, die Reinigungshandlung entfällt, weil weder eine Besprengung noch eine Beichte obligatorisch ist, so wird auch das positive Ziel des Geschehens nur vage und andeutungsreich formuliert. Das Segenswort gegenüber Sterbenden ist schon genauer: »Er sei dir gnädig und nehme dich auf in sein ewiges Reich.«[46] Die Bitte um Aufrichtung, die für die Salbung von Kranken vorgesehen ist, kann leibliche Gesundung, seelische Ermutigung, aber auch geistliche Erbauung umfassen. Im Unterschied zur biblischen Grundlage,

44. Zitiert nach E. Kazcynski, a.a.O. 335; dieser Text aus dem Entwurf der Agende ist in die Endfassung nicht mehr aufgenommen.
45. Dienst an Kranken, a.a.O. 95.
46. Ebd.

die in Jakobus 5 ganz eindeutig redet, wird am Krankenbett eine Segenshandlung vollzogen, die aber nicht als Heilungshandlung bezeichnet wird.

Diese Diskrepanz zwischen dem ausgesprochenen Sinn und dem unausgesprochenen Ziel des Rituals mag die praktische Konsequenz jener Angst vor »Magie« darstellen, der man in kirchlichen Kreisen immer wieder begegnet. Man will die Freiheit Gottes gegenüber dem rituellen Vollzug respektieren. Man will wohl auch die Verantwortung für das Gelingen des rituellen Vollzugs bei den Handelnden reduzieren. Wenn Gott die Heilung nicht will, dann kann auch die beste Vorbereitung und die genaueste Durchführung des Rituals nichts bewirken. Auf der anderen Seite wird aber die Intention der Handlung durch diese Zurückhaltung bei der Definition ihrer Bestimmung eigentümlich vernebelt. Die göttliche Segenskraft wird sprachlich evoziert und leiblich einmassiert. Was sie bewirken soll, ist allen bewusst, aber es wird von keinem gesagt. Hilft Gott nur, wenn man nicht sagt, was man von ihm erwartet? Und ist die Enttäuschung darüber, dass er eventuell wirklich nicht hilft, so unerträglich, dass man deswegen auf die konkrete Benennung von Hilfsbedürftigkeit verzichten muss? »Willst du gesund werden?«, fragt der Außerirdische am Teich Bethesda (Johannes 5,6). Nicht die Benennung von Heilungswünschen, sondern der Verzicht darauf kann den Magieverdacht provozieren; denn Menschen vermeiden in kritischen Situationen, um den Erfolg ihrer Bemühungen nicht zu gefährden, oft die Artikulation ihrer Wünsche.

Auf den Missionsfeldern begegnet religiöses Heilen als »ein ›synkretistisches‹ Phänomen«,[47] weil dabei Denk- und Handlungsstrukturen aus vorchristlicher Zeit unvermeidlich und auch ohne Schwierigkeiten mit biblischen Traditionen verbunden werden. H.-J. Becken hat über die Praxis in den Afrikanischen Unabhängigen Kirchen ein instruktives Buch vorgelegt. Man kann diese exotischen Heilungsverfahren sicher nicht direkt nach Europa mit seinen ganz anders gelagerten kulturellen Kontexten importieren. Man kann aber durch den Blick in eine andere Welt Impulse für die eigenständige Gestaltung der einheimischen Praxis gewinnen.

So verdankt sich auch in Afrika, wie im Neuen Testament, die Rolle des Heilers einem spezifischen Charisma. Er agiert weder als Arzt im westlichen Sinn noch als traditioneller Medizinmann, sondern auf der Basis einer Berufung im Namen Jesu, die ihm durch Träume, Auditionen oder andere Erlebnisse widerfahren ist. Diese Berufung will durch eine besondere Lebensführung angeeignet werden, zu der religiöse Akte wie regelmäßiges Beten und Bibellesen, aber auch das konsequente Einhalten der Monogamie gehören. Die Vorbereitung auf den Heilungsvollzug umfasst das Fasten, um den Geist zu empfangen, das Tanzen der versammelten Gemeinde, um die Wahr-

47. H.-J. Becken, Theologie der Heilung. Das Heilen in den Afrikanischen Unabhängigen Kirchen in Südafrika, Hermannsburg 1972, 160.

nehmungsfähigkeit für die Diagnose zu steigern, und natürlich die Reinigung aller Beteiligten.

Der Ablauf der Heilung folgt auch in Afrika dem Schema von negativen und positiven Aktionen. Exorzistische Befehle werden erteilt: »Böser Geist, gehe aus ihm hinaus.«[48] Fürbitten rufen den göttlichen Beistand herbei und werden lautstark durch Urschreie, aber auch durch Trillerpfeifen unterstützt. Bibelworte transportieren Segenskraft in den kranken Körper. Der leibliche Kontakt erfolgt in der Regel durch Handauflegung, kann aber auch mit einem vorher geweihten Stock und für die Fernwirkung durch Mitgabe eines heilvollen Kleidungsstückes vollzogen werden. In allen Fällen wird die Heilung als Übermittlung von Lebenskraft verstanden, die durch die Heiler fließt und vom Göttlichen kommt. »In der Zuwendung von Heil und Heilung Nkl's an den Kranken versteht sich der Heiler als Mann Nkl's. Zur Überwindung des Einflusses von umnyama braucht er Kraft (amandla oder umoya), die sich aber nicht immer in voller körperlicher Gesundheit zu äußern braucht; sie ist aber da, wenn er ein reines Leben führt; Unreinheit macht auch zum Heilen unfähig.«[49]

Was auf die vormoderne Welt Schwarzafrikas beschränkt sein könnte, wird inzwischen auch in westlichen Kliniken praktiziert. Die Methode des »therapeutic touch«, die in den USA entwickelt worden ist, »ist eine Behandlungstechnik, die praktisch in allen Kulturen benutzt wurde«[50] und die unbewusst in der modernen Gesellschaft noch andauernd verwendet wird. Kinder werden tröstlich gestreichelt, Trauernde werden voller Mitgefühl in den Arm genommen, Sterbende durch Handkontakt auf dem letzten Weg begleitet. Für D. Cowens/T. Monte erfolgt durch körperliche Berührung »eine bewußte Lenkung von Lebensenergie«,[51] die in den traditionellen Kulturen unterschiedlich bezeichnet worden ist: »Die alten Chinesen nannten diese unbegrenzte Lebenskraft CHI, die Griechen nannten sie PNEUMA, die Inder PRANA, die Japaner KI und die Indianer einfach den Strom des Großen Geistes«.[52] Auch in der biblischen Überlieferung wird ruach ja nicht nur bei der Taufe inkorporiert, sondern schon bei der Schöpfung eingehaucht (1. Mose 2). »Die Praxis der Energieheilung« setzt voraus, dass man diese Kraft gezielt einsetzen, weil methodisch vermitteln kann.

Die Praxis der Handauflegung beruht auf einem Gesundheitsverständnis, wonach das leibliche Dasein durch den »optimalen Fluß von Lebensenergie«[53] bestimmt wird. Auf dieser Grundlage sind zwei Störungen möglich.

48. A. a. O. 68.
49. A. a. O. 61. Die angeführten Stichworte sind Bezeichnungen aus der Sprache der Afrikaner.
50. D. Cowens/T. Monte, Die Gabe des Heilens. Die Praxis der Energieheilung, Reinbek 1997, 23.
51. Ebd.
52. A. a. O. 31.
53. A. a. O. 25. Zu analogen Vorstellungen in der kirchlichen Tradition vgl. A. Bäu-

Die Lebenskraft eines Menschen ist entweder zu schwach oder mangelhaft ausgebildet; dann muss sie durch den Heilungsvorgang gestärkt werden. Oder diese Lebenskraft ist »zu stark oder im Überfluß vorhanden«,[54] dann muss sie im Akt der Berührung ausgeglichen bzw. teilweise abgeführt werden. Konkret besteht die Heilung in Handlungen, durch die »wir Blockaden oder Barrieren auflösen, die den Energiefluß behindern«.[55] Dabei greifen die Autoren auf Körperbilder zurück, die nicht den gängigen westlichen Vorstellungen entsprechen. Sieben Schichten des Energiekörpers sollen unseren physischen Körper umgeben.[56] Und sieben Energiezentren sollen unseren physischen Körper ausfüllen.[57] Solche Annahmen kann man, wie die Instanzenlehre der Psychoanalytiker, teilen oder ablehnen. Dass auch die biblische Überlieferung mit der heilenden Wirkung von Handauflegung rechnet, weist darauf hin, dass Heilungseffekte komplexer ablaufen als die Modelle, in denen man sie zu beschreiben versucht.

Jedenfalls muss der/die Heilende, der/die den Energiefluss des Kranken positiv beeinflussen möchte, lernen, als Medium zu arbeiten; er/sie dient dann »als Kanal und Leiter für machtvolle heilende Energien, die durch ihn hindurch zu der Person fließen, der er helfen will«.[58] Die entscheidende Aufgabe für die Ausbildung besteht also darin, »ein Instrument für die universale Lebenskraft«[59] zu werden.

Die Grundlage dafür bildet einerseits ein spirituelles Trainingsprogramm, das sich an den Gegebenheiten der jeweiligen religiösen Tradition orientiert; denn die Lebenskraft, die hier ausgetauscht wird, findet man überall. Für ein theologisches Weltbild gehört sie zur guten Ausstattung der Schöpfung Gottes. Deshalb kann auch Jesus in der synoptischen Tradition im Blick auf andere Heiler ausdrücklich konstatieren: »Wer nicht gegen uns ist, der ist für uns« (Markus 9,40). Vor jeder Einzelbehandlung muss man darüber hinaus eine spezielle Zentrierung der eigenen Leiblichkeit durchführen. »Wenn Sie zentriert sind, haben Sie weder Urteile über die Person, mit der sie arbeiten, noch eine Anhaftung an das Ergebnis der Behandlung. Sie sind nicht die Quelle der Heilung; sie haben keine Kontrolle über das, was stattfindet. Die Energie fließt aus der göttlichen Quelle durch sie hindurch zum Patienten.«[60]

mer, Wisse die Wege: Leben und Werk Hildegards von Bingen, Frankfurt 1998, 332ff. Die Leibbezogenheit weiblicher Spiritualität betont C. W. Bynum, Fragmentierung und Erlösung. Geschlecht und Körper im Glauben des Mittelalters, Frankfurt 1996, 156ff.

54. D. Cowens/T. Monte, a.a.O. 32.
55. A.a.O. 25.
56. Vgl. a.a.O. 86ff.
57. Vgl. a.a.O. 118ff.
58. A.a.O. 27.
59. A.a.O. 225.
60. A.a.O. 173. Ähnlich besteht für J. Blofeld, in: R. Birnbaum, Der heilende Buddha, Bindlach 1990, 9f., die elementare Struktur der buddhistischen Hei-

Auf dieser Basis liefert der/die Heilende keine Diagnose; denn er/sie ist »weder Psychotherapeut, Arzt oder Krankenschwester«.[61] Vielmehr praktiziert er/sie Handwerk im wörtlichsten Sinn, indem die Hände Untersuchungsmethoden und Heilungsverfahren am Energiefeld des Patienten vollziehen. Eventuell kann man dabei auch die Symptome des Kranken am eigenen Körper erspüren; die »Übertragung«, in der Psychoanalyse auf das Unbewusste beschränkt, kann nach dem Modell der heilenden Berührung das leibliche Feld insgesamt erfassen.

Mit dem letzten Modell religiöser Heilung gehen wir in jene Jahre des deutschen Protestantismus zurück, in denen die Entdeckung energetischer Praxis noch einmal zu gelingen schien, in denen aber auch durch das kirchliche Verbot der Handauflegung, das gegen Chr. Blumhardt am 23. Januar 1846 erlassen wurde, die spirituelle Methodik in einem Verwaltungsakt untersagt wurde.

Der fromme Pfarrer hat sein Charisma eigentlich unverhofft bei einem Akt der Sündenvergebung zum ersten Mal wahrgenommen. »Zu der ganzen Sache kam ich auf folgende Weise. Meine Gemeinde kam zu mir, vor sechs Jahren, im Gewissen gedrungen, ihren Seelenzustand mir zu eröffnen, und ihre Sünden zu bekennen. Es geschah ohne besondere Anregung von mir. Ich musste sie anhören und mit ihnen reden, wagte zuletzt auch ausdrückliche Vergebung der Sünden, was man Absolution nennt, zu ertheilen. Das that ich unter Handauflegung in der unschuldigsten Weise; und da ging – ich kann mich nicht anders ausdrücken –, eine Kraft von mir aus, die vorzüglich fast wunderbar auf die Gemüthsberuhigung wirkte, und unbemerkt auch eine Wirkung auf die Gesundheit hervorbrachte. Es vergingen etliche Wochen, ehe ich letzteres wahrnahm; aber doch stands nicht lange an, bis ich erkannte, dass Sündenvergebung und Heilung in einer inneren Verwandtschaft zu einander stehen, und je realer jene ist, desto mehr auch von dieser verspürt werden kann.«[62] Gezielt eingesetzt hat er die Methode der Handauflegung dann bei einem alltäglichen Unfall in einem Haushalt. »Da geschah es, dass eines Morgens eine Mutter herbeisprang, und plötzlich mich rief, sie habe eben über ihr dreijähriges Kind aus Versehen siedend heiße Morgensuppe hinuntergeschüttet und wisse sich nicht zu helfen. Ich sprang hin; das Kind, das noch unangekleidet gewesen war, war über die ganzen Leib gebrüht und schrie nur Einen Schrei. Die Stube füllte sich; und etliche sagen, der oder der wisse einen Spruch, man solle ihn schnell holen.

lungsriten darin, »daß man eine strahlende Verkörperung der im Geist latent vorhandenen Weisheits-Mitleids-Energie visualisiert und die von ihr ausgehenden Strahlen in den eigenen Körper oder in den eines Patienten fließen läßt«.

61. D. Cowens/T. Monte, a.a.O. 180.

62. Chr. Blumhardt, Vertheidigungsschrift gegen Herrn Dr. de Valenti, Reutlingen 1850, 100f. Den Text hat mir freundlicherweise D. Neuhaus/Frankfurt am Main zur Verfügung gestellt.

Hiegegen stemmte ich mich an, den Leuten sprach ich Muth zu, hieß sie im Stillen beten, schloß das Kind in meine Arme, seufzte, – und stille wurde es. Obwohl überall Brandblattern aufgefahren waren, die erst nach etlichen Tagen ganz vergiengen, so hatte das Kind doch nicht den geringsten Schmerzen mehr.«[63]

Dass diese Erfahrungen sich am ehesten in Kategorien des energetischen Austausches rekonstruieren lassen, wird deutlich an den negativen Wirkungen, die die Absolution in Einzelfällen ausgelöst hat. So berichtet Blumhardt: Es kam »mir bei etwa zwölf Personen vor, dass ich unter dem Gedränge, in dem ich stand, zu frühe die Absolution ertheilte, sofern diese Personen mehr oder minder absichtlich Wichtiges verschwiegen hatten. Diese konnten von keinem Eindruck reden, den der Act auf sie gemacht hätte; im Gegenteil, es war, wie wenn es auf mich zurückgeschlagen hätte. Ich fühlte alsbald eine Enge auf der Brust, und nach einigen Stunden eine Mattigkeit durch alle meine Glieder, als wollte mit Einem Male alle meine Kraft zusammensinken. Ich kann die Eigenthümlichkeit dieses Unwohlseyns und der allgemeinen Lähmung, die 2 bis 3 Tage fortdauerte, nicht näher beschreiben. Aber ich erkannte meinen Fehler; und ich hatte und behielt von da an eine besondere Angst vor der Ertheilung der Absolution.«[64] Die Macht des Heiligen kann man nur »in Furcht und Zittern« vergegenwärtigen. Wenn man in diesem Bereich oberflächlich amtiert, gilt: »Entweder die Absolution, nicht mit rechtem Geiste ertheilt, hat keine Wirkung, oder wenn wirklich eine Kraft dabei wirkt, so ist auch ein Zurückschlagen zu fürchten, mit Nachtheilen selbst für das Beichtkind, entsprechend der protestantischen Lehre vom heiligen Abendmahl.«[65]

Energetischer und sozialer Austausch sind hier offensichtlich miteinander verknüpft. Das Wort der Vergebung kann heilvoll wirken, sofern man im Sündenbekenntnis die Schuld übernommen und an Gott übergeben hat. Dass sich darüber hinaus die Heilkraft auch lokal konzentriert hat, zeigt ein Sachverhalt, den Blumhardt fast widerwillig erwähnt, dass nämlich die Kranken schon eine Erleichterung spüren, »wenn sie nur die Markung betreten«.[66] Die Atmosphäre scheint so geladen gewesen zu sein, dass man sie

63. A.a.O. 101.
64. A.a.O. 126f.
65. A.a.O. 127.
66. Blumhardt selbst beschreibt den Ablauf der Heiligungsprozeduren folgendermaßen: »Das Wahre an der Sache ist, daß je und je Geisteskranke und Dämonische jeder Art zu mir gebracht werden. Ich lasse mir nicht viel von und über sie sagen, weil nach langer und vielfältiger Erfahrung mir oft schon ihr Anblick genügt, um das Nöthige zu durchschauen. Ihre Geschichte und ihre Zustände lasse ich mir in der Regel auch darum nicht umständlich erzählen, weil die Leidenden und Kranken so oft damit es verderben, daß sie Alles in ihrer Aengslichtkeit so wichtig nehmen, und darum mehr sehen und spüren und wahrnehmen, als wahr ist. Ich rede aufs Ungezwungenste, oft scheinbar leicht hin über ihr Anliegen, habe

am ehesten als energetisches Feld bezeichnen kann. In diesem Raum kann dann der Charismatiker ganz unauffällig praktizieren. Er verzichtet auf jede redselige Anamnese, auf jede weitläufige »Beterei«, auch, nach dem Verbot, auf jeden direkten Körperkontakt. In aller Stille und mit der gebotenen Kürze betet er für den Kranken und stellt auf simple Weise die Verbindung zur göttlichen Segenskraft her. Nach diesem Augenblick höchster Konzentration

> aber im Stillen mein Augenmerk und Bitten zum Herrn gerichtet, mein einziges Gebet, das ich für die besondere Person der Kranken verrichte. Mit ihnen selbst bete ich niemals, ich lege ihnen nie die Hände auf, warne auch vor einer weitläufigen, insbesondere auf das Dämonische sich beziehende Beterei, übergebe sie sodann, je nachdem es Leute sind, in den einfachen Umgang meines großen Hauspersonale, oder entlasse sie, was gewöhnlich nach wenigen Minuten geschieht, und befehle ihnen den Besuch meiner Gottesdienste in der Zeit ihres Hierseins an. Daß ich auf das Letztere einen Hauptwerth lege, ist jetzt so ziemlich überall bekannt, weswegen die Kranken meist nur am Samstag oder am Sonntag Morgen, da sie mich erst nach der Kirche besuchen dürfen, hierher kommen. Am Sonntag Mittag oder Montag gehen sie wieder heim, auch wenn sie 10-20 Stunden Weg vor sich haben. Nur sehr selten bleiben sie entweder als Gäste bei mir, oder in einem christlichen Hause dahier, etwa 8-14 Tage, nicht leicht länger. Was die Wirkung betrifft, so fühlen sie einen Anfang davon häufig schon, so lange sie vor mir stehen, ja, wie sie sagen, – ich will ganz ehrlich sein, – wenn sie nur die Markung betreten, indem sie äußern, es sei ihnen schon leichter. Der Samstagabendgottesdienst in der Schule thut ihnen besonders wohl, da er einfältig katechetisch gehalten wird, ohne daß ich anders, als wie ich's für meine Gemeinde dienlich finde, redete oder predigte. Durch die Morgenpredigt geschieht häufig etwas Mehreres; und meist gehen die Angefochtenen und deren Angehörige mit getrostem Muthe fort.
>
> Die Einen kommen nicht mehr und ich erhalte gute Nachrichten; Andere kommen von Zeit zu Zeit wieder, aber immer besser, bis sie ausbleiben. Die Meisten aber bekommen Zug, mehr um des Worts, als ihres besonderen Anliegens willen, zu kommen. Mitunter kommen nur Angehörige, meine Fürbitte ansprechend, die je und je auch wieder einen Dank bringen. Ferner wohnende Personen wenden sich auch wohl schriftlich an mich; und selbst in Fällen, da ich nicht antworte (Denn es ist mir rein unmöglich, alle Briefe zu beantworten, daß ich oft auch nöthige Briefe unbeantwortet lasse, weil sie mir aus dem Gesichte kommen, was mir schon oft drückend geworden ist), erfahren die Leute Erweisungen der göttlichen Gnade, jedoch nur, wenn sie nicht gerade eine Antwort erwarten. Uebrigens kommen auch, und nicht unhäufig, die Fälle vor, da nichts gewirkt wird, meist daß ich's vorhersagen kann. Ich verweise auf die Geduld, gebe, so weit sich's thun läßt, seelsorgerliche Ermahnungen, Räthe für die Behandlung, Hinweisungen auf die verborgenen Absichten Gottes, aber auch auf die Verheißungen, zu denen man sich immer versehen dürfe und müße. Ich lasse es überhaupt stets durchblicken, daß ich nur Weniges, nach dem Obigen, übrig habe, daß noch viele Thüren verschlossen seien, daß aber Hoffnung sei, es werden immer mehr Kräfte von oben der Gemeinde Christi zurückgegeben werden, wenn diese in Geduld und Glauben fortbitte; Alles brauche seine Zeit; hier sei zwar ein Anfang

wird der Kranke dann in die soziale Umgebung entlassen, in einfachen Gottesdiensten weiter gestärkt und dem weiteren Wirken der göttlichen Gnade über zeitliche und räumliche Distanzen hinweg anvertraut. Nicht kritisch, auch nicht überheblich stellt Blumhardt am Ende seiner Verteidigungsschrift fest: »In der christlichen Kirche ist es allmälig so geworden, dass man sie mit dem gleichen Sinn und Mitleid ansehen und anreden muß, wie einst etwa ein Paulus die Heidenvölker, die er besuchte.«[67]

einer neuen Gnadenheimsuchung Gottes merkbar; wie weit diese jedoch gehen, und wie lange es anstehen werde, bis sie sich erweitere und auch an anderen Orten kund mache, was ich so sehnlich wünsche und wofür ich täglich bete, das wisse ich nicht« (68 ff.).

67. A. a. O. 198. Wichtige Impulse zur schonsamen Annäherung an das »Mysterium der Heilung« haben in den letzten Jahrzehnten geliefert W. J. Hollenweger, Geist und Materie. Interkulturelle Theologie III, München 1988, bes. 21 ff., und P. Petersen, Der Therapeut als Künstler. Ein Integrales Konzept von Künstlerischen Therapien und Psychotherapien, 4. Auflage, Stuttgart 2001. Weitgehend funktionalistisch sind demgegenüber Erlebnis- und Mental-Health-Forschung orientiert, über deren Ergebnisse B. Grom, Wie froh macht die Frohbotschaft? Religiosität, subjektives Wohlbefinden und psychische Gesundheit, WzM 54, 2002, 169 ff., informiert.

Zur Methodik religiöser Wahrnehmungen

§ 11 Hören

Religiöses Hören vollzieht sich für protestantische Theologie im Akt der Predigt. Wenn Menschen in diesem interpersonalen Geschehen dem Wort Gottes zustimmen können, dann ist die Verständigungsbemühung, die dabei abläuft, aufgebrochen, und dann hat eine außermenschliche Macht ihren Einfluss geltend gemacht. Wer die Worte des Predigers/der Predigerin hört, kann vom Wort Gottes ergriffen werden. Aber auch die Predigerin und der Prediger müssen, um auf der Kanzel reden zu dürfen, auf eine spezifische Weise hören können. Das, was sie sagen, soll nicht einfach ihre theologische Überzeugung oder ihre private Frömmigkeit ausdrücken. Es soll im Gehorsam, im Hören auf eine andere Stimme, gesprochen sein.

Dass das religiöse Hören die herkömmlichen akustischen Beschränkungen überschreitet, ist für die religiöse wie für die biblische Tradition selbstverständlich. Die Stimme, auf die hier zu achten ist, hat »das, was nicht ist, ins Dasein« gerufen (Römer 4,17); sie ist mächtig gegenüber dem Nichts und bestimmt mit dieser Macht alle Welt. Sie beruft Menschen zu ihrem Dienst vor deren Geburt (Jeremia 1,4). Sie zwingt Menschen zum Reden in Not und Gefahren (1. Korinther 9,16). Und sie verdammt Menschen zum Rückfall in den Staub (Psalm 90,3). Diese göttliche Stimme verspricht denen, die zu ihr gehören, für das Ende der Zeit: »Ja, ich komme bald« (Offenbarung 22,20).

Wie können Menschen im Stimmengewirr des Lebens diese eine, diese heilige Stimme vernehmen? Die religiöse Überlieferung rechnet mit verschiedenen Möglichkeiten. Das Göttliche meldet sich durch äußeren Einfluss oder inneren Eindruck zu Wort. Es kann sich personal, aber auch durch Naturphänomene artikulieren. Es kann in Lauten oder in Worten erklingen. Der Verkündigungsakt auf der Kanzel, auf den sich die theologische Aufmerksamkeit konzentriert, ist nur ein, wenn auch prominentes Beispiel für den göttlichen Anruf, der Menschen erreicht. Die Inspiration, die hier und in den anderen Fällen erfolgt, kann entweder in einer oder in zwei Stufen vonstatten gehen. Sie kann Menschen zu reinen Medien machen, die ohne eigenständigen Beitrag einfach sagen müssen, was sie zu sagen haben, manchmal sogar, ohne es selbst zu verstehen. Sie kann aber auch eine Botschaft enthalten, die aufgenommen, reflektiert und dann weitergegeben sein will.

In beiden Fällen wird »die allmähliche Verfertigung der Gedanken beim Sprechen« (H. von Kleist) auch im religiösen Bereich praktiziert. Nur selten ist das, was man sagen möchte, vorher schon vollständig im Bewusstsein vorhanden. In der Regel bekommt man, indem man zu reden versucht, auch erst selber zu hören, was einen im Inneren beschäftigt. Insofern fällt das religiöse Hören aus dem phänomenalen Sachverhalt der Alltagskommunikation keineswegs vollkommen heraus, weil jedes Reden und jedes Hören immer auf einer Mischung von rezeptiven und produktiven Elementen beruht.

I. Biblische Traditionen

Das Urdatum jeder religiösen Audition besteht im Empfang des göttlichen Namens. Die Selbstvorstellung der göttlichen Macht bildet die Grundlage für permanenten Kontakt und ermöglicht dem menschlichen Adressaten, der vom Ruf Gottes erreicht wird, auf diese Gottheit durch Anruf seinerseits Einfluss zu nehmen. Deshalb ist die Überlieferung der göttlichen Nomenklatur in vielen Religionen ein initiatischer Akt, der am Ende eines präparativen Weges steht. Und deshalb ist erst recht die Ur-Szene der göttlichen Selbstoffenbarung in ein geheimnisvolles Dunkel gehüllt.

Nach Exodus 3,1 ff. kann sich das Mysterium der Namensüberlieferung auch in einem spezifischen Lichtspiel ereignen, an einem brennenden Dornbusch in der Nähe eines heiligen Berges. Mose reagiert auf die göttliche Epiphanie angemessen. Er zieht das Schuhwerk aus, er verhüllt sein Gesicht. Und er erhält den Auftrag, das Volk aus der Sklaverei in Ägypten zu führen. Als er, um sich vor den Israeliten legitimieren zu können, um die Einweihung in den göttlichen Namen bittet, erhält er zur Antwort: »Ich werde sein, der ich sein werde.« Was hat »Mose«[1] in diesem Moment seiner Berufung gehört?

Es dürfte nützlich sein, sich an dieser Stelle die methodischen Verfahren der alttestamentlichen Exegese bewusst zu machen. Der Kommentar von W. H. Schmidt bietet dazu beachtliches Material. Das Vorgehen ist hier wie in anderen exegetischen Studien durchweg soziologisch fundiert. Die literarischen Quellen mit den Überlieferungssträngen des Jahwisten, des Elohisten und der Redaktion werden analysiert. Die Gattung des Berufungsformulars erfordert den Vergleich mit anderen alttestamentlichen Texten. Für die verschiedenen Gottesnamen, die in der Perikope erscheinen, wird die Verbreitung und die Herkunft aus verschiedenen Stämmen bzw. Völkern erörtert. Dabei könnte »Moses Heirat mit einer Midianiterin« eine wichtige Nahtstelle für die Vermittlung gebildet haben.[2] Eine Gleichsetzung zwischen den Vätergöttern und den El-Gottheiten der kanaanäischen Heiligtümer kommt für Schmidt deswegen nicht in Frage, weil man »doch wohl mit ursprünglich gegebenen Unterschieden zwischen dem (von Priestern) an festen Heiligtümern ausgeübten Kult und der Religion der Halbnomaden, bei

1. Wie weiträumig das Problem »Moses« inzwischen diskutiert wird, zeigt J. Assmann, Moses der Ägypter. Entzifferung einer Gedächtnisspur, Frankfurt 1999.
2. W. H. Schmidt, Exodus, BKAT II/1, Neukirchen 1988, 146 f.

denen der Sippenvorstand gleichsam priesterliche und prophetische Funktionen in sich vereinigte, zu rechnen« hat.[3] Während die ältesten Überlieferungsschichten den Exodus durch Jahwe selbst ins Werk gesetzt sehen, entspricht die Beauftragung des Mose der theologischen Tendenz des Elohisten, der auch in anderen Zusammenhängen die Transzendenz Gottes betont. Ob Mose selbst die Kombination zwischen Vätergott und vorisraelitischen Jahwenamen vollzogen und welche Bedeutung dieser Name in der Interpretation von Exodus 3,14 erhält, ist in der Forschung umstritten. Schmidt selbst hält die Unmöglichkeit einer eindeutigen Interpretation für überlieferungsfundiert: »Der Text bleibt wohl mit Absicht vage – wenn auch nicht inhaltsleer – und damit nach verschiedenen Richtungen hin auslegbar, so daß sich innerhalb einer gewissen Spannweite unterschiedliche Deutungs- oder gar Übersetzungsmöglichkeiten nicht gegenseitig auszuschließen brauchen. Die Unmöglichkeit, die Intention exakt wiederzugeben, entspricht dem Text selbst.«[4]

Was hat »Mose« gehört? Die alttestamentliche Exegese kann immer nur auf menschliche Stimmen verweisen: auf literarische Quellen und literarische Schichten, auf soziale Gruppen und soziale Beziehungen, auf sprachliche Aussagen und sprachliche Deutungen. Das Ereignis, auf das dieses Stimmengewirr sich bezieht, der Anruf, der einen Mann in der Nähe eines heiligen Berges erreicht hat, die Stimme, die er dabei gehört haben soll – das Urgeschehen wird durch den komplizierten Überlieferungsprozess verdeckt. Was kann sich, wenn man analoge Traditionen heranzieht, damals ereignet haben?

Ein Grenzgänger zwischen Ägyptern und Midianitern, der zu keiner der beiden Volksgruppen wirklich gehört, erlebt in der Nähe eines heiligen Berges eine Epiphanie, in der das auditive Element dominiert. Auf die gedachte oder gesprochene Frage nach dem Namen der Macht, die ihm hier begegnet, erhält er zur Antwort ein schroffes, kurz angebundenes Schnauben. Wenn man den hebräischen Wortlaut, der den Gottesnamen umschreibt, ohne Deutungsintention artikuliert, stößt man auf einen archaischen Laut mit abweisendem Charakter. Dieser Laut hat weiter gewirkt und sich im Laufe der Zeit geklärt. »Mose« hat hier einen Auftrag gehört, hat damit einen Namen erfahren, der bei den Midianitern verbreitet war, und hat auch eine Beziehung zum »Gott der Väter«[5] gefunden. Das alles nicht wegen seiner überragenden Deutungskompetenz, wie es die neuzeitliche Subjektivitätstheorie formulieren würde, sondern unter dem Einfluss jener Macht, die sich in Urlauten artikuliert und die selbst dafür sorgt, dass diese unheimlichen Laute mit vertrauten Worten kombiniert werden können. Insofern hat

3. A. a. O. 149.
4. A. a. O. 177.
5. Vgl. A. Alt, Der Gott der Väter, in: Kleine Schriften zur Geschichte des Volkes Israel I, München 1953, 1 ff.

in der Nähe eines heiligen Berges damals eine Wirkungsgeschichte begonnen, die jahrtausendelang theologische und philosophische Reflektionen beeinflusst hat. Trotz aller kognitiven Operationen und Spekulationen, die sich an diese archaische Ver-laut-barung geheftet haben, hat sich – erstaunlicher- oder selbstverständlicherweise – die Ursprungstendenz erhalten. Im Akt der Selbstvorstellung verbirgt die heilige Macht ihren heiligen Namen. Der Gehorsam des religiösen Hörers würde dann darin bestehen, das Unheimliche der spirituellen Erfahrung in alle Bereiche des Denkens und Handelns, des individuellen und politischen Lebens hinein wirken zu lassen.

»Mose« hat den Namen der Gottheit gehört und wird ihn an die Israeliten weitergeben. Zwischen Hören und Sagen steht eine Person, in deren Bewusstsein sich das Gehörte verdeutlicht. »Mose« begreift allmählich, was er zu tun und zu sprechen hat.[6] Noch kompakter und radikaler vollzieht sich das religiöse Hören in der Glossolalie. Wer in Zungen redet, weiß nicht, was er zu sagen hat, ja er versteht noch nicht einmal, was er sagt. In seiner Stimme artikulieren sich Laute, die offenbar gesprochen sein wollen, ohne dass ein Autor für diese Verlautbarung direkt erkennbar wird. Die Glossolalie ist insofern ein extremes Beispiel für mediale Existenz. Der Mensch wird Subjekt in wörtlichem Sinn, Unterworfener einer anderen Macht, die sich seiner Stimme bedient.

G. Theißen hat in seiner Traditionsanalyse die neutestamentlichen Aussagen von Phänomenen der Umwelt her ausgeleuchtet. »Die dionysische Tradition erklärt mögliche Interpretationsmuster Außenstehender angesichts Tendenzen zur kollektiven Ekstase in Korinth. Hier wird vor allem der soziale Aspekt der Glossolalie angesprochen. Die platonische Inspirationstradition erhält das Selbstverständnis der Glossolalen: Ihr Sprechen ist Äußerung göttlichen Geistes, welcher die menschliche Vernunft ausschaltet. Hier werden grundsätzliche anthropologische Aspekte der Ekstase reflektiert. Die Tradition einer apokalyptischen Himmelssprache vermag dagegen das linguistische Phänomen der Glossolalie zu beleuchten: Die unverständliche Sprache ist Engelssprache.«[7]

Im Zentrum seiner Überlegungen aber steht der Versuch, das Phänomen

6. Ähnliche Aufgaben hat auch der Analytiker zu bewältigen, vgl. R. R. Greenson, Technik und Praxis der Psychoanalyse I, Stuttgart 1975, 381: »Er muß sein eigenes Denken nach Art des Primärvorgangs in ein Denken nach Art des Sekundärvorgangs übersetzen.« Auch die häufig diskutierte Alternative, ob Augustins Berufung zum Lesen durch einen Akt des Hörens einen fiktiven Gattungsbericht oder eine realitätsbezogene autobiographische Erinnerung darstellt, lässt sich von diesen Voraussetzungen her überwinden; vgl. die Äußerungen von R. Lorenz, Zwölf Jahre Augustinforschung (1959-1970), ThR 39, 1975, 112, sowie A. Schindler, Art. Augustin/Augustinismus I, TRE IV, Berlin 1979, 649f. Ein gehörter Befehl zum Lesen, dessen Quelle undeutlich bleibt, findet sich auch in der Berufungsgeschichte Mohammeds.
7. G. Theißen, Psychologische Aspekte paulinischer Theologie, Göttingen 1983,

von psychologischen Konzepten her zu interpretieren. Der lerntheoretische Ansatz kann die soziale Einbettung dieses Verhaltens erklären und die Konflikte, die daraus in der Gemeinde erwachsen; bei ernsten Christ/innen scheint diese Fähigkeit zum Kriterium für die Gemeindezugehörigkeit geworden zu sein. Das kognitive Modell findet Anhalt vor allem am deutlichen Interesse des Paulus, dass um der Gemeinde willen die Zungenrede eine Deutung erfahren müsse. In beiden Betrachtungsweisen wird die soziale Dimension des Geschehens hervorgehoben. Es dient zur Abgrenzung gegen die heidnische Umwelt, und es bedarf der vernünftigen Erläuterung für die Gemeinde.

Entscheidend für Theißens Intention ist jedoch die tiefenpsychologisch fundierte These: »Glossolalie ist Sprache des Unbewußten.«[8] Die Ergriffenen selbst bekunden ihre Unwissenheit. Ihre Äußerungen sind von unterdrückten Triebimpulsen bestimmt. In dieser Sprache des Unbewussten drücken sich also verdrängte Aspekte des Seelenlebens und regressive Formen des Spracherwerbs aus. Psychologie kann auf diese Weise, wie Theißen betont, »zu wesentlich wohlwollenderen und toleranteren Einstellungen gegenüber dem fremden Phänomen der Glossolalie«[9] führen. Das trifft noch mehr zu, wenn man seine Argumentation modifiziert und präzisiert. Dann stellt sich nämlich heraus, dass in den paulinischen Texten zwischen Einwirkungen aus dem Unbewussten und dem Einfluss des göttlichen Geistes genau unterschieden wird.

Die erste Begründung, die Theißen für seine These liefert, basiert auf dem Vergleich zwischen Glossolalie und Prophetie, wie Paulus ihn im 1. Korintherbrief durchführt: »Wer in Zungen redet, spricht Geheimnisse (14,2). Wer prophezeit, hat ein Wissen von Geheimnissen (13,2). Wer Glossolalie betreibt, erbaut sich selbst. Wer prophezeit, erbaut die Gemeinde. Was die Glossolalie im Hinblick auf den Sprechenden selbst leistet, tut die Prophetie im Hinblick auf den anderen. Dann aber liegt folgender Schluß nahe: Wenn die Prophetie beim anderen Menschen die ›verborgenen Dinge des Herzens‹ offenbart, so hat die Glossolalie im Hinblick auf den Sprecher dieselbe Funktion: Sie offenbart Tiefenschichten seines psychischen Lebens, ohne sie in die öffentliche Kommunikation einbeziehen zu können.«[10] Diese suggestiven Formulierungen missachten einen psychoanalytisch und phänomenologisch höchst relevanten Sachverhalt, den Unterschied zwischen Agieren und Interpretieren. Wer prophezeit, nimmt das Innere des anderen wahr. Das schließt auf jeden Fall die Fähigkeit ein, bei sich selbst und beim anderen zwischen den verschiedenen psychischen Instanzen unterscheiden zu

290; zur platonischen Tradition vgl. K. Eming, Wahnsinniger Rausch – Platon über Manie und Eros, Heidelberger Jahrbücher XLIII,1999, 192 ff.

8. G. Theißen, a. a. O. 276.
9. A. a. O. 270.
10. A. a. O. 275.

können. Die topographische Angabe, dass in der Glossolalie sich das Unbewusste artikuliert, ist also viel zu generell, um die Stimmen der Glossolalie definieren zu können.

Paulus selbst formuliert einen Satz, der auch gegenüber dem Zungenreden eine »Unterscheidung der Geister« ermöglichen soll. 1. Korinther 12 stellt er fest, »daß niemand Jesus verflucht, der durch den Geist Gottes redet; und niemand kann Jesus den Herrn nennen, ohne durch den heiligen Geist« (V. 3). Paulus rechnet also mit einem doppelten Einfluss in der glossolalischen Ekstase. Den einen Fall kann man in der Tat als unkontrollierten Durchbruch unbewusster Haltungen interpretieren, wie es bei Theißen geschieht: »Im Anathema Jesus werden Einstellungen offenbart, die bei den Bekehrten infolge eines ›Nachentscheidungskonfliktes‹ verdrängt worden sind.«[11] Auch die andere Äußerung, das Bekenntnis zu Jesus, verdankt sich nach Paulus nicht einer bewussten Entscheidung, sondern geht auf den Einfluss des göttlichen Geistes zurück. Der aber ist für Paulus innerpsychisch nicht als gegeben zu lokalisieren. Theißen greift deshalb im Lauf seiner Darlegungen auf die Selbst-Theorie C. G. Jungs zurück. »Glossolalie ist Sehnsucht nach dem Erscheinen des Selbst, nach der ›Individuation‹, die durch Leiden hindurch Gestalt annimmt. Der regressiven Richtung glossolalen Verhaltens und Erlebens wurde damit eine progressive Orientierung gegeben.«[12]

Auch wenn Theißens Versuch eine psychologische Engführung der paulinischen Pneumatologie mit sich bringt, kann sie für die anthropologische Fundierung des religiösen Hörens hilfreich sein. Wenn die göttliche Stimme erklingt, dann wird nicht nur die Ebene des Bewusstseins und der Begrifflichkeit angesprochen. Sondern dann werden auch die Tiefenschichten einer Person zum Resonanzraum für heilige Laute. Und dann beginnt unvermeidlich ein Prozess, in dem die individuelle Verlautbarung erläutert wird. Das elementar Vernommene will vernünftig wirksam werden.

Paulus hat diesen Zusammenhang nicht psychologisch, sondern kosmologisch beschrieben. Die ganze Schöpfung ist von schmerz- und angsterfüllten Seufzern durchzogen (Römer 8,19ff.). Und auch die Christ/innen, die den Geist als Anzahlung schon empfangen haben, sind mit ihrem Bewusstsein dem Elend nicht schon so weit entrückt, dass sie Gott adäquat anzurufen vermögen. Deshalb kommt der Geist ihrer irdischen Schwachheit zu Hilfe und füllt die unaussprechlichen Seufzer, die nicht begrifflichen Schreie so, dass sie Gottes Gefallen finden. Auch wenn der Fernsprechverkehr zwischen Gott und Mensch im Hören und Reden noch viele Störfaktoren enthält, ist die Verbindung zwischen beiden kraft dieser Macht nicht mehr endgültig zu zerstören.

11. A.a.O. 311.
12. A.a.O. 320.

Dass Menschen Stimmen hören, die nicht dem interpersonalen Kontakt entstammen, ist auch in der Gegenwart ein erstaunlich weit verbreitetes Phänomen. Als Paul Baker, Sozialarbeiter in Manchester, angestoßen durch auditive Erfahrungen seines Bruders, das »Hearing Voices Network« gründete, gab er den Anstoß zu einer Selbsthilfeorganisation, die sich inzwischen vor allem in England, in den Niederlanden und in Deutschland ausgebreitet hat. Das umfangreiche Zahlenmaterial, das aus Befragungen unter den Betroffenen stammt, ist inzwischen veröffentlicht.[13] Woher diese Stimmen kommen, ob sich in ihnen das eigene Unterbewusstsein zu Wort meldet oder ob sich darin andere Mächte artikulieren, diese grundlegende Frage bleibt unter den Beteiligten letztlich offen. Für die psychologische Interpretation drücken sich hier Spannungen und Konflikte der Psyche aus. Dafür spricht, dass die Karriere der Stimmenhörer/innen oft mit Lebenskrisen beginnt. Die Betroffenen dagegen vertreten demgegenüber häufig die Ansicht, dass sie wirklich von Geistern und Göttern, Dämonen oder Schutzengeln heimgesucht werden. Entscheidend für die Mitglieder ist: »Stimmenhörer, die sich in einem Netzwerk organisieren, definieren sich nicht primär als Kranke, als ›Betroffene‹, als Problembeladene, sondern als Menschen mit einer besonderen Eigenschaft, einer Begabung oder Fähigkeit.«[14]

Diese Depathologisierung der alltagstranszendenten Hörerfahrungen kann für Menschen, wie sie immer wieder berichten, eine Befreiung bewirken. Auf der anderen Seite ist natürlich nicht zu bestreiten, dass entsprechende Symptome aus dem schizophrenen und paranoiden Formenkreis, dass insbesondere das Leben mit einer »multiplen Persönlichkeitsstörung« eine erhebliche Belastung darstellen. M. Huber unterscheidet dabei nach ihren klinischen Erfahrungen vier Typen: »Erstens, die harmloseste Variante: Stimmen, die als dem Selbst zugehörige Gedanken empfunden werden. Man hört sich beim Denken zu, ist mehr oder weniger bereichert, interessiert – das gehört aber zum gesamten, kognitiven Denk- und Bewertungsvorgang.

Zweitens gibt es Gedanken, Emotionen und Handlungsimpulse, die in einer abgespaltenen Form geäußert werden. Das wird als nicht zum Ich gehörig wahrgenommen, ist aber auch nicht wahnhaft.

Drittens gibt es Introjekte: Nach innen genommene äußere Objekte – Personen, die im Laufe des Lebens eine wichtige Rolle gespielt haben. Ein Beispiel, das sehr viele Leute kennen, ist die innere Kritikerin, die ständig sagt: ›Das wird sowieso nichts!‹. Manche können es kaum zuordnen, manche sagen zum Beispiel: Das ist die Stimme meiner Mutter!

13. Vgl. M. Romme/S. Escher, Stimmenhören akzeptieren, Bonn 1997.
14. I. Stratenwerth/Th. Bock, Stimmen hören. Botschaften aus der inneren Welt, München 1999, 10.

Viertens können Stimmen auch ein wahnhaft halluzinatorisches Geschehen sein. Im Sinne einer Kurzschlußreaktion im Gehirn, wo bizarre Verbindungen eingegangen werden, die manchmal ganz quälend zwanghaften, immer wiederkehrenden, sich wiederholenden Charakter haben.«[15]

Auch im auditiven Bereich kann man also diese doppelte Möglichkeit konstatieren. Es gibt Phänomene der Ergriffenheit, die die Betroffenen als Erweiterung ihrer Wahrnehmungsmöglichkeiten erleben, und Phänomene der Besessenheit, in denen sich Menschen dem schädigenden Einfluss anderer, menschlicher oder unmenschlicher Mächte ausgeliefert sehen. In beiden Fällen erfahren auch Individuen in der Moderne, was das Stichwort »Subjekt sein« bezeichnet: das Unterworfensein unter eine Macht, die einen als Sprachrohr verwendet. Auch wenn solche medialen Daseinsformen heute keineswegs ausgestorben sind, scheinen sie im Vergleich zur Antike doch erheblich seltener aufzutreten und entsprechend als exotisch oder pathologisch bewertet zu werden.

Die Theorien der Psychohistoriker versuchen, solche Veränderungen seelischer Strukturen und Wahrnehmungsformen verständlich zu machen. Die gemeinsame Voraussetzung aller Modelle besteht in der Preisgabe der Vorstellung, die innere Ausstattung unserer Gattung sei durch die Jahrtausende hindurch gleich geblieben. Für das Phänomen des Stimmenhörens ist eine Theorie bedeutsam, die der amerikanische Psychologe J. Jaynes zum »Ursprung des Bewußtseins« entwickelt und in zahlreichen Büchern breit begründet hat.

Die Grundlage für diese Theorie bildet die Beobachtung, dass das Bewusstsein für den Lebensvollzug weit weniger wichtig ist, als wir gemeinhin annehmen. Psychologische Experimente zeigen, dass es weder für das Wahrnehmen noch für die Begriffsbildung noch für das Lernen und auch nicht für das Denken notwendig ist; im Gegenteil, es stellt sich oft genug als Hemmfaktor für kreative Leistungen heraus. Auf der anderen Seite zeichnen die antiken Quellen ein Menschenbild, in dem die Personen unter dem Einfluss transpersonaler Mächte stehen. Für die »Ilias« etwa, im Unterschied zur »Odyssee«, ist signifikant »1. das Fehlen eines mentalen Ausdrucksfelds – und 2. die handlungseinleitende Wirkung der Götter«;[16] deshalb gilt für diese Menschen das »göttliche Management der Welt als Selbstverständlichkeit.«[17]

15. So M. Huber in einem Interview in: I. Stratenwerth/Th. Bock, a.a.O. 194; vgl. auch M. Huber, Multiple Persönlichkeiten, Frankfurt 1995. Zum seelsorgerlichen Umgang mit Tinnituspatienten vgl. M. A. Friedrich, »Da hörte ich ohne Laut«. Zur Theoresonanz des Ohrensausens, in: Resonanzen. Festschrift G. M. Martin, Stuttgart 2002, 113ff.
16. J. Jaynes, Der Ursprung des Bewußtseins, Reinbek 1997, 102.
17. A.a.O. 103. Vgl. auch W. F. Otto, Theophania. Der Geist der altgriechischen Religion, Hamburg 1956, 45: »Die Götter offenbaren sich in dem, was den Menschen im Innern bewegt«.

J. Jaynes redet im Blick auf die Anthropologie dieser Epoche von der »bikameralen Psyche«, wobei »das menschliche Wesen in zwei Teile zerfiel; einen Lenker und Leiter namens Gott und einen Gefolgsmann namens Mensch. Keiner von beiden hatte Bewußtsein«.[18] Belege für diese Hypothese hat Jaynes weltweit, konzentriert jedoch in den Schriftkulturen Mesopotamiens, Ägyptens und auch Israels gefunden. Überall wird als Steuerungsinstrument für das menschliche Verhalten nicht das Bewusstsein angegeben: »Vielmehr steckte im Leib jedes einzelnen ein Nervensystem, das in einem Teil ›göttlich‹ organisiert war, und dieser Teil kommandierte den Menschen herum, als sei er ein x-beliebiger Sklave; die Stimme(n), in der oder denen er in Erscheinung trat, waren zu ihrer Zeit das, was wir heute das Wollen nennen: Sie formulierten nicht nur Direktiven, sondern bildeten zugleich die energetisierende Komponente; die halluzinierten Stimmen aller einzelnen standen untereinander im Zusammenhang eines differenzierten hierarchischen Systems.«[19]

In einem längeren Prozess gesellschaftlicher Umbrüche wurde die Bedeutung der inneren Stimme eingeschränkt, wobei die Einführung der Schrift nach Jaynes eine zentrale Rolle gespielt hat. Auch dafür gibt es schon in der Antike Belege. So ändert sich der Briefstil in Mesopotamien. Psychische Regungen, die im frühen Griechenland auf Außeneinflüsse zurückgeführt wurden, werden später internalisiert und gelten dann als innerpsychische Faktoren. In der alttestamentlichen Literatur ist dieser Unterschied zwischen der bikameralen Psyche und einem Menschen mit subjektivem Bewusstsein durch den Vergleich zwischen Amos und dem Predigerbuch besonders deutlich zu fassen.[20]

Dieser komplexe Entwicklungsprozess der psychischen Evolution hat sich nach Meinung von Jaynes niedergeschlagen im Doppelhirn, das aus einer linken und einer rechten Hemisphäre besteht, wobei »die Stimmen der Götter hervorgerufen wurden durch Erregung in jener rechtsseitigen Gehirnhälfte«,[21] die unter funktionalen Gesichtspunkten heute als nicht dominant zu bezeichnen ist. Dass diese rechte Hemisphäre immer noch vorhanden ist, könnte verständlich machen, warum auch Menschen in der Gegenwart transpersonale Stimmen zu hören vermögen. Darüber hinaus sieht Jaynes Relikte der bikameralen Psyche auch in anderen Erfahrungsbereichen wirksam, die gerade in der religiösen Praxis eine wichtige Rolle spielen; dazu zählen:

- »der kollektive kognitive Imperativ: ein System von kollektiven Glaubensüberzeugungen oder von auf kultureller Übereinkunft beruhenden Erwartungen und Vorschriften, das durch Vorgabe eines Rollenkatalogs

18. J. Jaynes, a.a.O. 109.
19. A.a.O. 248.
20. A.a.O. 360ff.
21. A.a.O. 135.

und eines Szenarios über die bestimmte Form des jeweiligen Phänomens entscheidet;
- die Induktion: ein als formelles Ritual ausgebildetes Verfahren zur Verengung des Bewußtseins durch Fokussieren der Aufmerksamkeit auf einen stark eingeschränkten Feldausschnitt;
- der eigentliche Trancezustand als Reaktion auf die zwei zuvor genannten Momente; seine Kennzeichen sind: Minderung des Bewußtseins, gegebenenfalls bis zum vollständigen Schwund, sowie Schwächung des Analogons ›Ich‹, gegebenenfalls bis zum vollständigen Verlust, mit daraus resultierender Offenheit für eine von der Bezugsgruppe akzeptierte, tolerierte oder beifällig unterstützte Rolle;
- die archaische Autorisierungsinstanz, die in der Trance angepeilt wird bzw. deren Raison d'être ist; meist ist es ein Gott, mitunter jedoch auch ein Mensch, dem von dem Individuum und seiner Kultur Autorität über das Individuum eingeräumt wird und dem der kollektive kognitive Imperativ die Verantwortung für alles, was in der Trance geschieht, in normativer Form überschrieben hat.«[22]

Das psychohistorische Modell von J. Jaynes ist wissenschaftlich nicht unbestritten geblieben.[23] Und die darin sich aussprechende Tendenz, den Vorgang von Offenbarung auf neurophysiologische Prozesse zu reduzieren, ist phänomenologisch wie theologisch durchaus problematisch. Für eine religiöse Wahrnehmungslehre ist dieses Modell jedoch darin aufschlussreich, dass es
- die Leistungskraft des menschlichen Bewusstseins für die Lebenspraxis relativiert,
- die Wahrnehmungsmöglichkeit für den Einfluss des Heiligen im auditiven Bereich neurophysiologisch fundiert,
- die geschichtlichen Veränderungen dieser Wahrnehmungsmöglichkeiten verständlich macht und auch gegenwärtige Phänomene des »Stimmenhörens« vor der generellen Klinifizierung zu schützen vermag.

Es ist, wenn man von diesem Modell ausgeht, jedenfalls nicht grundsätzlich ausgeschlossen, dass sich, theologisch gesprochen, der Schöpfer auch in seinem Geschöpf zu Wort melden kann. In welchem Verhältnis dann schriftliche Tradition und aktuelle Situation, Geist und Wort zueinander stehen, das ist im Einzelnen immer noch genau zu bestimmen. Sicher gewinnen auch die Methoden des Wortempfangs, wie sie nun an klassischen Beispielen zu beschreiben sind, auf dieser Grundlage eine gewisse Plausibilität.

22. A.a.O. 394.
23. Vgl. die philosophische Analyse psychohistorischer Modelle seit dem 19. Jahrhundert durch I. Hacking, Multiple Persönlichkeit. Zur Geschichte der Seele in der Moderne, Frankfurt 2001.

Hören muss man nicht lernen. Wie das Träumen und das Sehen bildet diese Form der sinnlichen Wahrnehmung einen Teil der geschöpflichen Grundausstattung, die sich in der Regel bei jedem Menschen nach der Geburt zunehmend entwickelt. Diese Fähigkeit kann im Blick auf spezielle berufliche Aufgaben, etwa bei Musikerinnen, Therapeuten und Seelsorger/innen, durch professionelle Ausbildung optimiert werden. Und auch für das Hören im religiösen Bereich gibt es bestimmte Formen methodischen Trainings.

Die Aufgabe des Analytikers in der Schule Freuds hat Th. Reik mit den Worten umschrieben: »Der Psychoanalytiker muß lernen, wie einer zum anderen ohne Worte spricht. Er muß lernen, mit ›dem dritten Ohr‹ zu hören«.[24] Auch Reik ist der Ansicht, dass die Fähigkeit zu einem Austausch auf der Ebene des Unbewussten bei allen Menschen vorhanden ist. In diesem Sinn ist das »Empfangen, Aufzeichnen und Entziffern« solcher Botschaften auch »nicht lehrbar. Es ist jedoch bis zu einem gewissen Grad nachweisbar. Es kann gezeigt werden, daß der Analytiker wie sein Patient Dinge weiß, ohne zu wissen, daß sie es wissen«.[25] Die methodischen Aspekte, die für die analytische Ausbildung wichtig sind, ergeben sich aus der Wahrnehmungsaufgabe. »Eine der Eigenarten dieses dritten Ohrs ist, daß es auf zwei Kanälen hört. Es kann erfassen, was andere Leute nicht sagen, sondern nur fühlen und denken; es kann aber auch nach innen gerichtet werden. Es kann Stimmen aus dem Innern hören, die sonst nicht hörbar sind, weil sie vom Lärm unserer bewußten Gedankenprozesse übertönt werden.«[26]

Wer das Unbewusste wahrnehmen will, muss die Bewusstseinstätigkeit hinter sich lassen können. Was die Signale des Unbewussten bedeuten, kann man nicht durch direkte Interpretation und Diagnose erfassen. »Sie enthüllen ihre Geheimnisse wie Türen, die sich von selbst öffnen oder gar nicht. Man kann mit Überzeugung sagen: Man wird sie verstehen, nachdem man aufgehört hat, über sie nachzudenken.«[27] Deshalb benötigt man für die Analyse die Haltung »gleichschwebender Aufmerksamkeit«. Von der willentlichen Aufmerksamkeit unterscheidet sie sich in doppelter Hinsicht. Diese ist, etwa beim naturwissenschaftlichen Experiment, auf ein möglichst eingegrenztes Erfahrungsfeld gerichtet, während man in der Analyse in größtmöglicher Breite aufnahmefähig bleiben soll. Die willentliche Aufmerksamkeit ist auch zeitlich begrenzt, weil sie von der methodisch kontrollierten Beobachtung Ergebnisse erwartet, die sich sofort oder mindestens in berechenbaren Zeitabständen einstellen. Die gleichschwebende Aufmerksamkeit

24. Th. Reik, Hören mit dem dritten Ohr. Die innere Erfahrung eines Psychoanalytikers, Frankfurt 1983, 165.
25. A.a.O. 167.
26. A.a.O. 168f.
27. A.a.O. 168.

dagegen »lagert sozusagen die Eindrücke, aus denen später das Wissen plötzlich auftauchen wird. Sie schafft auch die Vorbedingungen für jene überraschenden Ergebnisse, die in der Analyse als Produkt einer längeren unbewußten Verdichtung und Trennung von Eindrücken entstehen«.[28]

Für die methodische Ausbildung verlangt das einerseits eine intensive Schulung der Wahrnehmungsfähigkeit im Bereich des Unbewussten. »Mit anderen Worten, der Psychoanalytiker, der die geheime Bedeutung dieser fast nicht wahrnehmbaren Sprache zu erkennen hofft, muß seine Empfindsamkeit ihr gegenüber schärfen, muß seine Bereitschaft erhöhen, sie zu empfangen.«[29] Die Steigerung der Wahrnehmungsfähigkeit gegenüber dem, was von außen kommt, ist aber nur möglich durch die Verfeinerung der Wahrnehmungsfähigkeit im Blick auf das, was im eigenen Inneren abläuft. »Es ist äußerst wichtig, daß er mit großer Aufmerksamkeit beobachtet, was diese Sprache für ihn bedeutet, was ihre psychologischen Effekte auf ihn sind. Von da aus kann er zu ihren unbewußten Motiven und Bedeutungen vordringen, und dies wird wiederum kein bewußter Gedankengang oder logisches Verfahren sein, sondern eine unbewußte – ich möchte fast sagen instinktive – Reaktion, die in ihm stattfindet.«[30] Das Unbewusste im anderen kann nur vom Unbewussten im Analytiker angemessen rezipiert werden. Natürlich ist das die säkularisierte Formulierung jener grundlegenden Einsicht, dass der Geist nur vom Geist erkannt werden kann.

Das Hören mit dem dritten Ohr ist also weder vom Willen noch vom Bewusstsein gesteuert. Diese Haltung, die hier zur zwischenmenschlichen Lebenshilfe eingesetzt wird, ist in der Religion und besonders im Buddhismus zur Grundeinstellung gegenüber dem Leben insgesamt radikalisiert. »Lauschen gehört zum spirituellen Bereich ebenso wie zum Alltäglichen, und deswegen löst sich die Grenze zwischen ›Zen‹ und ›Leben‹ bei der Übung des Lauschens auf. Zen-Praxis ist jederzeit in Aktion, ob wir dem Atem oder den Klagen eines Freundes lauschen, ob wir in einem Tempel oder im Bus sitzen, ob wir an einer weihevollen Zeremonie teilnehmen oder mitten in der lärmenden Hektik der Notaufnahme im Krankenhaus zu tun haben.«[31] Ja, nicht nur in allen Lebensbereichen, sondern auch für alle Sinneswahrnehmungen und alle psychischen Regungen bildet Lauschen recht verstanden das Zentrum. »In den Augen heißt das Lauschen Sehen, in der Nase heißt das Lauschen Riechen, auf der Zunge heißt das Lauschen Schmecken, an der Hautoberfläche heißt das Lauschen Berühren, im Verstand heißt das Lauschen Denken. Im Herzen heißt das Lauschen Lieben. Und im Bauch heißt das Lauschen Wissen – Indem wir das Hörvermögen einwärts auf den Ursprung des Lauschens richten, realisieren wir den Ur-

28. A.a.O. 200.
29. A.a.O. 169.
30. A.a.O. Ebd.
31. D. Gak, Das Zen des Lauschens, Frankfurt 1999, 13.

sprung von allem.«[32] In der Haltung reiner Offenheit erschließt sich das Leben, die Welt, das Selbst. »Das Lauschen ist eine Übung, die uns zurückführt zu dem, was wir eigentlich sind. Menschen. Mitfühlend.«[33]

Was sich in diesem Akt ereignet, erläutert der Zen-Meister, der früher als Psychotherapeut praktiziert hat, anhand eines Textes aus dem Shurangama-Sutra. »Ananda«, sagt der Buddha, »du sprichst im Irrglauben, wenn du sagst, da sei kein Hören mehr, nur weil der Ton aufhört.«[34]

Dae Gak erläutert das folgendermaßen: »Klang ist vergänglich, aber das Lauschen ist ungeboren, nicht erschaffen, nicht bedingt, ewig – es ist unser wahres Wesen. Wir *sind* Lauschen, reines Lauschen. Und so ist es mit allem ›Stoff‹ des Lebens. Unser Körper, unser Geist, alle Phänomene wandeln sich und setzen den Kreislauf von Tod und Wiedergeburt, von Entstehen und Vergehen fort. Wir selbst – unser wahres Wesen, unser Lauschen – wandeln sich nicht.«[35]

Um in dieses Lauschen zu gelangen, kann man negative wie positive Methoden verwenden, wobei alle Verfahren nur dem Ziel dienen können, sich selbst überflüssig zu machen. »Jede Praxis oder Lehre ist nur ein Mittel, mit dem man den Geist des Nicht-Wissens aufweckt. Alle Praxisformen und Lehren können die Wahrheit verdunkeln. Mu, Mantra, Koan, Rezitieren oder einfach Sitzen, das sind Finger, die auf den Mond weisen. Sie zeigen uns die Richtung, sind aber nicht der Mond selbst.«[36] Bestenfalls können sie von Blockaden, die uns am Lauschen hindern, befreien. »Läßt man jedoch alle bestimmten Formen und alle Hörgewohnheiten fallen, dann kann man gar nicht mehr anders als zuhören, lauschen. Man läßt sich vollkommen ein auf das Lauschen. Staunendes Lauschen ohne Bedingungen oder Erwartungen. Das Dröhnen des Jets am Himmel. Das leise Seufzen von Stoff auf Stoff, wenn jemand seine Haltung auf dem Kissen ganz leicht verändert. Von draußen ein kaum hörbares Rascheln im Laub. Das Sich-Öffnen der Lippen, der Puls in den Fingerspitzen, das Fächeln der Wimpern – das nicht mehr Wahrnehmbare, das Unhörbare: der Klang des Lauschens. Erst wenn wir jenseits von Meinung, Bedingungen und Situation lauschen, wissen wir um unser rechtes Wirken, Augenblick für Augenblick.«[37]

Um wenigstens einen kurzen Eindruck von dem zu vermitteln, was im Zen-Training passiert, seien einige Beispiele aus dem Buch von Dae Gak wiedergegeben. Die Verneigung etwa mag zunächst wie eine Übung der Anbetung oder Unterwerfung wirken. Wenn wir sie jedoch mit dem Atem synchronisieren, stellt sich ein anderer Eindruck ein. »Wir lauschen. Wir lau-

32. A.a.O. 25.
33. A.a.O. 13f.
34. A.a.O. 28.
35. A.a.O. 31.
36. A.a.O. 52.
37. A.a.O. 24f.

schen mit Körper und Geist. Bei der Verneigung lauschen wir mit ganzem Geist und ganzem Körper – Wirbelsäule, Knie, Oberschenkel, Füße, Hände, Stirn auf dem Boden; wir lauschen ganz und gar beim Aufstehen, in einem vollen Atemzug.«[38] Gleichzeitig verschwindet das, was Menschen an der Wahrnehmung des ewigen Augenblicks hindert. »Der Geist des Begehrens, der Geist des Sehnens, der Geist des Festhaltens, der Geist der Unbeständigkeit, der Geist der Enttäuschung, sie alle verflüchtigen sich im Augenblick der Niederwerfung.«[39] Bei der Rezitation eines Textes, eines Mantra oder des Herzensgebets muss man die Bedeutung der Worte nicht unbedingt kennen. Die Wirkung ist viel umfassender, als sie jede kognitive Wahrnehmung je realisieren könnte. »Man ist umfangen von dieser ausgleichend auf den Geist wirkenden Manifestation universaler Energie, und so kann sich eine wunderbar klare Bewußtheit einstellen, so daß alles durch den dualistischen Geist verursachte Leiden von einem abfällt.«[40] Deshalb geht es im Sitzen auch nicht darum, den Geist auf das Denken zu konzentrieren, sondern darum, ihn von den Assoziationsfluten der Gedanken zu befreien. »Durch beharrliches Üben sammelt sich Energie, das Hara wird stärker, und das Denken beherrscht den Geist nicht mehr. Der nicht vom Denken beherrschte Geist ist klar und licht. Wo der Geist klar und licht ist, da ist alles klar und so, wie es ist.«[41]

In der Psychoanalyse kann man die Stimme des Unbewussten hören lernen. Im Zen-Buddhismus kann man den Klang des Lebens vernehmen. Und in beides wird man eingeführt durch einen Meister/eine Meisterin, die die geschöpflichen Fähigkeiten, die jede/r mitbringt, reinigt, steigert und in die richtige Richtung einstellt. »Wer Hören hat zu hören, der höre« (Matthäus 11,15 u.ö.). Dass diese Aufforderung nötig, aber nicht immer erfolgreich ist, sagt ein anderer Spruch aus der Jesus-Tradition: »mit hörenden Ohren hören sie nicht« (Matthäus 13,13). Was kann man tun, um das Gehör von Menschen auf die Wahrnehmung der göttlichen Gegenwart einzustellen? Wie hört man Gehorsam?

»So spricht der Herr.« Die Botenformel, die die alttestamentlichen Propheten verwenden, enthält nicht nur eine Aufforderung zum Hören, sie setzt

38. A.a.O. 34.
39. A.a.O. 36.
40. A.a.O. 47.
41. A.a.O. 50. Eine Kombination mit christlichen bzw. westlichen Traditionen versucht J.-E. Berendt, Nada Brahma. Die Welt ist Klang, Reinbek 1985, bes. 67ff. Wie weit ein solches Hören reichen kann, verrät Dschuang Dsi, Das wahre Buch vom südlichen Blütenland, ed. R. Wilhelm, München 1998, 88: »Ich habe es gehört vom Sohne des Schriftstellers; der Sohn des Schriftstellers hat es gehört vom Enkel des Rhapsoden; der Enkel des Rhapsoden hat es gehört von Klarblick; Klarblick hat es gehört vom Hörenden; der Hörende hat es gehört vom Ton; Ton hat es gehört vom Laut; Laut hat es gehört vom Geheimnis; Geheimnis hat es gehört von der Leere; Leere hat es gehört vom Jenseits.«

auch voraus, dass die Gesandten selbst etwas gehört haben. Die Frage nach den Umständen des prophetischen Wortempfangs wird in der alttestamentlichen Wissenschaft nicht sehr breit diskutiert. B. Lang hat seine Hypothesen dazu unter die verheißungsvolle Überschrift gerückt: »Prophetie will gelernt sein!«[42]

Lang rechnet, wie andere Forscher, mit drei unterschiedlichen Typen von Prophetie, den Genossenschafts-, den Tempel- und den freien Propheten. Für jede dieser Gruppen lassen sich aus der dürftigen Überlieferung einzelne Ausbildungsformen rekonstruieren, von denen freilich zweifelhaft bleibt, ob sie als exklusiv nur für diesen Typ gelten dürfen.

Im Blick auf die Genossenschaftspropheten kann man aus einzelnen Angaben über Elisa erschließen, dass es dort Lehrvorträge für die Schülerschaft (2. Könige 4,38), aber auch die Anleitung zur Verwendung von ekstatisierenden Medien (2. Könige 3,15) gegeben hat. Vielleicht ist der Übergang vom Noviziat in das Prophetenamt auch durch ein Salbungsritual vollzogen worden (1. Könige 19,16).

Die Tempelpropheten scheinen nicht, wie die Priester, für den Opferdienst, sondern für Beratung und Verkündigung zuständig gewesen zu sein. Zu vermuten ist hier eine Ausbildung in der Tempelschule, die auf jeden Fall auch die Alphabetisierung umfasste, so dass Habakuk den Befehl zum Aufschreiben des Gotteswortes ausführen konnte (Habakuk 2,2). Aber eine solche Ausbildung wird zunächst auf die Rezeption schriftlicher Traditionen abgezielt haben. Dass auch in diesem Bereich transrationale Wahrnehmungsformen gefördert wurden, zeigt 1. Samuel 3 mit dem Bericht über den Berufungstraum, der dem Samuel im Tempel zuteil wird.

Auch die freien Propheten haben wahrscheinlich Schüler um sich gesammelt (Jesaja 8,16 ff.). Wenn sie selbst, wie etwa Amos, aus einem profanen Beruf in die neue Rolle gedrängt worden sind, kann man mit K. Koch vermuten: »Die Berufung hat ihn veranlaßt, sich in der Weise profetischen Hineinhörens in die ›innere‹ Stimme und visionärer Versenkung zu üben. Solche Besinnung hat ihn in seinem Sendungsbewußtsein bestärkt, Mund der Gottheit zu sein und um deren Wollen und Planen besser Bescheid zu wissen als alle Priester, die sich sachkundig geben.«[43] Wie eine solche Meditationstechnik konkret praktiziert worden ist, darüber lässt sich im Einzelnen nichts sagen.

B. Lang möchte die inneren Prozesse, die sich in der Prophetie abgespielt haben, mit Hilfe der Rollenpsychologie von H. Sunden und der kognitiven Wahrnehmungspsychologie von F. H. Allport rekonstruieren. Durch die Berufung gerät der Prophet in eine göttliche Rolle; das bedeutet: »Er kann kraft

42. B. Lang, Wie wird man Prophet in Israel? Aufsätze zum Alten Testament, Düsseldorf 1980, 33.

43. K. Koch, Die Profeten I, Stuttgart 1978, 49.

der biblischen Erzählung Gottes Handeln antizipieren und kann alles kommende Geschehen in seinem Leben als das Handeln Gottes wahrnehmen.«[44] Daraus ergibt sich für das Rezeptionsverhalten, dass alle Erfahrungen durch religiöse Muster gefiltert und strukturiert werden, so dass ein alternatives kognitives Verarbeitungsnetz entsteht. »Für einen Propheten bedeutet dies, daß er von seiner inneren Einstellung (Hinwendung zu Gott) und seinem fachlichen Wissen ausgeht, um daran die Umweltreize zu messen. Das Endergebnis seiner Wahrnehmung ist also ein Produkt von Hypothesen und hinzugefügten Stimulus-Informationen aus seiner Umgebung. Dabei ist es keineswegs zwingend, daß eine bestimmte Hypothese evoziert wird; nicht alle Umwelteinflüsse werden von vornherein in Richtung auf Gottes Handeln interpretiert.«[45]

Die Theorien, die Lang zur Interpretation des prophetischen Wortempfangs heranzieht, sind erklärtermaßen psychologischer Natur und leisten das, was man in diesem Rahmen erwarten darf, auf der Basis der Hypothese: Der Empfang von Sendungen ist durch die Einstellung des Senders bestimmt. Prophetisches Hören lässt sich aber auch phänomenologisch beschreiben. Die transprofane Realität des Heiligen bestimmt demnach Menschen im Akt der Berufung dergestalt, dass sie auch solche Stimmen zu hören vermögen, die im Gewirr von Alltagskommunikation verborgen bleiben. Zur Vorbereitung wie zur Übung einer solchen Hörfähigkeit gehört in der Tat ein Aufenthalt in Sprachwelten, die die Wahrnehmung der transempirischen Realität befördern helfen. Deshalb werden die Schüler bei allen Prophetentypen in das Memorieren und das Rezitieren der heiligen Tradition eingeführt. Deshalb lernen sie aber auch, sich auf diese Tradition so einzulassen, dass sie sie nicht nur intellektuell begreifen, sondern von ihr existentiell ergriffen werden. Das Studium der Schrift umfasst deshalb notwendigerweise immer auch Methoden der Bewusstseinserweiterung und der Bewusstseinsüberwindung. Der Strom, in den man durch diese Schulung gerät, wird immer von zwei Energiequellen gespeist, durch die überlieferten Worte, die von der Wirklichkeit des Heiligen geprägt sind, und durch den gegenwärtigen Einfluss, in dem sich der Geist des Heiligen als wirksam erweist.

Religiöses Hören im Gefolge der biblischen Tradition besteht demgemäß immer aus einer Kombination von Wort und Geist. Die Möglichkeiten, die darin enthalten sind, sind vielfältiger, als die normale Sonntagspredigt erwarten lässt. Mose hat unheimliche Laute gehört. Im Zungenreden artikuliert sich unverständliches Sprechen. Wer sich auf die Kunst des Lauschens versteht, vermag den Klang der Welt als Gottes Lob zu erfassen. Und mit dem dritten Ohr kann man auch zwischen den Menschen das vernehmen,

44. B. Lang, a.a.O. 29.
45. A.a.O. 54.

was niemand gesagt hat. Aber auch narrative und argumentative Sequenzen können vom göttlichen Geist bestimmt sein. Diese Bandbreite des Hörens in der Polarität von Wort und Geist ergibt sich daraus, dass beide Größen in Wirklichkeit keinen Gegensatz bilden, sondern jeweils spezifische Aspekte von Hörbarkeit bezeichnen. Der Geist weht, wo er will – auch im Sausen des Windes (Johannes 3,8). Im Wort ist dieser Geist durch sprachliche Laute strukturiert. Das Übergangsfeld zwischen dem Wehen des Windes, dem Reden eines Mundes und dem Lesen eines Buches ist riesengroß. Offensichtlich kann man durch das Lesen von besonderen Büchern und durch das Reden von berufenen Menschen auch lernen, den Geist des Heiligen dort zu vernehmen, wo er nicht zu erwarten ist.

Das Ohr ist als Rezeptionsorgan schwer zu steuern. »Es läßt sich nicht bewußt schließen, die Möglichkeiten, aus einer Klangwolke auszuwählen, sich von einzelnen Elementen zu distanzieren, bestimmte Perspektiven einzunehmen, zu focussieren, sind viel geringer als die Konzentrations- und Selektionsmöglichkeiten der Augen.«[46] Umso wichtiger sind Übungen, die auf einen relativ ungestörten Empfang einstellen sollen.

Die Methoden der Präparation auf den Wortempfang umfassen wie bei den anderen Formen der religiösen Wahrnehmung Akte des lokalen Ortswechsels und des korporalen Stoffwechsels. Durch den Aufenthalt an einem befriedeten Ort und durch den Verzicht auf unruhige akustische Reize kann die Aufmerksamkeit gesteigert werden. Im Zentrum aber steht der soziale Austausch, wie ihn Eli dem jungen Samuel für den Vollzug des Tempelschlafs empfiehlt: »Geh, lege dich schlafen; und wenn er dich ruft, so sprich: ›Rede, Herr, dein Knecht hört‹« (1. Samuel 3,9).

»Auf dem Jakobsweg« kann man ein »Exerzitium des Hörens« erfahren: »Entspanne dich und schließe die Augen.

Versuche, dich einige Minuten lang auf alle Geräusche zu konzentrieren, die dich umgeben, als würdest du den Instrumenten eines Orchesters lauschen.

Unterscheide ganz allmählich jedes einzelne Geräusch. Konzentriere dich auf eines, als würdest du versuchen, aus einem Orchester ein einzelnes Instrument herauszuhören.

Wenn du diese Übung täglich machst, wirst du Stimmen hören. Anfangs wirst du glauben, sie seien Ausgeburten deiner Phatansie. Doch später wirst

46. J. Cornelius-Bundschuh, Die Kirche des Wortes. Zum evangelischen Predigt- und Gemeindeverständnis, Göttingen 2001, 201. Die kreatorische Wirkung des Hörens illustriert besonders deutlich die ikonographische Tradition; vgl. H. Wenzel, Die Empfängnis durch das Wort. Zur multisensorischen Wahrnehmung im Mittelalter, in: Th. Vogel (Hg.), Über das Hören. Einem Phänomen auf der Spur, 2. Auflage, Tübingen 1998, 182 ff. Zur Machterfahrung beim Hören vgl. die phänomenologische Analyse bei G. Picht, Kunst und Mythos, 3. Auflage, Stuttgart 1990, 458 ff.

du herausfinden, daß es Stimmen von Menschen aus der Gegenwart, der Vergangenheit und der Zukunft sind, die am Gedächnis der Zeit teilhaben.

Diese Übung sollte nur gemacht werden, wenn du die Stimme deines Boten kennst.

Mindestdauer: zehn Minuten.«[47]

47. Zitiert nach P. Coelho, Auf dem Jakobsweg. Tagebuch einer Pilgerreise nach Santiago de Compostela, Zürich 1999, 212. Zur Bedeutung des Lauschens für die Kontemplation vgl. W. Jäger, Was ist Kontemplation?, Kontemplation und Mystik 2, Petersberg 2001, 9ff.

§ 12 Träumen

Für das moderne Verständnis befinden sich Träumende immer im Monolog. A. Schütz/Th. Luckmann haben für diesen Sachverhalt die einprägsame Formulierung gefunden: »Wir können nicht zusammen träumen. Der andere bleibt immer nur Objekt meiner Träume, unfähig, sie zu teilen. – Nur der Wachende kann kommunizieren.«[1] Darin besteht in der Tat der Konsens aller neuzeitlichen Traumtheorien: »Es gibt für den Träumenden im Traum keine Möglichkeit der Kommunikation.«[2]

Für die religiöse Tradition dagegen bildet der Traum die via regia zur Gotteserfahrung. »Den Träumen verdanken die meisten Menschen ihre Kenntnis Gottes«, hat Tertullian behauptet.[3] Was S. Freud in seiner klassischen Formulierung als Grundlage für die psychotherapeutische Arbeit in Anspruch genommen hat, wurde seit alters als methodisches Instrument in der Religion eingesetzt. Dort freilich führte dieser Königsweg nicht in die verborgene Zone des Unbewussten, sondern erlaubte einen vielschichtigen Kontakt mit dem Heiligen. Gottheit und Mensch konnten auf diese alltägliche bzw. allnächtliche Weise miteinander kommunizieren. Wobei gewiss nicht jedem Traum eine religiöse Qualität zugesprochen wurde. Aber wie bei anderen Formen der Wahrnehmung, beim Sehen und beim Hören, konnte sich auch beim Träumen eine Begegnung mit der göttlichen Wirklichkeit ereignen und konnte sich gottgewirkte Wahrheit erschließen. Im Unterschied zur Moderne fanden beim Träumen nicht immer nur Monologe statt.

Für das Verständnis religiöser Praxis ist dieses Phänomen deswegen aufschlussreich, weil sich in diesem Grenzbereich aller Wahrnehmungen die Frage nach der Realität entscheidet. Die klassischen Theorien der Tiefenpsychologie gehen von einem Wirklichkeitsbild aus, wonach die Psyche von innerpersonalen wie interpersonalen Konstellationen und Konflikten bestimmt ist. Entsprechend interessiert sich die Deutung von Träumen für die Aufdeckung der verborgenen innerpersonalen und interpersonalen Konflikte, die sich in Traumgesichten symbolisieren. Die vorpsychologische, religiöse Traumanschauung rechnet damit, dass sich in diesem Grenzbereich

1. A. Schütz/Th. Luckmann, Strukturen der Lebenswelt 1, Frankfurt 1979, 60.
2. A.a.O. 61. Für Chr. Hallpike, Die Grundlagen primitiven Denkens, München 1990, 450f. und 481ff., enthält jedes dialogische Traumverständnis Relikte primitiven Denkens.
3. Tertullian, De anima 47,2. In seiner Edition des Textes bringt J. H. Waszink, Amsterdam 1947, 500ff., ausführliche Belege zu entsprechenden Traditionen in der Antike.

aller Erfahrung auch psychoexterne Wirklichkeiten manifestieren. Deshalb können Träumende Botschaften hören, Welten sehen, Zukunftsentwicklungen ahnen, die dem Alltagsbewusstsein verschlossen bleiben. Träume sind in diesem Verständnis nicht einfach innere Produkte des Träumenden, sondern Inspirationen, die sich dem Einfluss göttlicher oder dämonischer Mächte verdanken, und Exkursionen, die in transzendente Räume und Zeiten führen.

Ob und wie dieses vormoderne, auch in der Bibel anzutreffende Traumverständnis (I.) trotz aller psychologischen Reduktion (II.) auch in der Gegenwart zu realisieren ist, wird in Abgrenzung gegen andere Vorschläge (III.) nun zu prüfen sein (IV.).

I. Biblische Traditionen

Der religiöse Traum als methodisches Verfahren ist 1. Samuel 28,3 ff. eingebettet in ein ganzes Ensemble von mantischen Möglichkeiten. Saul ist angesichts eines drohenden Angriffs der Philister in Entscheidungsnöten und sucht auf verschiedene Weise nach Klärung. Die personalen Repräsentanten der Zukunftsbefragung, »Geisterbeschwörer und Zeichendeuter« (3), hatte er im Zuge einer umfassenden kultischen Reinigung aus dem Land vertrieben. Auch die gängigen Praktiken der Gottesbefragung, das Träumen, das Losorakel und die Prophetie, blieben ohne Ergebnis (6). So wendet er sich in seiner Ratlosigkeit zuletzt an eine Totenbeschwörerin in Endor, die den gerade verstorbenen Samuel befragen lässt (7 ff.).

Für alle Fähigkeiten und Tätigkeiten, die hier aufgeführt werden, wird es im alten Israel wie bei anderen Völkern methodische Regeln gegeben haben, Regeln, die bei der Durchführung zu beachten waren, weil nur dadurch das Unternehmen erfolgreich ablaufen konnte. Techniken der Orakelpraxis sind weltweit verbreitet und wirken bis in die Auswahl der Herrnhuter Losungen nach. Welche Verfahren man anwenden kann, um in den Zustand prophetischer Ekstase zu gelangen, wird an anderer Stelle zu erörtern sein. Hier geht es zunächst um die Frage, welche Methoden angewendet wurden, um eine Gottesbegegnung im Traum zu erreichen.

Die Quellen in der biblischen Tradition sind mehr als dürftig, entweder weil die angewandten Methoden so verbreitet waren, dass man sie in der schriftlichen Überlieferung gar nicht aufzeichnen musste. Oder weil diese Methoden zu einem Geheimwissen gehörten, das man der schriftlichen Fixierung auf keinen Fall anvertrauen durfte. Aus Einzelaussagen kann man freilich umrisshaft die Konturen einer solchen Methodik rekonstruieren.

Wesentliche Hinweise bietet die Überlieferung von Jakobs Himmelstraum (Genesis 28,10 ff.). In der jetzigen Fassung enthält der Text die Ätiologie eines Kultortes, der aus den bescheidensten Anfängen zu einem ausgebauten Heiligtum werden soll (22). Was die Entdeckung des heiligen Ortes auslöst, bildet aber zugleich seine wesentliche Qualität. Das Heiligtum ist ein Ort divinatorischer Erfahrung. »Als nun Jakob von seinem Schlaf aufwachte, sprach er: Fürwahr, der Herr ist an dieser Stätte, und ich wusste es nicht! Und er fürchtete sich und sprach: Wie heilig ist diese Stätte! Hier ist nichts anderes als Gottes Haus, und hier ist die Pforte des Himmels« (16 f.). Am heiligen Stein können nicht nur Opfer vollzogen werden, wie sie Jakob alsbald in Gestalt einer Libation vollzieht (18). Vielmehr gehört zur Heiligkeit dieser Stätte auch eine gewisse Offenheit zur überirdischen Welt. Am heiligen Stein kann man im Traum auf der Himmelsleiter die Engel bis an die Grenzen der Gottheit steigen sehen (12 f.). In Gottes Heiligtum öffnet sich der Blick in Gottes Welt.

Träume, die zur Gotteserfahrung führen, finden statt in einer spezifischen Raumkonstellation. Dort, wo sie möglich sind, ist auf jeden Fall ein heiliger Ort. Entweder wird er, wie im Falle Bethels, durch das Traumgeschehen entdeckt. Oder man sucht ihn, das wird in Israel die Regel gewesen sein, auf, um sich dem erhellenden Einfluss der heiligen Macht auszusetzen. Dabei wird man nur ausnahmsweise eine Epiphanie erwartet haben, wie sie Jakob in seinem Traum widerfahren ist. Die Epiphanie ist ja hier die wesentliche Basis der Ätiologie. Gewöhnlich wird es um Klärungswünsche in Lebenskrisen gegangen sein. Die politische Bedrohung, die Saul zur Verwendung von religiösen Methoden veranlasst, hat ihre Entsprechung in zahlreichen anderen Problemsituationen des individuellen und familialen Alltags. Wer immer in seinen Schwierigkeiten auf göttlichen Bescheid bedacht war, konnte sich durch einen nächtlichen Aufenthalt am heiligen Ort dem göttlichen Einfluss aussetzen.

Das deutlichste Beispiel dafür liefert wieder ein Herrscherbericht. Am Anfang seiner Regierung hat Salomo nicht nur eine ägyptische Prinzessin geheiratet und damit sein außenpolitisches Renommee gesteigert, sondern auch in Gibeon, einem damals sehr bedeutenden Heiligtum, eine Vielzahl von Opfern dargebracht. In diesem Zusammenhang ist dem König im Traum auch eine Gotteserfahrung zuteil geworden, ohne dass die technischen Einzelheiten über die Opfer hinaus mitgeteilt werden (1. Könige 3,5). Die Quelle ist ausschließlich an den Inhalten der Verheißung interessiert, nämlich Weisheit, Reichtum, weltweites Prestige und langes Leben (12 ff.). Trotz dieser Zurückhaltung darf man annehmen, dass der Traum an der heiligen Stätte nach einer entsprechenden Präparation zustande gekommen ist.

Dass nicht nur positive Zukunftsaspekte im Traum angesprochen werden, klingt im Buch Hiob an. Dort ist von der zweifachen Warnung die Rede, die Gott dem Menschen zuteil werden lässt, nämlich durch Nachtgesichte im Traum und durch Körperschmerzen (Hiob 33,14 ff.). Ziel scheint in beiden Fällen ein Memento mori! zu sein (16 ff.). Aus dem Kontext geht aber auch hervor, dass es sich hier um unerwartete, nicht bestellte Gottessignale handelt (13 f.). Deshalb darf man annehmen, dass hier nicht nur von Träumen an heiligen Orten die Rede ist, sondern dass diese Träume in profanen Lebenswelten erfolgen und deshalb von den Träumenden nicht hinreichend beachtet werden (14).

Träume, die eine Botschaft über die Zukunft enthalten, sind in Israel durchaus nicht an Lokalitäten gebunden gewesen. An die Stelle des heiligen Ortes kann auch eine charismatisch begabte Person treten. So wurde Daniel von Nebukadnezar »über die Zeichendeuter, Weisen, Gelehrten und Wahrsager« gesetzt, »weil ein überragender Geist bei ihm gefunden wurde, dazu Verstand und Klugheit, Träume zu deuten, dunkle Sprüche zu erraten und Geheimnisse zu offenbaren« (Daniel 5,11 f.). In all diesen Wahrnehmungskünsten, ob sie nun Zeichen, Sprüche oder Träume betreffen, zeigt sich die Überlegenheit Israels gegenüber der religiösen Umgebung. Die Josefsgeschichte erzählt fast genüsslich, wie dessen Karriere in Ägypten aus seiner Fähigkeit resultiert, erst die Träume zweier Hofbeamter und dann die des Pharao zukunftsgerecht zu deuten. Dass »alle Wahrsager in Ägypten und alle Weisen« dazu nicht imstande waren (Genesis 41,8), ist für diese Weisheitsnovelle nicht weiter erstaunlich. Josef selbst konstatiert: »Traumdeutung steht bei Gott« (40,8). Durch welche Prozesse innerer Konzentration und/oder äußerer Beeinflussung diese Interpretationsfähigkeit ausgelöst wurde, darüber schweigt dieser Text aus der Zeit der salomonischen Aufklärung. Träume sind, wie Visionen und Weissagungen, eine Gabe des Geistes auch in der Endzeit (Joel 3,1) und können deswegen nur von Geistbegabten vollmächtig ausgelegt werden.

Nicht alle Träume, die einen religiösen Inhalt zu haben scheinen, stammen von Gott. Den Propheten sind Offenbarungen in Träumen oder Visionen zugesagt (Numeri 12,6). Aber selbst dort, wo ihre Zukunfts- und Zeichenankündigungen eingetroffen sind, darf man ihnen nicht folgen, wenn sie zum Religionswechsel animieren (Deuteronomium 13,2 ff.). In Auseinandersetzung mit den Heilspropheten seiner Zeit formuliert Jeremia das hermeneutische Prinzip, das bei der Beurteilung von Träumen, die einen religiösen Anspruch erheben, zu berücksichtigen ist: »Sie betrügen euch; denn sie verkünden euch Gesichter aus ihrem Herzen und nicht aus dem Mund des Herrn« (Jeremia 23,16). Der Konflikt zwischen den Propheten in Israel formuliert eine Einsicht, die bis heute bedeutsam ist. Träume können monologisch strukturiert sein, sie können aus der Innenwelt des Träumenden stammen. Der geistbegabte Charismatiker hat deshalb nicht nur Träume auf ihre verborgene Botschaft hin zu interpretieren, er hat auch jeden Versuch, die eigenen Träume als religiöse Botschaft auszugeben, zu kritisieren. Das Herz eines Menschen ist mit dem Geist Gottes nicht identisch.

Die prophetische Kritik hat die religiöse Dimension des Träumens nicht prinzipiell in Frage gestellt. Auch das NT berichtet in zwei Überlieferungssträngen kompakt von derartigen Erfahrungen. Bei Matthäus dienen Träume vor allem der Bewahrung Jesu bei seiner Geburt (Matthäus 1,20 ff.; 2,13); die Warnung, die die Frau des Pilatus aufgrund eines Traumes ausspricht, bleibt aber vergeblich (27,19). In der Apostelgeschichte wird die Ausbreitung des christlichen Glaubens an wesentlichen Punkten durch Traumgesichte gesteuert (Acta 16,9 f.; 18,9 f.; 23,11; 27,23 f.). Insgesamt vermitteln diese neutestamentlichen Belege freilich den Eindruck einer literarischen Verwendung des Traummotivs. Der Aufbruch nach Europa ist auch nach den Selbstaussagen des Paulus von innerer Unruhe begleitet oder ausgelöst, aber diese bezog sich auf einen Reisegefährten (2. Korinther 2,12 f.). Indem die Apostelgeschichte von einer Berufung erzählt, die den Paulus in Troas erreicht, wird das Geschehen heilsgeschichtlich qualifiziert und vereindeutigt. Und ähnlichen Anliegen haben auch die übrigen Traumberichte zu dienen.

Wann gewinnt das Träumen in der biblischen Tradition eine religiöse Dimension? Dafür sorgen nicht unbedingt die Bilder und Wörter, die dabei wahrnehmbar werden. Eine Treppe, die in die Himmelswelt führt, könnte sich auch der menschlichen Phantasie verdanken. Parolen der Zukunftssicherung und Lebensermutigung wachsen auch aus Quellen der Autosuggestion. Gerade die Sprüche eines religiös fundierten Optimismus wecken den Widerspruch des Jeremia. Und die agrarische Bilderwelt der Josefsgeschichte mit Weinstock und Backwerk, mit Ähren und Kühen ist im Kern so profan und bleibt auch in der Deutung so weltlich, dass sich eine inhaltliche Berührung mit der religiösen Sphäre kaum herstellen lässt.

Entscheidend ist für die biblische Überlieferung nicht der Inhalt, sondern die Herkunft des Traumes, und zwar an den beiden entscheidenden Punkten: beim Träumenden und bei dem, der einen Traum auszulegen versucht. Im Konflikt zwischen den Propheten ist das Kriterium der Entscheidung formuliert: Ein Traum kommt entweder aus dem eigenen Herzen oder von Gott. Und die Ratlosigkeit außerisraelitischer Mantik liegt für die Josefsgeschichte im hermeneutischen Fundament begründet. Auslegen kann nur Gott. Religiös werden Träume für die biblische Überlieferung durch den Einfluss des Heiligen, beim Träumenden selbst und bei dem, der Träume wahrzunehmen versteht.

Die Methoden zur Annäherung an dieses Einflussfeld sind in den Quellentexten nur spärlich angedeutet. Sie beziehen sich auf lokale bzw. personale Repräsentanten der göttlichen Macht. Man kann unterwegs und ungeplant einen heiligen Ort entdecken. Man kann sich an einen Kultort begeben und sich durch Opferhandlungen für den Empfang göttlicher Eingebung präparieren. Man kann aber auch, unabhängig von jeder religiösen Zugehörigkeit oder Glaubensüberzeugung, geistbegabte Menschen aufsuchen, um die Verworrenheit der nächtlichen Bilderwelt erhellt zu bekommen. Entscheidend ist in jedem Fall, dass die Trauminhalte unter dem Einfluss des Heiligen wahrgenommen werden. Religiöse Träume sind für die Bibel nie monologisch, sondern extern und rezeptiv strukturiert.[4]

4. Vgl. K. Seybold, Der Traum in der Bibel, in: T. Wagner-Simon/G. Benedetti

Die Kritik am religiösen Charakter von Träumen beginnt, wie wir sahen, schon in der Bibel und lässt sich durch die ganze Kirchengeschichte verfolgen. Spätestens seit 100 Jahren wird sie mit absolutem Geltungsanspruch vorgetragen und durch eine breit entfaltete Alternativtheorie begründet. »Die Traumdeutung«, die S. Freud im November 1899 veröffentlicht hat,[5] will »eine psychologische Technik« präsentieren, bei deren Anwendung »jeder Traum sich als ein sinnvolles psychisches Gebilde herausstellt, welches an angebbarer Stelle in das seelische Treiben des Wachens einzureihen ist«.[6] Der Traum ist zum »Objekt der Psychologie geworden«.[7] Sein Ablauf ist ein innerpsychischer Prozess, der allenfalls an den Rändern von externen Faktoren geprägt ist. Seine Deutung rechnet mit innerpsychischen Kräften, auch wenn diese auf externe Realitäten reagieren.

In seiner breiten Auseinandersetzung mit der Forschungsgeschichte behandelt Freud die »vorwissenschaftliche Traumauffassung der Alten« nur kurz. Dass »die Träume mit der Welt übermenschlicher Wesen, an die sie glaubten, in Beziehung stünden und Offenbarungen von seiten der Götter und Dämonen brächten«,[8] ist für ihn eine Anschauung, die schon durch die psychologische Traumtheorie des Aristoteles überwunden ist.[9] Dass solche vormodernen Annahmen auch in der Gegenwart noch immer auftauchen, hängt mit dem verbreiteten weltanschaulichen Mechanismus zusammen, womit man »als Realität in die Außenwelt zu projezieren pflegte, was nur innerhalb des Seelenlebens Realität hatte«.[10] Jede externe Herkunft der Traumwahrnehmung ist damit grundsätzlich ausgeschlossen. Allenfalls »die divinatorische, die Zukunft verkündende Kraft des Traumes«[11] ist für Freud noch diskutabel, weil man nicht ausschließen kann, dass hier noch unentdeckte Fähigkeiten der menschlichen Psyche vorhanden sind. Aber auch hier geht es ausschließlich um eine humane Ressource, die in keiner Weise von außermenschlichen Mächten abhängig ist.

(Hg.), Traum und Träumen. Traumanalysen in Wissenschaft, Religion und Kunst, Göttingen 1984, 32ff., sowie H.-J. Goertz, Träume, Offenbarungen und Visionen in der Reformation, in: Reformation und Revolution, Festschrift R. Wohlfeil, Stuttgart 1989, 171ff.

5. Vgl. L. Marinelli/A. Meyer (Hg.), Die Lesbarkeit der Träume. Zur Geschichte von Freuds »Traumdeutung«, Frankfurt 2000, und J. Starobinski/I. Grubrich-Simitis/M. Solms, Hundert Jahre ›Traumdeutung‹ von Sigmund Freud. 3 Essays, Frankfurt 2000.
6. S. Freud, Die Traumdeutung, Frankfurt 1977, 13.
7. A.a.O. 14.
8. Ebd.
9. Vgl. L. Hermes, Traum und Traumdeutung in der Antike, München 1996.
10. S. Freud, a.a.O. 15.
11. A.a.O. 15.

Woher kommen die Träume? Aus dem menschlichen Herzen? Aus dem göttlichen Geist? Für Freud kann die Antwort selbstverständlich nur eine psychologische sein. Aber die psychische Realität, die sich in Träumenden artikuliert, ist ebenso geheimnisvoll, vielschichtig und verborgen wie irgendeine göttliche Kraft. Man kann der »Traumdeutung« wie einem Initiationsweg folgen. Die falschen Annäherungen an das Mysterium werden im Rahmen des forschungsgeschichtlichen Rückblicks zurückgewiesen. Die entscheidenden Schritte, die auf dem Weg zum Ziel zu vollziehen sind, enthalten Sprünge, scheinbare Abzweigungen, auch Undeutlichkeiten. Noch am Ende wird die begriffliche Unfixierbarkeit der zentralen Wirklichkeiten betont. »Der Traum ist eine Wunscherfüllung«,[12] mit diesem Satz hat Freud die positive Darlegung seiner Traumtheorie begonnen. Erst ganz am Schluss verrät er, wohin man mit Hilfe der Trauminterpretation gelangt. »Die Traumdeutung aber ist die Via regia zur Kenntnis des Unbewußten im Seelenleben.«[13] Deswegen gewinnt auch für diese durch und durch profane Theorie das Träumen eine Offenbarungsqualität. Denn die Traumanalyse gewährt Einblick in die tiefste und reichste, aber auch abgründigste Region des menschlichen Seelenlebens. Hier begegnet man nicht dem Heiligen, aber dem Unheimlichen der eigenen Psyche. »Das Unbewußte ist das eigentlich reale Psychische, uns nach seiner inneren Natur so unbekannt wie das Reale der Außenwelt, und uns durch die Daten des Bewußtseins ebenso unvollständig gegeben wie die Außenwelt durch die Angaben unserer Sinnesorgane.«[14]

Freud ist es mit der Publikation seiner Einsichten ähnlich ergangen wie den Kirchen mit der Veröffentlichung ihrer Glaubensgeheimnisse. Das Verborgene und Verbotene hat sich im Alltagswissen sediert und seinen abgründigen Charakter verloren. Freud arbeitet mit zahllosen Belegen heraus, »daß das Unterdrückte auch bei normalen Menschen fortbesteht« und »im Nachtleben und unter der Herrschaft der Kompromißbildungen Mittel und Wege« findet, »sich dem Bewußtsein aufzudrängen«.[15] Er verteidigt dabei auch die Ahnung, die hinter der vorwissenschaftlichen Anschauung steht, als eine »Huldigung vor dem Ungebändigten und Unzerstörbaren in der Menschenseele, dem Dämonischen, welches den Traumwunsch hergibt und das wir in unserem Unbewußten weiterfühlen«.[16] Die konkreten Manifestationen jedoch, in denen sich das Unbewusste im Übergangsfeld zwischen manifestem Trauminhalt und latentem Traumgedanken symbolisiert, haben hundert Jahre nach der »Traumdeutung« ihre Schrecken verloren. Dass Kinder Egoisten sind, dass Menschen ihre libidinösen und aggressiven Trieb-

12. A. a. O. 110.
13. A. a. O. 494.
14. A. a. O. 497.
15. A. a. O. 494.
16. A. a. O. 498.

regungen über alle soziale Schranken hinweg ausleben wollen, gilt inzwischen als so selbstverständlich, um nicht zu sagen »natürlich«, dass eher das Ausbleiben solcher Wunschphantasien Erstaunen hervorruft. Bis in die einfachsten Kreise hinein hat die Aufdeckung des ödipalen Konflikts dazu beigetragen, dass die früher verbreitete Frage an die Kinder: »Wen willst du heiraten?« heute nicht mehr gestellt wird.

Mit Bedacht redet Freud in seiner immer wieder zitierten Maxime davon, dass die Traumdeutung, nicht der Traum selbst »die Via regia zur Kenntnis des Unbewußten«[17] darstellt. Jede direkte Entschlüsselung der Trauminhalte ist unmöglich, weil der Traum selbst für seine Verhüllung sorgt. Freud verwendet dabei erstaunlicherweise einen Begriff, der normalerweise sozial tätigen und bewusstseinsfähigen Subjekten vorbehalten bleibt. Im Traum wird Arbeit geleistet, Verdichtungsarbeit, Verschiebungsarbeit, Darstellungsarbeit. Auch der Traum kann als tätiges Subjekt vorgestellt werden. Er »bedient sich – dieser Symbolik zur verkleideten Darstellung seiner latenten Gedanken«.[18] Eine solche Kostümierung ist nach Freud aus wenigstens zwei Gründen notwendig. Das Komplexe muss durch Einfachheit anschaulich werden. Das Verbotene muss durch Verschiebung die Bewusstseinszensur passieren. Ob sich einzelne Traumelemente mehr dem Verdichtungsinteresse oder dem Verschiebungszwang, mehr der Durchsetzungsfähigkeit des Unbewussten oder mehr dem Zensierungsgrad des Bewusstseins verdanken, das ist im Einzelfall durch die Analyse zu klären. Sicher ist nur, dass eine solche Analyse nur zu leisten vermag, wer seinerseits einen methodisch geschulten Zugang zum eigenen Unbewussten erworben hat. Wie in der religiösen Tradition die Erfahrung und die Deutung des Traums vom Einfluss des göttlichen Geistes abhängig waren, so ist bei Freud die Enthüllung des durch die Traumarbeit Verhüllten auf die Mitarbeit des Analytikers angewiesen. Das Unbewusste kann nur durch Menschen erschlossen werden, die in dessen Wahrnehmung initiiert sind. Denn das, was in der Psyche abläuft und was zur Strukturierung der Psyche gehört, ist empirisch nicht verifizierbar. »Alles, was Gegenstand unserer inneren Wahrnehmung werden kann, ist *virtuell*, wie das durch den Gang der Lichtstrahlen gegebene Bild im Fernrohr. Die Systeme aber, die selbst nichts Psychisches sind und nie unserer psychischen Wahrnehmung zugänglich werden, sind wir berechtigt anzunehmen gleich den Linsen des Fernrohrs, die das Bild entwerfen.«[19]

Josef, der Traumdeuter, arbeitet seitdem mit psychologischer Weisheit. Und seine Überlegenheit muss er nicht in der Rivalität von verschiedenen Religionen, sondern im Konkurrenzkampf der psychologischen Schulen auf dem Therapiemarkt beweisen. Die unumstrittene Basis für alle hat Freud mit dem Satz formuliert, jeder Traum sei »ein sinnvolles psychisches Ge-

17. A.a.O. 494.
18. A.a.O. 292.
19. A.a.O. 496.

bilde ..., welches an angebbarer Stelle in das seelische Treiben des Wachens einzubeziehen« sei.[20] In welchen Strukturen dieses seelische Treiben abläuft, das ist unter seinen Nachfolgern und Antipoden freilich auf höchste umstritten. Gemeinsame Voraussetzung aber ist, dass Träume auf jeden Fall Formen von Autokommunikation darstellen.

Für C. G. Jung manifestieren sich darin nicht nur die verbotenen Wünsche des Unbewussten, sondern auch die Figuren von Animus und Anima sowie kollektive Archetypen mit teilweise religiösem Charakter, um die Entwicklung des Selbst in Richtung von Individuation zu befördern. In der Methode der Traumdeutung können die persönlichen Assoziationen von Träumenden deshalb immer auch durch Material aus der Religions- und Kulturgeschichte ergänzt werden.[21]

Für die Daseinsanalyse entbergen sich in den Träumen wesenhafte Aspekte des individuellen In-der-Welt-Seins. »Der versammelten, geschlossenen Grundstimmung entsprechend wird nichts anderes als jene Dinge und Menschen in die jeweiligen Traumwelten eingelassen, deren Wesen und Seinsart, deren Verhaltensweise genau derjenigen entsprechen, in der sich der Träumer aus seiner Stimmung heraus gerade bewegt.«[22] In den Bildgestalten des Traums erschließt sich immer die Lebenshaltung des Träumenden.

Für die Logotherapie V. E. Frankls zeigen sich im Traum nicht die unerfüllten Regungen der Triebhaftigkeit, sondern die Möglichkeiten einer verdrängten Gewissens- und Geistesentwicklung.[23] In den Trauminhalten treten also nicht verdrängte Vergangenheitselemente ans Licht, sondern noch nicht gelebte Perspektiven der persönlichen Zukunft.

Für die Gestalttherapie präsentieren sich im Traum neben den Aspekten der Wunscherfüllung »unerwünschte Teile des eigenen Selbst«,[24] die im Interesse ganzheitlicher Existenz nicht abgespalten bleiben, sondern assimiliert werden sollen. Im Traum manifestiert sich die personale Tendenz zur Entwicklung von Ganzheit.

Auch die Gesprächspsychotherapie liest die manifeste Traumerzählung »im

20. A. a. O. 13. Die Gegenrichtung religiöser Traumerfahrung beschreibt Al Ghasâli, Das Elixier der Glückseligkeit, München 1998, 52: »Der Beweis dafür, daß es im Inneren des Herzens noch ein Fenster der Erkenntnis gibt, beruht auf zwei Dingen. Das eine ist der Schlaf; denn wenn im Schlafe sich das Tor der Sinne schließt, tut sich das innere Fenster auf, und aus der übersinnlichen Welt und der himmlischen Urtafel beginnt sich die verborgene Welt zu zeigen.«
21. Über die Entwicklung seines Konzepts berichtet C. G. Jung, Zugang zum Unbewußten, in: ders., Der Mensch und seine Symbole, Olten 1968, 20ff.
22. Vgl. M. Boss, Der Traum und seine Auslegung, 2. Auflage, München 1974, 128f.
23. Zur »Selbsttranzendenz menschlicher Existenz« vgl. V. E. Frankl, Ärztliche Seelsorge. Grundlagen der Logotherapie und Existenzanalyse, München 1975, 160ff.
24. F. S. Perls, Das Ich, der Hunger und die Aggression. Die Anfänge der Gestalt-Therapie, München 1989, 259.

Sinne eines unmittelbaren Offenbarungsgeschehens«[25] und sieht in ihr »das Wirken der Selbstaktualisierungstendenz …: Hier drückt sich der in die Zukunft gerichtete Entwurf dessen aus, was das Selbst sein könnte und zu sein wünscht«.[26]

In den Träumen ereignet sich, wie Jung es auch für religiöse Dogmen konzediert, »revelatio«, »eine Eröffnung der menschlichen Seelentiefe«,[27] wobei über die transpsychologische Wirklichkeit des dort Fassbaren der wissenschaftliche Psychologe nichts sagen kann. Gemäß dem Realitätsmodell, mit dem man arbeitet, kann jedes Konzept von Psychologie nur mit Strukturen, Konflikten und Prozessen rechnen, die innerpsychisch verankert sind. Wobei zur hermeneutischen Komplexität des Umgangs mit Träumen grundlegend die Erfahrung gehört, dass Traumgeschehen und Traumauslegung sich wie Objekt und Subjekt zueinander verhalten. Erstaunlicherweise begegnen den Traumtheoretikern in den Träumen ihrer Patienten im Lauf der gemeinsamen Arbeit zunehmend mehr Belege für die eigene Position. Die partiell symbiotische Kooperation einer Therapie prägt auch die Innenwelt der Betroffenen. Träume scheinen derart fragile Gebilde zu sein, dass der/die Träumende immer nur eingeschränkt von »meinem« Traum reden kann. Das Ich, das Selbst, von dem die Traumtheoretiker reden, zeigt sich im Akt des Träumens durchaus nicht autonom. Wie der heilige Stein den Einblick in die heilige Welt des Himmels erschlossen hat, so führen die modernen Traumbegleiter in die dunklen und hellen Regionen der eigenen Seele, wobei schwer zu entscheiden bleibt, was in der Traumerfahrung sich schon dem Einfluss der Traumdeutung verdankt. Gerade in ihren Träumen zeigt sich, dass Menschen Subjekte im wörtlichsten Sinne sind, Unterworfene, dem Einfluss des anderen preisgegeben.

III. Theologische Ansätze

Kann es auch in der aufgeklärten Moderne religiöse Träume geben? Theologischerseits hat man vor allem im Anschluss an die Symboltheorie Jungs die religiöse Qualität aktueller Traumerfahrung aufzuzeigen versucht. Ausführlich und mit zahlreichen Beispielen ist das durch H. Hark mit dem programmatischen Titel »Der Traum als Gottes vergessene Sprache«[28] entfaltet worden. Eine kurze, aber nicht weniger aufschlussreiche Summe dieses An-

25. J. Finke, Empathie und Interaktion. Methodik und Praxis der Gesprächspsychotherapie, Stuttgart 1994, 161.
26. A. a. O. 163.
27. C. G. Jung, Psychologie und Religion, Grundwerk 4, 2. Auflage 1987, 76.
28. Vgl. H. Hark, Der Traum als Gottes vergessene Sprache. Symbolpsychologische Deutung biblischer und heutiger Träume, 2. Auflage, Olten 1982.

satzes bietet D. Wittmann unter der Überschrift »Der Traum als Weg religiöser Erfahrung«.[29]

Auch er findet die anthropologische Basis bei C. G. Jung. »Der Ort, aus dem diese Symbole aufsteigen und den Menschen bewußt werden, ist das kollektive Unbewußte. Märchen, Mythen und Träume als Symbole entstammen jener menschlichen Erbweisheit, die den unerschöpflichen Vorrat des kollektiven Unbewußten ausmacht. Psychologisch betrachtet heißt das dann, daß die Religionen eine sinnbildhafte und gedankliche Ausformung von Inhalten des kollektiven Unbewußten darstellen.«[30] Ihre religiöse Qualität zeigt sich nach Wittmann dann, wenn Träume »uns, so wie es den Träumenden der Bibel auch geschehen ist, unbedingt angehen«.[31] Solche Träume haben eine lebenserschließende und lebensverändernde Kraft. Die Entscheidung fällt also bei der Frage, »ob dem Träumer eine lebenswendende, entscheidende, für sein gegenwärtiges und zukünftiges Existenzverständnis zentrale Botschaft gegeben wurde, die ihn in der Tiefe seiner Existenz traf und zwar so, daß sein Leben eine andere Wendung nahm«.[32]

Der zentrale Gesichtspunkt für die Bewertung liegt demnach in der Wirkung, wobei eine gewisse Tendenz zur Dramatisierung nicht zu verkennen ist. Es sind aufwühlende Ereignisse, tiefe Einsichten, eindringliche Impulse, die sich im religiösen Traum manifestieren. Woher sie stammen, ist, wenn man Jung folgen will, weniger wichtig als die Frage, was sie auslösen. Das Göttliche, wie es hier vorgestellt ist, erscheint auch im Traum mehr in der Gestalt von Sturm, Erdbeben und Feuer, als im stillen, sanften Sausen (1. Könige 19,11 ff.). Allzu leicht wird bei dieser Anschauung die religiöse Qualität des Unauffälligen verkannt.

Gegen diesen Einwand scheint Chr. Morgenthaler, dem die letzte große Veröffentlichung zum Thema »Der religiöse Traum« zu verdanken ist, gefeit. Auch er arbeitet auf dem psychologisch-cartesianischen Fundament, das schon der Untertitel verrät: »Erfahrung und Deutung«. Auch hier muss ein Objekt durch ein Subjekt ausgelegt werden, das heißt: »Auch religiöse Träume gibt es nicht an sich. Religiös werden Träume durch ihre Be-Deutung.«[33] Methodologisch hat Morgenthaler seinen hermeneutischen Ansatz in Form eines Hexalogs zusammengefasst, der die Fixierung auf die Wirkungsperspektive durchaus überwindet: »Religiöse Traumbedeutung ist das, was ein Traum einer Träumenden an einem Gegenstand zeigt, wenn eine Interpretin diesen Traum in einer bestimmten Situation mit einem Regelsystem zusammenbringt. Religiöse Traumbedeutung ist also nicht nur vom Inhalt des

29. D. Wittmann, Der Traum als Weg religiöser Erfahrung. Aspekte der Gotteserfahrung, PTh 76, 1987, 348 ff.
30. A. a. O. 354.
31. A. a. O. 357.
32. A. a. O. 358.
33. Chr. Morgenthaler, Der religiöse Traum, Stuttgart 1992, 67.

Traums her zu bestimmen. Religiös wird ein Traum wegen der verschiedenen Bestimmungsmomente, die in die Interpretation eingehen. Religiös wird ein Traum dank seines Inhalts, dank des Träumenden, der seine Assoziationen und Interessen in die Interpretation einbringt und diese rezipiert, dank des Gegenstandes, der im Traum aufscheint, dank der Interpretation, dank der Situation, in der interpretiert wird, und dank des Zeichensystems, das dabei wirkt. Ein Traum kann zum religiösen Traum bereits dann werden, wenn nur ein Element dieses Hexalogs religiös besetzt ist.«[34]

Konsequent bleibt auch in diesem Konzept das Herkunftsproblem ausgeklammert. Die Behauptung, dass eine Traumerfahrung sich göttlichem Einfluss verdankt, ist hier immer nur eine Aussage subjektiver Interpretation. Sie kann, das muss nicht bestritten werden, im Kontext eines religiösen Regelsystems erfolgen, aber kann in das Regelsystem einer wissenschaftlichen Traumtheorie nicht direkt übernommen werden. Wie breit sich das Feld religiöser Träume unter dieser Voraussetzung dennoch erstreckt, zeigt die Liste der Merkmale, die Morgenthaler für die Auswahl der untersuchten Träume entwickelt hat. Dass sie letztlich dennoch eine Engführung einschließen, das wird deutlich an der Definition von Praktischer Theologie, die er zur Integration der Traumdimension vorschlägt: »Praktische Theologie wäre – so verstanden – auch als genetische Theorie des religiösen Bewußtseins zu begründen, welche die Traumdimension mit einbezieht. Praktische Theologie beschäftigt sich mit dem Werden der Bedeutung und den Prozessen dieser Bedeutungsgenese. Praktische Theologie wäre dann aber auch als kritische Theorie eines habitualisierten religiösen Bewußtseins zu entwickeln, das diese genetische Dimension ausschließen will.«[35]

Diese bewusstseinstheoretische Tendenz wird auch in den methodologischen Hinweisen fassbar, die Morgenthaler abschließend und sehr kurz für die religiöse, in der Pastoralpsychologie zu praktizierende Traumdeutung gibt. Sie soll durch »Spiritualität als Deutung im Geist«[36] erfolgen. Morgenthaler ist sich der Eigenart dieses Vorschlags durchaus bewusst und begründet ihn folgendermaßen: »Spiritualität möchte ich zuerst als Reflexion verstehen. – Spiritualität als Reflexionsbegriff scheint mir sympathischer, lebendiger, inspirativer und konspirativer als Spiritualität, die sich als geistliches Programm aufbaut.«[37] Die Frage ist, ob die Alternativen, die hier anklingen, dem Phänomen der Spiritualität wirklich gerecht werden können. Vielleicht ist Spiritualität ja weder eine Handlung noch eine Deutung, weder ein geistliches Programm noch ein theologisches Exerzitium. Und vielleicht kann Spiritualität auch das religiöse Bewusstsein von der hybriden Aufgabe, erfahrene Wirklichkeit religiös zu interpretieren, wirksam entlasten. Immer-

34. A.a.O. 67.
35. A.a.O. 141.
36. A.a.O. 186.
37. Ebd.

hin, Morgenthaler schließt sein bemerkenswertes Buch mit Sätzen, die ins Weite führen: »Es gibt ein Jenseits der Deutung. Es braucht dieses Jenseits, damit Neues werden kann. Auch im Traum stammelt der menschliche Geist – und hofft.«[38]

IV. Spirituelle Methoden

In der vorpsychologischen Lebenswelt der biblischen, der religiösen Tradition enthalten Träume eine kommunikative Potenz. Sie können dem Herzen, den Wünschen und Ängsten der Menschen entstammen. Sie können aber auch aus der Wirklichkeit des Heiligen kommen, an heiligen Orten erfahren und von heiligen Menschen ausgelegt werden. Im Grenzbereich zwischen Schlafen und Wachen, zwischen Vergangenheit und Zukunft, zwischen den Lebenden und den Toten kann auch eine Grenzüberschreitung zwischen dem Göttlichen und dem Menschlichen zustande kommen.

Auch für die psychologisch bestimmte Moderne bietet der Traum eine via regia, und zwar durch den Akt seiner Deutung. Das Unbewusste, das sich hier offenbart, muss entschlüsselt werden, als Symbolisierung von internen Instanzen, die man als Es und Über-Ich, als Selbst, als Animus und Anima, schulmäßig differenzieren kann. Beim Träumen bleibt der/die Träumende bei sich selbst, und die Traumdeutung soll ihm helfen, in den verwirrenden Bildern sich selbst zu entdecken. Auch die Versuche, im Modell dieser psychischen Realitäten eine religiöse Dimension festzuhalten, indem sie auf die existentielle, konversive Wirkung oder auf die Deutung durch das religiöse Bewusstsein verweisen, bleiben dem psychologischen Rahmen verhaftet.

Eine Alternative dazu bietet der phänomenologische Ansatz von H. Schmitz insofern, als er vom Leibbezug der Traumerfahrung ausgeht. »Die leibliche Voraussetzung des Traumzustandes ist eine Dissoziation der leiblichen Ökonomie, in der Weise, daß Engung und Weitung nicht mehr straff einheitlich zusammengefaßt und so, als Spannung und Schwellung, intensiv und rhythmisch an einander gebunden sind, sondern lockerer als im Wachzustand neben einander stehen und in einzelne, gleichsam aufflackernde Impulse der partiellen Engung und Weitung zersplittert sind.«[39] Das Träumen wird hier nicht als innerpsychisches, sondern als leibliches Geschehen wahrgenommen, als Lockerung korporaler Tendenzen, die im Wachen zur Einheit leiblichen Daseins zusammengehalten werden. Im Rahmen dieser leiblichen Dissoziation werden für Schmitz zahlreiche Erfahrungen, die zum Träumen gehören, verständlich. Leibliche Spannung drückt sich in Angstträumen, privative Weitung in Flugträumen aus. Aber auch andere Elemente dieser Erfahrung, der ständige Szenenwechsel, die andauernde

38. A.a.O. 188.
39. H. Schmitz, Der Leib. System der Philosophie II/1, 2. Auflage, Bonn 1982, 195.

Wandelbarkeit der Inhalte, die Verworrenheit und Schemenhaftigkeit der Bilder, der Eindruck von Vergeblichkeit sollen sich aus der Richtungslosigkeit des leiblichen Zustands erklären, in dem sich Träumende befinden. Zum Träumen gehört also nicht nur eine weitgehende Ausschaltung des Bewusstseins, sondern ein Kontrollverlust gegenüber den leiblichen Regungen. Menschen werden in diesem Zustand besonders anfällig für die Beeinflussung ihrer Autonomie.

Bei Schmitz bleibt die Frage offen, warum sich im Akte des Träumens jeweils einzelne Regungen durchsetzen, warum man also einmal in einen Angst- und ein andermal in einen Flugtraum gerät. Dass beides im Rahmen der aufgewiesenen korporalen Konstellationen möglich ist, leuchtet ein. Aber was die konkrete Füllung des Traumes auslöst, bedarf noch der Klärung. Sie ist im Werk von H. Schmitz durchaus angelegt. Auch für diesen nächtlichen Zustand muss gelten, was im Gesamtwerk des Phänomenologen immer wieder festgestellt wird: »Der Leib als betroffener ist der Resonanzboden, die Stätte der Empfängnis für die Atmosphären, die dem Leben Hintergrund, Gewicht und Tiefe geben.«[40] Engung und Weitung verdanken sich dem Einfluss von machtvollen Gefühlen, die als externe, extramentale Größen die Gegenwart des Individuums konstituieren, indem sie affektives Betroffensein auslösen. Entscheidend ist: »Unter allen Weisen des Erlebens ist affektives Betroffensein die einzige, die nicht unbewußt sein kann. Was mir nahegeht, muß mir zu Bewußtsein kommen.«[41] Aber auch beim Träumen ist ja das Bewusstsein, mindestens partiell, noch erhalten. Seine Steuerungsmöglichkeiten sind eingeschränkt, seine Wahrnehmungsfähigkeit dagegen nicht – vielleicht ist sie sogar noch gesteigert.

Das alles ergibt: Im Zustand der Dissoziation der leiblichen Ökonomie werden Menschen besonders wirkungsvoll von machtvollen Atmosphären heimgesucht. In diesem Zustand sind sie offener, empfänglicher, beweglicher, auch unkontrollierter. Die Vorstellung einer Exkursionsseele, die in alten Kulturen begegnet,[42] wie die Beschreibung von Invasionserfahrungen der verschiedensten Art lassen sich auf dieser Basis verständlich machen. Angst oder Freude, Lust oder Trauer besetzen dann die gelockerten Leibregungen und bilden aus aktuellen Tageserfahrungen oder abgelagerten Erinnerungen wahrnehmbare Welten von eigentümlichem Realitätsgehalt.

Auch das Göttliche kann als eine solche machtvolle Atmosphäre Menschen beim Träumen besuchen. Sie bekommen dann Wirklichkeiten zu sehen, die dem Alltagsbewusstsein verborgen sind. Ihnen werden Verheißun-

40. H. Schmitz, Sexus und Eros bei Ludwig Klages, in: Leib und Gefühl. Materialien zu einer philosophischen Therapeutik, 2. Auflage, Paderborn 1992, 286.
41. H. Schmitz, Leibliche und personale Konkurrenz im Selbstbewußtsein, a. a. O. 249.
42. Vgl. H. Hasenfratz, Die Seele. Einführung in eine religiöses Grundphänomen, Zürich 1986, 20ff. u. ö.

gen zugesprochen und Aufträge erteilt, denen sie kraftvoll gewachsen sind. Und wenn die von der göttlichen Atmosphäre Betroffenen sich in der Welt, die sie erfahren haben, selbst nicht zurechtfinden, kann es andere geben, die, vom Göttlichen angeleitet, den Konnex zwischen Traumerfahrung und Alltagsdasein herzustellen helfen.

Gibt es Methoden, sich auf den Einfluss des Göttlichen beim Träumen einzustellen? Chr. Morgenthaler hat das entscheidende Stichwort schon eingeführt. »Spiritualität« muss dann freilich anders beschrieben und wahrscheinlich auch anders vollzogen werden. Es geht dann nicht mehr nur um Reflexion und Interpretation, sondern um eine leibliche Praxis, die sich der Einwohnung des Heiligen aussetzt. Diese Inkorporation kann, wie wir schon sahen, räumlich, zeitlich, personal, also an heiligen Orten, in heiligen Ritualen, durch geheiligte Personen erfolgen. Durch Raumgestaltung kann ein lokaler, durch innere und äußere Reinigung ein energetischer, durch Anruf des Göttlichen ein sozialer Austausch erfolgen. Das ganze Repertoire religiöser Praxis liefert methodische Instrumente für die Gottesbegegnung, auch für die Wahrnehmung des Göttlichen in Träumen. Dabei geschieht, anders als es die cartesianische Psychologie behauptet, keine Deutung durch das religiöse Bewusstsein. Weil auch die Auslegung eine Fähigkeit des Göttlichen darstellt (Genesis 40,8), wird man die Entdeckung dieser Wirklichkeit in Traumgebilden nur als eine Wirkung dieser Wirklichkeit ansehen können.

J. Bertelsen hat darauf hingewiesen, dass die Arbeit an Träumen sich in Deutung und Interpretation nicht erschöpfen kann. Obwohl seine Aussagen durch die Mischung von Jungscher Psychologie und Chakren-Anthropologie stark psychologisch fundiert sind, können sie helfen, auf einen meist vernachlässigten Aspekt der Traumerfahrung zu achten. Dabei gilt die Voraussetzung: Das Träumen ist mehr als ein unabdingbarer Weg zur Gewinnung von Trauminhalten. Der Träumende selbst befindet sich in einem Bewusstseinszustand, der von den bildhaften Elementen, die man in diesem Zustand wahrzunehmen vermag, durchaus zu unterscheiden ist. Wer sich allein mit diesen Elementen befasst, wendet sich den Partikeln einer Erfahrung zu, die als ganze viel wertvoller und aufschlussreicher ist als ihre einzelnen Teile. Jede Traumdeutung, ob psychologisch oder religiös, enthält deshalb immer auch die Tendenz zur allegorischen Zerstückelung. Sich nach der Traumerfahrung wirklich auf das Träumen zu konzentrieren, das würde bedeuten, jenseits von allen Einzelinformationen auf einen Weg der Bewusstseinserweiterung zu geraten. »Meditation verwandelt die Bewußtseinsform selbst, die den Traum trägt. Dieser wird verwandelt und in den Zustand von Licht gehoben.«[43]

Gerade wer mit Einwirkungen des Göttlichen auf menschliches Träumen rechnet, sollte die Warnung vor der Fixierung auf religiöse Erfahrungen, wie

43. J. Bertelsen, Traumarbeit und Meditation. Bewußtseinsentwicklung durch Übungen mit Chakrasymbolen, München 1982, 183.

D. Stollberg sie formuliert hat, nicht überhören. Er plädiert für »eine liebevolle Skepsis gegenüber allem faszinierenden und faszinierten, aber auch erschreckenden und geängstigten Erzählen, was an unser Ohr dringt«. Weil er die Freiheit des Einzelnen auch gegenüber seiner religiösen Sehnsucht verteidigen will, ist für ihn wichtig, »daß eine theologisch vertretbare Traum-Auslegung die Unabhängigkeit der Ratsuchenden von Dingen, Bildern, Symbolen, Orakeln und Wegweisungen aller Art, im Blick behält. Der Weg zum Glauben, psychologisch gesprochen: der Weg der Individuation, befreit mehr und mehr von den Götzen, an denen sich jeder Mensch in seiner Not festhalten möchte, und richtet keine neuen Ersatzgötter auf (selbst wenn diese die Gestalt biblizistischer Gesetzlichkeit oder psychologischer Erkenntnisse hätten)«.[44] Eine solche Warnung vor einer religiösen Selbstbefriedigung ist wichtig. Angesichts der Einwirkungsmöglichkeiten des Göttlichen kann sie freilich nur mit großer Selbstbegrenzung erfolgen.

Der Doppelschritt von Reinigung und Auffüllung, der zu jeder religiösen Praxis gehört, findet sich auch in den Empfehlungen des A. von Nettesheim, der sein Werk Hermann von Wied, einem der Gründungsväter der Evangelischen Kirche im Rheinland, gewidmet hat: »Wer also weissagende Träume erhalten will, muß sich körperlich wohlbefinden; sein Gehirn muß von Dünsten und seine Seele von Leidenschaften frei sein; er muß auch an einem solche Tage des Essens enthalten, und darf nichts trinken, was ihn berauschen könnte; sein Schlafgemach soll rein und heiter, auch exorzisiert und geweiht sein; ferner soll er Räucherwerk anzünden, die Schläfe mit einer Salbe einreiben, Traumringe an die Finger und ein himmlisches Bild unter sein Kopfkissen legen, in heiligen Gebeten die Gottheit anrufen und so zu Bette gehen, indem seine Gedanken auf das gerichtet sind, was er zu wissen wünscht, denn alsdann wird er wahre und unzweideutige Träume erhalten und ihm auch das Verständnis derselben erschlossen werden.«[45]

44. D. Stollberg, Wünsche – Ängste – Offenbarung? Zur Phänomenologie, Interpretation und Problematik ›religiöser‹ Träume, PTh 76, 1987, 390.
45. H. C. A. von Nettesheim, Die magischen Werke, 4. Auflage, Wiesbaden 1997, 515.

§ 13 Sehen

»Selig sind, die nicht sehen und doch glauben« (Johannes 20,29). Die protestantische Theologie hat aus dieser Verheißung eine prinzipielle Opposition konstruiert. Nicht das Schauen, sondern das Glauben begründet demnach die Gottesbeziehung auf der Seite des Menschen. Für einen Glauben, der aus dem Hören entsteht (Römer 10,17) bildet die visuelle Wahrnehmung eher eine Gefährdung als eine Begründung. So hat E. Fuchs zu den Visionen der Anhänger Jesu gesagt: »Im Blick auf die ersten Verkündiger der Botschaft von Jesus heißt das alles doch, daß sie nicht wegen, sondern trotz ihres Gesehenhabens zu glauben hatten.«[1]

Diese Zentralstellung des Glaubensbegriffs im protestantischen Denken kann vergessen machen, wieviel für die biblische Tradition im Kontext religiöser Erfahrung zu sehen ist. Die elementaren Etappen der Heilsgeschichte werden durch dieses Stichwort charakterisiert. Am Ende seines Schöpfungshandelns »sah Gott an alles, was er gemacht hatte, und siehe, es war sehr gut« (Genesis 1,31). Nach der ersten Übertretung eines Gottesgebots wurden den Menschen »die Augen aufgetan, und sie wurden gewahr, dass sie nackt waren« (Genesis 3,7). Weil der direkte Anblick des Göttlichen tödliche Wirkungen haben kann, verhüllte Mose, als ihm der göttliche Name offenbart wurde, »sein Angesicht; denn er fürchtete sich, Gott anzuschauen« (Exodus 3,6). Dass die seit dem Sündenfall herrschende Macht des Todes gebrochen ist, dafür steht die Liste der Zeugen, die den Gekreuzigten nach seiner Auferstehung gesehen haben (1. Korinther 15,5 ff.). Und was am Ende aller Zeit der Welt geschehen wird, beschreibt der Seher Johannes folgendermaßen: »ich sah einen neuen Himmel und eine neue Erde« (Offenbarung 21,1).

Die protestantische Relativierung der visuellen Wahrnehmung ist im Kontext der Frage entstanden, was die Gottesbeziehung konstituiert. In diesem Rahmen ist die Abweisung jedes oberflächlichen Empirismus durchaus sinnvoll und notwendig. Die Wirklichkeit des Heiligen ist kein Objekt, das sich der Verifizierung durch ein autonomes Subjekt erschließt. Diese Wirklichkeit lässt sich mit fleischlichen Augen nicht dingfest machen. Aber sie muss und sie darf auf der anderen Seite auch nicht einfach dogmatisch und thetisch behauptet werden. Die religiöse Überlieferung präsentiert Texte, die von visuellen Begegnungen mit dem Heiligen zu berichten wissen. Das gilt für die Bibel ebenso wie für das weite Feld der Religions- und der Kirchen-

1. E. Fuchs, Das Sprachereignis in der Verkündigung Jesu, in der Theologie des Paulus und im Ostergeschehen, in: Zum hermeneutischen Problem in der Theologie. Gesammelte Aufsätze I, Tübingen 1959, 304.

geschichte. Das Heilige erschließt sich auch und vor allem in Formen religiöser Tele-Vision.

I. Biblische Traditionen

Das visionäre Material, das man in diesem Zusammenhang vorführen könnte, ist unerschöpflich. Die Beispiele, die im Folgenden präsentiert werden, stammen in der Regel aus der biblischen Überlieferung, an einigen Stellen ergänzt durch Hinweise auf außerbiblische Parallelen. Dabei geht die Darstellung auf drei Gattungen visueller Wahrnehmung ein, auf die Epiphanie himmlischer Gestalten, auf die auratische Durchleuchtung irdischer Personen und auf die Vorausschau künftiger Ereignisse.

In den Religionswissenschaften versteht man unter einer Epiphanie »das plötzlich einbrechende u. ebenso rasch wieder verschwindende Sichtbarwerden der Gottheit unter gestalteten u. ungestalteten Anschauungsformen, die geheimnisvollen oder natürlichen Charakter tragen können«.[2] Das klassische Beispiel für ein solches Geschehen in Israel bildet neben der Berufung des Mose (Exodus 3) die Vision, die dem Jesaja bei seiner Berufung im Tempel von Jerusalem zuteil geworden ist. Sie erfolgt an einem heiligen Ort, sie enthält eine tödliche Bedrohung, sie umfasst visuelle und auditive Elemente, und sie schließt die doppelte Aktion, nämlich die Reinigung und die Beauftragung des Propheten ein. Ihre phänomenologische Bedeutung liegt vor allem darin, dass sich in diesem Zusammenhang die Wirklichkeit des Heiligen umfassend präsentiert.

Zur Wahrnehmung dieser Wirklichkeit gehört der Eindruck von Fülle. Der begrenzte Raum des Tempels wird mit der Weite der himmlischen Welt durch ein unendliches Gewand und durch überirdische Wesen verbunden. In ihrem Gesang erklingt das Geheimnis des Seins. Denn sie teilen die Heiligkeit des Gottes nicht einfach mit, als ginge es um eine Information über einen objektiven Sachverhalt. Vielmehr vollzieht sich diese Heiligkeit als eine Sphäre von gestalteten Schwingungen. Sie erschüttern und verräuchern das Gebäude, in dem die Vision sich ereignet. Aber gleichzeitig wird auch klar, dass das, was sich hier in der Konzentration des Epiphanie-Geschehens erschließt, die gesamte Schöpfung durchdringt. Die ganze Erde ist von der Fülle der Gottheit erfüllt. Insofern bekommt der Prophet in seiner visionären Erfahrung alles zu sehen und zu hören, was ist.

H. Wildberger hat den Charakter dieser Vision nur durch Abgrenzungen umschrieben. »Der Begriff der ›Ekstase‹ ist inadäquat, weil die normale Bewusstseinslage des Propheten durchaus erhalten bleibt; ebenso der der ›Mystik‹, weil das Gegenüber zwischen Mensch und Gott durch das prophetische Erlebnis in keiner Weise eingeebnet wird; und die Kategorie der dichteri-

2. E. Pax, Art. »Epiphanie«, RAC V, Stuttgart 1962, 832.

schen Inspiration ist unzulänglich, weil der Prophet die Vision nicht bloß als innere Wahrnehmung, sondern als visio externa, die auf ihn zukommt, erlebt«.[3] Wenn man das Geschehen positiv kategorial erfassen möchte, legt sich am ehesten das Stichwort der Trance nahe. Im Unterschied zur Ekstase bleibt das Bewusstsein in dieser Wahrnehmungsform erhalten. Aber was geschaut wird, verdankt sich keineswegs der kreativen Phantasie dieses Bewusstseins. Es stammt entweder aus der Tiefe des Unbewussten oder erschließt sich einem Überbewusstsein, das das Sichtbarwerden des Unsichtbaren ertragen kann.

Aus der jahrtausendelangen Entwicklungsgeschichte solcher Erscheinungen verdient wenigstens eine Tendenz genauer festgehalten zu werden. Die »Feminisierung« der Religion, die sich seit dem 19. Jahrhundert immer stärker abzeichnet, lässt sich auch für das visionäre Erfahrungsfeld konstatieren. D. Blackbourn hat diesen Prozess, der damals kulminiert, für die Marienerscheinungen so zusammengefasst: »In der Zeit nach 1400 setzte sich dann der moderne Typ der Marienerscheinung durch: Immer häufiger war der Visionär eine Frau und kein Mann, ein Kind und kein Erwachsener, ein Laie und kein Kleriker.«[4] Verändert hat sich aber auch der Umgang mit solchen außergewöhnlichen Erfahrungen. »Die Erscheinungen, die die Heiligen des frühen Mittelalters hatten, stellten ein zufälliges Ereignis in einem Leben dar, dessen Legende sie schmückten: Gegenstand des Kults war der Heilige, nicht die Erscheinung. In späteren Erscheinungsgeschichten, die sich um die Entdeckung eines sakralen Gegenstandes rankten, war dieses Objekt – die Reliquie oder Figur – von primärer Bedeutung. – Der klassische moderne Kult drehte sich um eine Erscheinung« selbst.[5] Die Vision wird in der Neuzeit zur Sensation. Sie gewinnt, in Auseinandersetzung mit der Religionskritik, einen Erlebnis- und Beglaubigungswert und gerät deshalb auch in den Konflikt zwischen den gesellschaftlichen Wahrheitsinstanzen Kirche und Staat, Wissenschaft und Glaube. Welche Elemente bei derartigen Turbulenzen ausbalanciert werden müssen, skizziert Blackbourn: »die Einfalt der Visionärin aus dem Volk, die Mitteilung einer Botschaft, die anfängliche Skepsis des Pfarrers, die feindselige Reaktion der zivilen Behörden, die Behauptung von Wunderheilungen und endlich die gezielte Errichtung eines offiziellen Kultes durch die Kirche«.[6] Die visionäre Schau göttlicher Gestalten ist für die religiöse Institution von den Propheten bis in die Gegenwart immer auch problematisch gewesen.

3. H. Wildberger, Jesaja (1 – 12), BKAT 10/1, 2. Auflage, Neukirchen 1980, 243.
4. D. Blackbourn, Wenn ihr sie wiederseht, fragt wer sie sei. Marienerscheinungen in Marpingen – Aufstieg und Niedergang des deutschen Lourdes, Reinbek 1997, 39.
5. A.a.O. 40.
6. A.a.O. 41. Vgl. auch N. Busch, Die Feminisierung der ultramontanen Frömmigkeit, in: I. G. von Olenhusen (Hg.), Wunderbare Erscheinungen. Frauen und katholische Frömmigkeit im 19. und 20. Jahrhundert, Paderborn 1995, 203 ff.

Eine übersinnliche Wahrnehmung irdischer Personen erfolgt häufig mit Hilfe auratischer Phänomene, durch die die irdische Gestalt von einem überirdischen Glanz erfasst und durchleuchtet wird. Im Alten Testament kann die gesamte Gemeinde eine derartige Erscheinung bei Mose nach seiner Gottesbegegnung konstatieren: »Dann sahen die Israeliten, dass die Haut auf Moses Antlitz strahlte« (Exodus 34,35). Mose selbst hatte beim Abstieg vom Berg Sinai diese Veränderung gar nicht bemerkt. Woher sie rührt, macht die Feststellung deutlich, »dass die Haut seines Antlitzes strahlend geworden war, während der Herr mit ihm redete« (V. 29). Auch wenn das Verhältnis zwischen der Aura und der Maske, von der hier auch noch die Rede ist, letztlich ungeklärt bleibt, wird an der Reaktion der Israeliten deutlich, dass es hier um ein Epiphaniegeschehen mit schreckenerregender Wirkung geht (V. 30).

Das Neue Testament berichtet in der Verklärungsgeschichte von einem ähnlichen Vorgang, der freilich nur dem engsten Jüngerkreis vorbehalten bleibt. Auch hier spielt die Szene auf einem Berg. Die Transformation umfasst jetzt die ganze Person und ist von einer Vision mit zwei heilsgeschichtlich relevanten Gestalten begleitet (Markus 9,2 f.). Bei Matthäus wird die eigentliche Erschütterung für die Jünger durch eine Audition ausgelöst, in der Jesus als Sohn Gottes vorgestellt wird. Die verbale Deklaration ist an die auratische Präsentation gebunden. E. Haenchen hat Recht: »Jesus erscheint hier in seiner himmlischen Herrlichkeit, wie er sie als der Auferstandene seinen Jüngern offenbarte.«[7] Ähnliche Lichtphänomene begegnen denn auch in fast allen Osterberichten (Markus 16,5; Matthäus 28,5; Lukas 24,4; Johannes 20,12; Apostelgeschichte 1,10).

Auf dieser Spur lässt sich auch der spezifische Charakter der Ostervisionen genauer bestimmen. Die Diskussion ist seit dem 19. Jahrhundert durch die Alternative zwischen subjektiven und objektiven Hypothesen bestimmt. Beim ersten Ansatz will man die Visionen aus historischen und psychologischen Gegebenheiten erklären. H. Grass hat eine Liste von Lösungsvorschlägen zusammengestellt. Der Osterglaube der Jünger hat sich demnach in Visionen niedergeschlagen, weil sie noch unter dem Eindruck der Verkündigung und des Lebens Jesu gestanden, weil das Studium der Schrift und ihre enthusiastische Veranlagung sie dazu angeregt hätten oder weil sie durch ihr Schuldbewusstsein, wie E. Hirsch für Petrus zeigen versucht hat, mit Jesus immer noch verbunden gewesen wären. Grass selbst weist alle diese Vorschläge mit dem Hinweis auf die neutestamentlichen Texte zurück: »Die neutestamentlichen Zeugen sind jedenfalls der Meinung, daß ihr Osterglaube und ihre Ostervisionen nicht nur Ausdruck der vor Ostern erfahrenen

7. E. Haenchen, Der Weg Jesu. Eine Erklärung des Markus-Evangeliums und der kanonischen Parallelen, Berlin 1966, 310. Zur Wirkungsgeschichte des Textes vgl. U. Luz, Das Evangelium nach Matthäus 8-17, EKKNT 1/2, 3. Auflage, Neukirchen 1999, 514ff.

Wirklichkeit Jesu sind, sondern aus der Begegnung mit einer spezifisch österlichen Wirklichkeit stammen; daß Gott nicht nur Osterglauben und Visionen in ihnen wirkte, sondern daß er ein Ostergeschehen wirkte, das ihrem Glauben und Schauen voranging und es bewirkte.«[8]

In jüngster Zeit hat G. Lüdemann mit einem gewissen Recht kritisiert, dass die Theologie sich mit dem Hinweis auf göttliches Handeln, das man im Glauben zu respektieren habe, nicht zufrieden geben darf. Sein eigener Lösungsvorschlag verbleibt im subjektiven Ansatz, indem er die Petrusvision als Teil von dessen Trauerarbeit verständlich zu machen versucht. Die durch verschiedene Faktoren »behinderte Trauer wurde bei Petrus durch eine Vision enorm gefördert, ja, in einem Epiphaniemoment zusammengedrängt«.[9] Weil derartige Totenerscheinungen in dieser psychischen Situation nicht ungewöhnlich sind, hat Lüdemann die Möglichkeit konstatiert, den neutestamentlichen Auferstehungsglauben als »ein(en) Ausdruck von Wünschen, also als eine Projektion« zu betrachten.[10]

In seiner umfassenden Analyse von neutestamentlichen Paralleltexten wird merkwürdigerweise ein Komplex nicht herangezogen, der sicher nicht die Objektivität, jedoch den spezifischen Realgehalt der Visionen klären kann. Was haben die Anhänger Jesu, was hat der Verfolger der ersten Christen in den Erscheinungen, die er 1. Korinther 15,5 ff. auflistet, wahrgenommen? Wenn man das Kapitel weiterliest, stößt man in der paulinischen Argumentation auf eine anthropologische Differenzierung, die er im Blick auf die allgemeine Totenerweckung vornimmt: »dies Verwesliche muss anziehen die Unverweslichkeit, und dies Sterbliche muss anziehen die Unsterblichkeit« (1. Korinther 15,53). Paulus rechnet damit, dass die Kraft des Pneuma für eine Kontinuität der leiblichen Gestalt sorgt, obwohl durch das Todesgeschick der Fleischesleib destruiert wird. Auferweckung bedeutet demnach leibliche Existenz im Übergang vom sarkischen zum rein pneumatischen Dasein. Wenn Paulus feststellt: »Der Herr ist der Geist« (2. Korinther 3,17), dann darf man diese Aussage nicht als unpaulinische Glosse ausscheiden,[11] sondern muss sie als präzise Bestimmung der Christusbegegnung respektieren. Das Verhältnis zum Auferstandenen ist nämlich in doppelter Hinsicht geistbestimmt. Wir erkennen ihn im Geist, und wir können ihn in geistlicher, in pneumatischer Leiblichkeit wahrnehmen. Ein solches Verständnis legt sich schon deswegen nahe, weil Paulus in diesem Zusammenhang auf die auratische Transformation des Mose verweist, die im Neuen Bund weit überboten wird. Was nach 1. Korinther 15,52 ff. für die Zukunft der Christ/

8. H. Grass, Ostergeschehen und Osterberichte, Göttingen 1956, 245.
9. G. Lüdemann, Die Auferstehung Jesu. Historie, Erfahrung, Theologie, Göttingen 1994, 128.
10. A.a.O. 214.
11. So der Vorschlag von W. Schmithals, Zwei gnostische Glossen im 2. Korintherbrief, EvTh 18, 1958, 552 ff.

innen erhofft werden darf, das ist an der Gestalt Jesu Christi schon geschehen und auch schon gesehen. Sein Soma sarkikon ist im Schmerzensgehorsam der Kreuzigung gestorben; in seinem Soma pneumatikon ist er zahlreichen Menschen erschienen.[12]

Die Berichte, die diese Erscheinungen konkretisieren, versuchen dann die spezifische Leiblichkeit der somatischen Präsenz des Auferstandenen einzukreisen. Besonders deutlich ist das bei Johannes. Auf der einen Seite wird der Berührungsversuch der Maria fast angstvoll zurückgewiesen: »Rühre mich nicht an; denn ich bin noch nicht aufgefahren zum Himmel« (20,17). Auf der anderen Seite erhält der ungläubige Thomas die Aufforderung: »Reiche deinen Finger her und siehe meine Hände und reiche deine Hand her und lege sie in meine Seite und sei nicht ungläubig, sondern gläubig!« (20,28). Jeder Materialimus, aber auch jeder spiritistische Doketismus, wie er dann in der Folgezeit immer wieder begegnet, wird der spezifischen Leibqualität dieser auratischen Erscheinungen nicht gerecht.

Im Grenzbereich zwischen auratischer Wahrnehmung und visionärer Durchleuchtung liegen jene Wahrnehmungsformen, in denen aktuelle Gegebenheiten oder künftige Entwicklungsmöglichkeiten bei Personen festgestellt werden. In der Elisa-Tradition besitzt der Prophet die Fähigkeit, auch über eine große Entfernung hin das Fehlverhalten seines Dieners Gehasi zu beobachten; erklärt wird diese Fähigkeit mit dem Satz: »Bin ich nicht im Geiste mit dir gegangen?« (2. Könige 5,26). Von Jesus wird in Analogie zu antiken Wundermännern immer wieder berichtet, dass er die militanten Strategien von Pharisäern und Schriftgelehrten durchschaut (Markus 2, 6 ff.). Paulus rechnet damit, dass zu den Begabungen urchristlicher Prophetie auch die Aufdeckung dessen gehört, was im Inneren des menschlichen Herzens verborgen ist (1. Korinther 14,25).[13]

Neben der Epiphanie des Göttlichen und der auratischen Erleuchtung bzw. der geistgewirkten Durchleuchtung von Menschen zählen zur religiösen Schau die vielfältigen Formen von Zukunftsvisionen. Dabei wird man in diesem Bereich zunächst zwischen dem Sehen und dem Lesen unterscheiden müssen. Die Lesbarkeit der Zukunft ergibt sich aus Zeichen, die man entschlüsseln muss, sie ist also nur immer indirekt gegeben und bedarf in allen

12. Darauf bezieht sich die Unterscheidung zwischen sinnlicher und geistiger Gottesschau; vgl. Augustins Schrift De videndo Deo, in: Augustinus, Über Schau und Gegenwart des unsichtbaren Gottes. Text mit Einführung und Übersetzung von E. Naab, Stuttgart-Bad Cannstatt 1998, 118 ff.

13. Mit welchen weitreichenden Konsequenzen für Individuen und Gemeinschaften eine solche Wahrnehmung auch heute noch verbunden sein kann, zeigt das Verfahren bei der Entdeckung der Wiedergeburt des Dalai-Lama. Die geistlichen Würdenträger haben am »See der Visionen« den Geburtsort des Kindes geschaut und dann in einem aufwendigen Verfahren den Wahrheitsgehalt der Vision getestet. Vgl. C. B. Levenson, Ein Dalai-Lama wird geboren. Wiedergeburt und Berufung des 14. Dalai-Lama, Freiburg 1999, 17 ff.

Kulturen der deutungskompetenten Experten. Vogelflug und Eingeweideschau sind die bekanntesten Verfahren aus einer umfangreichen Liste, die N. Pennick zusammengestellt hat.[14] Die Pegomantie rechnet mit elektrostatischen Feldern; die Hydromantie bzw. Hydroskopie praktiziert man an heiligen Quellen; bei der Lecanomantie mischt man Wasser und Öl; bei der Aleuromantie schüttet man Mehl auf eine Wasserfläche; die Weissagung mit Blei- und mit Wachsfiguren lebt als Silvesterbrauch und, psychologisch ausgerichtet, in kirchlichen workshops fort; auch die Arbeit mit Wünschelruten verfolgte ursprünglich divinatorische Intentionen.

Ganz anders ist die zukunftsgerichtete Television strukturiert. Hier werden Entwicklungsperspektiven nicht aus gegenwärtigen Anzeichen erschlossen. Vielmehr wird das, was in der Zukunft sein wird, im Hier und Jetzt der Gegenwart schon gesehen. Gerade dafür gibt es in der biblischen Tradition zahlreiche Belege. Welche Vorhersagen der alttestamentlichen Propheten sich einer solchen eidetischen Wahrnehmung verdanken, ist im Einzelfall schwer zu entscheiden. Auch G. von Rad, der an sich sehr zurückhaltend operiert, rechnet mit einem unhinterfragbaren Grundbestand. »Es gibt genug solcher Botschaften, die deutlich erkennen lassen, daß sie auf echte visionäre oder auditionäre Vorgänge zurückgehen. Das wird man doch bei der Schilderung des Ansturms der Völkermassen gegen den Zion und ihrer wunderhaften Abwehr Jes. 17,22 ff. annehmen dürfen. Ebenso wird das bei der Theophanie Jes. 30,27 f. oder Jes. 63,1 ff. der Fall sein, aber auch bei Angstgemälden, wie Nah. 2,2 ff., bei denen das Visuelle so auffallend im Vordergrund steht. Ebenso verhält es sich mit den allen Ereignissen vorauseilenden Kriegsschilderungen Jeremias (Jer. 4-6); sie sind derart durchsetzt mit Hinweisen auf Sinneswahrnehmungen des Propheten, daß an ihrem visionären und auditionären Charakter kein Zweifel aufkommen kann.«[15]

Das komplexe Verhältnis zwischen Unheils- und Heilsansagen, zwischen prophetischen und apokalyptischen Überlieferungen ist hier nicht zu diskutieren. Immerhin beginnt schon im Alten Testament die auch durch Visionen begründete Ankündigung von einem »Tag Jahwes«, an dem der eigene Gott endgültig gegen alle Feinde Israels eingreifen wird. Dieser Blick auf eine eschatologische Epiphanie, die nach Meinung von E. Pax religionsgeschichtlich singulär sein soll,[16] wird dann durch die apokalyptische Tradition im Neuen Testament weitergeführt. In mühsamer Einzelexegese muss in

14. N. Pennick, Spiele der Götter. Ursprünge der Weissagung, Olten 1992, 23 ff.
15. G. von Rad, Theologie des Alten Testaments II, München 1960, 76. Zum Verhältnis von empirischer und visionär konstatierter Wirklichkeit im NT vgl. H. Ulland, Die Vision als Radikalisierung der Wirklichkeit in der Apokalypse des Johannes. Das Verhältnis der sieben Sendschreiben zu Apokalypse 12-13, TANTZ 21, Tübingen 1997.
16. E. Pax, a. a. O. 861. Vgl. auch H. Spieckermann, Dies irae: Der alttestamentliche Befund und seine Vorgeschichte, VT XXXIX, 1989, 194 ff.

jedem Fall geklärt werden, ob ein Text auf individuellen Eindrücken beruht oder überlieferte Gattungselemente mit aktualisierenden Varianten fortschreibt.

Alle Formen religiöser Television entstammen nach Meinung der biblischen Schriften göttlichem Einfluss. An heiligen Orten erscheint die heilige Macht. Durch die Kraft des Geistes werden Menschen erleuchtet und durchleuchtet. Und auch die Einsicht in chronologische Fernen, ob sie nun heilvoll oder bedrohlich aussehen, kann nur durch gottgewirkte Offenbarung erfolgen. Weil sich die Macht des Geistes weder theologisch noch institutionell domestizieren lässt, ist die Geschichte der Kirche nach G. Minois durch eine Paradoxie geprägt: »Das Aufflammen der Prophetie ist wohl ein Beweis für die Dynamik wie eine Ursache der Schwäche und Spaltung.«[17]

II. Religiöse Kriterien

Was sehen Menschen in der religiösen Television? Der Realitätsgehalt derartiger Erfahrungen bildet nicht nur für die aufgeklärte Moderne ein großes Problem. Was sich von den Wahrnehmungsfähigkeiten des Alltagsbewusstseins erkennbar abhob, provozierte auch in so genannten primitiven Kulturen die Frage nach der Wirklichkeit des Geschauten. Die Lösung des Problems hat man durchweg auf zwei Ebenen gesucht. Im Blick auf die Person des Visionärs wurde seine psychische Gesundheit beurteilt. Der Inhalt seiner Vision wurde an dessen Konformität mit dem Wirklichkeitsmodell der jeweiligen Kultur gemessen.

In seinen ethnopsychiatrischen Studien hat G. Devereux auf den Tatbestand hingewiesen, »daß die funktionalen Störungen in der primitiven Gesellschaft ebenso verbreitet sind wie in der modernen Gesellschaft. Es besteht ein einziger wesentlicher Unterschied: nämlich das quasi absolute Fehlen der Schizophrenie in wirklich primitiven Gesellschaften«.[18] Devereux führt diesen Tatbestand darauf zurück, dass es in den primitiven Kulturen die Möglichkeit gegeben hat und teilweise auch noch gibt, die Tendenzen, die in der Schizophrenie wirksam werden, durch Kategorien des Übernatürlichen in das kollektive und individuelle Leben zu integrieren. »In seiner Anstrengung, sich an diese übernatürliche Welt anzupassen, entwickelt der Primitive eine Reihe von Ritualen, Glaubensinhalten, Formen der Beurteilung (die sozial akzeptabel, aber gleichwohl realitätsfern sind), die ihm Anlaß geben, sich in dieser Welt völlig orientiert zu fühlen«.[19] In der modernen

17. G. Minois, Geschichte der Zukunft. Orakel, Prophezeiungen, Utopien, Prognosen, Düsseldorf 1998, 183.
18. G. Devereux, Normal und anormal. Aufsätze zur allgemeinen Ethnopsychiatrie, Frankfurt 1974, 175.
19. A.a.O. 199.

Gesellschaft dagegen steht diese Möglichkeit in der Regel nicht zur Verfügung, und das, obwohl gerade diese Gesellschaft mit ihren hoch komplexen Strukturen erhebliche Orientierungskrisen bewirkt. Sie ist selbst schizoid, weil sie ihre Mitglieder unvermeidlich in den Grundkonflikt zwischen Glauben und Wissen hineinstößt. »Unsere pseudo-rationale Gesellschaft fordert, daß wir uns mit dieser schizophrenen Spaltung abfinden und unser Gleichgewicht wahren, mit einem Fuß beim elektronischen Computer und mit dem anderen in der kleinen Kirche an der Ecke stehend, wo für die Erneuerung des Glaubens gebetet wird ... wenn nicht gar in den Randschichten spiritualistischer Vereinigungen. Die primitive Vorstellung, nach der gerade die Magie das Wirkliche bestätigt und bekräftigt, ist psychologisch weniger naiv als jene, die vorgibt, die Hypothese der Telepathie würde durch die Statistik oder, genauer gesagt, durch die Statistiker erhärtet.«[20]

Dennoch bleibt festzuhalten, dass auch so genannte primitive Kulturen Menschen mit psychischen Störungen kennen. Es gibt in ihnen Verrückte, und es gibt Schamanen. Den gemeinsamen Hintergrund bildet für Devereux die Hypothese, dass das kollektive Unbewusste jeder Gesellschaft in sich selbst antagonistisch, konfliktuös ist: »Jede Gesellschaft enthält nicht nur ›funktionale‹ Aspekte, mittels derer sie ihre Integrität behauptet und erhält, sondern auch eine gewisse Anzahl von Glaubensüberzeugungen, Dogmen und Tendenzen, die nicht nur die wesentlichen Operationen und Strukturen der Gruppe bekämpfen, negieren und untergraben, sondern manchmal sogar ihre Existenz selbst.«[21] Die »antisozialen Sozialwerte«,[22] die aus dieser Ambivalenz resultieren, können sich in individuellen Neurosen und Psychosen, aber auch in kollektiven Werten und Normen artikulieren, die, wie etwa die Bergpredigt zeigt, die gesellschaftlichen Funktionszusammenhänge radikal aufheben können. Devereux führt aus der Religionsgeschichte zahlreiche Beispiele dafür an, »daß jedes übernatürliche Ritual im wesentlichen ein Widerspruch gegen das gesamte geläufige Wertsystem der Kultur darstellt«.[23]

Auf dieser konfliktgeladenen Sozialbasis treten unvermeidlich anormale Personen auf, die nach dem sozialpsychologischen Modell von Devereux sich in zwei Simulationstypen darstellen können; »der entscheidende Unterschied zu dem Schamanen und dem Hysteriker oder dem ›privaten‹, aber als solchen erkannten Psychotiker besteht darin, daß die Konflikte des Schamanen charakteristischerweise eher im ethnischen als im idiosynkratischen Sektor seines Unbewußten lokalisiert sind«.[24] Von Simulation ist in beiden Fällen zu reden, weil beide Gruppen in ihrem Verhalten und Denken auf kulturelle Muster zurückgreifen, die ihre Klassifikation als Schamanen und

20. A.a.O. 241.
21. A.a.O. 52.
22. A.a.O. 55.
23. A.a.O. 56.
24. A.a.O. 29.

als Psychotiker allererst ermöglichen. Beide sind in konventioneller Weise krank. Der Unterschied besteht darin, »daß der Schamane Belastungen ausgesetzt gewesen ist, die nicht nur zahlenmäßig *häufig*, sondern auch kulturell *typisch* sind, d.h. nach dem kulturellen Grundmuster ablaufen; seine Konflikte sind also permanent in seinem ethnischen Unbewußten lokalisiert. Ja mehr noch, er leistet eine kulturelle Neugestaltung sowohl seiner typischen als auch seiner subjektiven Konflikte, indem er sich die von seiner Kultur bereitgestellten Abwehrmechanismen zunutze macht – Visionen, Offenbarungen oder Initiationspraktiken, welche Zugang zu vorbeugenden, ›autotherapeutischen‹ Kräften gewähren –, oder indem er sich einer schamanistischen Behandlung unterzieht, um eine organische Krankheit oder eine psychische Störung, an der er leidet, zu heilen. – Das idiosynkratische Unbewußte ist aus Elementen zusammengesetzt, welche das Individuum unter der Einwirkung von einzigartigen und spezifischen Belastungen, die es zu erleiden hatte, zu verdrängen gezwungen war«.[25] Dass in derartigen Kulturen die Schizophrenie als Krankheitsbild nicht erscheint, wird auf diesem Hintergrund verständlich, weil alltags-transzendente Vorstellungen durch die Religion gesellschaftlich integriert werden können. Zu sehen sind in solchen Visionen also für ein analytisch fundiertes Modell der Ethnopsychiatrie Elemente des kollektiven Unbewussten einer Gesellschaft.

Die Normen und Kriterien, die zur Klärung von ontologischen und psychologischen Grundsatzfragen herangezogen werden, stehen im westlichen Kulturkreis unter dem erheblichen Einfluss der christlichen Tradition. Sie wirken, wie das Beispiel der Schizophrenie zeigt, bis heute dergestalt nach, dass außeralltägliche Wahrnehmungsformen, die nicht in den Rahmen einer großkirchlichen Pneumatologie passten, klinifiziert werden mussten. Die Psychiatrie lebt nicht nur, wie es die Kritik oft genug festgestellt hat, von ungelösten Konflikten in der Gesellschaft.[26] Auch die kirchliche Theologie mit ihren normativen Vorgaben hinsichtlich der Offenbarungsvorgänge und –inhalte hat wahrscheinlich Menschen mit außergewöhnlichen Fähigkeiten in die Außenseiterrolle, ja in den Wahn-Sinn gedrängt. Wenn man selbst bei derjenigen Institution, die für das Übernatürliche Zuständigkeit beansprucht, keine Anerkennung und Zustimmung findet, muss man entweder einen persönlichen Anhängerkreis um sich sammeln oder man gerät in eine soziale Isolation, aus der sich psychische Schädigungen ergeben.

Solange man mit dem Einwirken übernatürlicher Mächte gerechnet hat, ergab sich das entscheidende theologische Urteilskriterium aus der Unterscheidung zwischen dem Göttlichen und dem Dämonischen. Dabei ist die sachgemäße Anwendung dieses Kriteriums, wie Gregor der Große betont,

25. A.a.O. 14.
26. Vgl. u.a. A. Mitscherlich, Krankheit als Konflikt. Studien zur psychosomatischen Medizin I, Frankfurt 1966, und M. Mannoni, »Scheißerziehung«. Von der Antipsychiatrie zur Antipädagogik, Frankfurt 1976.

auf göttliche Gnadeneinwirkung zurückzuführen: »Heilige Männer unterscheiden zwischen Illusionen und Offenbarungen, und unter den Stimmen und Bildern selbst der Visionen mit einem inneren Spürsinn, so daß sie wissen, was sie von einem guten Geist empfangen und was sie vom Geist der Täuschung erdulden. Denn wenn der menschliche Geist nicht gegen letzteres auf der Hut wäre, so würde er sich durch den Geist der Täuschung in viel Unsinn verwickeln, da dieser (Geist) manchmal viel Wahres vorauszusagen pflegt, nur um am Ende in der Lage zu sein, die Seele in irgendeiner Täuschung zu fangen.«[27] Äußere Kennzeichen der göttlichen Herkunft sind für die kirchlichen Instanzen die Übereinstimmung mit biblischer Tradition und kirchlicher Lehre sowie die geistliche und sittliche Qualität der Visionäre gewesen. Der biblische Kanon und das kirchliche Amt oder genauer das kirchliche Amt mit Hilfe des biblischen Kanons haben den Rahmen für die Beurteilung und Anerkennung von Visionen gesteckt.

Die Unterscheidung zwischen göttlicher und dämonischer Herkunft ist nicht auf kirchliche Kreise beschränkt geblieben. Im Begriffspaar von Ergriffenheit und Besessenheit wirkt sie noch in den medizinischen Raum bis heute direkt und indirekt nach. Religionsgeschichtlich kann man weltweit Phänomene ritueller Besessenheit konstatieren, die sich von pathologischen Formen durchaus abgrenzen lassen. Ihr wichtigstes Kennzeichen besteht im »Aufgeben des Eigenbewußtseins, überhaupt der eigenen Individualität«,[28] häufig verbunden mit extremen Formen körperlicher Obsession wie Stürzen und Zuckungen. Personen in einem solchen Zustand können nicht nur übernatürlich sehen, sondern auch Kranke heilen. Gerade im Prozess der Initiation lassen sich psychotische Erlebnisse konstatieren. Besessenheit im Sinne dieser weit reichenden Persönlichkeitsstörung wird in vielen Kulturen als Voraussetzung für mediale Fähigkeiten akzeptiert und gegenüber pathologischen Formen differenziert.

Die kirchliche Tradition dagegen hat zwischen Besessenheit und Ergriffenheit durchweg unterschieden. »Besessenheit ist also im christlichen Sinn immer Besessenheit durch Dämonen, die im Auftrage des Satans handeln und deren letztes Ziel ist, das Gottesbild im Menschen zu zerstören, ihn von seiner göttlichen Bestimmung als Erben des Gottesreiches abzubringen und ihn in die Rebellion gegen Gott hinzureißen.«[29] Die Beispiele, die E. Benz für beide Phänomene anführt, erlauben, wenn auch nur grob, eine

27. Übersetzt nach: Grégoire le Grand, Dialogues, Tome III (Livre IV), ed. A. de Vogüé, Paris 1980, 174/176 (Dialogue IV, 50,6).
28. W. M. Pfeiffer, Besessenheit, normalpsychologisch und pathologisch, in: J. Zutt (Hg.), Ergriffenheit und Besessenheit. Ein interdisziplinäres Gespräch über transkulturell-anthropologische und -psychiatrische Fragen, Bern 1972, 29.
29. E. Benz, Ergriffenheit und Besessenheit als Grundformen religiöser Erfahrung, in: J. Zutt (Hg.), a.a.O. 138.

inhaltliche Differenzierung auf der Ebene der psychischen Reaktionen. Dämonische Besessenheit ist durch eine gewalttätige Inbesitznahme der Person charakterisiert, durch Störungen der körperlichen, der seelischen und der geistigen Intaktheit, durch heftiges Ausbrechen von Triebregungen in aggressiver, libidinöser und machtbezogener Richtung. Seit dem 17. Jahrhundert wird in der katholischen Kirche noch genauer zwischen »Umsessenheit« und »Besessenheit« unterschieden. Beiden Ausdrücken »liegt das Bild einer vom Feind (dem Teufel) belagerten Stadt zugrunde. Umsessenheit (obsessio) bedeutet, daß die Feinde die Stadt belagert haben und durch Angriffe von außen Störungen in der Stadt hervorrufen. Besessenheit (possessio) bedeutet, daß der Teufel die Stadt erobert hat und sie von innen her beherrscht«.[30]

Ergriffenheit durch das Göttliche respektiert sehr viel stärker die humane Würde der erwählten Person, erfüllt sie mit Freude, veranlasst sie zum Lob des Göttlichen und führt sie in soziale Wohltätigkeit. Es ist deutlich, dass hier die Normen einer sozialen Funktionalität, die dann auch in der Psychiatrie zur Anwendung kommen, in religiösen Kategorien vorgeschrieben sind. Wer Ordnungen respektiert und Weltbilder teilt, der gilt als gesund. Wer sich auf übersinnliche Wahrnehmungen beruft, der ist, in der Kirche wie in der Gesellschaft, von Reaktionen der Exkommunikation bedroht.

Damit ist eine weitere Grenze markiert, die in der abendländischen Tradition für die Beurteilung von übersinnlichen Wahrnehmungen wesentlich ist, die Grenze zwischen der privaten Erfahrung und dem Weg in die Öffentlichkeit. K. Rahner hat im Rückblick auf die Mystik zwischen zwei Formen der visionären Wahrnehmung unterschieden. »Mystische Visionen nennen wir diejenigen, die sich im Ziel und Inhalt nur auf das persönliche religiöse Leben und die Vervollkommnung des Visionärs selbst beziehen. Prophetische Visionen sind solche, die darüber hinaus den Visionär veranlassen oder beauftragen, sich mit einer Botschaft belehrend, warnend, fordernd, die Zukunft voraussagend, an seiner Umwelt, letztlich an die Kirche zu wenden.«[31] Die Frage nach der Wahrheit, die sich der Theologie stellt, wird natürlich besonders dringlich im zweiten Fall. Selbstverständlich müssen solche prophetischen Visionen an den Rahmen der kirchlichen Überlieferung gebunden bleiben. Was sie im Kern charakterisiert, ist ihr imperativer Charakter. Sie enthalten nämlich die Botschaft, »wie in einer bestimmten geschicht-

30. A. a. O. 141.

31. K. Rahner, Visionen und Prophezeiungen. Zur Mystik und Transzendenzerfahrung, Freiburg 1989, 21. Natürlich trifft die Feststellung von E. Rudolph, Psychologie und Pathologie der Volksfrömmigkeit, in: J. Baumgartner (Hg.), Wiederentdeckung der Volksreligiosität, Regensburg 1979, 133, weitgehend zu: »Das Material eines großen Teiles zeitgenössischer Schauungen, Privat- und Neuoffenbarungen ist zählebiges Gedankengut aus vergangenen Epochen der Kirchen- und Theologiegeschichte.«

lichen Situation von der Christenheit gehandelt werden soll; sie sind wesentlich keine neue Behauptung, sondern ein neuer Befehl«.[32]

Empfänger einer imperativen Vision geraten aber in eine prekäre Lage. Die Lösung, die nach Devereux die schizoide Gesellschaft bereitstellt, dass man als Individuum alles glauben kann, wenn man nur nicht die öffentlichen Gewissheiten tangiert, ist hier ausgeschlossen. Die Vision selbst verlangt eine Grenzüberschreitung, die für den Visionär gefährlich werden kann. Er muss sich einem kirchlichen oder psychiatrischen Prüfungsverfahren aussetzen, dessen Ablauf und Kriteriologie er in der Regel nicht durchschaut. Selbst der gutwillige Wirklichkeitspluralismus des Therapeuten wird ihm im Ernstfall nicht helfen. »Es gibt unendlich viele Wirklichkeiten, aber keine ist wirklicher als die andere und keine ist weniger wirklich. Was der einzelne Mensch erlebt, das ist Realität, unabhängig von objektiver Evidenz oder vom Grad der subjektiven Evidenz und von der Übereinstimmung mit anderen«[33] – das sagt der Psychiater über seine Patienten. Aber auch mit solchen Sätzen kann man eine Mauer der Abwehr bilden, um sich vor dem Anspruch einer visionären Botschaft zu schützen.

Was ist Wahn, was ist Wirklichkeit in Anbetracht religiöser Visionen? Paulus hat auf höchst gewaltsame Weise den Einbruch der göttlichen Macht in sein frommes Leben erfahren (Apostelgeschichte 9,1 ff.; 22,6 ff.; 26,12 ff.). Er hat auch visionäre Erlebnisse gehabt, die für ihn so befremdlich gewesen sind, daß er in der dritten Person davon redet (2. Korinther, 12,1 ff.). Aber er hat von der permanenten Besetzung durch die göttliche Macht so gesprochen, dass er die direkte Identifizierung mit dieser Macht sprachlich vermeidet. »Aber nun lebe nicht ich, sondern Christus lebt in mir« (Galater 2,20). Von einer direkten Identität zwischen dem Ich und dem Christus sagt dieser Satz nichts.[34] Wahrscheinlich ist diese Fähigkeit, zwischen dem Ich und dem Anderen, das einen in der religiösen Erfahrung erfüllt, unterscheiden zu können, eine wesentliche Voraussetzung für die trotz aller übersinnlichen Wahrnehmung fortbestehende personale Integrität.

III. Wissenschaftliche Modelle

Was wirklich und was vernünftig ist, darüber wird heutzutage in den etablierten Wissenschaften geurteilt. Alternative Wahrnehmungsformen, die den Horizont des Alltagsbewusstseins transzendieren, gibt es nicht nur in der Religion. Schon S. Freud hat verschiedentlich auf Erfahrungen mit präkognitiven Eindrücken hingewiesen. In der psychologischen Forschung der

32. A. a. O. 29.
33. L. Navratil, Schizophrenie und Religion, Berlin 1992, 123 f.
34. »Aspekte des Religiösen im schizophrenen Erleben und Denken« behandelt sehr differenziert R. Mundhenk, Sein wie Gott, Neumünster 1999.

verschiedenen Schulen ist man zunehmend bemüht, so genannte paramentale Fähigkeiten in ihrer Fundierung und in ihrem Ablauf zu untersuchen. Damit ist keineswegs sichergestellt, dass auch eine Wahrnehmung göttlicher Wirklichkeiten möglich ist. Aber weil alle religiöse Erkenntnis und Praxis auf kreatürlichen Gegebenheiten aufbaut, kommt damit mindestens die anthropologische Basis religiöser Television in den Blick.

S. Ertel, der als empirischer Psychologe derartigen Phänomenen eher skeptisch gegenübersteht, hat, veranlasst durch eine Anfrage aus der klinischen Praxis, den so genannten »Pingpong-Test« entwickelt. In diesem einfachen, aber sehr sorgfältig kontrollierten Experiment geht es um die Aufgabe, die jeweils nächste Zahl aus einer Reihe von nummerierten Tischtennisbällen, die aus einem abgedichteten Beutel zu ziehen sind, vorherzusagen. Die durchschnittliche Trefferquote, bei der Vorhersage und gezogene Zahl übereinstimmen, liegt um die 20%. Unter den Probanden, Studierenden in Deutschland und Schüler/innen in Indien, gab es über den statistischen Durchschnitt hinaus einzelne Personen, die eine Vorhersagegenauigkeit bis zu 45,5% aufwiesen. Dass in dieser individuellen Fähigkeit nicht einfach eine spezifische Tagesform zutage getreten ist, zeigt die Tatsache, dass diese Treffsicherheit über mehrere Monate hinweg beobachtet werden konnte. Ertel selbst weist darauf hin, dass dieses Ergebnis gewisse »Breitbandeffekte« involviert, die der genaueren Differenzierung bedürfen. Für ihn scheinen jedenfalls »über-zufällig viele Treffer bei dieser Aufgabe nicht nur Präkognition zu fordern, sondern auch paravolitionale (= psychokinetische) und vermutlich auch paraperzeptive (= hellseherische) Aktivität«.[35]

Zum Phänomen des Hellsehens hat die französische Analytikerin E. Laborde-Nottale eine umfangreiche Studie vorgelegt. Nachdem sie Einzelfälle ausführlich beschrieben und die Forschungsgeschichte zusammengefasst hat, präsentiert sie ihre eigene Theorie. Im Zentrum hellseherischer Fähigkeit steht für sie das Element, das von ihr »Skopem« genannt wird. Der Wahrsager entdeckt beim Klienten eine fragmentarische Information, die aus einer Lautfolge, einer Gestalt, einer körperlichen Empfindung bestehen kann und zieht daraus, unter Berücksichtigung der damit verbundenen Affekte, seine präkognitiven Schlüsse. Der ganze Vorgang spielt sich für Laborde-Nottale im Bereich des Unbewussten ab, so dass die gängigen Raum- und Zeitstrukturen durcheinander geraten. Als Beispiel für den partiellen Wahrheitsgehalt einer solchen Vorhersage kann folgende Fallgeschichte dienen, die schon Freud beschäftigt hat: »Eine junge Frau, deren Ehemann zeugungsunfähig war, hatte einen Wahrsager konsultiert, und der hatte ihr mitgeteilt, im Alter von 32 Jahren werde sie zwei Kinder bekommen. Die junge Frau war mit der Prophezeiung zufrieden, obwohl sie inzwischen, lange nach ihrem 32. Lebensjahr, nicht eingetroffen war; aber dafür hatte ihre

35. S. Ertel, Der Pingpongtest (PPT). Diagnostikum für paramentale Begabung, im Manuskript 9.

Mutter ihre beiden Kinder mit 32 Jahren bekommen. Der Wahrsager hatte also eine in der Psyche der Konsultantin vorhandene Information erfaßt, aber nicht gesehen, daß sie sich auf die Vergangenheit und nicht auf die Zukunft und auf die Mutter der jungen Frau statt auf sie selbst bezog. Diese Information war vermutlich stark affektbesetzt, insofern der jungen Frau das Alter von 32 Jahren nicht mehr allzu fern war.«[36]

Die Voraussetzungen für die Entwicklung derartiger Wahrnehmungsfähigkeiten liegen für Laborde-Nottale in der frühen Kindheit. Auf der einen Seite verweist sie auf die ersten Sinneseindrücke, die sich beim Baby einstellen. »Es deutet sie nicht und verknüpft sie nicht zu einem Sinneszusammenhang, aber es spürt sie. Sie haben visuelle, auditorische, olfaktorische, gustatorische, kutane, muskulär-innervatorische oder viszerale Komponenten, die mit einem Lust/Unlust-Empfinden verbunden sind.«[37] Auf der anderen Seite gibt es immer wieder Beispiele für das empathische Erleben zwischen Mutter und Kind. Die Mutter spürt auch in der Ferne, wenn es dem Neugeborenen schlecht geht, und umgekehrt wird das Neugeborene von der Unruhe oder der Gelassenheit der Mutter auch über Distanzen hin beeinflusst. Daraus entwickelt Laborde-Nottale die Hypothese »eines Austauschs von Skopemen zwischen Mutter und Kind ..., wobei das Kind passiv die in der Psyche der Mutter vorhandenen Informationen empfängt«.[38] Was sich in dieser frühen Phase abspielt, geht in der Regel bei der Ausbildung von Ich-Identität verloren oder wird weitgehend verdeckt. Bei Menschen mit präkognitiven Fähigkeiten bleibt es der Wahrnehmung zugänglich und kann auch im Verhältnis zu anderen Personen mehr oder weniger professionell eingesetzt werden.

Die Ausübung solcher Fähigkeiten im Erwachsenenalter wird von den spezifischen Gesetzen des Unbewussten geprägt. Was Hellseher wahrnehmen, sind Zukunftsmöglichkeiten, die sich aus der Geschichte, der gegenwärtigen Lage und den meist unbewussten Wünschen ihrer Klienten ergeben können. Sie sehen, spüren, ahnen in der Tat innere und äußere Realitäten, aber deren konkrete Lokalisierung in Raum und Zeit wird nicht immer präzise gelingen. Die Vorhersage eines Autounfalls etwa kann bei bestimmten Berufsgruppen durch die statistische Wahrscheinlichkeit abgedeckt sein. Sie kann sich aber auch auf ein vergangenes Ereignis oder auf die autoaggressiven Wünsche des Ratsuchenden beziehen. Hinzu kommt, dass es auch Wiederholungszwänge zwischen den Generationen zu geben scheint, so dass Menschen unbewusst das vollziehen, was die Eltern als positives oder negatives Fatum an sie weitergegeben haben.

Dass Vorhersagen sich erfüllen, lässt sich also mit der Annahme solcher Sko-

36. E. Laborde-Nottale, Das Zweite Gesicht. Eine psychoanalytische Studie über Hellsehen, Telepathie und Präkognition, Stuttgart 1995, 118.
37. A.a.O. 131.
38. A.a.O. 134.

peme verständlich machen. Was geschehen ist oder geschehen wird, ist, sofern Menschen von der Macht des Unbewussten beeinflusst sind, in Umrissen auch zu sehen. Hinzu kommt, dass die Vorhersage selbst sich zu einer Macht voller Eigendynamik verdichtet. Präkognitive Praxis ist durchaus gefährlich, weil es, wie Laborde-Nottale formuliert, einen »Erfüllungszwang«[39] gibt. Vor allem im medizinischen Bereich treten zahlreiche Beispiele dafür auf, dass die Prognose über den Krankheitsverlauf das Befinden des Patienten heilsam oder unheilvoll steuert. Auch Eltern können nach der Logik der self-fullfilling-prophecy den Lebenslauf ihrer Kinder schicksalhaft determinieren. Wahrsager, die solche tiefenpsychologischen Annahmen durchaus nicht teilen, empfinden selbst großes Unbehagen, wenn sie ihren Klienten negative Zukunftsaussichten melden müssen. Gerade wenn sie deren unbewusste Tendenzen treffen, kann sich sofort der Eindruck aufdrängen, dass sie die Wahrheit sagen, und kann sich deren Wehrlosigkeit gegenüber dem Erfüllungszwang steigern.

Epigenetisch noch weiter zurück reichen die Hinweise, mit denen Th. H. Macho seine »Notizen zu einer Theorie der Psychose« schließt. Sie enden mit Fragen, die auch für den hier erörterten Problemkreis konstitutiv sind. »Was jeder objektivistischen Theorie von Psychose fehlt, ist ein konkretes Verständnis der älteren Frage nach dem *Wesen* des Geistes, der sich deines oder meines Bewußtseins bemächtigt. Ein Dämon, ein Teufel, ein Engel, ein Gott? – Wer ist es, der dich besessen macht? Stürzt dich ein böser Geist in die Abgründe des Wahnsinns oder erhebt dich ein göttlicher Geist zu den Höhen einer divinatorischen Ekstase?«[40] Eine ›Theorie des medialen Bewußtseins‹, die nach Macho an die Sprachphilosophie M. Heideggers anknüpfen könnte, müsste seiner Meinung nach mit Entwicklungsphasen rechnen, die pränatal abgelaufen sind. »Vor der oralen Phase – und ihrer Orientierung am ›Objekt‹ der Mutterbrust – haben wir eine *fötale* Phase der Blutskommunikation erlebt, über die wir noch viel zuwenig wissen; vor dem Beginn der analen Phase und der ersten Lüste an verschenkbaren Objekten aus dem Darm haben wir erst einmal – in einer *respiratorischen* Phase – gelernt zu atmen; und vor dem Eintritt in ödipale und genitale Phasen haben wir uns in einem *vokal-auditiven* Milieu aus Stimmen und Schallereignissen bewegt. Während die Entwicklungsphasen nach klassischem Modell durch die jeweiligen Objekte des Begehrens charakterisiert werden können, läßt sich den vorangegangenen Stadien der Ontogenese kein Ziel und kein Gegenstand, sondern allenfalls ein *Medium* des Stoffwechsels zuordnen: das plazentale *Blut*, die ein- und ausgeatmete *Luft*, die Schallwellen und Resonanzschwingungen des *Fruchtwassers* und der ersten perinatal besiedelten

39. A.a.O. 146ff.
40. Th. H. Macho, Zeichen aus der Dunkelheit. Notizen zu einer Theorie der Psychose, in: R. Heinz u.a. (Hg.), Wahnwelten im Zusammenstoß. Die Psychose als Spiegel der Zeit, Berlin 1993, 239.

Räume.«[41] In diesen Phasen sind die Beziehungen nicht einfach durch Objektbezug im Gegenüber zu Mutterbrust, Urin/Kot und Phallus/Liebesobjekt strukturiert, sondern durch die medialen Phänomene von Blut, Fruchtwasser und Atemluft bestimmt. Solche intrauterinen Konstellationen können nach Macho die epigenetische Voraussetzung für psychotische Deformationen, aber auch für mediale Erfahrungen bei Erwachsenen bilden.

Ganz anders ist die Theorie des mystischen Bewusstseins fundiert, die C. Albrecht auf phänomenologischer Grundlage entwickelt hat. Die visionäre Schau, die er von allen parapsychologischen und telepathischen Erfahrungen strikt unterscheiden will, geht von drei wesentlichen Strukturelementen aus: »1. Die Versunkenheit ist ein voll integrierter, einheitlich und einfach gefügter, überklarer und entleerter Bewußtseinszustand, dessen Erlebnisstrom verlangsamt ist, dessen Grundgestimmtheit die Ruhe ist und dem als einzige Funktion eines nur noch rezeptiv erlebenden Ichs die Innenschau zugeordnet ist … 2. Mit dem Begriff des Ankommenden bezeichneten wir eine als außerbewußt gedachte Ganzheit, welche in einer Erlebnisreihe zunehmend bewußt wird … 3. Ein Ankommendes wird ein Umfassendes genannt, wenn es von dem Versunkenen so erlebt wird, als ob es ein aus fremder Sphäre herkommendes, schlechthin letztes unerkanntes Sein sei.«[42]

Wie es dem phänomenologischen Verfahren entspricht, orientiert sich Albrecht mit diesen Sätzen an den Aussagen der Betroffenen bis dahin, dass er die Feststellung der externen Herkunft ihrer Betroffenheit respektiert. Das schließt für ihn gerade nicht aus, dass die angesprochenen Phänomene kritisch beleuchtet und präzise differenziert werden. Wie sich Sehen und Schauen, innere und äußere Visionen sowie sechs verschiedene Bildtypen voneinander abgrenzen lassen, das kann hier nicht nachgezeichnet werden. Entscheidend für den Wahrheitsgehalt und Wirklichkeitscharakter des Geschauten sind aber auf jeden Fall nicht die Bildinhalte, sondern der Eindruck einer Präsenzerfahrung. »Der Kern der Präsenzerfassung ist die unanschauliche Bewußtheit von der Anwesenheit des Umfassenden.«[43] Erst auf der Basis eines solchen Gespürs lässt sich sagen: »Das Bild der Bildschau ist also nicht im Sinne des intentionalen Aktes eine gehabte Vorstellung oder eine Phantasie, sondern ein zur Schau gekommener, ein erkannter Gegenstand.«[44] Weil mystische Erkenntnis »hochgradig individuelle Erkenntnis«[45] ist, kann man sie als »empirische Erkenntnis«[46], muss man sie aber immer

41. A.a.O. 236.
42. C. Albrecht, Das mystische Erkennen. Gnoseologie und philosophische Relevanz der mystischen Relation, Mainz 1982, 241.
43. A.a.O. 313.
44. A.a.O. 322.
45. A.a.O. 308.
46. A.a.O. 322.

auch als »ungewöhnlich dürftige Erkenntnis« bezeichnen. Die Visionäre und Mystiker aller Zeiten haben um diese Spannung zwischen der Allgemeingültigkeit und der Bestreitbarkeit ihrer Wahrnehmungen gewusst und haben daran auch gelitten.

IV. Spirituelle Methoden

Visuelle Wahrnehmungen über das hinaus, was Menschen im Alltag und mit Hilfe technischer Instrumente zu sehen bekommen, scheinen möglich zu sein. Nicht alle Visionen, von denen religiöse Traditionen berichten, muss man als Wahnvorstellungen disqualifizieren. Damit sie auch heute als sozial plausibel anerkannt würden, müssten sie freilich unter angebbaren Bedingungen auch wiederholbar sein. Diejenigen aber, die derartige Erfahrungen gemacht haben, reden in der Regel von einem unverhofften Gnadengeschenk. Das scheint jeden Wiederholungsversuch im Sinne einer methodischen Annäherung an solche Erfahrungen auszuschließen.

Die Berichte über visionäres Erleben enthalten freilich oft auch einen anderen Aspekt. Sie betonen die Unverfügbarkeit des Geschehens – im Kontext eines lang andauernden Trainingsprogramms. Menschliche Anstrengung und göttliche Gnade bilden keine absolute Opposition.[47] Gerade im Verlauf der religiösen Arbeit lernen Menschen, den Erfolg ihrer Arbeit nicht sich selbst zuzuschreiben. E. Benz konstatiert deshalb im Blick auf religiöse Erfahrung »eine eigentümliche Paradoxie«. »Die Spontaneität der Vision steht in einem eigentümlichen Spannungsverhältnis zu der Tatsache, daß auch die visionäre Erfahrung durch die Tradition geprägt ist und eine eigene Methodik entwickelt. Sie ist nicht nur an bestimmte Bedingungen und Voraussetzungen gebunden, sondern hat auch eine bestimmte geistige, seelische und leibliche Disziplin entwickelt, um das Auftreten visionärer Erfahrungen zu ermöglichen und vorzubereiten. Dabei geht es nicht darum, durch ein solches methodisches Training die visionäre Erfahrung herbeizuzwingen, sondern darum, eine bestimmte geistige, seelische und leibliche Atmosphäre zu schaffen, in der die visionäre Erfahrung eintreten kann.«[48] Auch hier spielen lokale, energetische und soziale Austauschprozesse eine zentrale Rolle.

47. Vgl. P. Dinzelbacher, Vision und Visionsliteratur im Mittelalter, Stuttgart 1981, 188ff.
48. E. Benz, Die Vision. Erfahrungsformen und Bilderwelt, Stuttgart 1969, 37. Vgl. auch B. Weiß, Mystik und Institution. Zu den Visionen des Rupert von Deutz, Hamburg 1999, 102f. Wie eine Mystikerin die eigenen Visionen kritisch relativiert, aber auch kritisch mit den Bedenken der Theologen und mit ähnlichen Erfahrungen von Ordensschwestern umgeht, zeigt J. Burgraf, Teresa von Avila. Humanität und Glaubensleben, Paderborn 1996, 344ff.

An anderer Stelle hat Benz eine Liste von Mitteln »zur Herbeiführung von Ergriffenheit« zusammengestellt:

»a) die Meditation,
b) die Askese,
c) die Verwendung liturgischer Musik und liturgischen Tanzes wie überhaupt die Schaffung einer liturgischen Sphäre,
d) bestimmte Formen der Ernährung,
e) die Verwendung bestimmter Drogen, Narkotika und Stimulantia,
f) die Einsamkeit in Form einer totalen Isolierung des Ergriffenen von aller Gemeinschaft in einer Höhle, in der Wüste oder im ›Kämmerlein‹, wie auf der anderen Seite,
g) die liturgische Gemeinschaft«.[49]

Insbesondere die Bedeutung des Fastens wird von den Visionären immer wieder hervorgehoben. Das wird schon deutlich in der synoptischen Tradition. Jesus erlebt die Satans-Erscheinung, nachdem er »vierzig Tage und vierzig Nächte« in der Wüste gefastet hatte (Matthäus 4,2). Während ihrer vierzigtägigen Derwischklausur notiert die Therapeutin M. M. Özelsel schon am 11. Tag in ihr Tagebuch: »Während des Dhikr auf einmal eine Vision: Mein ganzer Körper steht in Flammen, jede einzelne Zelle brennt sich rein mit einem heiligen Feuer. Sogar meine inzwischen ausgeprägte Magerkeit fühlt sich gut an.«[50] Von einem spektakulären Befehl zu Beginn seiner visionären Karriere berichtet E. Swedenborg: »Um Mittag beim Essen sagte zu mir ein Engel, der bei mir war, daß ich bei Tisch nicht zu sehr dem Bauch frönen solle. Dann war es mir genau, wie wenn ein Dunst aus den Poren meines Körpers ausströmte, wie ein Wasserdampf, der deutlich sichtbar war und auf den Boden niedersank; dort erschien ein Teppich, auf dem sich der Dunst sammelte und sich in allerlei Würmer verwandelte, die sich auf dem Tische versammelten und augenblicklich mit einem Knall verbrannten. Ein feuriges Licht erschien dann an der Stelle, und ein Knistern wurde hörbar. Es war mir, als ob so alle Würmer, die aus unmäßigem Appetit erzeugt werden können, ausgestoßen und verbrannt worden seien und ich jetzt von denselben gereinigt sei. Daraus kann man ersehen, was die üppige Lebensart und dergleichen in sich schließt. April 1745.«[51]

Die Frömmigkeitsbewegungen der Kirchengeschichte haben auch die Ausbreitung visionärer Fähigkeiten unter den Christ/innen intendiert. So wollte der Hesychasmus mit Hilfe des Herzensgebets nicht nur bei Klerikern und Mönchen, sondern in der ganzen Gemeinde einen Prozess der Vergöttlichung auslösen, der auch zur Wahrnehmung der göttlichen Wirklichkeit

49. E. Benz, Ergriffenheit und Besessenheit als Grundformen religiöser Erfahrung, in: J. Zutt (Hg.), a. a. O. 135.
50. M. M. Özelsel, Vierzig Tage. Erfahrungsbericht einer traditionellen Derwishklausur, Reinbek 1995, 64.
51. Zitiert nach E. Benz, Die Vision, a. a. O. 42.

führt. »In der Schau der göttlichen Schönheit gipfelt, hierin wissen sich Kallistos und Ignatios mit der Väterüberlieferung einig, alles Heilsstreben des Christen. Christliche Frömmigkeit wird damit vorbehaltlos in ein visionäres Ekstatikerwesen überführt, das in der persönlichen Gottesschau seine Erfüllung und Krönung findet.«[52] Der Weg zu dieser Erfahrung führt für die Väter aber nicht nur über die körperbezogene, mit der Christusmacht geladene Atemtechnik, sondern setzt auch eine konsequente Askese gerade im visuellen Bereich voraus. »Der Hesychast muß sich von jeglichem sinnlichen Anreiz, durch den seine Konzentration beim Gebet gemindert werden könnte, fernhalten, führt doch jede visuelle Wahrnehmung dazu, daß ihr Aufmerksamkeit geschenkt, die innere Sammlung gestört und so das wahre Beten verhindert wird«.[53] Für diese Tradition stehen religiöse und moderne Television durchaus in Konkurrenz.

Der Weg zur Gottesschau schließt für die »Centurie« den Verzicht auf jede Visualisierungstechnik ein. Man muss sich vielmehr bemühen, »zu Gott ohne sinnenhaftes Bild, ohne Bild und Form, ganz reinen Geistes und mit gereinigter Seele mit aller Inbrunst zu beten!«[54] Aber weil »das Tun der empfangenden Annahme und der Gnade das Tun der eigenen Anstrengung« weit übersteigt,[55] haben die Propheten »durch eine göttliche, übernatürliche und unbeschreibliche Kraft und die Gnade des heiligen Geistes – innere Bilder geschaffen und gesehen«.[56] Wesentlich sind dabei vor allem photische Phänomene. »Lichterscheinungen und das Innewerden der von ihnen ausgelösten seelischen Erregungen sind für Symeon den Neuen Theologen untrügerische Manifestationen der Ankunft Gottes in der Seele des Menschen.«[57]

Während der ostkirchliche Hesychasmus auf bildfreiem Wege die Gottesschau intendiert, verfolgt die Ikonenverehrung dieses Ziel mit Hilfe bildhafter Repräsentanzen. Das ist deswegen möglich, weil die Ikone nicht als Produkt künstlerischer Schöpferkraft, sondern als Gotteswerk gilt und den, der sich darin versenkt, zum göttlichen Urbild gelangen läßt.[58] Der Eindruck,

52. K. Deppe, Der wahre Christ. Eine Untersuchung zum Frömmigkeitsverständnis Symeons des Neuen Theologen und zugleich ein Beitrag zum Verständnis des Messalianismus und Hesychasmus, Theol. Diss. Göttingen 1971, 417.
53. A. a. O. 396.
54. Die Centurie der Mönche Kalistus und Ignatius Xanthopouloi genannt, zitiert nach A. Rosenberg (Hg.), Die Meditation des Herzensgebets. Ein christlicher Weg der Meditation – mit einer Einführung in Methode und Praxis, München 1983, 89.
55. A. a. O. 92.
56. A. a. O. 91.
57. K. Deppe, a. a. O. 125 f.
58. Auch die im Alten Testament polemisch kritisierten Götzenbilder wurden unter göttlichem Einfluss angefertigt; vgl. A. Berlejung, Die Theologie der Bilder: Herstellung und Einweihung von Kultbildern in Mesopotamien und die alttestamentliche Bilderpolemik, Göttingen 1998, 401 ff.

den sie vermittelt, verdankt sich göttlicher Eingebung. Das gilt für die Gestalten, die darin aufleuchten, aber auch für den Hintergrund, der sie umgibt. »Der Goldgrund der Ikone ist die Erscheinung der himmlischen Aura selbst, die die Heiligen umgibt. Der Blick durch das Fenster der Ikone ist ein Blick in die Aura der himmlischen Welt hinein. Auf dem Fenster drückt sich zweidimensional das Antlitz des erscheinenden Heiligen ab, der von der goldenen Aura der himmlischen umleuchtet ist.«[59]

Das vierte Konzil von Konstantinopel (869/70) hat am Ende des Bilderstreits festgelegt: »Die Ikone Jesu Christi, unseres Herrn, des Befreiers und Heilandes aller, ist in gleicher Weise wie das Buch der Heiligen Evangelien zu verehren. Denn wie durch die aus Silben gefügten Worte, die in dem Buche überliefert werden, alle das Heil erlangen, so werden durch die darstellende Kraft der Farben alle, die Weisen und die Unweisen, in dem, was man vor Augen hat, zu ihrem Gewinn erfreut. Denn was die Rede in ihren Silben verkündet, das verkündet und empfiehlt auch die Schrift, die aus Farben besteht. So ist es richtig, den Ikonen, gemäß vernünftiger Einsicht und aufgrund ältester Überlieferung, um ihrer Würde willen, da sie sich ja auf die Urbilder beziehen, gleichsam abgeleitet Ehre und Verehrung zu erweisen, genauso wie dem heiligen Buch der Heiligen Evangelien und der Gestalt des kostbaren Kreuzes.«[60]

Diese Theologie rechnet mit visueller Realpräsenz. »Beim Bild handelte es sich um die Inkarnation der Form in der Materie. Hier trat der Heilige Geist an die Stelle des Malers, so wie er bei der Zeugung Christi an die Stelle eines menschlichen Vaters getreten war.«[61] Das heilige Geheimnis, das im Evangelium zu hören ist, ist in der Ikone zu sehen. Das christliche Kultbild erweist seine Kraft auch in sichtbaren Wundern. Aber es verweist zugleich in die andere Welt, in die Welt des Unsichtbaren, und ermöglicht den Weg in die Schau des Gottes, der als unsichtbarer in der Ikone dem Sehen zugänglich wird.[62]

Eine andere Variante visueller Methodik begegnet in der frühen Neuzeit, in den Exerzitien des Ignatius von Loyola. Was in den Übungen des Herzensgebets und auch in der Anbetung der Ikone ausgeschlossen war, das wird hier zum methodischen Programm. Zu den Vorbereitungsaufgaben für jeden Tag gehört ein Gebet mit dem immer gleichen Wortlaut, »daß alle meine Absichten, Handlungen und Beschäftigungen rein im Dienst und in der

59. E. Benz, Geist und Leben der Ostkirche, Hamburg 1957, 11.
60. Zitiert nach W. Nyssen, Die theologische und liturgische Bedeutung der Ikonen, in: K. Weitzmann (Hg.), Die Ikonen, Freiburg 1993, 415.
61. H. Belting, Bild und Kult. Eine Geschichte des Bildes vor dem Zeitalter der Kunst, München 1990, 174.
62. Ob entsprechende Aussagen auch im Blick auf die Stierbilder Jahwes in Israel formuliert werden können, ist in der Forschung umstritten; vgl. H. Pfeiffer, Das Heiligtum von Bethel im Spiegel des Hoseabuches, Göttingen 1999, 42 ff.

Verherrlichung Seiner Göttlichen Majestät geordnet seien«.[63] Und dann folgt jeweils eine Übung, die die Innenwelt auf die Begegnung mit dem Erlöser einstellen soll. Loyola nennt das »die Zurichtung des Schau-platzes (composición viendo el lugar). Hier ist zu bemerken, daß bei der Betrachtung oder bei der Besinnung über einen sichtbaren Gegenstand, wie etwa beim Anschauen Christi Unseres Herrn, welcher anschaubar ist, die Zurichtung darin bestehen wird, mit der Schau der Einbildung den leiblichen Ort zu sehen, an dem sich die betrachtende Stelle befindet. Leiblichen Ort nenne ich z.B. einen Tempel oder einen Berg, auf dem Jesus Christus oder Unsere Herrin sich befinden, je nachdem, was ich betrachten will«.[64] Mit dieser »Schau der Einbildung« soll man die »Länge, Weite und Tiefe der Hölle« sehen und das »innere Fühlen der Strafe erbitten, die die Verdammten erleiden«.[65] Man kann nach Palästina gelangen, das Erdenrund überschauen, in der Gegend von Babylon den Kampf zwischen Christus und Luzifer beobachten, das Passamahl in Betanien sowie das Heilige Grab anschauen.

Die Television des Göttlichen ist hier zu einer psychologischen Visualisierungstechnik geworden. Die Meditation ist auf bildhaftes Material nicht mehr angewiesen und zieht damit die Konsequenzen aus einer ikonographischen Entwicklung, in der das Kultbild zum Andachtsbild geworden war. Wie H. Belting eindrucksvoll dargestellt hat, sind seit dem 11. Jahrhundert neuartige Ikonen entstanden, die nicht mehr energetische Kraft, sondern psychische Bewegungen auslösen sollen. Heilige Szenen werden erzählt, fromme Gefühle sollen ausgelöst werden. Realpräsent wird die Heilsgeschichte nicht mehr (nur) im Wort oder im Bild, sondern in den Reaktionen der Seele. Und diese Wirkung kann man vertiefen, indem man alle fünf Sinne zur imaginativen Wahrnehmung einsetzt.

Meditation ist bei Ignatius deshalb untrennbar mit Imagination verbunden. Ganz konsequent operiert er in seinen technischen Empfehlungen auf diese Weise: »Der erste Punkt ist: *Schauen* der Personen mit den inneren Augen, in Besinnung und Betrachtung … ihrer besonderen Umstände, und aus der Sicht einigen Nutzen ziehen … Der zweite: *Hören* mit dem Gehör, was sie reden oder reden können, und sich zurückbesinnend in sich selbst daraus einigen Nutzen ziehen … Der dritte: *Riechen* und schmecken mit dem Geruch und dem Geschmack den unendlichen Duft und die unendliche Süßigkeit der Gottheit, der Seele und ihrer Tugenden und des Ganzen, entsprechend der Person, die man betrachtet hat, sich zurückbesinnend auf sich selbst und daraus Nutzen ziehend … Der vierte: *Tasten* mit dem Getast, wie etwa umfangen und küssen die Orte, welche die Personen betreten oder wo sie sich niederlassen, immer besorgend, daraus Nutzen zu ziehen.«[66] Die

63. Ignatius von Loyola, Die Exerzitien, 10. Auflage, Einsiedeln 1990, 21.
64. A.a.O. 21f.
65. A.a.O. 26.
66. A.a.O. 36.

religiöse Methode soll der individuellen Erbauung dienen. J. Sudbrack hat Recht, wenn er in der anthropologischen Ganzheitlichkeit dieses Konzepts die Modernität des Ignatius findet.[67] Diese Modernität betrifft aber auch die psychologische Fundierung und die beinahe konsumptive Abzweckung des Verfahrens.[68] Freilich darf man dabei auch den Beginn jeder Übung, bei dem man um die Reinigung von allen unguten Gedanken bittet, nicht vergessen.

Bisher ungeklärt ist die Frage, ob moderne Visualisierungstechniken an das archaische Erbe in der menschlichen Psyche anknüpfen, das die Anthropologin F. D. Goodman auf experimentellem Wege entdeckt hat. In den Bildwerken aus der Kultur der Jäger und Gartenbauern hat sie ein Potential von Körperkonstellationen gefunden, das auch in der Gegenwart reanimiert werden kann. Tests mit den verschiedensten Versuchspersonen haben ergeben, »daß die Körperhaltung ein vollständiges Ritual enthält, dessen Inhalt entgegen der im Augenblick gängigen Auffassung in der Kulturanthropologie nicht von der Kultur des Erlebenden abhängt«.[69] Zur rituellen Rekonstruktion, die auch heute noch möglich ist, gehört eine Reinigung der Teilnehmenden, ein Speiseopfer und eine Rasselsequenz zur Einladung an die Geister. Dann werden die Teilnehmenden angeleitet, Haltungen einzunehmen, wie sie in archaischen Wandmalereien und Statuen überliefert sind. Nach etwa 15 Minuten beginnen diese Einstellungen zu wirken. Anschließend berichten die Teilnehmer/innen von Seelenfahrten in Ober- und Unterwelt, von Visionen und Wahrsageeindrücken. Ausdrücklich grenzt Goodman diesen methodischen Weg gegen die psychologischen Techniken der Visualisierung und des Hyperventilierens ab.[70]

Auch in esoterischen Konzepten der Gegenwart begegnen jene zwei Modelle, in denen das religiöse Sehen in der Geschichte methodisch praktiziert worden ist. Es gibt Visionen, auf die man sich einstellen,[71] und Visualisierungen, die man sich vorstellen[72] kann. Das erste scheint dem zweiten Verfahren dadurch überlegen zu sein, dass der Realitätsgehalt des Geschauten offensichtlich subjekttranszendent lokalisiert ist. Aber weil bei der visuellen Wahrnehmung immer eine Kongruenz zwischen dem Schauenden und dem

67. J. Sudbrack, Mystische Spuren. Auf der Suche nach der christlichen Lebensgestalt, Würzburg 1990, 104ff.
68. Vorformen dafür finden sich in der allegorischen Messinterpretation des Mittelalters sowie in der Emotionalisierung der Passionsfrömmigkeit; vgl. die Beispiele bei A. Angenendt, Geschichte der Religiosität im Mittelalter, 2. Auflage, Darmstadt 2000, 499ff. und 537ff.
69. F. D. Goodman, Trance – der uralte Weg zum religiösen Erleben. Rituelle Körperhaltungen und ekstatische Erlebnisse, Gütersloh 1992, 45.
70. A.a.O. 32f.
71. Vgl. R. Webster, Die Botschaft der Aura. Ein praktisches Einführungsbuch, München 1999.
72. Vgl. P. Uccusic, Der Schamane in uns. Schamanismus als neue Selbsterfahrung, Hilfe und Heilung, München 1993.

Geschauten vorausgesetzt ist, reduziert sich der Vorteil der visionären Erfahrung auf den Tatbestand, dass der Projektionsverdacht in diesem Fall keinen direkten Anhalt findet.

Für die kirchliche Gegenwart kann man aus dem geschichtlichen Überblick mindestens zwei Einsichten gewinnen, auch wenn man die vorgeschlagenen methodischen Schritte nicht nachzuvollziehen vermag. Wenn sich Visionen als Folge von Fastenpraxis ergeben, dann beinhaltet diese Praxis heute sicherlich auch den Verzicht auf Medienkonsum. Die religiöse und die technische Television stören einander. Ähnliches gilt für die heute weit verbreitete Unsitte, eigene Idealbilder für die kirchliche oder gesellschaftliche Entwicklung als »Visionen« zu verbreiten. Idealbilder sind subjektive Projekte mit destruktiven Wirkungen, weil sie den Lebensfluss in gesetzliche Bahnen zu lenken versuchen. Visionen dagegen, die Menschen, manchmal nach harter Anstrengung, von außen oder von oben erfahren, eröffnen neue Lebenswelten, auch wenn sie, wie bei Jesaja, von einer harten Verstockungsbotschaft begleitet sind.

Gegen alle fromme Neugier, die sich in Wünschen nach einer Vision ausdrücken mag, lässt Johannes vom Kreuz die Gottheit sagen: »Wenn ich dir doch schon alles in meinem *Wort*, das mein Sohn ist, gesagt habe und kein anderes mehr habe, was könnte ich dir dann jetzt noch antworten oder offenbaren, was mehr wäre als dieses? Richte deine Augen allein auf ihn, denn in ihm habe ich dir alles gesagt und geoffenbart, und du wirst in ihm noch viel mehr finden, als du erbittest und ersehnst. Du bittest nämlich um innere Ansprachen und Offenbarungen über Teilbereiche, doch wenn du deine Augen auf ihn richtest, wirst du es im Ganzen finden, denn er ist meine ganze Rede und Antwort, er ist meine ganze Vision und Offenbarung.«[73]

73. Johannes vom Kreuz, Aufstieg auf den Berg Karmel, Gesammelte Werke 4, Freiburg 1999, 262. Zur Relativität von Visionen im Zen-Buddhismus vgl. R. Aitken, Zen als Lebenspraxis, München 1998, 69 ff.; zur Variabilität asketischer Praxis vgl. R. Bohren, Fasten und Feiern. Meditation über Kunst und Askese, Neukirchen 1973, 66 ff.

Nachklang

Am 28. Januar 2002 wurde bei der Beerdigung von Hans-Christoph Piper zur Melodie von »Wer nur den lieben Gott läßt walten …« ein Lied gesungen, das Ida und Hans-Christoph Piper nach einem niederländischen Choral aus dem 19. Jahrhundert geschrieben haben.

»1) Du bist der Weinstock, wir sind die Reben,
so laß uns immer mit dir sein.
Durchströme uns mit deinem Leben
von dir getrennt sind wir allein.
Wir blühen, wachsen, bringen Frucht,
die Gott an seinen Reben sucht.

2) Ich kann mir selbst kein Wachstum geben,
ich kann nicht reifen ohne dich.
An deinem Weinstock keimt das Leben,
des Lebens Fülle auch für mich.
Erfülle mich mit deinem Geist,
daß nichts die Rebe von dir reißt.

3) Nein, Herr, ich will von dir nicht scheiden,
ich bleibe dein und du bist mein.
Du bleibst mir treu in meinem Leiden,
dein Leben soll mein Leben sein.
Dein Licht scheint hell in meinem Haus.
Dein' Kraft füllt meine Schwachheit aus.

4) So bleibe ich für dich gewonnen,
und meine Seele auf dich harrt.
Denn was in Schwachheit ist begonnen,
in Herrlichkeit wird offenbart.
Was in der Knospe schlief in mir,
das kommt ans Licht und reift in dir.«

Namenregister